Cybercrime

데이비드 월 저

정태진 역

도서출판 진 영 사

second edition

Cybercrime

데이비드 월 저
정태진 역

2013년 05월 24일 초판 인쇄
2019년 01월 15일 초판 2쇄 발행
2020년 09월 02일 초판 3쇄 발행
2025년 05월 23일 제2판 인쇄
2025년 05월 30일 제2판 발행

발행인 박 진 영
발행처 도서출판 진영사
인천광역시 부평구 주부토로 236 인천테크노밸리U1 지식산업센터 B동 1507호
전화 : 032)505-4207
팩스 : 032)505-4206
E-mail : 0183734207@hanmail.net
등록 : 122-91-77317

ISBN 978-89-6541-707-1 93330
값 45,000원

Cybercrime

Cybercrime

The Transformation of Crime in the Information Age

2nd edition

DAVID S. WALL

polity

First published in 2007 by Polity Press
This 2nd edition first published in 2024 by Polity Press.
Polity Press
65 Bridge Street
Cambridge CB2 1UR, UK
Polity Press
111 River Street
Hoboken, NJ 07030, USA

ISBN- 13: 978- 0-7456- 5352- 5
ISBN- 13: 978- 0-7456- 5353- 2 (pb)
A catalogue record for this book is available from the British Library.
Library of Congress Control Number: 2023945979
Typeset in 9.5 on 12pt Utopia
by Cheshire Typesetting Ltd, Cuddington, Cheshire
Printed and bound in Great Britain by TJ Books Ltd, Padstow, Cornwall

For further information on Polity, visit our website:
politybooks.com

목차

그림, 표 및 박스

그림

표

박스

제2판 서문 및 감사의 말

초판이 2007년에 출판된 이후로 세상에는 많은 변화가 있었지만, 그럼에도 불구하고 초기의 많은 연구는 여전히 유효하다. 이 서문에서는 초판 이후로 일어난 주요 변화들을 언급하고, 무엇이 동일하게 유지되었는지 설명한다.

소셜미디어, 클라우드 기술, '사물인터넷' (IoT), 그리고 암호화폐의 출현은 이미 떠오르던 기술적 트렌드를 보강하여, 악성 소프트웨어와 사회공학에서 비롯된 위협환경에 뚜렷한 변화를 초래했다. 보안 봇넷 외에도, Zeus, Emotet, Trickbot과 같은 정보수집 악성코드가 등장했고, 국가 주도 사이버공격인 Stuxnet, scareware, 랜섬웨어, 데이터 갈취 및 랜섬핵스(자동화된 악성코드로, 개인을 속여 범죄자에게 직접 몸값을 지불하게 만드는 기술) 등도 나타났다. 2024년으로 들어서면서 전 세계적으로 큰 우려를 자아낸 것은 데이터가 사이버범죄의 주요 초점이 되었다는 점이며, 사이버범죄가 지정학적 갈등에서 사용되고 있다는 점이다. 이러한 현상은 향후 사이버 범죄의 방향성에 영향을 미칠 수 있습니다.

데이터침해는 이제 대부분의 사이버범죄에서 일상적인 일이 되었으며, 데이터의 중요성이 오늘날 소유자들에게 훨씬 더 크기 때문에 범죄의 주요 동력이 되었다. 기반시설뿐만 아니라 금융부문도 이제 흔한 타깃이 되는데, 이는 범죄자들이 경제적 동기뿐만 아니라 정치적 동기도 가지고 있음을 나타낸다.

초판이 출판된 이후, 이 네 가지 기술발전은 사이버범죄 위협환경을 변화시켰으며, 20세기말과 21세기초에 사이버범죄에 대해 제기되었던 몇몇 다소 허황된 예측들이 이제는 매우 현실적이고 해로운 것이 되어가고 있다. 많은 새로운 공격 벡터들이 조직 기반시설을 피해자로 삼으려는 범죄를 시도하고 있으며, 이는 초기에는 공상과학소설에서 상상된 방식이었다. 이전에는 내가 비판했던, 근거 없는 주장들이 이제는 사실로 드러나고 있다.

초판에서 네트워크화된 디지털기술이 범죄자 한 명이 동시에 여러 가지 범죄를 저지를 수 있게 했다는 것을 보여줬다면, 이번 제2판에서는 지난 20여년 동안 사이버범죄조직에서 점차 노동이 분업화되면서 여러 유형의 사이버범죄를 가능하게 하고 이를 도와주는 기술 공급망이 어떻게 출현했는지를 설명한다. 아마도 초판 이후 접근방식에서 가장 큰 변화 중 하나는, 15년 전에는 사이버보안 보고서를 읽지 말라고 경고했지만, 이제는 모두 읽어야 한다고 조언하겠다는 점이다. 물론 항상 조심스럽고 비판적인 시각으로 읽어야 한다.

때로는 이 분야에서 실제로 무엇이 변했는지 궁금해질 때가 있다. 왜냐하면 2000년대 초반 주요 이슈들이 여전히 오늘날에도 살아있기 때문이다. 새로운 기술개발이 계속해서 도입되고 다른 기술들과 융합되어 새로운 창의적, 교육적, 상업적, 여가적 가능성을 창출하고 있다. 그러나 주요 차이점은 기술 환경이 클라우드 기술과 사물인터넷을 통해 변화했다는 것이다. 이러한 기술들은 통신속도를 높이고 새로운 정보경로를 만들어냈으며, 소셜미디어와 암호화폐는 우리가 살고 있는 사회적, 경제적, 정치적 환경을 형성하는 새로운 상호작용 및 거래방식을 창출했다. 물론, 이러한 기회(또는 잠재력)와 함께 범죄와 악의적인 행동같은 새로운 기회들도 종종 의도치 않게 발생하고 있다. 또한 소셜미디어의 인기가 높아지면서 인터넷은 사회적 사용목적이 주를 이루고 있으며, 이는 사이버위협 환경의 확장에 기여했다. 더욱이 많은 플랫폼들은 범죄의 규모를 증가시키고 사이버범죄자들에게 새로운 범죄기회를 제공한다. 그럼에도 불구하고 대부분의 국가들은 이제 국가 사이버보안 전략과 관련된 사이버범죄 정책을 도입했으며, 유엔(UN)과 다른 국제기구들은 국제규범과 협약 개발을 탐구하고 있다. 또한, 사이버범죄의 다양한 유형을 처리하고 기소하는 공식적인 기관의 대응도 존재한다. 그러나 발전 속도는 여전히 범죄자들이 한 발 앞서 있는 것처럼 보이며, 대부분은 여전히 피해자 보고에 의존하고 있는 것처럼 보이다. 그래서 범죄로부터 사회를 보호하는 책임을 맡은 사람들이 항상 한 발 늦는 것처럼 느껴진다.

기술발전과 함께 사이버공간의 사회적, 정치적 변화도 발생했다. 소셜미디어 기술은 잘못된 손에 있을 때 심각한 힘을 가질 수 있으며, 정치적 불안을 조장하는 데 기여하고 있다. 더 관용적인 정권에서는 플래시몹이 분노를 표현하기 위해 사용되었으며, 이는 온라인에서는 분산된 서비스거부 공격을 통해, 오프라인에서는 군중이 물리적으로 조직되고 집합할 수 있게 했다. 소셜 네트워크 미디어(페이스북, 트위터/X, 쓰레드, 텔레그램, 인스타그램, 스냅챗, 왓츠앱, 틱톡 등)는 15년 전만 해도 기술자들의 눈에만 띄었지만, 이제는 디지털 세대에게 주요 의사소통 수단이 되었으며, 그 기술자들 중 많은 이들이 사이버보안과 형사사법시스템에서 일하고 있다. 이러한 디지털 원주민들은 새로운 기술에 당황하지 않고 그것을 삶의 일부분으로 받아들인다. 통신기술과 소셜미디어에 대한 접근은 이제 오늘날의 삶에서 '필수적인' 것이며, 이는 민주 정부가 그 사용을 제한할 수 있는 권한을 감소시킨다. 그래서 모든 것이 나쁘다고 생각할 때, 한 가지 확실한 것은 범죄자들이 네트워크화된 것처럼, 경찰과 여러 치안유지 기관들도 네트워크화되었다는 점이다. 새로운 인공지능 기반의 '치안 방법론'이 실험되고 있으며, 이는 개인정보보호에 대한 우려를 불러일으키기도 한다. 또한, 경찰, 정부, 대부분의 기업구조에서 예상했던 급진적인 변화는 발생하지 않았다. 초판에서 언급된 문화적, 조직적 문제들이 오늘날에도 여전히 남아있기 때문이다. 그래서 기술은 발전했고 사이버위협 환경은 크게 변화했으며, 사이버범죄는 그 규모와 복잡성에서 변화했지만, 초판에서 제기된 많은 관찰들은 여전히 유효하다.

이 제2판은 초판을 업데이트하며, 사건에 대한 설명과 분석은 대부분 동일하게 유지되지만, 새로운 사건에 대한 정보와 논평이 추가되었다. 또한, 새로운 이야기가 등장하는데, 이는 사이버범죄가 이제는 자체적으로 전용 공급망과 지원 생태계를 가진 정교한 비즈니스가 되었다는 것을 보여준다. 그럼에도 불구하고, 많은 초기 사례들을 그대로 유지하여, 여전히 관련이 있는 원래 문제들과 사건들의 중요성을 강조하고, 오늘날 우리를 두렵게 하는 많은 새로운 사건들이 이미 익숙한 주제의 변형임을 보여준다. 인터넷은 더 이상 '새로운' 것이 아니며, 이제 35년 이상이 지났고, 50여 년에 걸쳐 자체적인 역사를 발전시키기 시작했다. 그래서 여전히 관련이 있는 사례들을 유지하면서 새로운 것들을 추가했다.(학생들에게 중요한 노트: 에세이를 시작할 때 '사이버범죄는 인터넷으로 인해 발생한 새로운 현상이다'라고 쓰지 마세요. 이것은 새로운 것이 아니다!)

여전히 초판에서 언급된 사람들에게 동일한 빚을 지고 있지만, 이제는 더럼 대학교 범죄학 그룹(2010-2015)에서의 동료들, 뉴캐슬 대학교 컴퓨터학과 동료들, CEPOL 및 유엔 마약범죄사무소(UNODC) 동료들, 그리고 지난 15년 동안 참여했던 여러 연구 프로젝트의 동료들에게 추가로 감사드린다. 그 외에도 많은 사람들을 공간의 제한으로 인해 언급하지 못했지만, 그들 역시 중요하다. 또한, 수년간 사이버범죄 연구 프로젝트에서 함께 일한 여러 연구원들, 특히 Dr. Lena Connolly, Roberto Musotto, Yanna Papadodimitraki, Maria Grazia Porcedda 및 Harrison Whitehouse-Wall 박사들에게 감사드리며, 이들은 이 분야를 발전시키고 있는 차세대의 학문적 연구자들이다.

가족들은 여전히 나에게 사랑과 지원, 흥미를 제공하며, 내 노력에 방해를 주기도 했다. 하지만 한 가지 멋진 새로움은 이제 내 아이들과 이 책의 아이디어에 대해 논의할 수 있다는 점이다. 그들은 이제 성인이 되었다. 2010년부터 2015년까지, 나는 리즈에서 더럼 대학교로 A1M 도로를 따라 이동했지만, 2015년에 더 연구 지향적인 위치로 돌아가기 위해 리즈로 다시 돌아왔다. 더럼에서 새로운 멋진 동료들을 만났고 여전히 많은 이들과 연락을 유지하고 있지만, 리즈에서의 오랜 동료들과 다시 함께하는 것이 매우 기쁩니다. 그러나 나는 여전히 이 책을 관례대로 내 동료나 가족에게 헌정하지는 않는다. 오히려, 여전히 이 책을 요크와 리즈 사이의 기차 운전사들과 Rosedale Abbey의 선량한 사람들에게 헌정하며, 그들이 나를 정신적으로 안정시켜주고 매일 커피 한 잔과 함께 이 책의 텍스트를 숙고할 몇 시간의 고요함을 제공해주었기 때문이다. 또한, Polity 출판사의 기획 편집자인 Jonathan Skerrett와 그의 동료들 Karina Jákupsdóttir, Neil de Cort, Leigh Mueller에게 감사드리며, 수년간의 인내심과 제2판을 함께 만들어내는 도움에 특히 감사드린다. 마지막으로, 익명의 리뷰어들에게도 그들의 의견과 관찰이 매우 유용했다.

비관적인 관점에서는, 머지않아 모든 사람의 개인정보가 온라인에 유출될 것이며, 우리는 사이버범죄자나 심지어 전쟁을 일으키는 국가의 먹잇감이 될 것처럼 보이다! 그러나 긍정적인 관점에서 보면, 새로운 기술의 이점은 여전히 단점보다 훨씬 많으며, 사이버위협 분야에 대응하는 데에도 엄청난 발전이 있었다. 나는 스스로를 디지털 원주민이라고 부르지는 않겠지만, 대부분의 스트리밍 TV를 좋아하고, GPS 장치를 사용하여 자연에서 길을 찾는 것을 좋아하며, 모바일 뱅킹과 이메일, 소셜미디어를 사랑한다. 나는 원격으로 온수기를 켤 수 있는 것을 좋아하고(물론 자주 하지는 않지만), 휴대폰으로 세탁기를 사는 것도 좋아하며, 당뇨병 환자로서 내 '폰'을 사용하여 혈당 수치를 확인할 수 있는 것을 매우 좋아한다. 나를 포함하여 이 지구상의 대부분의 사람들은 사이버공간 없이는 삶에서 길을 잃을 것이다. 그래서 우리는 좋은 부분을 유지하기 위해 열심히 노력해야 한다. 특히 스위치(전원)를 내릴 수 없기 때문에 더욱 그렇다!

David S. Wall, 리즈, 2023년 8월 16일

초판 서문 및 감사의 말

어릴 적, 영국 TV에서 “Tomorrow's World”라는 프로그램을 본 기억이 난다. 이 프로그램은 새로운 기술과 발명품을 소개했으며, 1960년대의 “백열 기술”을 상징하는 프로그램이었다. 시청자에게는 흥미로운 컴퓨터와 기술의 세계가 펼쳐졌고, 이는 공상과학소설 같은 흥미로운 세계를 열어줬습니다. 그러나 학문적 연구를 통해 이러한 젊은 시절의 낙관주의가 산산이 부서졌다. 기술은 더 이상 단순히 선하거나 유익한 것만이 아니라는 것을 깨달았기 때문이다. 물론, 기술은 좋은 일도, 유익한 일도 할 수 있다. 여전히 어느 정도 낙관주의를 유지하고 있기는 하다. 하지만 기술은 또한 사람들을 실직하게 만들고, 개인을 피해자로 만들며, 우리의 자유를 위협할 수도 있다. 더욱이, 기술은 점점 더 침투하고 있으며, 특히 융합할 때 우리의 삶을 다양한 방식으로 규정하고 있다. 따라서 저는 이 책의 주제를 다룰 때 비판적 낙관주의의 관점에서 접근한다.

돌이켜 보면, 이 책을 쓰는 것은 쉽지 않았다. 주제가 너무 빠르게 변했기 때문이다. 사실, 이러한 변화의 속도는 결국 이 책의 중요한 서술 부분이 되었다. 이 때문에 이 책은 아마도 너무 많은 것을 담으려고 시도한 것일지도 모른다. 또한, 이 책은 2006년 당시의 상황을 담은 스냅샷과도 같아서, 2007년 출판 당시에는 이미 새로운 사건들로 예측을 확인하거나 심지어 그 예측을 넘어설 수도 있었다. 인터넷에 대해 글을 쓰는 데에는 이러한 위험이 따른다. 그렇다면 왜 이 작업을 했을까요? 답은 간단하다. 이 책에 담긴 이야기는 사이버범죄의 현재 상태에 대한 주제별 역사이다. 사이버범죄라고 불리는 행위를 역사적으로 인식하지 않고서는, 그것이 무엇인지, 그리고 어떤 방향으로 발전하고 있는지를 이해할 수 없기 때문이다.

이 책은 고급 학부생과 대학원생을 대상으로 하며, 전체적으로 읽을 수 있는 단행본 스타일의 서술이 담겨 있지만, 특정 문제에 대해 검색할 수 있도록 색인을 통해 접근할 수도 있으며, 참고목록을 따라 특정 참고자료를 추적할 수도 있다.

제가 영국에 살고 일하고 있음을 제 소속기관에서 알 수 있겠지만, 가능한 한 다양한 관할구역의 정보를 제공하려고 노력했다. 이 책의 중심논점 중 하나는 인터넷이 글로벌 정보 및 네트워크 매체라는 것이다. 따라서 전반적인 연구 결과가 관할구역 간에 주제적으로 유사하다는 점은 놀라운 일이 아니다.

이 책을 쓰면서 많은 사람들에게 감사의 말을 전해야 한다. 그중에는 직접적으로, 또는 간접적으로 도움을 준 사람들이 있다. 첫 번째로 감사해야 할 그룹은 연구자금을 지원해 준 사람들이다. 리즈대학교 법학대학은 연구 휴가를 제공해 주었고, 그 기간 동안 많은 아이디어가 정리되었다. 이 아이디어들은 제가 소개에서 나열한 기관들로부터 지원받은 연구 프로젝트들에서 비롯된 것이다. AHRC는 추가적인 연구 자금을 지원해 주었으며, 그 덕분에 연구기간을 연장할 수 있었다(지원 번호: APN18143).

또한, 리즈대학교에서 저와 함께했던 동료들에게도 감사드린다. 특히 Yaman Akdeniz, Adam Crawford, Paul Taylor, Clive Walker를 비롯한 많은 분들께 감사드리며, 그 외에도 많은 동료들이 이 책에 영감을 주었다. 또한, 학문적 세계에서 도움과 영감을 준 많은 분들께도 감사드린다. Richard Ericson, Peter Grabosky, Kevin Haggerty, Tony Krone, David Lyon 등 여러 학자들의 우정과 도움 덕분에 이 책을 완성할 수 있었다.

마지막으로, 이 책의 편집을 도와주신 Emma Longstaff와 Polity 출판사의 편집자들, 그리고 익명의 리뷰어들에게 감사의 말씀을 드린다.

끝으로, Helen, Harrison, Sophie, James에게도 감사의 마음을 전한다. 인터넷이 10대들의 삶에서 얼마나 중요한 역할을 하는지 깨닫게 해준 Sophie와 Harrison 덕분에, 트로이목마, 바이러스, 웜과 같은 악성 소프트웨어를 제거하는 것이 얼마나 어려운지를 직접 경험하게 되었다.

그러나 전통적인 방식과는 달리, 이 책을 그들에게 헌정하지는 않는다. 대신, 이 책을 요크와 리즈 사이를 운행하는 오전 7시 6분과 오후 6시 55분 기차에 헌정하고자 한다. 그 기차는 매일 필요한 시간의 고요함을 제공해 주었고, 그 덕분에 커피 한 잔과 함께 이 책의 내용을 숙고할 수 있었다.

David S. Wall, 리즈, 2007년

역자의 글

2009년 4월 영국 리즈대학교에서 법학박사 학위를 취득 후 14년 만에 정부기관 연구프로젝트 수행차 모교인 영국 리즈대학교를 방문하여 박사과정 지도교수이신 데이비드 월 교수님을 만나서 지나 온 얘기들과 주변 교수님들, 동문들 근황을 서로 물으면서 즐겁고 유익한 시간을 보냈습니다. 그리고 월 교수께서 2023년 하반기에 출판하는 "사이버범죄" 제2판을 한국에서 번역해서 출판해도 좋다는 허락을 얻어서 귀국했습니다. 월 교수님은 제가 박사학위 취득 후에 한국정부와 한국형사정책연구원 초청으로 두차례 한국을 방문하셨기에 한국의 사이버범죄에 대해서도 관심이 많습니다. 제가 2013년 5월 초판 번역을 할 당시에는 사이버범죄라고 불리우는 대부분의 범죄는 순수 사이버범죄가 아니라 기존의 범죄가 업그레이드 된 것이 많았습니다. 그러나 지난 10여년을 거치면서 사이버범죄는 무서운 속도로 진화하였고 그때보다 더 많은 순수 사이버범죄가 만들어졌습니다. 이제는 인류에 핵무기 다음으로 위협적인 존재가 되었습니다. 사이버범죄는 일반인들의 사소한 삶 속에서 같이 공존하면서 위협을 가하고 있으며 지역차원, 국가차원 그리고 글로벌 차원에서 전세계 사람들에게 가장 위협적인 존재가 되었습니다. 특히나 제4차 산업혁명시대의 도래와 함께 최첨단기술과 함께 사이버범죄도 발전하면서 불가분의 관계가 되었습니다. 사이버범죄는 단순히 형사적인 범죄의 문제가 아니라 국가안보와 글로벌안보에 직결되는 문제로 자리 잡았습니다. 왜냐하면 최근에 발생하고 있는 대부분의 사이버범죄들이 랜섬웨어 공격을 이용하여 여러 국가를 목표로 동시에 발생하고 있기 때문이고 전세계 금융권과 암호화폐 거래소 등을 상대로 엄청난 금액을 탈취하거나 국가 최첨단기술이나 기밀을 훔치고 있기 때문입니다. 그런데 이러한 사이버범죄의 배후에는 과거와 같이 개인해커가 있는 것이 아니라 북한과 같은 국가나 국제범죄조직이 배후에서 조종하고 있기에 문제가 심각합니다. 그러므로 사이버범죄의 문제는 더 이상 범죄의 영역이나 차원으로만 다루어 질것이 아니라 사이버안보의 영역이나 차원에서도 다루어져야 합니다. 형사사법과 국가안보 차원에서 사이버범죄를 정확히 파악하고 이해할 수 있어야 대응전략 마련에 있어서도 사이버공간의 사각지대가 발생하지 않게 대응책을 마련해야 합니다. 그리고 무엇보다도 인터넷을 이용하는 모든 사람들이 사이버공간을 함께 감시해야 합니다. 국가경찰을 포함한 다수의 정부기관, 군, 사이버보안업체, ISP, NGO 등 만으로는 사이버공간의 법과 질서를 유지하는데 한계가 있습니다. 사이버공간은 더 이상 가상공간, 제4영역으로 표현되는 현실 세계와 구분이 되는 공간이 아니라 우리가 책임지고 만들어 나아가야 하는 우리들의 삶의 중요한 터전입니다. 만약 사이버범죄에 대해서 적절하게 대응하지 못한다면 인류는 큰 재앙을 맞이하게 될 것입니다. 왜냐하면 제4차 산업혁명시대에 사는 우리들의 생활속 모든 사물들이 네트워크로 연결되어 있기 때문입니다. 양자컴퓨터, 핵무기, 드론, 로봇군인, 해저통신망, 자율주행자동차 등 모든 것이 네트워크로 연결되어 있습니다. 그러므로 전세계 모든 국가와 국제연합, 유럽연합 같은 국제적 수준의 협의체들은 사이버범죄 대응을 최우선 순위로 두고 공동대응에 나서고 있습니다. 우리나라도 "사이버범죄협약" 가입을 서둘러서 국제적 수준의 사이버범죄대응력과 공조체제를 구축해야
합니다.

마지막으로 사이버범죄에 대한 사회적인 관심은 지속적으로 높아지는데 국내에 사이버범죄학 강의가 개설되어 있는 대학교가 많이 없고 더욱이 사이버범죄학과가 설치되어 있는 대학교는 없습니다. 그리고 사이버범죄 관련하여 공부할 수 있는 전문서적도 거의 없습니다. 사이버범죄를 제대로 공부할 수 있는 교재인 데이비드 월 교수의 "사이버범죄" 제2판 출판을 계기로 국내 대학교에 사이버범죄학 과목이 많이 개설되기를 기대합니다.

역자 감사의 글

2009년 제가 영국에서 박사학위를 취득하고 한국에 귀국하였을 때 국내에는 사이버범죄학과가 설치되어 있는 대학교가 없었습니다. 물론 현재까지도 사이버범죄학과가 설치되어 있는 대학교는 없습니다. 그래서 저는 국제기구 (IVI) 보안기획관으로 근무하면서 국내 생활을 시작했습니다. 국제기구 근무와 함께 대학원 강의를 병행했습니다. 연세대학교 행정대학원에서 국내 최초로 “사이버범죄” 과목을 강의하면서 데이비드 월교수의 “사이버범죄” 초판 번역을 시작하여 출판했습니다. 그즈음 한국사이버안보법정책학회 초대 회장이신 정준현 교수님께서 제가 국내 사이버안보 관련학회에서 처음으로 활동할 수 있도록 저를 이끌어 주셨습니다. 또한 한국대테러학회장으로 계신 이만종 교수님께서도 항상 많은 조언과 국내외 발표 기회를 제공해 주셨습니다. 위에 두분 교수님들의 관심과 배려 덕분에 제가 국가사이버안보를 위협하는 사이버범죄 연구에 오랫동안 매진 할 수 있었습니다. 정말 감사의 말씀 올립니다. 그리고 이 책 출판을 위해 번역과 감수를 도와주신 박선우 박사님께도 감사의 마음 전합니다. 초판에 이어서 제2판까지 출판에 도움을 주신 진영출판사 대표님과 편집장님에게도 감사의 말씀 드립니다. 그리고 국가정보원 사이버안보센터와 경찰청 안보수사국, 국군사이버작전사령부에서 근무하시는 많은 분들에게도 감사의 말씀 전합니다.

2025년 4월 20일

평택대학교 국가안보대학원
정 태 진 교수

약어(Acronyms)

AHRC: 예술 인문학 연구 위원회
(Arts and Humanities Research Council)
AI: 인공지능(Artificial Intelligence)
APACS: 결제 정산 서비스 협회
(Association for Payment Clearing Services, 현재 UK Payments)
APIG: 올 파티 인터넷 그룹 (All Party Internet Group)
APP: 승인된 푸시 결제 (Authorized Push Payment)
APWG: 안티 피싱 워킹 그룹 (Anti-Phishing Working Group)
ARP: 주소 확인 프로토콜 (Address Resolution Protocol)
BBFC: 영국 영화 등급 위원회 (British Board of Film Classification)
BBS: 게시판 서비스 (Bulletin Board Services)
BEC: 비즈니스 이메일 손상 (Business Email Compromise)
BGP: 국경 게이트웨이 프로토콜 (Border Gateway Protocol)
BPI: 영국 음반산업 협회(British Phonographic Industry)
BTC: 비트코인(Bitcoin)
CaaS: 서비스형 범죄웨어 (Crimeware as a Service)
CAUCE: 요청하지 않은 상업적 이메일 반대 연합
(Coalition Against Unsolicited Commercial Email)
CEPOL: 유럽 연합 경찰 훈련 기관
(European Union Agency for Law Enforcement Training)
CERT: 컴퓨터 비상 대응 팀 (Computer Emergency Response Team)
CIFAS: 크레딧 산업 사기방지 시스템
(Credit Industry Fraud Avoidance System)
CNSA: 스팸 당국 연락망 (Contact Network of Spam Authorities)
CoE: 유럽 평의회 (Council of Europe)
CPS: 왕립검찰청 (Crown Prosecution Service)
CSEW: 영국과 웨일스의 범죄조사 (Crime Survey for England and Wales)
CSI: 컴퓨터 연구소 (Computer Studies Institute)

CVC: 카드 검증 코드 (Card Validation Code)
DBT: 영국 비즈니스 및 무역부 (Department for Business and Trade)
DCMS: 문화, 미디어 및 스포츠부 (Department for Culture, Media and Sport)
DDoS: 분산 서비스 거부 공격 (Distributed Denial of Service)
DHS: 미국 국토안보부 (Department of Homeland Security)
DNS: 도메인 네임 서버 (Domain Name Servers)
DoJ: 미국 법무부 (Department of Justice)
DTI: 영국 무역산업부 (Department of Trade and Industry)
EC: 유럽연합 집행위원회 (European Commission)
ENISA: 유럽 네트워크 및 정보보안국
(European Network and Information Security Agency)
EPSRC: 공학 및 물리 과학 연구 위원회
(Engineering and Physical Sciences Research Council)
ESRC: 경제 및 사회 연구 위원회 (Economic and Social Research Council)
EuroISPA: 유럽 인터넷 서비스 제공자 협회
(European Internet Service Providers Association)
EUROPOL: 유럽경찰기구
(European Union Agency for Law Enforcement Cooperation)
FACT: 저작권 침해 방지 연맹 (Federation Against Copyright Theft)
FBI: 미국 연방수사국 (Federal Bureau of Investigation)
FUD: 공포, 불확실성, 의심 (Fear, Uncertainty and Doubt)
GCHQ: 영국정부통신 본부 (Government Communications Headquarters)
GUI: 그래픽 사용자 인터페이스 (graphics user interface)
HTCC: 첨단기술 범죄 컨소시엄 (High-Tech Crime Consortium)
HTTPS: 하이퍼텍스트 전송 프로토콜 보안
(Hypertext Transfer Protocol Secure)
IC3: 인터넷 범죄 신고 센터 (Internet Crime Complaint Center)
ICANN: 인터넷 주소 할당 기구
(Internet Corporation for Assigned Names and Numbers)
ICMEC: 실종 및 착취 아동 국제 센터
(International Centre for Missing and Exploited Children)
ICO: 가상화폐공개 (Initial Coin Offering)
INTERPOL: 국제형사 경찰기구 (International Criminal Police Organization)
IoT: 사물인터넷 (Internet of Things)

IP: 인터넷 프로토콜 (Internet Protocol)
IPR: 지적재산권 (Intellectual Property Rights)
IPTS: 미래 기술 연구소 (Institute for Prospective Technological Studies)
IRC: 인터넷 릴레이 채팅 (Internet Relay Chat)
ISIPP: 스팸 및 인터넷 공공정책 연구소
(Institute for Spam and Internet Public Policy)
ISP: 인터넷 서비스 제공자 (Internet Service Provider)
IWF: 인터넷 감시 재단 (Internet Watch Foundation)
MPAA: 미국 영화 협회 (Motion Picture Association of America)
NCA: 국가범죄청 (National Crime Agency)
NCCU: 국가 사이버범죄 유닛 (National Cyber Crime Unit)
NCIS: 국가 범죄정보서비스 (National Criminal Intelligence Service)
NCSC: 국가 사이버범죄 보안 센터 (National Cybercrime Security Centre)
NCVS: 국가 범죄 피해 조사 (National Crime Victimization Survey)
NFIB: 국가 사기 정보국 (National Fraud Intelligence Bureau)
NFIC: 국가 사기 정보 센터 (National Fraud Information Center)
NFT: 대체 불가능 토큰 (Non-Fungible Token)
NHTCU: 국가 첨단기술 범죄 유닛 (National Hi-Tech Crime Unit)
NIM: 국가 정보 모델 (National Intelligence Model)
NIPC: 국가 기반시설 보호 센터 (National Infrastructure Protection Center)
NISCC: 국가 기반시설 보안 조정 센터
(National Infrastructure Security Co-ordination Centre)
NSA: 미국 국가안보국 (National Security Agency)
NSPCC: 아동학대 방지 협회
(National Society for the Prevention of Cruelty to Children)
OCJS: 범죄 및 사법 조사 (Offending, Crime and Justice Survey)
OECD: 경제협력개발기구
(Organisation for Economic Co-operation and Development)
Ofcom: 영국 커뮤니케이션 사무소 (Office of Communications)
ONS: 국가 통계청 (Office of National Statistics)
P2P: 개인 간 네트워크 (Peer-to-Peer)
PC: 개인용 컴퓨터 (Personal Computer)
POLCYB: 사이버공간 치안협회 (Society for the Policing of Cyberspace)
RaaS: 서비스형 랜섬웨어 (Ransomware as a Service)

RAT: 원격관리 트로이목마 (Remote Administration Trojans)
RDP: 원격 데스크 프로토콜 (Remote Desk Protocol)
RIAA: 미국 음반산업협회 (Recording Industry Association of America)
ROCU: 지역 조직범죄 유닛 (Regional Organized Crime Unit)
SAP: 양형 자문 위원회 (Sentencing Advisory Panel)
SCADA: 감시 제어 및 데이터 수집 (Supervisory Control and Data Acquisition)
SDR: 소프트웨어 정의 라디오 (Software Defined Radio)
SOCA: 첨단 조직범죄 수사국 (Serious Organized Crime Agency)
SSL: 보안 소켓 계층 (Secure Sockets Layer)
TCP/IP: 전송 제어 프로토콜 / 인터넷 프로토콜
(Transmission Control Protocol / Internet Protocol)
TIA: 테러 정보 인식 (Terrorism Information Awareness)
ToR: The Onion Router (토르: 익명화 네트워크)
UNIRAS: 통합 사건보고 및 경고체계
(Unified Incident Reporting and Alert Scheme)
UNODC: 유엔 마약범죄사무소 (United Nations Office on Drugs and Crime)
VoIP: 인터넷 프로토콜 기반 음성 통화 (Voice over Internet Protocol)
VPN: 가상 사설 네트워크 (Virtual Private Network)
WWW: 월드 와이드 웹 (World Wide Web)

1 서론

주요내용 및 핵심포인트

무엇이 초판 이후로 변화했는가?
기술과 범죄 간의 오랜 관계는 계속된다.
이 책의 목적은 무엇인가?
이 책은 누구를 위해 쓰였는가?
주요 연구 질문은 무엇이며, 각 장에서 어떻게 다루어지는가?

- *우리는 어떻게 온라인 범죄행동이 변화했는지 알 수 있는가? (2장)*
- *네트워크화된 기술이 사이버범죄의 기회를 어떻게 변화시켰는가? (3장)*
- *정보화시대에 범죄활동은 어떻게 변화했는가? 기계에 대한 사이버범죄, 기계를 이용한 사이버범죄, 기계 내부의 사이버범죄(4, 5, 6장)*
- *정보화시대에 범죄활동과 조직화는 어떻게 계속 변화하고 있는가? (7장)*
- *사이버공간은 어떻게, 누구에 의해 규제되고 있는가? (8장)*
- *사이버범죄는 어떻게 통제되고, 규제되며 예방될 수 있는가? (9장)*
- *이 질문에 대한 답변이 왜 중요한가? (10장)*

이 책을 교육용으로 사용할 수 있나요?

개요 *서론에서는 이 책의 목적, 이 책이 누구를 위해 쓰였는지, 주요 연구 질문이 무엇인지, 각 장에서 어떻게 그 질문을 다루는지 설명한다. 각 장을 형성하는 질문을 다음과 같이 개략적으로 설명한다: 사이버범죄란 무엇인가? 사이버범죄에 대해 우리는 무엇을 알고 있는가? 네트워크화된 기술은 범죄활동의 기회를 어떻게 변화시켰는가? 범죄의 기회는 무엇인가? 정보화시대에 범죄활동은 어떻게 변화하고 있는가? 사이버공간은 어떻게 규제되고 있으며, 누구에 의해 규제되고 있는가? 사이버범죄는 어떻게 규제되고 예방될 수 있는가? 이러한 질문들에 대한 답이 왜 중요한가? 마지막으로, 이 서론에서는 이 책이 사이버범죄를 가르치는 데 어떻게 사용될 수 있는지에 대한 몇 가지 제안을 한다.*

서론

이 책의 초판과 이번 제2판의 표지 사진이 그들이 다루는 사이버범죄 분야에서의 변화를 반영한다고 생각한다. 초판의 표지에는 인터넷 카페 구석에서 노트북을 사용하던 젊은 여성이 등장한다. 그녀는 버튼을 눌렀고, 긴장된 표정으로 주변을 둘러보고 있다. 그녀는 누구였을까? 피해자일까? 범죄자일까? 단순한 행인일까? 10년 전만 해도, 그녀가 누구인지 또는 무엇을 하고 있는지에 대한 답은 명확하지 않았다. 이는 인터넷이 기존의 기준점을 왜곡하고 우리의 기존 추정, 특히 범죄와 인터넷에 대한 추정을 도전하게 만들었기 때문이다.

하지만 오늘날에도 여전히 이러한 질문에 대한 답은 그리 명확하지 않으며, 오히려 완전히 새로운 질문들이 생겨나고 있다. 초판 당시의 주요 도덕적 우려는 주로 극단적 자료, 특히 성적 콘텐츠와 낮은 수준의 사기에 관한 것이다. 그러나 10여 년이 지난 지금, 경제적 사이버범죄와 데이터 절도가 사회에 대한 주요 위협으로 떠오르고 있다. 따라서 이번 판의 표지는 디지털 및 네트워크 기술이 어떻게 범죄기회를 더욱 침투하고 확장했는지를 보다 직접적으로 보여준다. 좀 더 정확하게 말하자면, 표지 사진에 나와 있는 여러 손들 중 하나쯤은 모바일 기기 하나나 두 개쯤은 들고 있어야 하고, 또 다른 손은 은행이나 국가 간 갈등을 가리키고 있어야 할 것 같다. 하지만 이런 것들은 다음 판에서 다룰 주제가 될 수도 있겠네요!

이 책은 여전히 상대적으로 새로운 범죄활동 분야를 탐구하는 작업이다. 이 분야는 '사이버범죄'로 일반적으로 불리며, 이는 디지털 및 네트워크 기술의 융합에 대한 사회의 반응을 나타내는 가상의 공간에서 발생하는 나쁜 면을 상징한다. 사이버범죄는 계속 진화하고 있으며, 사이버보안 환경이 변화하면서 재발견되고 있다. 사실, 이 책의 초판과 제2판 사이에 여러 가지 중요한 변화가 있었으며, 이는 새로운 세대의 데이터 중심 사이버범죄를 촉발시키고 있다.

초판 이후로 무엇이 변했는가?

간단히 말해, 이 책은 독자를 위해 사이버범죄를 분석한다. 이를 통해 인터넷(디지털 및 네트워크 기술)이 어떻게 특정 유형의 범죄행동을 온라인에서 기계화하고 산업화했는지를 보여준다. 초판에서 다뤘던 사이버범죄의 첫 20년이 개인이 글로벌 규모에서 스스로 대규모 사이버범죄를 수행할 수 있게 했던 것을 보여주었다면, 그 이후 20년은 소셜미디어 네트워크와 사물인터넷이 어떻게 우리의 삶에 들어와 사이버범죄의 기회를 제공하고 기술적 변화를 일으켰는지를 설명한다. 디지털 및 네트워크 기술은 또한 새로운 시장의 힘을 만들어냈고, 이것이 사이버범죄의 기회를 확대하여 사이버범죄자들이 사이버범죄를 통해 수익을 내기 위해 더 조직화되게 만들었다.

최근 몇 년 동안 사이버범죄에 대한 초기의 우려가 현실로 나타났다. 그러나 초판에서 다루었던 많은 사건들이 이후에 일어난 사건들을 형성했다. 이는 제2판에서도 일부 원래의 분석을 반복하는 이유가 되며, 이러한 사건들이 우리가 후속 기간을 어떻게 보는지에 영향을 미쳤기 때문이다.

2007년 초판은 네트워크와 디지털기술이 사이버범죄의 완전히 새로운 기회를 어떻게 창출했는지 설명했다. 이를 통해 인터넷 이전의 범죄과정을 구성요소로 분해하고 자동화하여 일부 기술을 불필요하게 만들었다. 자동화된 과정의 관리를 다시 기술화하는 것은 원래 여러 명이 협력해야 했던 범죄를 한 사람이 온라인에서 완전히 실행할 수 있게 했다. 2000년대 중반의 사이버범죄는 파괴력과 다수의 피해자를 양산하는 데 심각한 영향을 미쳤지만, 초기에 사이버보안업계가 예측한 것만큼 심각하지는 않았다. 당시 사이버보안업계는 비관적인 예측에 이해관계를 두고 있었다.

2007년 이후, 사이버보안 환경은 크게 변화했다. 범죄자들은 재정적 이익, 파괴, 중요한 데이터 절도 등의 목표를 달성하기 위해 상황에 맞춰 범죄 작전을 확장해야 했다. 이러한 범죄목표를 달성하기 위해 사이버범죄를 촉진하는 데 필요한 기술자들이 고용될 수 있는 공급망이 생겨났다. 이 기술시장은 사이버범죄 생태계를 형성했으며, 이는 조직범죄집단들에게 발판을 제공했다. 수년 동안 사이버보안업계는 '하늘이 무너진다'는 경고를 해왔으며, 당시에는 마치 우산 제조업체의 일기예보를 듣는 것 같았으나, 이제 그 경고가 실제로 다가오는 것 같다. 그럼에도 불구하고, 이러한 다소 과장된 진술에는 사이버보안 업계, 경찰, 그리고 여러 인터넷 수호자들이 사이버범죄행태를 이해하고 대응하는 데 큰 발전을 이루었다는 점을 명심해야 한다. 그 결과, 범죄자들은 성공하기 위해 더 많은 노력을 기울여야 했다.

기술과 범죄 간의 오랜 관계는 지속지고 있다.

역사를 간단히 살펴보면 범죄와 기술 간의 관계는 결코 새로운 것이 아니며, 해를 끼칠 가능성이 기술발전의 유익해 보이는 면 뒤에 항상 숨어 있는 것 같다. 기술 아이디어를 구현하는 하드웨어는 시간이 지남에 따라 변화할 수 있지만, 기술이 만들어내는 신뢰의 연쇄를 이용하는 기본적인 범죄 아이디어는 여전히 익숙하다. 예를 들어, 19세기 초에는 전신시스템을 이용한 와이어 사기의 창의성이 현대의 해킹과 놀라운 유사성을 보인다. 범죄와 기술 간의 이 오래된, 다소 불편한 관계는 범죄예방과 보안에 관한 아이디어에도 확장된다. 예를 들어, 피라미드의 설계자들은 무덤 도굴자를 막기 위해 정교한 보안 기술을 사용했다. 몇 번의 잘못된 움직임이나 예상치 못한 조치로 인해... 쾅! ... 무덤 입구가 영원히 봉쇄되었던 것이다. 이는 공항에서 비정상적인 움직임 패턴을 식별하여 잠재적인 테러리스트 행위를 탐지하는 자동감시기술과 원칙적으로 그리 다르지 않다. 전신(electrical telegraph)에 관한 이야기로 돌아가서, 그것이 발명되자마자 범죄자를 잡는 데 사용되었으며, 살인범 존 타웰이 1845년 처형 전에 그 사실을 반영한 것과 같다. 애인을 살해하고 기차로 런던으로 도주한 타웰의 신체적 특징은 경찰에 의해 전신으로 전달되었고, 그는 도착하자마자 체포되었다(Standage, 1998: 51).

오늘날 범죄자와 수사관간의 기술적 쫓고 쫓기는 게임은 과거와 크게 다르지 않다. 범죄자들은 여전히 새로운 기술을 적응적으로 활용하며, 조사관들은 그 기술을 활용해 신속하게 범죄를 조사하고 체포하며 예방하려고 한다. 최근 현대에는 글로벌화된 통신 네트워크를 통한 개인 및 모바일 컴퓨팅의 가용성으로 인해 사이버범죄의 규모가 크게 증가했다. 해로운 행동이 발생하는 시간 프레임은 '클라우드 기술' 덕분에 네트워킹 속도가 빨라져서 현재는 실질적으로 훨씬 짧아졌다. 사이버범죄기회가 사이버범죄 파도로 바뀌는 시간도 이제는 일, 월, 년이 아니라 시간, 분, 심지어 초 단위로 측정된다. 결과적으로 디지털 및 네트워크 기술은 단순히 '파워 증폭기' 이상의 의미를 가지게 되었으며, 네트워크는 범죄를 저지르는 아이디어를 글로벌화했다. 범죄를 저지르는 아이디어가 글로벌화된 네트워크를 통해 수행되고 있다. 물론, 이러한 아이디어는 범죄조사와 예방에 관한 아이디어도 글로벌화되었으며, 이는 기술적 탐지방법의 발전과 함께 범죄자들이 능력을 키워야 하는 데 기여했다. 변화의 속도가 너무 빨라서 이 책은 집필과 수정과정 중에도 여러차례 수정되었다. 이는 무어의 제안이 현실이었음을 보여주는 생생한 증거이다. 즉, 인터넷의 1년은 실제 시간으로 약 3개월에 해당한다는 것이다(Moore, 1965: 114).

이 책은 거의 30년에 걸친 여러 학제적 연구와 자료를 바탕으로 정보화시대의 범죄 변화를 탐구한다. 비록 이 책이 주로 네트워크 기술만으로 발생하는 고급 사이버범죄에 초점을 맞추지만, 사이버범죄라고 불리는 넓은 범위의 행동도 설명하려고 한다. 또한 사이버범죄에 대한 다양한 법적, 학문적, 전문가적 및 대중적인 구성과 그 차이점도 다룬다. 네트워크 기술이 해커, 크래커, 사기꾼, 포르노 제작자, 증오 선동자 등 새로운 세대의 범죄과정을 만들어낸 것뿐만 아니라, 이제는 이들 자신도 대체되었다고 주장한다. 디지털 및 네트워크 기술과 다른 기술의 융합은 제3세대(및 가능성 있는 제4세대 또는 제5세대)의 사이버범죄를 초래했으며, 이는 21세기 첫 10년 동안 나타난 첫 번째(컴퓨터 범죄) 및 두 번째(해킹) 세대의 사이버범죄를 보강하거나 대체하게 되었다. 예를 들어, 숙련된 개인에 의한 '해킹'에 대한 이전의 우려가, 범죄자 그룹이 거의 영화 대여하듯이 범죄 소프트웨어를 임대하여 범죄를 저지르는 높은 수준의 공격 방법으로 대체되었다고 볼 수 있다. 이러한 범죄 소프트웨어는 슬롯머신에서 선택하듯이 선택된다. 디지털 대시보드에서 운영되며, 원격관리 악성코드에 감염된 수백만 대의 '좀비' 컴퓨터로 구성된 '봇넷'을 사용하며, 클라우드 기술과 사물인터넷에 의해 지원된다. 범죄 소프트웨어는 해킹과정을 자동화할 수 있으며, 범죄자들이 피해자와 상호작용하는 과정도 자동화할 수 있다. 이러한 시설과 그 관계는 이후 더 자세히 설명될 것이다.

사이버범죄에 대응하는 데에는 여전히 상당한 도전이 있다. 한편으로는, 미디어의 선정적 보도가 사이버범죄에 대한 대중의 기대를 높였다. 그러나 다른 한편으로는, 많은 사이버범죄가 피해자들에게 특히 심각하게 여겨지지 않는 현실이 있다. 왜냐하면 피해의 영향이 지연되거나 피해자의 은행이나 보험정책으로 상쇄될 수 있기 때문이다. 경찰의 조치와 기소는 대부분의 범죄와 마찬가지로 사이버범죄에 대해서도 상대적으로 낮다. 그러나 문화적으로나 역사적으로 경찰은 사이버범죄에 대응할 준비가 잘 되어 있지 않아, 전략적 접근보다는 전술적인 '두더지 잡기'에 의존하는 경향이 있다(Palmer, 2021). 정치적으로는 사이버범죄는 '터지거나, 피 흘리거나, 소리치지 않는다' (BBC, 2019)고 하여, 사이버범죄가 경찰의 우선순위가 되지 않는다고 할 수 있다. 그러나 지역 범죄통계는 사이버범죄의 전 세계적인 그림을 제대로 파악하지 못하는 경향이 있다. 사이버범죄의 진정한 심각성은 종합적인 영향이나 후속 사이버범죄에 있다. 첫 번째 판에서는 낮은 영향의 다수 피해 범죄를 다루었으며, 이제는 최근의 클라우드 기술 덕분에 한 사람이 수십억 건의 저급 범죄를 기술적으로 저지를 수 있게 되었다. 이러한 작은 범죄는 조사하기 거의 불가능하다.

사이버범죄의 초기 단계 이후 주요 발전은 많은 사이버범죄가 상대적으로 작은 영향력을 가지고 있지만, 그 규모와 범죄수익이 증가했다는 점이다. 이에 따라 오늘날 큰 그림을 이해할 필요가 있다. 많은 작은 개별 피해는 대규모의 핵심 범죄에서 발생하며, 이는 사이버범죄 생태계의 다양한 구성요소를 설정하는 데 필요한 중요한 데이터를 제공한다. 예를 들어, 피해자의 계정에 접근하거나 봇넷을 설정하는 것이다. 이것이 대응되지 않으면 '유비쿼터스'하고 자동화된 피해의 가능성에 직면하게 된다.

범죄자들이 사이버범죄 생태계를 통해 사이버범죄를 확장하여 수익성 있는 범죄로 만드는 큰 그림을 구성하는 것은 이 책의 중요한 부분이다. 하지만 사이버범죄 트렌드의 개념적 혼란과 반복적인 '디미니미즘' 문제 및 관할권 경계 문제를 다루는 법과 법집행의 역할도 중요하다. 한편으로는, 범죄 한 건당 범죄자 하나를 전제로 하는 형사사법시스템이 여러 법체계에 걸친 다수의 범죄나 여러 범죄의 집합적인 발생을 처리할 준비가 되어 있지 않다. 사이버범죄는 그 엄청난 규모로 인해 조사와 기소에 많은 실질적, 기술적, 법적 문제를 일으킬 수 있다. 다른 한편으로는, 사이버범죄의 디지털 현실은 행동이 새로운 기술에 의해 매개될수록, 그 기술에 의해 지배될 가능성이 더 크다는 것이다. 예를 들어, 법률은 소프트웨어 작동의 코드에 작성될 수 있으며, 실제로 그렇게 되고 있다. 그러나 이러한 경향이 줄어들지 않으면, 시민들이 유비쿼터스한 법집행에 노출되고, '사전 범죄' 예측을 바탕으로 행동할 잠재적 문제를 초래할 수 있다. 이는 인공지능이 모든 가용 데이터를 분석하여 사이버범죄가 발생할 가능성을 예측하는 것으로, 일부 사회에서는 매력적일 수 있지만, 개인정보보호에 대한 단점도 포함하고 있다.

25년이 지난 지금도 박스 1.1에서 볼 수 있듯이 사이버범죄에 대한 연구와 교육이 여전히 힘든 일로 보인다는 점이 다소 놀랍다.

박스 1.1: "우리가 그냥 전원을 내릴 수는 없나요?"

정확히 25년 전, 나는 국제보안책임자 회의에서 사이버범죄 위협에 대해 이야기한 기억이 난다. 한 대형 국제 공항의 책임자가 다소 믿기지 않는 듯한 어조로 말했다. "답은 간단해요, 그냥 꺼버리면 되잖아요." 인터넷이 공격에 대비해 설계되었기 때문에 꺼버릴 수 없다는 설명을 듣고 나서 그는 "누가 그런 일이 일어나도록 허락했는가!"라고 외쳤다. 그러자 한 미국 국방부 고위 관리가 짧게 대답했다. "그건 우리가 했다. 인터넷은 미국이 국가와 방어 통신을 유지할 수 있도록 구축한 것이며, 핵 공격으로 주요 통신 허브가 파괴되더라도 통신을 유지할 수 있게 설계되었다." 이 사실을 깨달은 후, 새롭게 깨달은 보안 책임자는 문제를 훨씬 더 이해하게 되었고 논의에 기여 했다. 이 일화는 인터넷이 얼마나 빠르게 사람들의 삶에 깊숙이 자리 잡았는지를 보여주었고, 당시 많은 사람들이 그 사실을 인식하지 못하고 있었던 것을 보여주었다. 또한 정부들이 인터넷 기술의 복잡성과 범죄적 함의를 충분히 이해하지 못하고 있다는 것과 사이버범죄 문제를 방어해야 하는 사람들이 그 문제를 얼마나 적게 이해하고 있었는지를 보여주었다. 마지막으로, 이는 로스 앤더슨이 언급한 '소프트웨어 판매자의 유혹'에 얼마나 취약했는지를 보여주었다. 사이버보안은 큰 사업이 되었고, 그 업계에 있는 사람들은 문제를 과소평가할 일이 없었다.

오늘날 이러한 주제와 태도는 소셜미디어 기반의 증오발언에 관한 논의와 최근 인공지능에 대한 우려에서 반영되고 있다. 그리고 메시지는 동일하다. 우리는 그냥 전원을 꺼버리거나 자료를 삭제할 수 없으며, 문제를 마법처럼 해결해 줄 만능 해결책은 없다. 세상은 변했고 계속 변할 것이며, 범죄자들은 이 사실을 계속해서 악용할 것이다. 따라서 사회는 이에 맞춰 대응을 준비해야 한다!

이 책의 목적

앞서 언급한 바와 같이, 이 제2판의 주요 목적은 초판과 크게 다르지 않다. 즉, 사이버범죄에 대한 우리의 지식과 이해를 증진시키는 것이다. 이 책은 컴퓨터 범죄나 그 해결 방법에 대한 매뉴얼이 아니다. 그 분야는 다른 이들이 훨씬 더 잘 다루고 있다. 대신, 이 책은 디지털 및 네트워크 기술로 인해 범죄활동과 그 규제에서 발생한 다양한 변화를 비판적으로 이해하고자 한다. 향후 장들에서 제시할 중심 논지는 '변화론'으로, 이 기술들의 정보화, 글로벌화, 네트워크화 특성에 의해 사이버범죄 행동이 어떻게 변화하는지를 살펴본다. 이러한 접근법은 사실 다양한 형태의 사이버범죄가 디지털기술로 인해 생성되며, 이미지, 문서, 소리와 같은 객체를 컴퓨터 파일로 변환하고 이를 (잠재적으로) 전 세계로 전송하는 네트워크 기술이 그 배경에 있음을 밝혀낼 것이다. 이러한 과정은 전통적인 범죄 분업을 변화시켜, 정보의 획득이나 조작과 같은 새로운 기회와 형태의 범죄를 제공하게 되었다. 이 변화의 개념은 사이버범죄의 매우 다른 설명들을 범죄과정의 서로 다른 단계로 제시함으로써 이들을 조화시키는 전망을 제공하기 때문에 중요하다. 변형 개념의 또 다른 측면은 사이버범죄를 생성하는 동일한 기술이 그 규제와 경찰활동을 위한 독특한 기회를 제공한다는 점이다. 그러나 이는 해결책을 제공할 수는 있지만, 인터넷에서 질서와 법집행을 유지하기 위한 틀에 대한 중요한 논쟁을 촉발하기도 한다.

이 책은 누구를 위해 쓰였나요?

이 책은 주로 이 분야에 관심이 있는 사람들, 다양한 사이버범죄를 공부하는 학생들, 가까운 동료들과 멀리 사는 동료들, 그리고 이 분야에서 활동하는 많은 정책 입안자와 실무자들을 위해 쓰였다. 또한, 30년 이상 이 분야를 연구해 온 제 자신을 위한 기억을 위해 작성되었다.

초판이 발간되었을 때는 포괄적인 사이버범죄 텍스트가 거의 없었다. 이제는 많은 텍스트가 있지만, 법, 범죄학, 형사사법 사이의 교차점을 다루는 교재는 드물며, 이 책은 그 자리를 채우고 있다. 그러므로 이 책의 주요 학술적 참조점은 법과 범죄학의 교차점, 특히 '실행 중인 법'과 관련된 부분이다. 이는 많은 유해한 인터넷 행동이나 범죄가 민사법 내에서 명확하게 분류되지 않기 때문이다. 게다가 현재 이러한 문제들이 해결되는 방식은 공공안전에 대한 광범위한 담론과 특정 법집행 논쟁을 통해 점점 더 영향을 받고 있다. 이 책은 진행되는 논지에 의해 이끌리지만, 동시에 사이버범죄의 범위와 맥락을 정리하고 설명하며, 이에 따라 계속되는 학문적 논의에 기여하고자 한다. 이 책의 대상 독자는 다양한 프로그램의 고급 학부생과 대학원생들, 그리고 사이버범죄와 관련된 정책 제정이나 실무에 참여하는 전문 커뮤니티이다. 또한, 지금은 꽤 많은 주제에 대한 매우 좋은 텍스트들을 보완한다. 예를 들어, Grabosky와 Smith(1998; Smith et al., 2004), Grabosky(2016)의 주요 저작, McQuade(2006b) 및 Majid Yar(2006; 4판, Steinmetz, 2023) 의 사이버범죄와 사회에 관한 사회학적 연구, Fafinski(2009)의 법적/규제적 논쟁, Maras(2016)의 사이버범죄학, Steinmetz(2016)의 해커 분석, Leukfeldt(2016)의 사이버범죄와 조직범죄 연구, Lusthaus(2019), Lavorgna(2020), Holt와 Bossler(2015), Holt et al.(2022)의 디지털 포렌식 연구, Button et al.(2022)의 경제적 사이버범죄 연구 등이 포함된다. 이 외에도 언급하기 어려운 많은 중요한 저작들이 있다.

제 자신의 실증연구와 이 분야의 동료들의 연구에 의해 정보는 주로 사건에 대한 근거있는 분석을 바탕으로 구성되었으며, 다양한 출처를 사용하였다. 이론적으로는 Katz(1988)와 동료들의 내러티브 범죄학, Glaser와 Strauss(1967)의 근거 이론, Gibson의 '가능성 이론'(1966), Cohen과 Felson의 일상활동이론(1979)에 빚을 지고 있다. 또한, 1980년대 사이버펑크 문헌에서 그려진 문화적 사이버범죄 내러티브에 영향을 받으며, 때로는 그와 반대되는 견해를 채택한다. 이 내러티브는 분산(집중화되지 않은) 인터넷의 조직구조와 사이버범죄와 피해에 대한 상충하는 정보의 흐름에 의해 형성된다. 우리는(연구자들) 사이버범죄에 관한 데이터의 신화와 가정에 맞서 싸우고 있으며, 실제로는 사회과학자들이 쉽게 사용할 수 있는 형태로 존재하지 않는 경우가 많다. 네트워크화된 정보는 모든 방향으로 자유롭게 흐르는 경향이 있어 이전의 미디어 기술이 특징으로 하는 편집 검증과 통제를 피한다. 이러한 정보 출처 중 일부는 공정하고 신뢰할 수 있는 뉴스보도의 결과이며, 다른 일부는 상업적 이해관계의 산물일 수 있거나, 학문적 연구나 정부 및 비정부기관에서 실시한 조사 결과일 수 있다. 예를 들어, 사이버범죄 사건이 실제로 발생한 시점을 기록하는 문제가 있다. 특정 법이 위반되었을 때인지, 피해셀프보고했을 때인지, 범죄자가 주장할 때(그럴 때도 있다!)인지, 기자나 다른 당사자가 폭로했을 때인지 등이다. 사건 식별은 범죄학에서 오랜 문제였으나 사이버범죄가 개입되면 더욱 복잡해진다. 가능한 한 원본과 독립적인 정보출처를 활용하여 정보의 신뢰성을 확보하려 했으며, 특정 추세를 두 개 이상의 독립적인 데이터 세트에서 확인하거나 사건발생을 기록하기 위해 노력했다. 초판 이후, 사이버범죄, 랜섬웨어 피해자 및 갈등그룹에 대한 오픈소스 데이터베이스를 포함하여 다양한 연구 프로젝트를 통해 정보가 수집되었다.

이러한 접근방식은 종종 대중의 소비를 위해 미디어에서 단순화된 지혜를 반박하는 데 도움이 되었다. 특히, 단순히 감각적인 뉴스흐름을 따르지 않도록 주의했다. 하나의 기사가 감각적인 뉴스사건을 보도하면 다른 기사들이 이어지는 경향이 있기 때문이다. 따라서 분석은 범죄의 많은 목소리를 존중하는 다학제적 접근방식을 채택한다. 디지털 현실주의적 관점은 그러나 동명의 예술적 이론인 '유사 현실주의'와 혼동되어서는 안된다. 오히려 Lessig(1998a, 1998b, 2006)와 Greenleaf(1998)의 작업에서 비롯되며, 범죄학 이론가들, 일상활동이론(Felson), 가능성 이론(Gibson), 상징적 상호작용론(Matza), 문화사회학(Katz)의 작업을 결합하고 적응하여 사이버범죄를 이해하고 맥락화하는 데 중점을 둔다. 이는 본질적으로 사이버범죄가 일반 범죄와 마찬가지로 기술뿐만 아니라 사회적, 법적 가치, 경제적 동인 및 기회에 의해 중재된 행동 형태라는 것을 인정하는 다중 담론 접근방식이다. 이러한 영향을 통한 상호 연관성은 사이버범죄의 디지털 아키텍처를 형성할 뿐만 아니라 동일한 피해를 해결하는 방향을 제시한다.

그럼으로써, 다음 장에서 개요를 설명할 지식, 문헌 및 연구 결과를 바탕으로 한 체계적인 조사결과를 제시한다. 이는 제가 1999년부터 2023년까지 다양한 조직과 기관을 위해 수행한 연구지원 프로젝트에 의해 정보가 제공되었다.

주요 연구 질문은 무엇이며 및 장 구성은 어떻게 되어 있나요?

이 책의 중심 목표는 정보화시대에 범죄의 변화를 탐구하는 것이다. 정보화시대는 디지털 및 네트워크 기술이 채택된 이후, 즉 1990년대 초반부터 정보를 통해 진전을 이루거나 그렇지 않은 시대를 의미한다. 이 목표를 달성하기 위해 책은 다음 여섯 가지 주요 연구 질문을 다루며, 각 질문은 장별 논의의 틀을 제공한다.

사이버범죄란 무엇이며, 우리는 사이버범죄에 대해 무엇을 알고 있으며, 이를 어떻게 이해할 수 있는가? 2장에서는 사이버범죄에 대한 지식의 생성 및 용어의 기원에 대해 다루며, 사이버범죄를 의미 있게 하는 다양한 담론을 탐색한다. 또한, 사이버범죄에 대한 지식이 생산되는 다양한 방식 간의 긴장을 비판적으로 분석하고, '문제'를 분석하여 이를 논의할 수 있는 언어를 제공한다.

네트워크 기술이 범죄활동의 기회를 어떻게 변화시켰는가? 3장에서는 네트워크 사회의 출현과 이를 구성하는 기술들에 대해 논의하며, 이러한 기술들의 독특한 특성이 범죄행동을 어떻게 변화시키고 사이버를 지원하고, 사이버범죄를 가능케 하고 및 사이버에 의존하는 범죄활동을 위한 새로운 경로를 어떻게 창출했는지 탐구한다.

정보화시대에 범죄활동은 어떻게 변화했는가? 다음 세 개의 장에서는 사이버범죄의 다양한 초점 또는 범행수법(modus operandi)을 탐구함으로써 이 질문에 답하고자 한다.

4장은 '기계에 대한 사이버범죄'를 다루며, 컴퓨터 시스템의 무결성을 위협하는 다양한 도전과제, 예를 들어 해킹 등을 설명한다. 이는 이미 소유권과 통제가 확립된 공간에 대한 접근을 얻기 위해 설정된 경계를 침범하는 범죄를 포함한다.

5장은 '기계를 이용한 사이버범죄'를 탐구하며, 사이버 절도 또는 사기와 같은 다양한 변형된 형태의 범죄에 대해 논의한다. 또한, 컴퓨터 매개 통신이 이러한 범죄 범주에 점점 더 포함되고 있음을 설명한다.

6장은 '기계 내의 사이버범죄'를 집중적으로 다루며, 극단적인 포르노그래피, 증오발언, 극단적인 정치적 발언과 같은 사이버범죄의 주요 분야를 다룬다.

정보화시대에 범죄활동과 그 조직은 어떻게 계속 변화하고 있는가? 7장에서는 사이버범죄의 조직이 점점 더 정교해지고 있는 방법을 탐구한다. 악성 소프트웨어의 발전이 피해 자동화를 어떻게 지속적으로 이루고 있는지, 사회공학이 어떻게 기술적 및 심리적으로 정교해졌는지를 설명한다. 범죄-서비스는 완전히 새로운 수준의 사이버범죄를 창출하고, 범죄의 규모와 피해자의 영향을 확장시키는 방법도 다룬다. 또한 범죄자와 피해자를 식별하는 데 있어 발생하는 정보적 문제를 논의한다.

사이버공간은 어떻게 치안유지되고 있으며, 누구에 의해 관리되는가? 8장에서는 사이버공간의 치안유지 방식을 탐구하며, 현재 온라인 행동을 규제하는 컴플라이언스 프레임워크를 설명하고, 사이버범죄가 형사 및 민사 사법절차에 미치는 도전과제를 식별한다. 또한, '경찰'이 형사사법시스템의 게이트키퍼로서의 역할을 논의한다.

사이버범죄는 어떻게 통제되고, 규제되며, 예방될 수 있는가? 9장은 인터넷 전원을 끌 수 없는 상황에서 사이버범죄를 규제하는 도전에 대해 논의한다. 온라인 행동을 관리하는 프로세스와 법, 기술, 기타 요인들의 역할을 중점적으로 살펴본다.

왜 이러한 질문에 대한 답변이 중요한가? 10장에서는 앞서 다룬 질문들에 대한 답변을 요약하고, 디지털 및 네트워크 기술에 의해 범죄가 어떻게 변형되었는지를 설명한다. 이러한 답변이 독자가 사이버범죄의 다양한 현상을 이해하고, 변화하는 사이버범죄 추세에 대한 정보를 개발하고 다른 사람들과 소통하는 데 도움이 되기를 바란다,

이 책을 교육용으로 사용할 수 있나요?

네, 이 책의 각 장 구조는 범죄학, 형사사법 또는 법대 3학년 학부과정 학생들과 사이버범죄, 사이버보안, 테러 및 정보 분야의 석사과정 학생들, 심지어 컴퓨터학 전공학생들을 위한 사이버범죄 교육 모듈을 만드는 데 쉽게 적응될 수 있다. 특히 컴퓨터학 분야에서는 학생들이 사이버범죄를 맥락화하고 이해하는 데 도움이 될 수 있다. 서문과 결론 및 8개의 주요 장은 각각 다른 사이버범죄 문제에 대한 통찰력을 제공하며, 교사들이 추가로 개발할 수 있는 주제별 교육 또는 토론 포인트를 제공한다. 범죄목록보다는 주제별로 따라가면서 학생들은 다양한 사이버범죄의 의미를 이해하고, 이러한 접근방식은 위협환경이 발전함에 따라 모듈을 미래에 대비할 수 있게 한다. 장의 주제는 종종 질문 형식으로 표현되며, 이를 통해 강의를 구성하고 세미나를 조직할 수 있다.

제안된 사이버범죄 교육 커리큘럼 세션 구조:

- **사이버범죄 모듈 소개** - 모듈 및 목표에 대한 개요.
- **사이버범죄에 대한 지식은 어떻게 생산되는가?** - 사이버범죄에 대한 지식 생산과 온라인 범죄행동 변화의 이해.
- **사이버공간에서 범죄활동이 어떻게 변화했는가?** - 네트워크 기술이 범죄 기회를 어떻게 변화시켰는지 탐구한다. 다음의 세 섹션은 사이버범죄의 세 가지 다른 방식과 해당 법적 배경을 살펴본다.
    - **기계에 대한 사이버범죄**(해킹, 크래킹, 서비스 거부 공격) – 정보화시대에 기계에 대한 범죄가 어떻게 변화했는가?
    - **기계를 사용하는 사이버범죄**(사기 및 절도; 가상강도; 소셜미디어 네트워크 범죄; 폭력적, 공격적 커뮤니케이션; 대규모 개인정보 침해) – 정보화시대에 기계를 사용하는 범죄가 어떻게 변화했는가?
    - **기계 내 사이버범죄**(극단적인 성적 이미지, 증오발언 및 폭력적 발언) – 정보화시대에 기계 내 범죄가 어떻게 변화했는가?
- **정보화시대에 범죄활동이 계속해서 변화하는 방식** - 사이버범죄 미래: 사이버범죄 공급망의 생태계로서의 재조직화.
- **사이버범죄를 유지하고 법을 지키는 방법** - 사이버범죄에 대한 경찰활동:

사이버공간이 어떻게 규제되고 경찰에 의해 관리되는지, 그리고 누가 관여하는지.

- **사이버범죄를 어떻게 규제하고 예방할 것인가?** - 사이버범죄의 통제 및 예방.
- **정보화시대에 범죄가 어떻게 변했는가?** - 결론 세션.

각 장의 시작에는 장 구조와 핵심포인트가 나열되어 있으며, '각장 한눈에 보기' 문단이 있다. 각 장의 끝에는 논의 포인트와 질문, 그리고 추가 참고도서 자료에 대한 아이디어가 나열되어 있다. 이러한 자료는 독자가 읽은 내용을 반영하거나, 나중에 에세이 또는 세미나 질문으로 변형할 수 있는 아이디어를 제공한다.

더 자세한 교육 이슈의 분석은 부록에서 확인할 수 있다. 필요시 UNODC 사이버범죄 모듈을 사용하여 커리큘럼을 확장하는 것도 고려해 보기 바란다.

추가 참고도서 각 장의 끝에는 학생들과 연구자들이 연구를 더 발전시킬 수 있도록 특정 추가 읽기 자료가 나와 있다. 모든 출처가 본문에서 직접 참조되지는 않지만, 여전히 영향력이 있다. 전체 분야를 더 공부하고 싶은 학생들은 다음의 텍스트를 시작하는 것이 좋다: McGuire (2007); Holt and Bossler (2015); Maras (2016); Gillespie (2019); Lavorgna (2020); Yar and Steinmetz (2023). 이러한 자료는 다양한 관점을 제공하며, 이들이 참조하는 문헌 또한 추가적인 연구 경로를 제공할 것이다. 이 자료들은 온라인 또는 도서관을 통해 이용 가능해야 하며, 일부 오래된 버전은 하드 카피로는 제공되지 않을 수 있지만, 전자 형식으로는 여전히 이용 가능할 것이다.

2 사이버공간에서 범죄에 대한 지식생산

온라인에서 범죄행위가 어떻게 변화했는지 우리는 어떻게 알 수 있을까?

주요내용 및 핵심포인트

사이버범죄에서 범죄에 대한 지식생산

- 사이버펑크와 사이버공간 개념의 기원
- 그렇다면 사이버범죄란 무엇인가?
- 사회과학소설에서 등장한 '사이버공간'과 '사이버범죄' 용어의 기원
- 사이버범죄에 대한 학술문헌
- 통계적 출처: 국가와 사이버보안산업

사이버범죄에 대한 지식생산에서의 긴장

- 사이버범죄의 과장: 보도 편향 및 미디어의 구성
- 사이버범죄의 과소평가
- 논쟁의 장으로서 사이버공간을 둘러싼 지속적인 권력투쟁
- 전문가 사이의 경쟁적 주장
- 공공부문과 민간부문의 이해관계 충돌과 혼란
- 수사적 표현과 현실의 혼동 위험
- 범죄학 이론과 사이버범죄

범죄는 어떻게 온라인에서 범죄행위를 변화시켰고, 우리는 그것에 대해 어떻게 알 수 있을까?

개요 *2장에서는 우리가 사이버범죄를 어떻게 이해하는지에 대해 비판적으로 고찰하고, 사이버범죄에 대한 지식생산을 구성하는 학제 간 관점에서 발생하는 문제와 긴장감을 살펴본다. 이 장은 사이버범죄를 둘러싼 다양한 사건들의 버전을 조화시키며, 사이버범죄를 정의하는 내러티브를 제시한다. 첫 번째 부분에서는 '사이버범죄'라는 용어의 문화적 기원을 살펴보고, 정보화시대의 범죄에 대한 이해를 돕는 다양한 지식의 출처를*

개괄하며, 문헌 내에서 나타나는 여러 '목소리'를 식별한다. 두 번째 부분에서는 사이버범죄에 대한 지식생산에서 발생하는 여러 긴장과 경쟁하는 관점, 그리고 사이버범죄에 대한 공포 문화가 그것을 이해하는 방식에 어떻게 영향을 미치는지를 다룬다.

서론

인터넷이 범죄행위에 큰 영향을 미쳤다는 사실을 부정하는 사람은 거의 없지만, 그 영향이 무엇인지에 대한 합의는 훨씬 적다. 심지어 사이버범죄가 문제라는 데에 동의하는 이들조차도 이를 어떻게 다뤄야 할지에 대해선 의견이 분분하다(Goodman and Brenner, 2002: 89). 즉, 인터넷이 등장한 지 30년이 지난 지금, 모두가 사이버범죄가 존재하고 사회에 문제가 된다고 동의하지만, 정작 그것이 무엇인지에 대해서는 합의에 이르지 못했다! 때로는 해킹이 주된 논의가 되기도 하고, 다른 때는 사기, 외설, 증오 또는 정치적 자료가 논의의 대상이 된다. 사이버범죄의 발생 비율에 대한 주장조차도 실제로 무엇이 '사이버' 범죄인지 명확하지 않은 경우가 많다. 실제로 사이버범죄로 불리는 사건들이 법정에 오를 때, 그들은 '사이버범죄'라기보다는 오히려 '전통적 범죄'처럼 들리는 경우가 많다. 이러한 범죄들은 해킹, 사기, 포르노그래피, 소아성애, 괴롭힘, 스토킹, 괴롭힘 심지어 가짜 뉴스까지 포함되며, 이미 기존의 형사사법시스템에서 다루고 있는 범죄들이다.

더 혼란스러운 것은 매년 수십만 건의 사건이 보고된다고 주장하는 반면, 실제로 기소되는 사건의 수는 상대적으로 적다는 점이다. 이 현상이 도널드 럼즈펠드(Donald Rumsfeld)가 언급한 'unknown unknowns(모르고 있다는 것을 모르고 있다)' (Barone, 2004)의 사례일까? 아니면 우리가 실제로 사이버범죄라는 것이 존재하는지 질문해야 할까? Brenner(2001: para. 1)를 비롯한 저자들, 그리고 저 자신(1997년부터), Jones(2003: 98), McGuire(2007), Yar(2006; Yar and Steinmetz, 2023) 등은 사이버범죄가 새로운 이론화를 필요로 하는 범죄 범주인지, 아니면 기존 이론을 적용하여 이해하는 것이 더 나은지에 대해 의문을 제기해 왔다.

사실, 최근 몇 년간 사이버범죄가 실질적으로 변화했는지에 대한 중요한 추가 질문들이 제기되었다. 초기의 사이버범죄 이해는 랜섬웨어와 같은 악성 소프트웨어의 산업적 발전으로 인한 사이버범죄 피해자의 대규모 확대를 예측하지 못했다. 이 악성 소프트웨어는 피해자를 여러 단계에서 사기치며 범죄자에게 돈을 송금하게 만든다. 또한, 초기의 연구는 소셜미디어 네트워크와 관련된 범죄행위의 확장을 예측하지 못했으며, 이는 심리전(psyops)을 통해 사회, 감정, 정치적으로 대중을 조작하는 새로운 공격 벡터를 만들어냈다. 그러나 분명한 것은, 인터넷이 온라인에서의 사회적 행동과 범죄를 변화시켰을 뿐만 아니라, 사이버범죄로 불리는 온라인 범죄활동이 문화와 일상 언어에 깊이 뿌리내렸다는 것이다. '사이버범죄'라는 용어는 이제 고착화 되었으며, 남아있는 불확실한 부분은 사이버범죄 연구자들이 이를 다른 이들에게 설명하는 방법이다. 이에 따라 우리는 사이버범죄를 표현할 수 있는 공통의 언어적 틀을 개발할 필요가 있다.

'사이버범죄'는 디지털 및 네트워크 기술을 사용하는 다양한 공격적 행동을 설명하는 포괄적 용어로 보는 것이 가장 적합하지만, 이 주제는 여전히 민감하고 논쟁의 여지가 많다. 사이버범죄가 기술과 관련이 있는지, 또는 피해자 집단의 행동(쉽게 속는 성향)과 관련이 있는지에 대한 대립되는 관점은 사이버범죄에 대한 이해의 큰 간극을 드러내며, 이는 사이버범죄에 대한 지식생산의 질에 대한 중요한 질문을 제기한다.

첫 번째 질문 그룹은 사이버범죄에 대한 문제를 어떻게 인식하고, 그것이 문제라면 이를 정확하게 측정하고 있는지에 대한 의문을 제기한다. 사이버범죄 수준이 과소평가되고 있는가? 모든 징후는 사이버범죄가 과소평가되고 축소 기소되고 있음을 시사한다. 왜 이렇게 큰 우려를 불러일으키는가? 이 문제가 과장된 것인가? 만약 그렇다면, 어떻게 그렇게 된 것일까? 예를 들어, 언론의 뉴스 수집 과정이 몇몇 새로운 사건을 부풀려 범죄 파동을 만들어냈을까? 혹은 우리는 브루스 슈나이어(Bruce Schneier, 2003)가 말한 '공포(Fear), 불확실성(Uncertainty), 의심(Doubt)'(FUD)을 퍼뜨리는 사이버보안산업의 계산된 시도에 직면해 있는 것일까?

두 번째 질문 그룹은 사이버범죄의 중요성이 주장되는 만큼 일상생활에 큰 영향을 미치지 않으며, 기소 건수도 적다는 점에 대한 의문을 제기한다. 이는 기본적인 정보수집 과정에 대한 개념적 기반을 도전하는 질문이다. 사이버범죄자들을 정의에 맡기는 데 형사사법시스템이 비효율적인 것일까? 또는 전통적인 사회 문제를 해결하기 위해 설계된 형사사법시스템이 새로운 글로벌화된 '가상' 문제에 대응할 수 없다고 기대하는 것이 현실적이지 않은 것일까? 아니면 우리는 사이버범죄에 대한 법적, 학문적, 전문가 및 대중적인 해석의 인식론적 차이를 이해하지 못하고 있는 것일까?

이러한 질문들은 현재에도 여전히 유효하며, 사이버범죄 위협의 지형은 계속 진화하고 있다. 따라서 이 장에서는 사이버범죄를 설명하고 이를 이해하는 데 필요한 문제들을 비판적으로 검토하고, 다양한 관점에서 발생하는 긴장을 규명하려고 한다.

1부에서는 '사이버범죄'라는 용어의 문화적 기원을 살펴보고, 특히 문헌에서 나타나는 여러 '목소리'를 통해 사이버범죄에 대한 이해를 돕는 지식의 다양한 출처를 식별한다. 2부에서는 사이버범죄에 대한 지식생산에서 발생하는 긴장과 경쟁하는 관점을 위치시키고, 사이버범죄에 대한 공포문화가 그것을 이해하는 방식에 어떻게 영향을 미치는지를 설명한다.

사이버범죄에 대한 지식을 생산하는 것?

왜 '사이버범죄'라고 부를까? 사이버범죄의 문화적 역사는 그것이 단순히 사이버공간에서 일어나는 범죄라는 것을 암시하는데, 이는 즉시 사이버공간이 무엇인지에 대한 의문을 불러일으킨다. 그러나 만약 그것이 단순히 사이버공간에서 발생하는 범죄라면, 컴퓨터 시스템 침입이 사기나 음란물, 혹은 증오발언과 같은 범죄와 동일한 것으로 간주되는 것일까? 각각이 사이버범죄로 분류되기 때문이다. 이 질문에 대한 답은 사이버범죄의 기원에서 찾아볼 수 있다.

사이버펑크와 사이버공간의 개념적 기원

사이버공간의 개념적 기원은 1970년대 말과 1980년대 초의 사이버펑크 사회과학소설에서 찾을 수 있다. 사이버펑크 작가들은 사이버네틱스와 당대 펑크 운동의 감성을 결합하여, 과학기술과 정보기술의 디스토피아적 발전이 사회질서를 붕괴시킬 가능성을 다루는 장르를 형성했다. Person(1998)은 다음과 같이 관찰했다: "고전적인 사이버펑크 캐릭터들은 사회에서 소외되고 고립된 외톨이들이었으며, 급격한 기술변화, 방대한 컴퓨터화된 정보데이터, 그리고 인간의 신체에 대한 침투적 개조가 일상생활에 영향을 미치는 일반적으로 디스토피아적인 미래에서 살고 있었다." 초기 사이버펑크의 테마는 본질적으로 '첨단 기술이지만 저급한 삶(hi-tech, but low-life)'의 미학이었으며, Person이 묘사한 '고전적인 사이버펑크 캐릭터들'은 결국 해커 전형의 사회적 청사진이 되었다. 이 전형은 시간이 지나면서 포스트 사이버펑크 세계에서 더 이상 소외된 외톨이가 아닌, 사회에서 고용되고 중요한 구성원으로 자리 잡게 되었으며, 그들이 사는 미래도 필수적으로 디스토피아적인 것은 아니게 되었다. 그럼에도 불구하고 그들의 삶은 여전히 '급격한 기술변화와 모든 곳에 존재하는 컴퓨터화된 기반시설'에 의해 충격을 받는다(Person, 1998).

사이버공간은 디지털 및 네트워크 기술의 과학적 결합에 대한 사회적, 심리적, 문화적 반응에 의해 만들어진 상상의 공간이다. 과학적으로, 디지털화는 정보를 (사진, 문서, 글, 밈 등) 디지털 파일로 변환하여 네트워크의 모든 노드로 즉시 전송할 수 있게 만든다. 그러나 이러한 개념들이 픽션과 영화에서 초기 문화적 표현으로 등장하면서, 그것들은 인간의 상상 속에 깊이 자리 잡게 되었고, 사람들이 거주할 수 있고 탐색할 수 있는 상상의 공간을 형성했다.

'사이버공간'이라는 용어의 기원은 William Gibson(1982)의 해커그룹 '사이버공간 세븐'에 관한 매우 영향력 있는 단편소설 "불타는 크롬"에서 비롯되었다. 이 이야기는 빠르게 사이버공간이라는 상상의 공간을 묘사하는 인기 있는 표현이 되었으며, 그 안에서 네트워크화된 컴퓨터 활동이 이루어졌다. 깁슨의 단편소설은 옴니 매거진(1978-1998)에 실렸으며, 이 잡지는 과학소설과 실제 과학을 결합한 포럼으로서 사이버펑크에 대한 탐구를 촉진했다. 1980년대 동안 다른 과학소설 포럼, 소설 및 영화와 함께 옴니는 물리적 공간, 즉 현실과 대비되는 '사이버공간'이라는 개념을 점차 정의하는 데 기여했다(깁슨, 1984 참조).

사이버공간과 범죄와의 연결은 빠르게 발전했으며, 이에 따라 내러티브는 더욱 도발적이고 '매력적'이 되었다. 그러나 이 두 가지 사이의 연결은 두 가지 다른 사이버공간 비전의 발전으로 인해 혼란을 겪었다. 이 두 가지 비전은 Jordan(1999: 23-58)에 의해 유용하게 구분된다. 깁슨의 원래 상징적 비전은 개인이 자신의 '물리적 공간(meatspace)'을 떠나 의식을 '사이버공간'로 이동시키는 과정을 묘사하며, 예를 들어 영화 매트릭스(1999, 감독: 워쇼스키 형제)에서 이러한 과정을 볼 수 있다. 반면, 존 페리 바로우(Barlovian)의 혼합적 비전은 가상과 현실을 결합하여 깁슨의 가상개념을 현실 세계의 경험과 융합시켰다(Jordan 1999: 56; Bell 2001: 21). 그 결과는 헌법적 질서가 유지될 수 있는 환경이 되었다(Barlow, 1996). Barlow의 대안적 사이버공간 비전은 컴퓨터 안이나 통신기술 안에 있는 것이 아니라 네트워크화된 개인들의 상상 속에 설정된 공간으로 자리 잡았다. 비록 상상의 공간이지만, 그 공간에서 발생하는 일들은 참여하는 사람들에게 실제로 영향을 미치므로 실제로도 존재하는 것이다. 따라서 디지털 이원론 주장에서처럼 두 공간을 분리하는 것은 불가능하다. "디지털과 물리적 세계는 점점 더 얽혀 있다"(Jurgenson, 2011)는 점은 특히 사이버범죄와 관련하여 중요하다.

사이버범죄란 무엇일까?

앞서 언급한 바와 같이, '사이버범죄'는 사이버공간에서 발생하는 범죄를 의미하지만, 이 용어는 온라인에서의 불안정성과 위험을 더 넓은 의미로 상징하게 되었다. 사이버범죄 자체로는 다소 의미가 모호할 수 있는데, 이는 보통 과학적이거나 법적 정의보다는 은유적이고 감정적으로 사용되기 때문이다. 일반적으로 네트워크 컴퓨터 시스템의 오용과 관련된 해로운 행동을 지칭하는 데 사용된다. '사이버범죄'라는 용어는 대체로 미디어에서 창안된 개념으로, 특히 영국이나 미국의 법적 문헌에서는 특정한 법적 기준이 없었다. 이 용어와 연관된 범죄는 해킹, 포르노그래피, 사기와 같은 좁은 법적 범주에 기초한 것이었다. 사실, 인터넷 초창기에 문제를 일으킨 많은 사이버범죄는 당시 형법에서 범죄로 간주되지 않았다. 1980년대로 돌아간다면, '사이버공간 범죄'라는 용어가 더 정확하고 적절한 설명이 되었을 것이다.

'사이버범죄'라는 용어의 정확한 기원은 불확실하지만, 1980년대 후반의 사이버펑크 소설과 관련된 시청각 미디어에서 등장한 것으로 보이다. 그러나 사이버공간과 범죄의 연관성은 윌리엄 깁슨(William Gibson), 브루스 스털링(Bruce Sterling), 브루스 베스키(Bruce Bethke), 닐 스티븐슨(Neil Stephenson) 등의 초기 사이버펑크 단편소설에서 암시적으로 나타났다. 범죄는 사이버공간 이야기의 흥미로운 측면을 추가하며, 사이버공간 범죄라는 주제는 윌리엄깁슨(William Gibson)의 '스프롤' 3부작('뉴로맨서' 1984, '카운트 제로' 1986, '모나리자 오버드라이브' 1988)과 스티븐슨의 '스노우 크래시'(1992)와 같은 현대 인기 소설을 통해 더 널리 알려졌다. 사이버펑크는 사이버범죄를 가상환경에서 발생하는 해로운 활동으로 정의하고, '하이테크 로우 라이프' 해커 이야기의 정형을 만들었다. 흥미롭게도, 사회이론가들이 Barlovian 사이버공간 모델을 채택했지만, 깁슨의 모델이 시각매체를 통해 대중의 상상력을 형성한 점을 주목할 필요가 있다.

설명적인 장점과 단점에 관계없이, '사이버범죄'라는 용어는 대중의 언어에 자리 잡았으며 우리는 이 용어와 함께 가야 한다. 이 용어는 여전히 규범적으로 부담이 있으며, 이를 언급하는 것만으로도 비행기가 하늘에서 추락하거나, 원자력 발전소가 파괴되거나, 은행계좌가 없어지거나, 악성 성범죄자가 무고한 사람들을 유인하는 등의 극적인 이미지를 불러일으킨다. 마찬가지로, '사이버범죄자'라는 단어는 젊거나 나이가 많은 해커들이 컴퓨터에 몰두하여 서구인의 은행계좌를 해킹하고 있는 전형적인 이미지와 드라마틱한 이미지를 떠올리게 한다. '해커'라는 용어의 어원도 규범적으로 부과된 의미가 있으며, 처음에는 물리적 공간(지붕이나 터널 등)을 불법적으로 탐험한 사람들을 설명했으며, MIT 컴퓨터 과학자들에 의해 채택되었다. 수십 년 동안, 독자들은 '해커 공격'을 검색 엔진에 입력하기만 해도 동아시아 해커들(북한, 중국, 이란, 러시아의 APT 그룹)이 서구 국가를 공격하는 이야기를 포함한 결과를 볼 수 있다.

확실한 것은, 미디어 보도에서 사용되는 감정적인 용어가 불러일으키는 강렬한 이미지는 종종 체포된 젊은 해커들이 경찰에 의해 수갑을 차고 감옥으로 끌려가는 모습과 크게 대조된다는 것이다. 후자의 이미지는 보통 그들의 행동에 대한 다소 평범한 설명과 함께 제공되며, 초기 미디어 보도에서의 극적인 내용과는 잘 맞지 않는 경우가 많다.

이것이 해킹이 허구라는 것을 암시하는 것은 아니다. 해킹은 실제로 발생하며 사회와 기반시설에 심각한 피해를 줄 수 있다. 또한, 러시아, 중국, 북한의 냉전 시대 괴물들이 서구의 소중한 상징들을 공격하는 예측 가능한 모습으로 재구성된 것도 아니다. 오히려, 이미지와 현실 사이의 가장 두드러진 관찰은 해커가 누구인지, 그리고 그들이 한 일의 심각성에 대해 논평가, 정책 입안자, 법집행관 및 사이버보안에 관련된 모든 행위자들이 비판적이지 않고 확신을 가지는 점이다. 종종 독단적인 헤드라인과 일부 증거는 사실보다 추측을 우선시하는 경우가 많다.

그렇다면, 왜 해커에 대한 이러한 기대가 존재하며, 왜 사이버범죄가 극적일 것이라고 '자연스럽게' 기대하게 되는 걸까? 이 두 가지는 반드시 사실에 의해 증명되는 것이 아니다. 실제로 다른 방식으로 생각하는 것이 거의 잘못된 것처럼 느껴지는데, 이는 메타포적으로 질문을 던진다: (사회적) 악마가 실제로 라다를 운전하는가, 아니면 우리가 그렇게 생각하는 것일 뿐인가? 그리고 왜 '그'가 '그'라고 가정하는 걸까? 이러한 가정을 질문하는 것이 중요하다. 왜냐하면 이러한 가정이 종종 사이버범죄자와 범죄 간의 중요한 차이점을 흐리기 때문이다. 해커는 종종 동기에 따라 분류된다. 예를 들어, 윤리적 또는 '화이트 햇' 해커는 컴퓨터 보안을 개선하려는 윤리적 동기에 의해 움직이며, 이는 주로 재정적 또는 정치적 이득을 추구하는 비윤리적 또는 '블랙 햇' 해커와 대조된다(처음에는 크래커라고 불림). 이러한 대비는 한 사람의 윤리가 다른 사람에게는 저항적인 표현이 될 수 있다는 점이다. 이는 윤리적 및 비윤리적 범주에 누구를 넣을지 결정하는 문제를 제기하며, 이에 따라 데이터를 수집하기가 더 어려워진다. 오늘날에는 해커에만 집중하는 것이 잘못된 것으로 보이다. 현재는 해킹보다 공격에 더 관심이 있는 다양한 범죄자들이 존재한다. 해커 프로필의 도덕적 특성으로 인해 사이버범죄가 왜곡된 경향이 있었으므로, 범죄자를 기술 수준에 따라 보는 것이 더 나을 수 있다. 범죄자 그룹에 대한 논의는 나중에 다룰 것이다.

이상적인 세계에서는 사이버범죄와 같은 사건에 대한 우리의 지식이 신뢰할 수 있는 관련 통계와 문헌에 기반하여 발전되었을 것이다. 그러나 인터넷이 30년 이상 되었음에도, 통계 출처는 여전히 국가별 정의에 따라 다르다. 실제로 많은 통계가 존재하지만, 이들은 항상 호환되지 않는다. 이론적으로 통계는 서로 일치해야 하지만, 현재 사이버범죄에 대한 국제적으로 합의된 정의가 없으며, 통계를 수집할 기준도 없다. 왜 이런 일이 발생하는지는 논의와 관련이 있다. 사이버범죄 개념의 유동적이고 종종 추상적인 성격을 이해해야 하기 때문이다. 한편으로 사이버범죄는 중요한 문화적 기원을 가지고 있지만, 다른 한편으로는 지난 세기 이상 문헌에 중요한 과학적 전통을 가지고 있다. 사이버범죄는 문화적이고 과학적인 삶과 함께 법적이고 정치적인 삶을 가지고 있다.

사이버공간과 사이버범죄라는 용어의 기원은 사회과학소설에서 비롯된다.

인터넷과 사이버범죄에 대한 지식은 오랫동안 사회과학소설의 강력한 문화적 전통에 크게 의존해 왔다. 사회과학소설은 기술변화의 결과로 나타나는 사회형태를 탐구하는 과학소설의 한 분야이다. 이들 서사는 가능성에 관한 과학적 사실로부터 영향을 받으며, 앞서 언급한 윌리엄 깁슨(William Gibson), 브루스 스털링(Bruce Sterling), 브루스 베스키(Bruce Bethke), 닐 스티븐슨(Neil Stephenson) 등의 작품이 그 예이다. 이러한 신화는 개념 검증 아이디어가 현실로 제시될 때 발생하며, 특히 허구의 아이디어가 개념을 형성하고 기존의 공공 불안과 우려를 강화하는 진실로 제시될 때 나타난다. '사이버펑크 작가들이 모두 만들어낸 것'이라고 말하는 것이 아니라, 사회과학소설이 공공의 상상력을 개념적으로 형성하기 시작하고, 영화 내러티브로 번역될 때 그 역할을 한다는 것이다. 이러한 소설들은 지식생산이 실제 사실의 비판적 객관성을 결여하거나 기대와 맞지 않을 때 의존되는 문화적 참고점 중 하나이다. 2000년대 중반 이후, 다양한 미디어에서 해커 문화가 많이 표현되었지만, 초기의 이미지는 초기 의견을 형성하고 이후의 해석에 영향을 미쳤다. 사회과학소설은 독자층이 상대적으로 좁지만, 1960년대부터 시작된 인기 영화 시리즈를 통해 컴퓨터와 범죄를 연결하는 현대적 이미지를 구성하는 데 넓은 역할을 했다. 이 영화들은 '백열 기술' 주제를 표현했으며, 해커와 해킹을 다룬 영화들 중 일부는 사이버펑크보다 앞서 있었다.

사이버펑크 문학이 1980년대 사회과학소설 독자들 사이에서 인기가 있었지만, 그 독자층은 상대적으로 작았다. 사이버펑크는 사이버공간과 범죄의 문화적 융합을 통해 대중문화에 진입했으며, 다섯 세대의 해커영화에서 일부 사이버펑크 아이디어가 서서히 흘러 들어갔다. 다섯 세대의 해커영화에서 공통적인 특징은 '핵스플로이테이션'으로, 해커나 공격자에 대한 대중의 두려움을 엔터테인먼트 목적을 위해 활용하는 것이다(나의 정의). 이 두려움을 극적으로 활용하면, 반대 정보가 부족한 상황에서 사이버범죄에 대한 대중의 두려움을 증가시킬 수 있다.

첫 번째 세대의 해커영화는 현대 기술과 특정 컴퓨터 시스템 내에서 범죄를 저지르는 것으로 정의된다. 이는 사이버펑크보다 개념적으로 앞서 있었지만, 컴퓨터 '해킹'의 극적인 잠재적 피해를 널리 보여주었다. 첫 번째 세대 영화에는 '빌리언 달러 브레인' (1967, 감독: 러셀(Russell)), '핫 밀리언스' (1968, 감독: 틸(Till)), '이탈리안 잡' (1969, 감독: 콜린슨(Collinson)), '슈퍼맨 III' (1983, 감독: 레스터(Lester)), '벨맨 앤드 트루' (1988, 감독: 론크레인(Loncrain)) 등이 있다. 이들 영화에서 '해커'는 대개 남성, 다소 나이가 많고 다소 우스꽝스러운 성격으로 묘사되었다. 예를 들어, '이탈리안 잡'에서 벤니 힐(Benny Hill)이 교수 피치로 출연하고, '슈퍼맨 III'에서 리차드 프라이어(Richard Pryor)가 구스 고먼으로, '핫 밀리언스'에서 피터 유스티노프(Peter Ustinov)가 마커스 펜들턴으로 출연하며, '로운모워 맨' (1992, 감독: 레너드(Leonard))에서는 제프 페이히(Jeff Fahey)가 교육적으로 도전적인 정원사 조브로 출연하여 컴퓨터 기술로 초능력을 얻는 역할을 맡았다.

두 번째 세대의 해커영화는 초기 네트워크 기술로 정의되며, 일반적으로 다이얼업 모뎀을 사용하여 컴퓨터가 서로 통신할 수 있게 한다. 첫 번째 세대 영화와 달리, 두 번째 세대 영화는 사이버펑크 아이디어의 영향을 명확히 받았으며, 해킹 자체보다는 해커의 사고방식에 중점을 두었다. 이들 영화는 해커의 교활함을 연대된 컴퓨터 시스템의 침투자로서 낭만화하며, 동시에 더 넓은 윤리적 가치를 기리는 경향이 있었다.

이 초기 두 번째 세대의 영화들은 오늘날까지 지속되는 '해커' 스테레오타입을 확립했다. 이 스테레오타입은 사회적으로 소외된, 오해받는 천재적인 청소년 남성이 기술을 사용하여 잘못을 바로잡고 '성장하는' 경험을 하며 동시에 재미를 느끼는 것이다. 이러한 영화들로는 '워 게임' (1983, 감독: 배덤(Badham)), '일렉트릭 드림스' (1984, 감독: 바론(Barron)), '리얼 지니어스' (1985, 감독: 쿨리지(Coolidge)), '기묘한 과학' (1985, 감독: 휴즈(Hughes)), '페리스 빌러의 하루' (1986, 감독: 휴즈(Hughes)) 등이 있다. 이후 두 번째 세대 영화들은 이 테마를 계속했지만, 스토리가 (다이얼업) 통신 네트워크를 통한 해킹에서 광대역 인터넷 또는 상상력의 공상과학적 동등물로의 해킹으로 이동하면서 조금 더 정교해졌다.

후기 두 번째 세대 영화로는 '다이 하드' (1988, 감독: 맥티어넌(McTiernan)), '스니커즈' (1992, 감독: 로빈슨(Robinson)), '골든아이' (1995, 감독: 캠벨(Campbell)), '해커스' (1995, 감독: 소프틀리(Softley)), '더 넷' (1995, 감독: I. 윙클러(I. Winkler)), '넷 2.0' (2006, 감독: C. 윙클러(C. Winkle)), '조니 뉴모닉' (1995, 감독: 롱고(Longo)), '인디펜던스 데이' (1996, 감독: 엠머리히(Emmerich)), '국가의 적' (1998, 감독: 스콧(Scott)), '테이크다운' (2000, 감독: 샤펠(Chappelle)), '안티트러스트' (2001, 감독: 하우잇(Howitt)), '스워드피시' (2001, 감독: 세나(Sena)), '이탈리안 잡' (2003, 감독: 그레이(Gray)) 등이 있다. 이 시기의 영화들에서는 해커가 여전히 젊은 편이지만, 이전보다 남성 중심이 아니었다. 강력한 여성 캐릭터로는 '더 넷'의 앤젤라 베넷(Angela Bennett), '매트릭스' 삼부작의 트리니티(Trinity), 스티그 라르손(Stieg Larsson)의 삼부작인 '드래곤 타투를 가진 소녀' (2009, 감독: 오플리(Alfredson)), '불타는 소녀' (2009, 감독: 알프레드손(Alfredson)), '벌집을 차지한 소녀' (2009, 감독: 알프레드손(Alfredson)) 등이 있다. 그러나 고든(2010)의 연구에 따르면, 그의 분석에서 연구된 60명의 영화 해커 중 여성은 7명(12%)에 불과했다. 이 세대의 해커들은 이전 영화들처럼 도덕적 우위를 차지하지 않았으며, 윤리적 동기는 '기술적' 수단의 정당화보다는 결과에 의해 주도되었다.

세 번째 세대의 해커영화들은 가상환경에서 해커와 해킹을 묘사하거나 가상과 물리적 세계 간의 경계를 흐리는 특성을 가지고 있다. 이들은 '매트릭스'와 그 후속 작품들로 대표되며, '트론' (1982, 감독: 리스버거(Lisberger))과 '트론: 레거시' (2010, 감독: 코신스키(Kosinski))도 포함된다. '매트릭스'와 '트론'의 기본 내러티브는 아바타를 통해 사이버공간과 현실 공간을 연결하는 깁슨의 개념을 표현하고 있으며, 프랑스 사회 철학의 개념적 틀 내에서 설정되어 있다. 장 보드리야르(Jean Baudrillard)의 '하이퍼 리얼리티'(판타지와 현실을 구분할 수 없는 상태)에 대한 아이디어는 '매트릭스'의 글을 쓰고 제작한 와쇼스키(Wachowskis) 자매에게 큰 영감을 주었다. 실제로 하이퍼 리얼리티 아이디어가 영화 서사의 구성에 강하게 영향을 미쳤기 때문에, 보드리야르(Jean

Baudrillard)의 '시뮬라크르와 시뮬레이션'은 영화의 주요 출연진과 제작진의 필독서로 설정되었다고 전해진다. 그러나 보드리야르(Jean Baudrillard)는 자신의 작업의 이러한 적용에 대해 어떻게 생각하느냐는 질문에 대해 제작자와 작가들이 잘못 이해했다고 솔직히 반응했다고 알려져 있다. '매트릭스'와 관련된 흥미로운 세부 사항 중 하나는, 관찰력 있는 관객들이 '하얀 토끼를 따라가라' 장면을 보면, 네오(Neo)가 보드리야르(Jean Baudrillard)의 '시뮬라크르와 시뮬레이션'을 텅 빈 하드백 사본에 저장하고 있는 것을 알 수 있다는 것이다.

월드 와이드 웹(World Wide Web)이 우리의 일상생활에 더 깊이 뿌리내리고 가상현실이 우리의 '현실'이 되면서, 세 번째 세대의 해커영화는 새로운 네 번째 세대로 넘어가고 있다. 네 번째 세대는 '디지털 원주민'들이 경험하는 온라인과 현실 세계 간의 잠재적인 디스토피아적 관계를 활용한다. 이 세대의 영화는 온라인 관계가 현실 세계에 미칠 수 있는 방식에서(주로 범죄 기반의) 드라마를 파생한다. 네 번째 세대 영화에서는 전통적인 해킹 내러티브에서 벗어나, 오늘날의 기술, 특히 상호운용 가능한 네트워크 기술과 소셜 네트워킹 사이트와 관련된 두려움과 위험을 활용하는 쪽으로 전환된다. 예를 들어, '하드 캔디'(2005, 감독: 슬레이드(Slade))와 같은 영화가 이에 해당한다.

새로운 네 번째 세대의 해킹 영화는 이제 전통적인 불법해커와 국가 간의 관계를 계속 악화시키며, 후자의 지배적인 규범을 재표현할 것으로 예상된다. 게다가 새로운 내러티브에서는 종종 역할이 명확히 뒤바뀌어, 국가나 피해기업이 해커와 전략적 동맹을 맺어 자신을 보호하거나 자체 목표를 달성하는 경우가 많다. 예를 들어, '다이 하드 4.0' (2007, 감독: 와이즈맨(Wiseman))에서는 국가가 과거에 불법으로 간주된 해커의 도움을 받아 내부의 반란 세력에 맞서 싸운다. 반대로, '국가의 적'에서는 정보기관내의 반란세력이 개인을 해킹한다. 이와 비슷한 경우로는 '23' (1998, 감독: 슈미드(Schmid)), 'eXistenZ' (1999, 감독: 크로넨버그(Cronenberg)), '인 더 레알름 오브 해커스' (2003, 감독: 앤더슨(Anderson)), '소스 코드' (2011, 감독: 존스와 립리(Jones and Ripley)), '리부트' (2012, 감독: 카와사키(Kawasaki)), '후 아임 아이' (2014, 감독: 보 오다르(bo Odar)), '사이버불리' (2015, 감독: 차난(Chanan)), '블랙햇' (2015, 감독: 만(Mann)), '미스터 로봇' (2015, 감독: 에스메일(Esmail))

등이 있다.

네 번째 세대 영화는 이전 세대와 달리 해커와 법집행기관 간의 사이버전에서 전선이 명확히 구분되지 않는 경향이 있다. 결과적으로 오늘날의 '해커'는 두 번째 세대 영화에서 보던 고립된 남성 해커와는 거리가 멀어졌다. 그들은 여전히 초기 해커들만큼 온라인에서 활동적일 수 있지만, 정보교환은 사회적 활동과 기술적 활동 모두에 관련된다. 흥미롭게도, '해커'라는 용어는 친구나 적의 소셜 네트워크 계정을 침입하여 이를 변경하고, 친구들 앞에서 피해자를 조롱하거나 굴욕감을 주는 사람을 설명하는 데에도 사용된다. 따라서 새로운 소셜 네트워크 해커는 훨씬 더 사회적인 인물로 발전하고 있지만, 구형의 윤리적 및 비윤리적 해커 유형은 여전히 옆에 남아있다.

다섯 번째 세대의 해커영화는 주로 실제 해커, 해킹 사건 또는 인터넷에 관한 다큐 영화이다. 예를 들어, 해커를 소탕한 클리포드 스톨에 관한 'KGB, 컴퓨터와 나'(1990 TV 영화, 감독: 베이츠(Bates)), 최초의 블로거 중 한 명인 저스틴 홀에 관한 '홈 페이지'(1998, 감독: 블록(Block)), 해커 케빈 미트닉에 관한 '테이크다운'(2000)과 '프리덤 다운타임'(2001), 마크 주커버그에 관한 '소셜 네트워크' (2010, 감독: 핀처(Fincher)), 인터넷 기반시설에 관한 '웹 전쟁' (2015, 감독: 브뤼크너(Brueckner)), 다크마켓에 관한 '딥 웹' (2015, 감독: 윈터(Winter)), 에드워드 스노든에 관한 '스노든' (2016, 감독: 스톤(Stone)), 익명 해커그룹에 관한 '해커'(2016) 등이 있다. 이 다섯 번째 세대의 영화들은 영화적 가치를 현실 상황에 적용하며, 예술과 현실이 동시에 모방할 수 있는 지점을 보여준다.

이러한 해커영화의 문화적 영향력은 중요하다. 분파적 해커 내러티브는 사실과 허구를 교묘하게 결합하여 '슈퍼 해커' 범죄자 스테레오타입을 전형적인 '사이버 범죄자'로 구체화한다. 독립적인 '외부인' 이미지와 개인, 기업, 국가에 대해 행사할 수 있는 권력의 표현이 결합되어 해커를 잠재적인 악마로 구성한다. 이는 해커의 이미지가 된 것이다.

여섯 번째 세대의 해커영화가 독특할 가능성은 낮아 보이다. 해커 역할이 너무 보편화되고 되어 예전만큼의 구경거리를 제공하지 않기 때문이다. 미래의 영화가 어떤 구경거리를 중심으로 구성될지는 시간이 지나 봐야 알 수 있다.

여섯 번째 세대는 해커들이 범죄 기업가와 동의어가 된 점에서 정의될 가능성이 더 높다. 이는 후속 장에서 사이버범죄 생태계에 대해 설명될 것이다. 해커들은 사이버범죄를 자신의 직업으로 삼았다!

다양한 '해킹' 관련 시각적 및 텍스트적 이미지가 중요한 이유는 현대 영화와 미디어 이미지가 사실과 허구의 경계를 무의식적으로 정리했기 때문이다(Furedi, 2006; Wall, 2007a: 16). Burrows(1997)는 단지 Gibsonian 개념의 사이버공간이 구체적인 현실로 변모했을 뿐만 아니라, Gibson의 기술적 비전이 컴퓨터와 정보시스템의 이론과 설계에도 영향을 미쳤다고 주장했다. 더욱이, 사이버공간에 대한 서로 다른 시각 사이의 모순에도 불구하고, Gibson의 문화적, 경제적, 사회적 현상에 대한 허구적 관점은 현대사회와 문화 분석의 유효한 특성으로 자리잡기 시작했다(Burrows, 1997). 그러나 앞서 설명한 바와 같이, 순수한 Gibsonian 비전보다는 하이브리드 Barlovian 모델이 사이버범죄를 논의하는 데 더 큰 영향을 미쳤다. 이는 사이버공간이 범죄의도를 행동으로 표현될 수 있는 공간이라면, 해로운 행위가 네트워크 기술에 의해 매개되는 정도가 그 행위가 진정한 사이버범죄인지 아닌지를 판단하는 유용한 척도가 될 수 있기 때문이다. 이 문제는 다음 장에서 다시 다루겠다.

다음 섹션으로 넘어가기 전에, 공상과학 해커 내러티브 자체가 여러 빅토리안 공상과학소설에서 나타나는 천재의 캐릭터를 반영하고 있으며, 이는 해커의 프로토타입 역할을 한다는 점을 주목해야 한다. 천재는 기술적 발명품을 구축하거나 적응시켜 그들에게 초인적인 힘을 부여하고 타인을 지배하려고 한다. 이러한 주제는 현대 공상과학에서도 H.G. 웰스와 그의 동시대 작가들의 소설에서처럼 인기가 많았다. 이 초기 소설들은 기술 혁신으로 인한 사회적 격변의 시기에 쓰였으며, 새로운 기술들이 세계를 변형시키면서도 동시에 위협하는 세계를 묘사했다. 천재 전통은 20세기 내내 브라이언 알디스, 올더스 헉슬리 등과 같은 작가들을 거쳐 현재의 사이버펑크에 이르기까지 이어졌다. 천재가 기술을 사용해 독립적으로 행사할 수 있는 힘(선악을 막론하고)은 그들이 공상과학 캐릭터로서 매력적이고, 후에 해커를 구성하는 서사적 배경을 제공한다.

현대 영화와 미디어 이미지는 단지 사실과 허구의 경계를 무의식적으로 정리할 뿐만 아니라(Furedi, 2006), '해커'를 주요 범죄자 스테레오타입으로 규정한다. 해커는 내향적인 청소년이 기술적 힘을 활용하여 '시스템'을 보편적으로 지배하고 무차별적으로 피해자를 만들며, 강력한 이미지를 지니고 있다.

사이버범죄에 관한 학술문헌

사이버범죄에 대한 현재의 개념화는 단순히 사회과학소설에만 의존해서는 안 된다. 사이버펑크 작가들이 큰 공로를 인정받아야 하지만, 사이버펑크 개념은 한 세기 동안의 학문적 담론에 의해 보강되어 왔다. 이 담론은 기술이 사회에 미치는 영향과 범죄와의 관계에 대한 우리의 일반적인 이해를 형성하는 데 기여했다.

Castells(2000a)는 현대의 네트워크 사회가 인터넷에 의해 형성된 것이 아니라 수십 년 전에 존재했다고 명시적으로 관찰한다. 기술의 사회적 영향에 대한 가장 주목할 만한 학문적 담론은 Karl Marx에서 Harry Braverman (1976)과 Frankfurt School에 이르는 산업사회학의 오래된 관심사에 중점을 두었다. 이 문헌에서 기술의 기능은 주로 자본의 힘을 합리화하고 노동분업을 전문화하여 생산 비용을 줄이는 수단으로 인식되었다. 이러한 전통을 기반으로 사회적 통제기술에 대한 오랜 논쟁이 이어졌으며, 이는 Bentham과 Foucault를 거쳐 Gary Marx(2001) 등으로 이어졌다.

사회적 통제, 표현의 자유, 프라이버시 및 인권에 관한 사회법적 담론도 중요하다(Rotenberg, 2001; Kerr, 2003; Balkin, 2004; Kozlovski, 2004; Lessig, 2006; Solove, 2008; Koops et al., 2013). 이 담론은 정보사회 이론(Castells, 1997b, 2000b, 2000c; Bell, 2001; Webster, 2002)에도 영향을 받았다. 이러한 고전 담론에 대한 메타 내러티브로는 후기, 고급 또는 포스트 모던성(Giddens, 1990; Bauman, 1998) 및 거버넌스와 위험 (Miller and Rose, 1990; Rhodes, 1996; O'Malley, 1999; Garland, 2001; Simon, 2007)에 대한 다양한 담론이 있다. 각 담론의 핵심 동기는 기술이 빠르게 발전하는 사회에서 무엇이 정상(그리고 비정상) 행동인지 식별하려는 필요성이다.

사이버범죄와 관련된 논의에 가까워지면, 범죄학에서의 일탈과 사회, 그리고 일탈의 거버넌스에 관한 다양한 논쟁이 이어진다(Braithwaite, 1992; Furedi, 2002; Crawford, 2003; Stenson and Edwards, 2003; Shearing, 2004).

이들 논의는 범죄과학 및 예방이론(Clarke and Felson, 1993; Felson, 2000; Hughes et al., 2001; Yar, 2005b: 407) 및 사회의 경찰과 범죄예방 논쟁(Reiner, 2000; Stenning, 2000; Loader and Walker, 2001; Jones and Newburn, 2002; Crawford and Lister, 2004)으로 이어진다. 위험 사회의 경찰과 관련된 논의도 중요하다(Beck, 1992, 1999; Ericson and Haggerty, 1997).

네트워크 기술과 범죄의 축에 초점을 맞추면 온라인 행동의 거버넌스에 대한 구체적인 담론이 드러난다. 일부 저자들은 디지털 법의 물리학(Geer, 2004)을 다루며, 다른 저자들은 인터넷을 구성하는 코드에 의해 만들어진 아키텍처(Lessig, 1998b, 2006; Post, 2000; Katyal, 2001, 2003)를 다룬다. 이와 함께 특정 컴퓨터범죄 법제의 복잡성을 설명하고 논의하는 문헌(Akdeniz, 1996, 1997; Akdeniz et al., 2000; Wasik, 2000; Reed and Angel, 2003; Walden, 2003, 2016; Carr, 2004; Lastowka and Hunter, 2005; Fafinski, 2009)도 있다. 마지막으로 사이버범죄를 더 일반적으로 다루는 문헌(Grabosky and Smith, 1998; Denning, 2000; Loader and Thomas, 2000; Brenner, 2001, 2002; Grabosky et al., 2001; Wall, 2001b, 2003, 2004, 2005; Jewkes, 2003, 2006; Moitra, 2003; Newman and Clarke, 2003; Barrett, 2004; Morris, 2004; Smith et al., 2004; Broadhurst and Grabosky, 2005; Furnell, 2005; Pattavina, 2005; Yar, 2005a, 2005b, 2006, 2013; McQuade, 2006a, 2006b; Jewkes and Yar, 2009; Grabosky, 2016; Maras, 2016; Steinmetz, 2016; Holt and Bossler, 2015; Lusthaus, 2019; Yar and Steinmetz, 2023; Lavorgna, 2020)도 존재한다. 특정 사이버범죄 측면, 예를 들어 경찰 및 법집행과 관련된 문헌(Goodman, 1997; Brenner, 2001; Shinder and Tittel, 2002; Wall, 2002a, 2007b, 2017, 2021; Britz, 2003; Barrett, 2004; Sommer, 2004; Jewkes and Andrews, 2005; McQuade, 2006a)도 다루어진다. 더 자세한 topic-specific 사이버범죄 문헌은 후속 장에서 논의된다.

마지막으로, Sterling(1994); Menn(2010); Glenny(2012); Goodman

(2016)과 같은 논픽션 사이버범죄 문헌과 은퇴한 해커들의 회고록 및 전기(예: Littman의 Poulsen, 1997; Mitnick and Simon, 2012 등)는 특정 유형의 사이버범죄에 대한 저널리즘적, 비록 감동적인, 설명을 제공하지만 종종 더 넓은 이론적 맥락이 부족하다.

박스 2.1 데이터를 제공해 주시면 어떤 범죄인지 알려드리겠습니다!

이 학문적 담론의 차이를 개인적인 일화로 잘 설명할 수 있다. 몇몇 동료들과 함께 학제 간 사이버범죄 프로젝트를 설정하는 문제를 논의하면서 어떤 데이터를 필요로 할지 고민했다. 사회과학 출신인 저는 즉시 정책 기반 문제와 관련된 경험적 데이터를 얻는 것에 대해 생각했다. 그러나 컴퓨터 과학 동료는 다르게 보았다. 그는 이렇게 말했다: “데이터를 제공해주시면 범죄가 발생했는지 알 수 있다.” 우리는 문제를 완전히 다른 방법론적 관점에서 보고 있었을 뿐만 아니라 용어에 대한 해석도 달랐다. 저는 범죄를 법에 의해 정의된 것으로 보고, 그것이 보고, 기록, 심각성, 공공의 관심, 증거의 중요성 등과 관련된 여러 정부 기준에 따라 다뤄진다고 생각했다. 반면 제 동료는 각 ‘범죄’를 본질적으로 과학적 규칙의 일련의 위반으로 보았다. 모든 것이 이렇게 간단했으면 좋았을 텐데요!

위에서 언급한 풍부한 문헌은 네 가지 주요 담론으로 나뉘며, 이들 담론은 사이버범죄와 그에 따른 문제들에 대한 풍부한 지식을 제공한다. 첫 번째는 법적/행정적 담론으로, 사이버범죄에 대한 규칙을 정의하거나 논의하여 허용되는 행동과 허용되지 않는 행동의 경계를 설정하는 데 중점을 둔다. 반면, 학문적 담론은 범죄학, 사회법학, 사회학, 사회정책, 컴퓨터 과학, 소프트웨어 공학, 정보관리학, 경제학 및/또는 기술적 관점에서 실제로 발생한 사건에 대한 이해를 추구한다.

전문가 담론은 사이버보안 분야에 의해 주도되는 경우가 많으며, 사이버범죄의 동향을 탐색하고 이해하여 설명을 제공하고 해결책을 제시한다. 마지막으로, 대중적인 감정적 또는 일반인의 담론은 거리의 사람들의 사이버범죄에 대한 이해를 반영하며, 이는 시장, 사회적 가치, 보안대응 및 결국 법률에 영향을 미친다. 그러나 사이버범죄의 범위, 넓이 또는 통계에 대한 주장은 각각의 인식론 때문에 종종 상충된다. 예를 들어, 랜섬웨어의 경우와 같이 범죄를 기록할 경찰 코드가 없는 경우도 많지만, 이러한 주장은 대중 매체에서 표현된 사이버범죄에 대한 대중적 또는 일반인의 담론과 더 자주 충돌한다. 법적, 학문적, 전문가 담론은 일반적으로 이성적인 사고에 의해 주도되는 반면, 대중 담론은 주로 저널리즘적이고 감정적인 구성으로 이루어져 있다(Wall, 2008). 이러한 불일치는 문제의 본질에 대한 더 넓은 이해를 얻는 데 도움을 주지 않으며, 그에 따른 효과적인 공공정책 형성에도 장애가 된다.

통계 출처: 국가 및 사이버보안산업

최근 첫 번째 판 이후 통계 출처가 풍부해졌다. 사이버보안산업은 자사 제품을 통해 반환된 데이터를 기반으로 정기적으로 통계를 생성하고 있다. 이 데이터의 품질은 크게 향상되었으며, 종종 방법론이 설명된다. 이제 여러 정부기관이 사이버범죄에 관한 통계를 수집하고 발표하고 있다. 예를 들어, 영국에서는 Action Fraud가 피해자로부터 보고된 사이버범죄 정보를 수집하고 있으며, 내무부는 국가통계청을 통해 형사사법시스템에 보고되고 기록된 다양한 사이버범죄에 대한 요약을 발표한다. 미국에서는 인터넷범죄 신고센터(IC3)가 Action Fraud와 유사한 역할을 하며, 피해자 보고 통계를 발표한다. 다른 여러 국가들도 관습법(Common law) 시스템을 가진 경우 공식통계를 생성한다.

이 외에도 다양한 정기적인 피해자 조사, 예를 들어 영국과 웨일즈의 연간 범죄 설문조사에서는 사이버범죄 피해에 관한 질문을 포함하고 있다. 이는 공식 및 산업 위탁 비즈니스 조사로 보강된다. 또한, 연구자들이 접근할 수 있는 다양한 오픈소스 데이터베이스가 있으며, 예를 들어 Hackmageddon의 보고된 사이버범죄 사건 타임라인이 유용하다. 다양한 학술 기관들도 데이터를 수집하여 제공한다. 예를 들어, Cambridge Cybercrime Centre는 공개된 기소를 포함한 다양한 사이버범죄 주제에 대한 연구 데이터를 제공한다. 실제로 이 책에 포함된 연구 중 일부는 사이버범죄와 랜섬웨어에 관한 오픈소스 데이터베이스에서 정보를 얻었다. 랜섬웨어의 경우, 범죄자 그룹이 피해자의 이름과 세부 사항을 공개하여 해킹을 입증하고 피해자가 금전을 지불하도록 불편함과 수치심을 주기 위한 과정이 포함된다. 이러한 과정은 경쟁 시장에서 경쟁해야 하는 범죄자들의 비즈니스 모델의 일환이다. 따라서 범죄자들이 공개한 공격과 관련된 데이터는 대체로 정확하지만 피해의 진정한 영향은 다른 미디어를 통해 보고될 때까지 알려지지 않는 경우가 많다.

이러한 다양한 정보출처는 2000년대 초반에 비해 큰 진전을 이루었지만, 여전히 의미 있는 데이터가 무엇인지, 그리고 제공된 정보나 데이터의 신뢰성을 어떻게 판단할 수 있는지에 대한 질문을 제기한다. 예를 들어, 사이버범죄에 대한 우리의 이해가 검증 가능한 '신뢰할 수 있는 데이터'에 기반하고 있는지, 아니면 '미세한 차이에서 사실을 응축하는' 상황에 처해 있는지 여부가 문제이다(Stephenson, 1992: 56). 우리는 범죄 추세에 대한 신뢰할 수 있는 정보를 필요로 하며, 이는 '문제'를 이해하는 데 뿐 아니라 형사사법정책 개혁 및 관련 기관의 자원 배분의 주요 동력이 된다. 이는 정보정책이 범죄정책을 프레이밍하며 정치적 논쟁을 촉발하기 전에 포함, 제외, 계층화하는 새로운 사회 정책이 되고 있다는 점에서 중요하다(Wall, 2012). 현재 사이버범죄에 대한 지식생산에는 다양한 긴장이 존재한다.

박스 2.2 기록을 위해 랜섬웨어 공격은 어떻게 정의되나요?

기록을 목적으로 하는 랜섬웨어 공격을 무엇으로 정의할지에 대한 중요한 질문이 남아있다. 피해자가 신고할 때를 기준으로 할 것인가, 가해자가 신고할 때를 기준으로 할 것인가, 아니면 언론이 보도할 때를 기준으로 할 것인가? 다음 사항에 유의하세요:

(a) 피해자들에게는 사고를 신고하고 데이터를 공유하게 되면서 발생하는 상업적 불이익이 존재한다(평판은 나빠지고, 시간을 소모하는데 비해 주요 관심사는 사업을 다시 정상화하는 것이다). 피해자에게 책임을 지우는 접근방식을 취하기보다는, 데이터를 익명으로 제공할 수 있는 자율신고 시스템을 개발하는 것이 좋다(예를 들어, 영국 결제모델 같이 제3자에게 보고).

(b) 랜섬웨어 가해자들은 명명과 낙인을 찍는 데 너무 열성적이다. 하지만 그들을 신뢰할 수 있는가? 그들은 피해자와의 상업적 관계를 발전시키려면 설득력이 있어야 한다—그들은 피해자를 보안 문제를 가진 고객으로 여긴다.

(c) 미디어는 랜섬웨어에 지나치게 민감하고, 피해자가 공격을 부인했다고 생각할 때 예시를 과도하게 보도할 수 있다. 사이버범죄는 뉴스가치가 있으며, 데이터 손실을 부인한 것도 뉴스가치가 있다.

(d) 랜섬웨어 그룹이 공격을 선언했을 때, 피해자가: (i) 이를 부인할 때; (ii) 이를 완화할 때; (iii) 실제로 영향을 받지 않을 때 어떤 일이 일어나는가?

(e) 피해자는 무엇을 언제 보고해야 하는가? (i) 단순히 '초기 접근'만? (ii) 시스템 내에서의 측면 이동? (iii) 주요 데이터의 식별 및 유출? (iv) 데이터 암호화 또는 운영체제 잠금? (v) 손실된 데이터? (vi) 잃어버린 돈? (vii) (i)–(v) + 랜섬을 지불한 후 데이터의 성공적인 반환 및 복사본 삭제? 그리고 랜섬이 지불되면 무엇이 발생하는가? 피해자는 참가자가 된다. 기소하기가 더 어렵다.

데이터를 수집하고 공유하기 위해 동의된 스크립트 접근방식이 필요하다. 이는 단순한 피해자 자가보고서 이상의 것이다.

사이버범죄에 대한 지식생산에 장애가 있습니까?

정보출처의 품질을 평가하는 데 간단한 정답이 없는 이유는 Mike Levi가 20년 전에 지적한 바와 같이, '위협 수준의 신뢰성을 평가하는 일반적인 규칙이 결여되어 있다'는 점에서 기인한다(Levi, 2001: 50). 이러한 규칙은 여전히 존재하지 않는다. Levi는 이러한 상황이 경제범죄와 같은 다른 비전통적인 범죄의 위험 평가에서도 발견된다고 언급한다. 따라서 정보화시대의 범죄에 대한 지식생산을 비판적으로 검토하는 것이 중요하며, 이는 연구자, 정책 입안자, 실무자 및 기타 이해 당사자들이 결국 조화시켜야 하는 긴장 상황을 이해하는 데 필요하다. 여기서 탐구되는 주요 장애는 사이버범죄의 과장과 낮은 신고율이다. 또한, 사이버공간의 통제에 대한 권력투쟁이 존재하며, 이는 경쟁하는 전문가의 주장과 공공 및 민간부문 간의 갈등 및 혼란을 포함하여 수사학(rhetoric)과 현실(reality)을 혼동시킨다.

지나치게 극적인 사이버범죄: 편견 및 미디어 구성 보고

사이버범죄에 대한 상반된 시각은 현재 우리가 범죄를 단순히 또 다른 감각적인 뉴스 아이템으로 소비하는 방식을 반영할 수 있다. Baudrillard는 1970년에 '소비자 사회를 특징짓는 것은 대중 커뮤니케이션에서 뉴스 아이템의 보편성이다. 모든 정치적, 역사적, 문화적 정보는 뉴스 아이템이라는 동시에 무해하고 기적적인 형태로 전달된다'고 주장했다(1998: 33). 이러한 관점에서 보면, 그 이후로 큰 변화는 없었다. 오늘날 뉴스 아이템은 그 기호와 상징으로 축소되어 개인들이 감정적으로 반응하는 대상이 된다. 뉴스는 극적으로 드라마화된 후, 개인적 경험이 없는 독자나 시청자에 의해 소비된다. Baudrillard의 주장은 대중 커뮤니케이션이 현실을 제공하는 것이 아니라, 그가 '현실의 어지러운 소용돌이'(le vertige de la realité)라고 부른 것을 제공한다는 것이다(1998: 34). 그는 이후 '모방의 선행'(precession of simulacra)이라고 불렀다(2009). 현재 범죄 보도 사례는 소비자와의 거리가 너무 멀어져서 범죄 사건이 발생했다는 사실만이 의미를 가진다. 이러한 관찰은 Garland의 '범죄 복합체'(crime complex) 주장을 강화한다. 이는 범죄에 대한 공공의 불안이 정상이 되었으며, 우리의 일상생활을 형성하는 틀로 작용한다는 것이다(2001).

현재 인터넷과 관련된 활동은 여전히 뉴스 가치가 높아 단 한 건의 극적인 사이버범죄 사건이 공공의 의견을 형성하고 불안을 조장하는 힘을 가진다. 이는 종종 복잡한 상황에 대한 '즉각적이고 간단한' 해결책에 대한 정치적 요구를 초래한다. 이러한 상황은 정보화시대의 뉴스 전파 방식의 광범위한 변화 반영이다. 미디어사업은 처음에 뉴스정보 배포를 통제하는 유일한 능력을 바탕으로 구축되었지만, 인터넷으로 인해 이 권력이 약화되었다. 이제 무제한의 정보가 다양한 장치와 다수의 출처를 통해 제공될 수 있다. Sambrook(2006)은 '인터넷 덕분에 미디어 게이트키퍼의 역할이 사라졌다. 정보는 자유로워졌고 상향식 통제는 필연적으로 사라지고 있다'고 주장했다. 그는 또한 뉴스사업이 더 이상 공공이 아는 것을 통제하지 않으며, 인터넷이 공공과 미디어 간의 관계를 크게 재구성했다고 말한다. 뉴스의 중개가 사라지면서 정치와 정책에 영향을 미치고 있으며, 공공은 이제 정치인과 정치 과정에 직접 접근할 수 있으며, 유사한 의견을 가진 다른 공공 구성원들을 모집하거나 소통할 수 있다(Sambrook, 2006). 요약하자면, 합리적 행동을 규제하는 중요한 '수호자'의 층이 거버넌스 프레임워크에서 제거되었다.

정부 및 기관의 대응에 대한 요구가 한 번 제기되면, 대응하지 않을 경우 정치적 결과에 대한 두려움 때문에 단순히 무시할 수 없다. 이에 따라 사이버범죄 이야기에는 또 다른 twist가 생긴다. 2010년대 후반의 소셜미디어 기술의 출현은 뉴스 프로세스의 추가적인 중개 제거와 Baudrillard가 '하이퍼 리얼리티'(hyper-reality)라고 부른 상태로의 한 걸음 더 나아간 진전을 초래했다. 이는 개인이 현실과 현실의 시뮬레이션을 구별할 수 없는 상태로, 문제의 진실이 그것이 언급되는 사실보다 덜 중요해진다. 이러한 상황은 신화가 현실을 지배하게 만들어 뉴스 가치의 중재자들이 이야기 자체를 추적하게 하고, 그 뒤에 숨은 진실을 희생시키게 만든다.

뉴스 과정의 변화: '처널리즘'(churnalism) 인터넷 신화가 지속되는 주된 이유 중 하나는 사이버범죄에 대한 지식이 생산되는 방식에서 모순이 존재하기 때문이다. 이러한 문제는 사이버범죄 연구전략을 통해 해결되어야 한다(자세한 내용은 Wall, 2007a: 13; 2008 참조). 예를 들어, 사이버범죄에 대해 서로 다른 담론이 동시에 존재한다. 변호사, 관리자, 경찰, 범죄학자, 다양한 학문 분야의 전문가, 보안전문가, 컴퓨터 과학자, 정보관리자 및 일반인 모두 사이버범죄에 대한 약간씩 다른 관점을 가지고 있으며, 이는 그들의 사건 설명에서도 반영된다. 가장 주목할 만한 것은 과학적 지식과 사회과학적 지식 사이의 인식론적 차이이다. 즉, 발생할 수 있는 일(개념 증명)과 실제로 일어나는 일 사이의 차이이다. 두 관점 모두 가치가 있지만, 하나가 다른 하나로 대표될 때 혼란을 초래할 수 있다.

또한 뉴스전파 방식이 네트워크 기술로 인해 변화했다. 네트워크 뉴스출처가 너무 많아져서 뉴스 프로세스가 중개되지 않게 되었다(Sambrook, 2006 참조). 편집자들이 예전처럼 뉴스 프로세스를 전반적으로 편집할 수 없게 되어 정보출처가 동일한 균형과 검증을 받지 않게 되었다. 특별히 위임된 연구결과를 바탕으로 '수준 높은 신문'에서 2주 동안의 뉴스 콘텐츠(2,000개 이상의 기사)를 분석한 결과, Guardian 기자 Nick Davies는 신문 기사 중 약 12%만이 기자의 독자적인 노력에 의해 작성되었으며, 정보의 정확성이 철저히 검토되었다고 주장했다(Davies, 2008; HOC, 2009: Ev126, Q402). Davies의 연구 목적은 기사의 중심 factual statement가 얼마나 많은지, 그리고 그 진술의 증거가 철저히 검토되었는지를 파악하는 것이었다. 놀랍게도, 나머지 88% 중 72%는 PA(Press Association) 또는 기타 뉴스 기관의 와이어 카피에서 직접 복사되었거나 PR 자료와 보도 자료에서 직접 가져온 것으로 나타났다. 그럼에도 불구하고 이러한 기사들 대부분(99%)은 기자 또는 '단독 기자'의 이름으로 기재되었으며, 원본 출처에 대한 인정은 거의 없었다(Lewis et al., 2008: 29).

BBC 기자 Waseem Zakir는 이러한 새로운 형태의 저널리즘을 '처널리즘'

이라고 설명하며, 이는 시간과 비용의 이중 압력에 의해 생긴 현대의 즉각적인 저널리즘 형태라고 주장한다. 이는 전통적인 저널리즘 관행인 두 개 이상의 독립적인 정보출처를 통해 뉴스의 정확성을 확인하는 과정을 따르지 않는다.

> '10년 또는 15년 전에는 스스로 이야기를 찾아 나서는 적극적인 저널리즘이었지만,' 그는 설명했다. '이제는 반응적인 저널리즘이 되었다. 와이어를 통해 기사가 들어오면 기자들이 그것을 가공하고, 때때로 지역적인 인용을 추가한다. 이것은 전국의 모든 뉴스룸에 영향을 미치고 있으며, 기자들이 처널리스트가 되어가고 있다.'(Waseem Zakir, Harcup, 2008 인터뷰)

Davies(2008, 2010)는 더 나아가 인터넷의 과정이 '거짓을 걸러내는 것이 임무가 되어야 하는 산업이 되어버린 상황'이 되었다. 그리고 정치선동과 간접 뉴스를 위한 통로가 되었다. churnalists의 핵심기능은 다음과 같다. 그런 다음 보도 자료, 와이어 스토리 및 추가 조사나 확인 없이 신문 및 기타 뉴스 매체에 기사를 작성하기 위한 다른 형태의 사전 포장된 자료(Gandy, 1982 참조). 이 'Churnalism'은 블로깅과 결합되어 Viral의 핵심 구성요소가 된다. 그리고 나아가 정보의 흐름, 뉴스출처의 중개를 끊는다.

박스 2.3 일리노이주 워터펌프 해킹

한 차례 유출된 정보 메모는 러시아 해커들이 일리노이의 한 유틸리티에서 원격으로 수조 펌프를 파괴했다는 과장된 주장을 내놓았다. 이는 '해커에 의한 미국 기반시설의 첫 파괴'라는 주제로 언론에서 과장된 기사를 쏟아내게 했다. 이후 분석에서는 물 처리 공장을 제어하는 SCADA(감독 제어 및 데이터 수집) 시스템에서 러시아 IP 주소가 발견되었다. 여러 당국은 계약자의 컴퓨터가 해킹되어 러시아 정보기관이 이를 통해 공장에 접근했다고 추측했다. 그러나 진실은 다르다. 계약자는 러시아에서 휴가 중 물 처리 공장에 원격으로 접속해 문제를 해결하고 있었던 것이다. 정보가 한 기관에서 다른 기관으로 전달되면서 이야기는 확인되지 않았고 점점 심각해져 결국 잘못된 결론에 도달하게 되었다(Zetter, 2011 참조). 이 이야기의 전개가 진실보다 강해졌다.

사이버범죄에 대한 통계도 비슷한 방식으로, 하지만 다른 이유로, 중개되지 않고 있다. 중앙화된 공식 수집기관(예: 경찰)이 더 이상 존재하지 않기 때문에, 일반적으로 적용되는 표준이 줄어들고 정보 품질에 대한 검증도 줄어들어 잘못된 정보가 발생할 수 있다. 그러나 뉴스 프로세스의 이러한 비중개화는 사이버범죄에 대한 이미지 구축과는 반대되는 경향이 있다. 사이버범죄 이미지의 기원은 인터넷 이전의 시절로, 당시 대중 매체는 보다 중앙 집중적으로 조직되어 있었다. 현대의 네트워크 기술로 뉴스 미디어가 변화하기 전, 범죄에 대한 이해는 형사사법절차와 국가기관에 의해 매개되었다. 예를 들어, 영국 내무부 범죄통계를 통해 이루어진 것이었다. 따라서 이러한 이해는 더 전통적인 필리안(Peelian) 위험성과 공공보호의 필요성에 의해 형성되었다(Wall, 1998: 23; Reiner, 2000: ch. 2). 실제로 사이버범죄에 대한 미디어 보도는 종종 '전자 진주만'(Smith, 1998; Taylor, 2001: 69) 또는 '사이버 쓰나미'(Wall, 2001b: 2)와 같은 극적인 이미지를 동원하여, 취약한 사회가 통제 불능의 힘에 의해 무너지는 모습을 그린다.

이러한 관찰은 놀랍지 않다. 네트워크 기술의 초기 사고는 과학소설 미디어와 밀접하게 엮여 있었다. 1978년부터 1998년까지 발행된 Omni 잡지는 과학 사실에 관한 기사와 과학소설의 짧은 작품을 결합하여 대중 기술 관련 내러티브를 형성한 여러 현대 출판물 중 하나였다. 우연히도, Omni 잡지에서 윌리엄 깁슨이 처음으로 '사이버공간'라는 단어를 만들었다(1982). 이러한 주제와 밈은 해커그룹 Anonymous와 Lulzsec의 접근방식에서도 여전히 놀라울 정도로 살아 있다.

'전자 진주만'이라는 표현은 제2차 세계대전의 역사적 분노와 '미래충격'을 결합하여 무력감과 사회적 무질서의 생생한 이미지를 떠올리게 한다. 이는 공포 문화의 확산에 기여할 뿐만 아니라, 공공의 불안을 높이고, 법적 및 규제적 대응에 대한 공공의 기대를 형성하는 데 기여한다. 아이러니하게도, 이러한 불안은 사이버범죄자의 위험성을 부각시키고, 규제기관에 대중을 보호하기 위한 조치를 취할 암묵적 권한을 부여한다. 또한, 만연한 '공포 문화'는 개인이 사이버범죄의 실제 위험을 널리 인정받는 지표가 부족할 때 자연스럽게 두려움을 느낀다고 가정한다. 따라서 공공의 불안은 기자, 압력 그룹, 정책 입안자, 그리고 학계가 '잠재적' 위험과 '실제' 위험 및 관련된 피해를 구별하지 않는 경향에 의해 더욱 심화된다. '진실이 좋은 이야기를 방해하지 않게 하라'는 오래된

격언에 의존하는 것은 쉽지만, 그로 인한 영향은 상당히 심각하다. 위험 평가가 현실과 혼동되면, 사이버범죄에 대한 대중의 불안을 해소하기 위한 유일한 방법은 추가적인 법률과 엄격한 기술적 대응 조치를 도입하는 것이다. 이는 후에 인터넷 치안에서 경찰과 정부가 사이버범죄에 대한 공공의 보안요구를 충족하지 못하는 '안심 격차'에 대한 논의로 이어진다. 이러한 '규제 이데올로기'는 논의를 국가 및 기업의 필요로 전환시키고, 자유와 표현의 자유와 같은 중요한 원칙에서 멀어지게 한다.

이데올로기와 잘못된 미디어 구성의 영향을 반박하는 주요 방법은 신뢰할 수 있는 실증적 데이터를 제시하는 것이다.

신뢰할 수 있는 통계가 부족함 가장 일반적으로 신뢰할 수 있는 데이터로 받아들여지는 것은 통계이다. 그러나 사이버범죄가 존재하는 분산적인 환경은 데이터 수집을 위한 전통적인 중앙집중식 방법론을 약화시킨다. 이는 범죄 피해에 대한 정보가 경찰과 같은 단일 포털을 통해 흐르지 않고 다양한 출처에서 보고되기 때문이다. 사이버범죄는 화이트칼라 범죄나 조직범죄와 같이 일반에 잘 보이지 않거나 숨겨진 범죄와 큰 차이가 없다(Croall, 2001; Davies et al., 2015 참조). 네트워크 남용과 상업적 범죄를 다룬 보고서와 설문조사가 있지만, '공식적인' 출처는 매우 적다. 이 점은 2004년 5월 '영국 초당(적인) 인터넷 그룹'(UK All Party Internet Group, APIG)이 1990년 컴퓨터오용법을 검토할 때 제기되었으며, 이후에도 여러 번 제기되었다. 문제 중 하나는 역대 정부가 사이버범죄의 심각성에 대해 충분히 인식하지 못했기 때문이다. 이는 언급된 방법론적 문제 때문만이 아니다. 실질적인 설명이 더 타당한데, 정부의 각 부처가 사이버범죄를 전체적으로 인식하지 못하고 자기 영역으로만 작게 보았기 때문이다. 영국의 경우, 국가 통계청(ONS)은 사이버범죄에 대한 강력한 개요를 가지고 있으며, 연간 범죄 추정치의 일환으로 컴퓨터오용 및 온라인 사기범죄통계를 게시한다(ONS, 2022: Table F8). 많은 해를 거치는 동안 사이버범죄통계는 감사원에 의해 감사되지 않았으며, 이에 따라 문제를 다루는 데 있어 행정적인 압력이 적었다. Derek Wyatt APIG 회장은 2004년에 "우리가 가장 먼저 해야 할 일은 문제의 범위를 파악하는 것이다. 범죄를 기록하

지 않으면 경찰자원을 확보하는 데 실패할 것이다"라고 말했다(Broersma, 2004 인용).

학자들은 사이버범죄의 비용을 통계적으로 평가하려는 아이디어를 비판해 왔다(Anderson et al., 2013). 오늘날에도 여전히 랜섬웨어의 영향을 평가하는 데 문제가 있다. 랜섬웨어는 강탈 범죄이자 컴퓨터오용 범죄로 간주된다. 따라서 랜섬웨어는 종종 두 가지 범죄통계 모두에 포함된다. 상황을 더욱 복잡하게 만드는 것은 관할권에 따라 범죄와 사이버범죄를 담당하는 경찰간에 책임이 나뉜다는 점이다. 더 정확한 '공식' 통계를 수집할 수 있다고 하더라도, 표준화된 '범죄' 개념을 체계적인 보고 및 기록 방법론에 적용할 수 없다는 추가적인 문제가 여전히 존재한다. 그 결과, 통계는 복제하기 어렵거나 불가능할 수 있다. 예를 들어, 2003년에는 카네기 멜론 대학교의 '컴퓨터 긴급 대응팀(CERT)'이 사이버범죄활동의 척도로 여겨졌다. 그러나 보고된 침해사건은 1988년에 6건에서 2003년에는 137,529건으로 증가했으며, 이는 주로 낮은 수준의 자동화된 침해보고서였고 실제 범죄를 나타내는 경우는 적었다. 따라서 공격의 범위와 영향을 평가하는 것이 불가능했기 때문에 CERT는 2003년에 사건 건수 보고를 중단했다.

2005년 10월, 사이버범죄 추정의 부정확성을 보여주는 사례가 있었다. John Leyden은 한 안티스파이웨어 회사가 발표한 스파이웨어 감염 수준에 대한 주장을 분석했다(Leyden, 2005e). 이 통계는 Webroot의 Phileas 자동 웹 크롤러가 수집한 데이터에 기반하고 있었으며, 이 크롤러는 활성 스파이웨어에 대한 데이터를 적극적으로 수집했다(Webroot, 2005: 13). 결과는 극적이었고 높은 수준의 허위 감염을 드러냈다. 그러나 Leyden은 통계 계산에 사용된 방법이 benign한 '쿠키'를 악성 스파이웨어(예: 트로이목마와 키로거 프로그램)와 함께 집계되었음을 발견했다. 쿠키를 계산에서 제외하자, 각 PC에서의 평균 스파이웨어 감염 수가 18에서 4.5로 줄어 들었다(Leyden, 2005e). 비록 여전히 상대적으로 높은 수치이지만, 수정된 계산은 통계의 의미와 이로부터 도출할 수 있는 결론을 크게 변화시킨다. 이러한 예는 통계 집계의 방법론적 가정을 이해하는 것이 얼마나 중요한지를 극명하게 보여준다.

오늘날에는 피해자 자가보고와 피해자 설문조사에 대한 의존도가 높아지고 있다. 피해자 설문조사는 그들의 경험과 관점을 더 신뢰성 있게 포착할 수 있으며, 피해자 자신이 어떤 범죄가 조치를 요구하는지 판단한다. 이런 설문조사에는 자가보고 설문조사와 특정 응답자 그룹을 대상으로 한 조사 등이 있다. 자가보고 피해자 설문조사는 미국의 National White-Collar Crime Center와 National Fraud Information Center (NFIC)와 같은 조직에 의해 운영되며, 주로 비즈니스와 금융부문에 초점을 맞춘다. 현재 미국에서 가장 자주 인용되는 정보출처 중 하나는 Computer Studies Institute 설문조사로, 미국 기업들의 피해 경험을 정기적으로 조사한다. 마찬가지로, Experian, KPMG와 같은 회사들도 때때로 (철저한) 피해자 설문조사를 진행한다. 영국에서는 NHTCU(2002), NCIS(2003), DTI(2004)와 같은 다양한 정부 부처에서 역사적으로 여러 설문조사를 수행했으며, 현재는 Cyber Security Breaches Survey(DCMS, 2021)가 비즈니스 피해의 현재 지표로 널리 인정받고 있다.

비즈니스 피해자 설문조사를 사용할 때 주의할 점은 대부분의 비즈니스가 일상적인 운영 과정에서 온라인 및 오프라인에서 노출되는 위험으로 인해 범죄의 피해를 입을 가능성이 높다는 것이다. 그러나 비즈니스는 상업적인 이유로 인해 비즈니스 명성의 손실과 관련된 피해를 공식적으로 보고하는 것을 꺼리는 경우가 많다. 이들은 익명성을 보장받는 상태에서 피해를 보고할 가능성이 더 크다.

개별적인 온라인 피해는 조직의 피해와는 다른 역학을 보이다. 이는 개인적인 영향이 있기 때문이다. 영국과 미국의 주요 범죄 피해자 설문조사는 온라인 피해에 대한 질문을 포함하고 있다. 예를 들어, 2003년 이후 영국 범죄조사(현재는 영국과 웨일즈 범죄조사)는 개인 인터넷 피해에 대한 소수의 질문을 포함하고 있다. 이 조사에서는 약 13,500 가구의 피해 경험을 조사한다.

피해자 설문조사는 거의 20년 동안 사이버범죄가 산업(기술) 추정치가 주장하는 것만큼 심각하거나 영향을 미치지 않을 수 있음을 보여주고 있다. 대부분의 사이버범죄는 개인에게는 글로벌화된 집합으로 인해 심각성을 가진다. 그러나 비즈니스에 대한 범죄는 사이버범죄자들이 랜섬웨어와 같은 정교한 악성코드를 사용하여 공격을 확장하면서 더 심각해졌다. 이는 7장에서 다룰 내용이다.

피해자 설문조사는 사이버범죄 피해자에 대한 누적된 그림을 형성하여 피해자가 누구인지와 피해의 방식이 무엇인지 파악하는 데 도움을 줄 수 있으며, 문제 해결을 위해 필요한 경찰자원의 양을 계산하는 데에도 도움을 줄 수 있다. 그러나 피해의 다양한 패턴이 충분히 설명되지 않을 경우, '통계'는 자극적인 뉴스기사로 이어질 수 있으며, 이에 따라 인터넷이 통제 불가능하고 범죄를 유발하는 것으로 묘사될 수 있다. 실제로 온라인 사기와 관련된 정보는 인터넷이 개인 온라인 거래에 점점 더 안전해지고 있으며, 주요 위험은 입력 및 출력 절차의 취약성에 있음을 시사한다.

축소 신고된 사이버범죄

비록 사이버범죄에 대한 통계는 지난 15년 동안 크게 개선되었지만, 피해자 프로파일을 구성하는 데 여전히 여러 요인이 문제를 일으킨다. 피해자 프로파일은 개인, 사회 집단, 비즈니스에 따라 다를 수 있으며, 피해의 정도는 실제 피해와 인식된 피해로 나뉠 수 있다. 예를 들어, 사이버 스토킹, 사이버 화폐 절도 또는 사기와 같은 범죄 유형은 대부분 개인에게 집중된다. 반면, 사이버 해적행위나 사이버 스파이/테러와 같은 다른 범죄 패턴은 대개 기업이나 정부기관을 겨냥한다. 또한, 증오범죄의 초점은 소수 집단에 맞춰진다. 화이트컬러범죄의 신고에서 발견된 바와 같이, 사이버범죄의 1차 또는 2차 피해자, 즉 개인과 조직은 자신이 피해를 입었다는 사실을 인정하기를 꺼리거나, 이를 깨닫는 데 시간이 걸릴 수 있다.

개인 수준에서는 범죄를 신고하는 것을 꺼리는 이유가 부끄러움, 무엇을 해야 할지 모름, 또는 단순히 '경험으로 치부'하는 것일 수 있다. 또는, 제3자가 이념적, 정치적, 도덕적, 상업적 위험 평가를 바탕으로 피해를 입혔다고 암시할 경우, 피해자나 피해 집단은 자신이 피해를 입었다는 것을 인식하지 못하거나 믿지 않을 수 있다. 예를 들어, 인터넷상의 포르노그래피(극단적인 성적 자료)와 관련된 논쟁에서 이와 같은 사례를 볼 수 있다.

기업 수준에서는 피해 보고를 꺼리는 이유가 평판 손상과 소비자 신뢰 상실에 대한 두려움 때문이다. 기업 피해자들은 기업의 취약점을 공표하면 공격자를 자극하고, 비즈니스를 해치며, 직원들의 직업 안정성에 대한 우려를 증대시킬 것이라고 우려한다(Cashell et al., 2004: 13). 이러한 요소들은 경찰에 피해를 신고하는 기업의 의지를 크게 감소시킨다.

Kemp et al. (2021)의 연구에 따르면, '비즈니스 사이버범죄 피해 신고 행동'은 피해가 중요한 영향을 미칠 때 신고하는 경향이 증가한다는 것을 알게 되었다. 또한, 신고 결정을 내리는 데 있어 조직이 자체 사이버보안에 부여하는 우선순위도 중요하다. 연구에 따르면, 사이버보안 관리를 외부에 아웃소싱한 기업은 공공기관에 피해를 신고하지 않는 경향이 있지만, 내부 사이버보안팀을 가진 기업은 공공기관에 신고하는 경향이 더 높다(Kemp et al., 2021).

신고에 대한 불이익의 영향은 사기 피해자 설문조사 결과와 대중이 경찰에 신고한 인터넷 관련 사기의 상대적으로 낮은 발생률을 비교함으로써 입증될 수 있다(Wall, 2003: 132). 신고가 낮으면 경찰의 조치가 적고, 기소가 적어지며, 통계가 줄어들어 범죄자에 대한 지식이 부족해지고 궁극적으로 사이버범죄자에 대한 범죄학의 발전이 저해될 수 있다.

경쟁공간으로서 사이버공간을 장악하기 위한 지속적인 권력투쟁

인터넷의 정치적 및 상업적 권력이 증가함에 따라 사이버범죄의 정의를 형성하고 재형성하는 새로운 권력관계가 형성되고 있다. 정보자본의 정치경제는 시장 통제와 보호를 위한 지속적인 권력 싸움, 즉 '지적 토지 쟁탈전'으로 특징 지어진다(Boyle, 1996 참조). 결과적으로, 허용되는 사이버 행동과 일탈 행동의 정의는 상위 지배력을 가진 '새로운' 권력자들의 이해관계에 의해 형성되고 있다. 이러한 새로운 권력자들이 자신들의 이익에 위협이 될 수 있는 '위험 집단'에 대한 불관용을 높여가는 상황이 우려를 낳고 있다. 특히 '문제'로 인식될 때, 이 문제는 범죄법 담론 내에서 재구성되며, 이는 경쟁하는 이해관계를 선과 악의 이분법적 대립으로 구분하는 경향이 있다. 예를 들어, 음악과 영화의 다운로드에 대한 논쟁과, 일반적으로 '소송 전 내용증명', 추측성 청구서 및 실제 기소를 포함하는 미국 음반산업협회(RIAA), 영국 음반산업(BPI) (Carey and Wall, 2001: 36; Marshall, 2002: 1; David, 2010; Wall, 2015a) 및 영화협회에 의해 제기된 기소 위협을 볼 수 있다.

그러나 온라인 일탈의 구성이 일방적이라고 단순히 가정하는 것은 잘못된 접근이다. 범죄와 일탈의 정의가 엘리트나 권력 집단의 사회적 활동에 의해 발생하더라도, 이러한 정의는 사회의 일반 구성원과 범죄자들 스스로의 삶과 이해에 내재화되어야만 사회적 행동으로 전환될 수 있다. Melossi는 '범죄와 일탈의 정의를 둘러싼 투쟁은 다양한 심지어 상충하는 통제 노력으로 구성된 행위의 분야에 위치해 있다'고 관찰했다(1994: 205). 따라서 핵심 문제는 신뢰할 수 있는 정보가 자유롭게 흐르며 신뢰할 수 있는 관점을 형성할 수 있는지 여부이다.

경쟁하는 전문가 주장

사이버범죄에 대한 지식을 생산하고 공공 및 정부의 의견을 형성하는 데 있어, 상황에 대한 우월한 지식을 가진 '전문가'들의 주장에 큰 영향을 미친다. 신뢰할 수 있는 지식, 특히 인정된 메트릭스가 없으면, 특히 경쟁하는 전문가들의 주장을 검증하기 어렵고, 부정확한 주장을 사실 정보로 반박하기도 어렵다. 사이버보안산업, 즉 보안컨설턴트와 공공 및 민간, 법집행기관의 일부는 사이버범죄에 대한 경제적 이해관계를 가지고 있으며, 이는 주장에 대한 초점을 형성할 수 있다. 미디어의 주장이 좋은 정보에 기반할 수 있지만, 산업 관계자들은 종종 자신의 특정 이해관계를 반영하는 견해를 제시한다. 예를 들어, 역사적으로 인터넷상의 범죄 범위를 과장하기 위해 저수준 자동 침입 통계의 중요성을 부풀리는 경향이 있었다.

Levi는 이러한 현상이 체계적이라고 주장하며, 사이버범죄의 잠재적 영향이 '전문가들'에 의해 단순히 과장될 수 있다고 지적한다. 이들은 자신들의 이익을 위해 '컴퓨터 범죄의 경험과 이론적 위험을 혼합'하여 위협을 과장할 수 있으며, 특히 정부 자원을 경쟁할 때 이를 통해 이득을 보려 한다(Levi, 2001: 50). Levi는 경험과 이론적 위험의 혼합이 '정보위협평가 멘탈세트'의 일부로, 이는 '보안컨설턴트들의 자가홍보'에 의해 지속된다고 주장한다. 이들은 충격적인 정보를 제공하거나 '고위 경영진과 정부기관들'에게 경각심을 일으켜, 이들이 '충분한' 보안경비를 지출하지 않는다고 비판한다(Levi, 2001: 50). 이러한 PR은 또한 미디어의 현재 인터넷 관련 뉴스에 대한 욕망을 자극하고, 공공의 인터넷에 대한 지식과 태도를 형성하며 범죄에 대한 논쟁을 유도하고, 규제기관에 행동을 취할 권한을 부여한다(Wall, 2002a: 190).

예를 들어, Richard Pryce와 Matthew Bevan(별칭 Datastream Cowboy와 Kuji)의 해킹이 정부기관의 자금을 확보하기 위해 전문가들에 의해 의도적으로 과장되었다고 주장된다. 의회 청문회 중에 Pryce와 Bevan은 'Adolf Hitler 이후로 세계 평화에 가장 큰 위협'으로 묘사되었다고 한다(Power, 2000: ch. 6; Bevan, 2001). 그러나 두 피고인은 매우 어린 나이였으며, Pryce는 아직 학교에 다니고 있었다(Ungoed-Thomas, 1998: 1). Bevan에 대한 심각한 혐의에도 불구하고, 증거가 없어서 기소가 취하되었다. Bevan은 'Crown Prosecution Service(CPS)가 나를 기소하는 것이 공공의 이익에 부합하지 않다고 판단했다'고 설명했다(Bevan, 2001). Pryce는 이후 치안 법원에서 유죄판결을 받고 £1,200의 벌금을 부과받았다. Bevan은 자신이 해커였다고 공개적으로 인정했고, 되돌아보니 자신이 더 큰 계획의 일부가 였던것 같다고 느꼈다.

> 다시 돌아보니, 제 사건은 단순한 해킹이 아니라 선전 활동의 일환이었다고 생각한다. 같은 해에 미국 국방부의 컴퓨터를 주요 목표로 약 250,000건의 공격이 발생했다. 상원에서 정보전에 대한 보호를 위한 자금을 요청하고 있던 때에, 그들의 주장을 입증하는 사례가 우연히 나타난 것은 우연이 아니라고 믿는다. (Bevan, 2001)

이 관점은 기자 Duncan Campbell(1997: 2) 또한 공유한다: "Bevan의 재판 파행은 미국의 정보전 요원들을 노출시켰다. 과장된 수사와 과대 포장된 위협을 바탕으로, 그들은 의회로부터 새로운 군사 및 정보전 부서에 대한 호화로운 자금을 확보했으며, 최근에는 보안서비스를 민간기업에 판매하기도 했다." 아이러니하게도, Bevan은 이제 전문가가 되었다. Datastream Cowboy와 Kuji 사건의 여파는 10년 후 Gary McKinnon, 즉 '펜타곤 해커'의 사건에서, 그리고 다시 10년 후에는 영국 해커 Lauri Love의 사건에서 들을 수 있었다.

McKinnon은 '역대 최대의 군사 컴퓨터 해킹'으로 비난받으며 2006년에 미국으로의 송환을 맞이했다. 그에게는 최대 70년의 징역형이 선고될 수 있었다(BBC, 2006g). McKinnon은 미국 국방부 웹사이트를 호기심으로 탐색하며 외계기술의 존재 증거를 찾으려 했다고 주장했으나 찾지못하고 대신에 비밀정보가 포함된 보안이 취약한 영역을 발견했다고 말했다. 그의 지지자들은 기소가 순전히 정치적인 동기에서 비롯되었으며, McKinnon이 실제로 전문가의 실패를 드러내고 '미국 군사 네트워크 보안정책의 취약점'을 보여주었다고 주장한다(McKinnon의 변호: BBC, 2006g, 2006h). Lauri Love도 유사한 활동으로 비난받았으나 (McGoogan, 2016), 이후 '신체적 및 정신적 상태로 인해 억압적'이라는 이유로 송환 항소에서 승소하여 영국법원에서 재판을 받을 수 있게 되었다(Lauri Love v. The Government of the USA, 2018).

이 섹션의 요점은 전문가의 가치를 폄하하려는 것이 아니라, 대부분의 전문가 주장들이 정보에 기반하지만 전문가 출처가 '가치 중립적'이지 않다는 것을 강조하는 것이다. 또한, 객관적인 시각은 하나의 관점이 아닌 다양한 관점을 포함해야 한다는 것을 부각시킨다. 이 관찰은 해커들, 특히 기술적 능력과 숙련도를 과장하는 경향이 있는 또 다른 전문가 그룹의 주장에도 적용된다. 해커들(대개 윤리적 동기가 부족한 이들)은 자신들의 범죄 수법을 위장하여 실제로는 사회공학이나 기만을 통해 보안시스템의 비밀번호와 같은 개인정보를 얻었을 수도 있다는 사실을 숨기고, 기술적 능력을 사용하여 주요 접근정보를 얻었다고 주장할 수 있다. 이 사실은 악명 높은 해커 Kevin Mitnick에 의해 드러났으며, 그는 '당대 최고의 해커이자 사이버보안전문가'로 알려져 있다(Mitnick and Simon, 2002).

공공부문과 민간부문의 이해관계 갈등과 혼란

이 논의에서 반복적으로 등장하는 주제는 공공부문과 민간부문 간의 정의를 추구하는 과정에서의 긴장이다. 컴퓨터 보안규정 위반에 대한 기소가 상대적으로 낮고 인터넷 관련 사기의 기록된 사례가 적다는 것은 이러한 긴장을 잘 보여주는 예이다(5장 참조). 이는 대부분의 보안규정 위반이 경찰보다는 피해자에 의해 처리되는 경향이 있으며, 기업 피해자들이 형사사법 절차를 통해 상업적 경쟁자들에게 자신의 약점을 드러내는 것보다 사적인 정의(private justice) 해결책을 찾는 것을 선호한다는 점을 강조한다(Wall, 2001b: 174). 경찰 및 기타 법집행기관이 기업 피해자에게 제공하는 형사사법모델은 일반적으로 그들의 사업이익에 부합하지 않는다(Goodman, 1997: 486). 앞서 언급한 바와 같이, 조직은 자신들에게 가해진 범죄를 과소 보고하며, 자신의 자원을 사용하여 자신의 목적에 더 부합하는 방식으로 문제를 해결하는 것을 선호한다. 범죄자를 기소할 명백한 사례가 있더라도, 기업들은 보통 형사기소보다는 민사 피해 복구를 선호한다. 이는 피해 증명 부담이 적기 때문일 뿐만 아니라, 정의실현 과정에 대한 더 큰 통제를 유지할 수 있다고 느끼기 때문이다. 경우에 따라, 구체적인 조치를 취하지 않고 피해 비용을 고객에게 직접 전가하거나 보험을 통해 손실을 청구할 수도 있다.

후자의 경우, 2004년 Cashell et al.은 많은 기업들이 보험정책에 사이버공격을 포함하지 않는다고 비판했다. 그러나 거의 20년이 지난 현재, 랜섬웨어 공격의 증가에 따라 한편으로는 사이버보험이 사이버범죄를 조장하는 것처럼 보인다(범죄자들이 랜섬이 지급될 가능성이 높다는 것을 알기 때문이다!) (Lindsey, 2019). 반면, 위험 완화에 필요한 사이버보험의 기본 비즈니스 모델은 제한되고 있다(MacColl et al., 2021: 53).

수사적 표현과 현실의 혼동 위험

이 장에서 설명된 바는 사이버범죄 피해가 고정된 불가피한 사실이 아니라는 것이다. 우리의 이해는 지난 20년 동안 다양한 상반된 담론과 그에 따른 인식론으로 구축 되어왔다. 따라서 초기에는 내러티브 범죄학(narrative criminology)이라는 관점에서 이를 이해하려 했다. 어떤 논평자들은 위험 평가(무엇이 바람직한가)에 관심을 가지며, 다른 논평자들은 현실(무엇이 실제인가)에 중점을 둔다. 이러한 담론의 강점과 약점을 인정함으로써 우리는 사이버범죄를 더 잘 이해할 수 있다. 그 기원을 무시하면 위험 평가와 현실을 혼동하고, 법집행 자원 증가나 강력한 기술적 대응책 도입 등 사이버범죄를 방지하는 유일한 방법으로 여기는 사고방식이 생길 수 있다. 이러한 혼동은 사이버보안 산업이 제공하는 논란의 여지가 있는 통계적 추정치에 대한 미디어의 과도한 의존과, 이른바 '전문가'의 확인에 대한 미디어 의존으로 더욱 악화될 수 있다. 이에 따라 Rosenberger(2003)가 '허위 권위 증후군(false authority syndrome)'이라고 부른 현상이 발생할 수 있다. 이 모든 것 위에, 인터넷은 좋은 아이디어와 나쁜 아이디어가 빠르게 확산될 수 있는 토양을 제공하므로,

신화와 음모론의 온상이 된다(Rosenberger, 2003): '웹은 시청자들이 링크를 만들고 숨겨진 연결을 추적하도록 장려하며, 웹의 음모론은 탐지와 발견의 과정에 적극적으로 참여하는 대체적인 권한의 감각을 제공한다'(Knight, 2000: 211). 이러한 자기 확신적인 정보출처들은 공황과 편견을 빠르게 조성하여 합리적인 해결책과 설명을 제공할 수 있지만, 시스템 결함과 잠재적인 범죄기회를 알려줌으로써 자기 실현적 효과를 낼 수도 있다. 예를 들어, '핫스팟 편집증(hotspot paranoia)'은 오랜기간 동안 우려의 대상이었으며, 이는 확실한 대규모 발생 증거 없이 약간의 논란을 동반했다. '악성 쌍둥이(evil twin)' 사이트가 설정되어 사용자 이름, 비밀번호 및 기타 유용한 정보를 수집하는 것이 우려되었다. Kewney(2005)는 이것이 완전히 실행 가능한 것이라고 주장하며: '나는 공공 핫스팟에서 앉아 내 PC를 핫스팟처럼 작동하게 할 수 있다... 제대로 하면... 나는 Starbucks 로그인 화면처럼 보이게 할 수 있다. 대부분의 T-Mobile 핫스팟이 있는 곳이다. 그리고 당신이 신용카드로 로그인하면, 나는 당신의 세부정보를 얻을 수 있다. 그리고 당신이 은행에 로그인하여 재무 작업을 하면, 나는 당신의 비밀번호를 얻을 수 있다.' 그러나 그는 '악성 쌍둥이'의 결점은 브로드밴드 인터넷 기반의 악용이 비밀번호와 관련 정보를 얻는 더 쉽고 효과적인 방법이기 때문에 누가 굳이 그런 수고를 할까 하는 점이라고 주장한다. 따라서 위험이 존재하지만, 핫스팟에서의 피해 가능성은 작을 것이다. '그래서, "악성 쌍둥이" 액세스 포인트를 설정하는 해커가 있을 수 있지만, 만날 가능성은 꽤 희박하다 - 그들은 자신이 할 수 있음을 증명하려는 학생일 것이다. 그들은 유용한 직업을 갖게 될 것이고, 중산층의 야망을 가지게 될 것이며, 몇 번의 실험 후에 그들은 체포되거나 지루해질 것이다'(Kewney, 2005).

오랫동안 지속되어 온 또 다른 문제는 '파밍(pharming)' 또는 '캐시중독(cache poisoning)'으로, 이는 '피싱(phishing)'의 보다 자동화된 버전이다. 피싱은 사회공학(social engineering)을 이용해 수신자가 가짜 사이트로 클릭하도록 유도하지만, 파밍은 이를 자동으로 가짜 사이트로 리디렉션하여 사기적으로 개인정보를 획득하는 방식이다(Jackson, 2005; Lemos, 2005; Leyden, 2005a). 파밍의 예는 주로 의약품판매와 온라인 약국으로의 리디렉션과 관련이 있었으며, 그래서 'pharming'이라는 용어가 생겼다. 하지만 2000년대 중반에는 은행 사이트로의 리디렉션 사례가 증가했다(Jackson, 2005). 파밍의 경우, 헤드라인이 '현실을 결정하는 요인'으로 작용하여 범죄가 발생하기 전에 경고가 나왔으며, 이에 따라 '신화를 실현하는 자기 성취적 예언'의 위험을 초래했다(Baudrillard, 1998: 128). 따라서 신화와 현실을 혼동하는 것은 출처를 비판적으로 검토하여 해결해야 할 문제이다.

위에서 탐구한 지식생산 과정은 사이버범죄와 관련된 뉴스 출처뿐만 아니라 모든 뉴스 출처의 품질을 고려하는 것이 얼마나 중요한지 보여준다. 또한 2000년대 초반에 발견된 더 의심스러운 출처들 중 많은 부분이 오늘날에는 더 신뢰할 수 있다는 것을 시사한다. 통계와 해설을 제공하는 출처는 더 많은 집단적인 경험을 바탕으로 평가되고 분석되었을 뿐만 아니라, 정보시장이 오늘날 훨씬 더 경쟁이 치열해졌기 때문에 데이터의 품질을 향상시킬 수 있는 잠재적으로 영향력 있는 새로운 수호자가 등장했다. 그러나 동시에 이러한 현상은 잘못된 정보의 온상이기도 하다. 결국, 사이버범죄에 대한 지식생산은 출처를 비판적인 시각으로 바라보고 다양한 긴장 상태를 인정할 때만 개선될 수 있다.

범죄학이론 및 사이버범죄

마지막으로, 앞서 학문적 문헌이 출처로 언급되었지만, 이 주제를 이해하는 데 그 가치를 논의한 부분은 거의 없었다. 이 논의의 마지막 부분은 사이버범죄에 대한 더 높은 수준의 지식을 생산하는 데 있어 범죄학 이론의 가치를 평가하는 것으로 시작한다. 현재 사이버범죄와 범죄자에 대한 사실적 지식은 소수의 연구 프로젝트(Smith et al., 2004), 보고된 사건 및 범죄자 설문조사(예: 영국의 OCJS (Offending, Crime and Justice Survey) (Allen et al., 2005; Wilson et al., 2006))에서 나온 결과에 기반하고 있으며, 최근에는 Hutchings와 Holt(2015, 2018), Brewer et al.(2019), Leukfeldt와 Holt(2021)의 연구, 그리고 가끔씩 나오는 국가범죄청(NCA, 2017)의 정보 브리핑도 포함된다.

이 출처들은 사이버범죄자의 프로필이 대부분의 범죄자들과 유사하다는 것을 확인하고 있다. 즉, 젊고 남성이며, 범죄 심리학적으로 거리에서 발생하는 범죄자들과는 다른 특징을 가지고 있음을 보여준다. 사이버범죄자들은 대체로 내향적이며 훨씬 더 다양한 사회적 특징을 공유하는 경향이 있다. 더 중요한 점은 이들이 인터넷을 이용해 원거리에서 범죄를 저지를 수 있다는 것이며, 이는 이전에는 불가능했거나 할 수 없었던 범죄를 가능하게 한다는 것이다. 결과적으로 이러한 특성은 범죄자들이 다른 사람들과의 접촉을 상대적으로 차단시켜 범죄에 대한 정보를 축소시키고, 법집행을 어렵게 만든다.

물론, 위의 관찰들이 모든 범죄 유형에 일반화될 수 있는지는 범죄의 유형과 범죄기회의 차이에 따라 다를 수 있다. 이러한 관점은 상황적 범죄예방 이론가들의 관점과 일치하다(예: Newman and Clarke, 2003). 그러나 이는 컴퓨터를 매개로 한 절도행위에 대해서는 쉽게 설명될 수 있지만, 컴퓨터 무결성과 컴퓨터 콘텐츠 범죄와는 덜 관련이 있다. McQuade(2006b: 113-135)는 범죄자 프로필에 대한 매우 유용한 개요를 제공하면서도 이를 설명하는 데 어려움이 있다고 인정한다. 그는 '실제로 사이버범죄자들은 학대, 공격, 범죄를 저지르는 과정에서 다양한 유형과 결합된 불법적 행동을 수행하기 때문에 범죄자를 범주화하는 데 한계가 있다'고 언급했다(133쪽).

범죄자 프로필을 구성하는 것이 어렵다면, 범죄자의 동기를 분리해 내는 것도 마찬가지로 어렵다. 보통 범죄학에서 우리는 범죄화에 대한 보다 복잡한 이론을 참조하여 지침을 얻는다. 예를 들어, McQuade(2006b: 179)는 사이버범죄에 여섯 가지 범죄학 이론을 적용했으며, 각 이론은 서로 다른 동기 요인을 설명한다. 이들은 합리적 의사 결정을 바탕으로 한 합리적 선택이론, 개인의 심리적 결함에 초점을 맞춘 특성이론, 개인이 범죄행동을 어떻게 학습하는지를 탐구하는 사회과정이론, 개인의 사회적, 경제적 위치를 고려하는 사회구조이론, 그리고 비합의적이고 다원적이며 갈등적인 사회 조직을 바탕으로 한 갈등이론이다. 그는 또한 앞의 다섯 가지 이론을 결합한 통합이론을 제시했다. McQuade가 지적한 문제는 기술이 범죄행위에 미치는 영향을 범죄학자들이 오랫동안 고려하지 않았다는 점이다. 또한 이 연구분야는 특히 사이버범죄가 다양한 형태의 범죄행위를 포함하는 발전과정에 있다. 따라서 사이버범죄와 온라인에서의 범죄행동을 더 잘 이해하기 위한 한 가지 해결책은 관련 범죄학 이론을 결합하는 것이다.

합리적 선택이론은 지나치게 실증주의적이라는 비판을 받았지만, 사람들이 환경의 미묘한 차이를 시각적으로 인식하는 방식이 무엇이 합리적인지, 무엇이 그렇지 않은지를 형성한다는 점에서 사이버범죄를 이해하는 데 유용하다. 사이버범죄는 단순히 발생하는 것이 아니다. 한편으로, 그것들은 '어포던스(affordance: 행동유도성)'의 산물로, 이는 물체나 기술이 합리적 행동을 가능하게 하는 것을 의미한다(Gibson, 1979: 119-37). 어포던스는 컴퓨터 프로그램, 토론 포럼, 소셜미디어 네트워크 등 디지털 및 네트워크 기술과 관련된 거의 모든 것이 될 수 있다. 다른 한편으로, 사이버범죄는 범죄자의 상상력을 어포던스로 이끄는 근본적인 의지가 필요하다. 이를 위해 Matza(1964)와 Katz(1988)의 초기 문화범죄학이 유용할 수 있으며, 이들은 범죄가 '재미'를 주고 '은밀한 스릴(sneaky thrill)'을 제공하는 것이 중요하다고 강조한다. 이러한 요소들이 결합되어 범죄자를 사이버범죄로 유혹하는 다양한 유혹들을 만들어낸다(Goldsmith와 Wall, 2022).

Presdee의 '범죄의 카니발(carnival of crime)' 논문은 범죄자가 사이버범죄로 '표류(drift)' 방식을 설명하는 두 가지 상상력의 상태를 설명한다(Goldsmith와 Brewer, 2015 참조). 비록 사이버공간을 직접 다루지는 않았지만, Presdee는 일상생활의 범죄화에 대한 더 넓은 우려를 표명했다. 그는 '현대의 고도로 상품화된 사회에 대한 일상적인 대응이 스스로 범죄로 정의된다'고 주장했다(Presdee, 2000: 15). 그는 사회에서 발생하는 많은 범죄, 특히 사회적 무질서와 관련된 범죄가 현재의 생산관계가 우리로 하여금 두 가지 삶을 살도록 장려하는 사실에서 비롯된다고 주장했다. 우리의 '첫 번째 삶'은 우리의 신체적 생존을 유지하는 일과 강제된 질서로 특징지어지는 공식적인 삶이다. 반면, 우리의 '두 번째 삶'은 우리의 환상을 실현하고 감정적 충족을 얻는 곳이다. 이는 우리의 첫 번째 삶에서 '생산의 리듬'이 야기하는 소외에 반하는 것이며, 우리의 삶에 의미를 회복시키고 존재에 대한 통제력을 부여하려는 시도이다(Presdee, 2000: 62). 이 두 번째 삶을 사는 동안, 우리가 소비하는 범죄는 단지 오락을 통해서만이 아니라, 우리의 여가 활동에서 '흥분의 상품화'가 한 단계 더 나아가 '은밀한 스릴'로 이어질 때도 발생한다.

Presdee는 범죄의 대부분이 사회적 행동의 범죄화 및 통제에 의해 생성되며, '가난하거나 젊거나 불리한 상황에 처한 것, 실패한 것, 때로는 창의적인 것이 범죄로 간주된다'는 점에 우려를 표명했다(Presdee, 2000: 162).

이 '두 번째 삶의 충족'에 대한 설명은 인터넷의 광범위한 인기를 설명하는데 큰 역할을 할 수 있으며, 범죄와 피해 또한 이에 포함된다. 인터넷은 사람들의 두 번째 삶에 대한 '안전한 장소'가 되었으며(Presdee, 2000: 54), 사적 공간에서 비도덕적 행위와 감정을 즐길 수 있는 환경을 제공한다(Presdee, 2000: 64). 그러나 그가 범죄소비가 '책임회피의 행복한 상태', '끝없는 도덕적 휴일'이었던 시절은 이미 오래전에 지나갔다고 주장한 것도 옳다. 특히 인터넷에서는 더욱 그렇다.

결론적으로, 사이버범죄를 설명하는 단일 이론은 없지만, 합리적 행동 이론과 어포던스 이론, 그리고 문화 범죄학을 결합함으로써 기술과 문화적 환경이 어떻게 사이버범죄를 창출하고 촉진하는지를 설명할 수 있다. 사이버범죄는 대체로 익명성이 보장되고, 물리적 경계를 넘어 수행될 수 있으며, 직접적인 통제를 받지 않는다는 특징을 가지지만, 위험이 존재하며 불법적인 이익을 얻을 수 있다. Goldsmith와 Wall(2022)의 관점을 수정하여, 기술적 기회(어포던스)는 사회적 또는 감정적 반응을 유발하며, 이는 범죄자가 낮은 위험, 스릴/재미, 이익이라는 '인식'을 만들고, 이러한 인식이 범죄자의 합리적 행동을 이끌어 범죄행위를 변화시킨다.

결론: 범죄는 온라인에서 범죄행위를 어떻게 변화시켰으며, 이에 대해 어떻게 알 수 있을까요?

사이버범죄에 대한 이해는 여전히 다양한 대중 신화에 의해 왜곡되고 있다. 이러한 신화는 슈퍼 해커들(Ohm, 2007), 인터넷 마피아의 등장, 국가의 개입, 디지털 팬데믹 등의 개념을 퍼뜨리며, 사실의 일부에 기반한 허구적 내러티브를 현대사회의 실제 사건들과 결부시킨다. 이에 따라 사회가 점점 더 디지털화되고 네트워크화되는 시점에서 '사이버범죄'에 대한 공포와 드라마가 증가하고 있다. 비록 2020년대에도 젊은 해커가 여전히 사이버범죄의 일부를 차지하고 있지만, 3장과 7장에서 논의될 새로운 사이버범죄 생태계는 더 전문화된 모습을 보이며, 과거의 신화를 반영하지만 새로운 조직적 범죄요소를 포함하고 있다.

사이버범죄에 대한 신뢰할 수 있는 정보는 정책, 실무, 대중의 관점을 형성하는 데 중요하다. 이러한 정보는 국가와 기업의 이해관계를 조정하고, 중요한 원칙인 자유와 표현의 자유를 지키는 데 기여한다. 그러나 진실에 대한 헌법적 필요성만큼이나 중요한 것은 현실적인 대중의 기대를 창출하기 위한 신뢰할 수 있는 정보의 확보이다. 이는 Toffler(1970)가 '미래충격(Future Shock)'이라 부르는 개념과 관련이 있다. '미래충격'은 너무 빠른 변화로 인해 발생하는 불안, 스트레스, 혼란을 의미하며, Standage(1998)는 이러한 충격이 기술이 아닌 인간 본성의 직접적인 결과라고 주장한다.

Garland(2000)의 '범죄 복합체(crime complex)' 개념은 사이버범죄와 관련된 공포문화와 관련이 있다. 사이버범죄에 대해 충격을 받는 것뿐만 아니라, 우리는 사이버범죄가 존재할 것이라고 기대하면서 충격을 받기를 기대한다. 그러나 만약 우리가 충격을 받지 않는다면, 그 또한 혼란스러울 수 있다. 따라서 사이버범죄에 대한 정보가 대중의 기대를 왜곡한다면, 정보의 신뢰성을 확보하는 것이 더욱 중요하다.

하지만 분산시스템에서 이질적인 활동들이 이루어지는 상황에서 신뢰할 수 있는 데이터 스트림을 생성하는 것이 얼마나 실현 가능할까? 사이버범죄의 암수범죄(dark figure)로 인해 전체적인 범죄 발생률을 파악하는 것은 어려울 수 있지만, 이는 모든 범죄에 해당되는 문제이다. 현재 이용 가능한 정보, 통계, 데이터가 가치가 있는지, 공통적인 경향을 보여주는지 여부는 여전히 중요한 질문이다.

이 장을 기반으로 한 몇 가지 토론 질문

- 사이버범죄가 무엇인지 모르는 사람에게 사이버범죄를 어떻게 설명하겠는가?
- 사이버범죄는 정말로 오프라인 범죄행위와 다른 것인가, 아니면 사이버보안 산업이 만들어낸 것이거나 문화적으로 구성된 개념인가?
- 사이버범죄가 실제로 존재한다는 것을 어떻게 알 수 있을까? 데이터 기록을 위해 사이버범죄를 어떻게 분류하겠는가? 데이터는 어디에서 얻을 수 있을까?

추가 참고도서 인터넷이 이 책에서 다루는 범죄 디스토피아를 만들지만, 같은 기술이 연구자들에게도 도움을 준다. 이를 위해 여러 논평가들은 이러한 연구를 수행하는 방법에 대한 학문적 아이디어, 방법론, 심지어는 연구 방법론을 개발해 왔다. 이 분야를 더 깊이 연구하고자 하는 학생들과 연구자들은 다음 학자들의 연구를 참고할 것을 권장한다: Yar (2018); Bossler와 Berenblum (2019); Lavorgna와 Holt (2021); Dupont와 Holt (2023).

3 사이버공간과 범죄활동의 변화

네트워크 기술은 사이버범죄기회를 어떻게 변화시켰는가?

주요내용 및 핵심포인트

인터넷과 정보화 사회의 탄생

- 사이버공간이 범죄활동에 미친 변혁적 영향
- 네트워킹과 디지털 및 네트워크 기술의 융합
- 정보의 전송과 가치
- 글로벌화

범죄조직의 변화와 범죄노동의 분업

- 개인이 범죄과정을 더 많이 통제
- 다양한 기술세트 간의 협력을 통한 새로운 형태의 온라인 범죄조직
- 온라인에서 범죄노동의 기술 수준 저하
- 온라인에서 범죄노동의 재기술화(리스킬링): 사이버범죄 생태계의 부상

온라인 범죄기회 범위 변경

- 컴퓨터를 사용하여 전통적인 범죄를 지원하는 사이버 지원 범죄
- 전 세계 네트워크에 걸쳐 범죄에 대한 사이버 지원 기회
- 기술에 의해 완전히 중재되는 사이버 의존 범죄

온라인 범죄기회 유형의 변화

- 컴퓨터에 대한 사이버범죄(컴퓨터 무결성 범죄)
- 컴퓨터를 사용하는 사이버범죄(컴퓨터 지원 또는 컴퓨터 관련 범죄)
- 컴퓨터안에서의 사이버범죄(컴퓨터 콘텐츠 범죄)

온라인 범죄기회의 초점 변화: 개인피해, 조직피해, 국가피해

개요 *이 장에서는 사이버공간이 범죄활동에 미친 변혁적 영향을 설명한 후, 온라인에서 범죄행동의 조직 변화에 대해 살펴본다. 이후에는 온라인 범죄행동의 범행 수법, 즉 범죄활동의 조직, 범위, 유형 및 초점의 변화에 대해 탐구한다.*

서론

사이버범죄에 대해 의견이 일치하지 않는 주요 이유 중 하나는 평론가들이 사이버범죄를 절대적인 개념으로, 즉 상대적인 개념으로 보지 않으려는 경향 때문이다(Wall, 2019). 이는 새로운 관찰이 아니며, Howard Becker는 1963년에 '일탈은 개인이 저지른 행위의 특성이 아니라, 다른 사람들이 범죄자에게 규칙이나 제재를 적용한 결과'라고 썼다(Becker, 1963: 9). 사이버범죄의 상대적이고 심지어 존재론적인 측면을 탐구하려는 시도가 진행됨에 따라, 네트워크와 디지털기술이 범죄행동을 어떻게 변화시켰는지에 대한 질문이 제기된다. 이 장에서는 인터넷이 온라인 범죄활동을 위한 새로운 기회를 어떻게 창출했는지를 설명한다. 먼저 정보사회의 출현을 탐구하고, 디지털 및 네트워크 기술이 범죄행동에 미친 변혁적 영향을 식별하려고 한다. 다음으로 이러한 영향이 범죄활동을 위한 새로운 경로를 어떻게 생성했는지, 즉 온라인 범죄행동의 조직, 범위, 유형 및 초점의 변화를 탐구한다. 이를 통해 사이버범죄의 본질적인 측면이 무엇인지 식별하고, 사이버범죄의 다양한 유형을 설명하기 위한 구조와 언어(프레임워크)를 제시하려고 한다.

인터넷의 기원과 관련된 정보기술의 역사는 군사적 기원에서 교육적, 상업적, 그리고 사회적 사용에 이르기까지 문서화 되어있다(Rheingold, 1994; Castells, 1997b, 2000a; Jordan, 1999; Bell, 2001; Webster, 2002). 이 문헌에서 얻은 명확한 메시지는 인터넷이 우리의 삶의 많은 측면을 급진적으로 변화시켰다는 것이다. 그러나 그 변화의 정도와 방식에 대해 논쟁이 있다. 일부 평론가들은 인터넷이 미미한 영향을 미쳤다고 주장하는 반면, 다른 평론가들, 주로 포스트 모더니스트와 포스트 구조주의자들은 정보사회가 시간과 공간을 초월한 전통적인 연계를 파괴하고 현대성의 종말을 초래했다고 믿는다. 그러나 Castells (1997b: 7)와 Giddens(1990) 같은 저자들은 인터넷이 대중화되기 전인 1990년대 초반에 이미 후기 또는 고급 현대성으로의 전환이 일어나고 있었다고 주장했다. 실제로 Standage (1998)는 인터넷의 역사적 연관성을 19세기 전신시스템에 의해 형성된 '빅토리안 인터넷'으로까지 추적했다.

인터넷과 정보화 사회의 탄생

아마존.com에서 간단한 키워드 검색을 하면 인터넷, '정보화시대', 그리고 '정보화 사회'에 관한 많은 학술 논문들이 발견되지만, 이 논의에서 가장 중요한 학술 사상가는 마누엘 카스텔스이다. 카스텔스의 영향력 있는 3부작은 『정보화시대: 경제, 사회, 문화』라는 시리즈 제목으로 출판되었다(Castells, 1997b, 2000a, 2000b, 2000c). 그는 정보화시대가 생산/소비, 권력, 경험의 관계를 변화시켰다고 주장한다(2000c: 5). 그는 정보화시대의 중요한 특징 중 하나인 네트워크 사회가 20세기 후반의 세 가지 독립적인 과정의 역사적 융합의 결과라고 구체적으로 주장한다: 1970년대의 정보기술 혁명, 1980년대의 자본주의와 국가주의의 재구성, 그리고 1960년대와 1970년대의 후속 사회문화적 운동, 특히 여성주의와 생태주의(1997a: 7). 따라서 카스텔스는 정보기술 혁명(인터넷)이 네트워크 사회를 창출한 것은 아니지만, 현재 형태의 네트워크 사회가 존재하지 않았을 것이라고 믿는다. 카스텔스의 설명은 많은 논란이 있지만(예를 들어, Van Dijk, 1999 참조), 그는 인터넷과 관련된 일부 특성들이 실제로는 인터넷 이전에 존재했음을 설명한다. 예를 들어, 글로벌화나 후기 현대성 같은 것들이다. 또한 그는 인터넷이 변화를 가속화하고 후기 현대성을 특징짓는 특성들을 강조했다고 보여준다, 특히 현대사회와 전통사회를 구분짓는 '불연속성'을 강조한다(Giddens, 1990: 6). 시간과 공간을 엮어주는 사회적 질서가 해체되고 거리감을 가지게 되었다: '지역적 상호작용의 맥락에서 벗어나 무한한 시간-공간에 걸쳐 재구성됨'(Giddens, 1990: 14; Bottoms and Wiles, 1996). 주요 사회적 변화 중 하나는 개인의 의미가 변화한 것이다. 카스텔스 (2013: 10-11)는 현대(네트워크) 사회가 강력한 디지털 및 네트워크 기술에 의해 작동되는 개인 및 조직 네트워크를 중심으로 구성되어 있다고 말한다. 카스텔스는 이러한 네트워크가 글로벌화 되어 경계를 모른다고 주장하며, 네트워크 사회는 글로벌화될 뿐만 아니라 그 사회가 만들어내는 사회구조는 이전의 개인사회와 역사적으로 다르다고 설명한다. 게다가, 이는 주요 사회문화적 변화, 특히 '자기중심 사회의 부상, 즉 사회학적 용어로는 개별화 과정'을 초래했다(Castells, 2013: 10). 개별화는 '강력한 문화적 및 개인적 유대가 공동체의 한 형태로 간주될 수 있는 사회적 관계의 재구성으로, 개인의 관심사, 가치, 프로젝트를 기반으로 함'을 의미한다(Castells, 2013: 11). 카스텔스는 개별화가 기존의 공동체 개념의 쇠퇴를 의미하지만, 공동체의 종말이나 '장소기반 상호작용의 종말'을 의미하는 것은 아니라고 지적한다. 개별화는 경제활동의 새로운 조직 형태와 그의 정보화시대 삼부작에서 설명된 사회 및 정치생활의 변화에 의해 물질적으로 생산되었다(Castells 1996-2003): '하지만 개별화가 고립을 의미하거나 공동체의 종말을 의미하지는 않다. 사회성은 온라인 상호작용과 오프라인 상호작용, 사이버공간과 지역 공간을 결합한 과정에서 동질적인 개인을 찾는 방식으로 네트워크화된 개인주의와 공동체로 재구성된다'(Castells, 2013: 11). 카스텔스는 '개별화는 주체(개인 또는 집단)를 구성하는 핵심과정이며, 네트워킹은 이러한 주체들이 구축한 조직 형태이다; 이것이 네트워크 사회이며, 사회성의 형태는 Rainie와 Wellman(2012)이 네트워크화된 개인주의라고 개념화한 것이다'라고 강조한다(Castells, 2013: 11).

카스텔스를 계속 인용하자면, 그는 새로운 정보경제가 세 가지 뚜렷한 특징을 가지고 있다고 관찰한다(2000c: 10). 이 세 가지 특징은 범죄행동의 변화를 분석하는 개념적 출발점을 제공한다. 첫째, 정보경제는 '지식 생성 및 정보처리와 관리의 능력'을 갖춘 정보 생산성을 기반으로 한다. 둘째, 정보경제는 글로벌화 한다. 그것의 '핵심, 전략적 활동은 실시간 또는 선택된 시간에 지구적 규모로 작업할 수 있는 능력을 갖추고 있다'. 셋째, 정보경제는 네트워크화되어 있다. 이 세 가지 특징은 네트워크 조직, 즉 사회 미디어를 포함한 조직의 네트워크로 구성된 새로운 경제 조직 시대를 창출했다. 따라서 생산의 주요 단위는 조직 단위에서 '프로젝트'로 이동했다. 카스텔스는 조직이 자본 축적의 법적 단위로 남아있지만, 여전히 글로벌 금융흐름의 네트워크에서 단지 하나의 노드일 뿐이라고 주장한다(Castells, 2000c: 10; Mendelson과 Pillai, 1999의 논의 참조). 사이버공간은 경제적 가치가 물리적 자산보다는 아이디어와 그 가상 표현에 부여되는 가상환경이다(Barlow, 1994). 요약하자면, 정보화시대의 주장은 더 실질적인 형태의 부에서 더 추상적인 형태의 부로의 가치 이동에 기반을 두고 있다; 즉, 사물에서 정보 자원으로 표현된 아이디어로의 이동이다. 카스텔스가 예측한 대로 조직이 자본 축적의 법적 단위로 남아있다면, 글로벌 네트워크 정보경제와 그 가치 있는 내용은 범죄자들에게 매력적일 것이다.

사이버공간이 개인에게 미치는 사회적 및 경제적 영향은 지난 20년 동안 명확해졌다. 원칙적으로, 개인은 아마 역사상 어느 때보다도 자신의 관심사와 생활 스타일에 맞는 사회적 관계를 발전시킬 자유를 가지고 있다. 이러한 관계는 이전에 비해 잠재적으로 더 의미가 있을 수 있다(Rheingold, 1994 참조). 예를 들어, 일부 개인은 전통적인 직장 밖에서 정기적으로 일하며, 사무실 정치나 출퇴근 없이 원거리에서 업무를 수행한다. 그들은 자신의 능력을 최대한 활용할 수 있는 곳에서 일하고 급여와 조건을 극대화할 수 있으며, 작업의 많은 소외적 측면을 줄일 수 있다. 또한 인터넷 기반 활동에 참여함으로써 필수적인 개인적 및 가족적 연결을 유지하면서 더 넓은 개인적 성취를 경험할 수 있다(2장 '두 번째 삶' 이론 참조). 그러나 현실은 더 실용적이며 이념적이거나 낭만적이지 않다.

인터넷이 대면 상호작용을 대체할 수 있는 것은 아니지만, '개인성'이 정치적 경계를 초월하는 사회에서(Sennett, 1992: 238), 개인들은 더 이상 함께 일을 하거나 공적인 역할을 수행하는 데 익숙하지 않으며, 따라서 공동체와 그로 인한 친밀감을 찾기 어렵다. 만족스럽고 유기적인 형태의 공동체는 찾기 어려운 상황에서, 종종 정책에 내재된 문화적으로 강화된 공동체 기대는 Sennett이 말하는 파괴적인 Gemeinschaft(공동체 관계)를 초래한다(Sennett, 1992: 238). 온라인 공동체 내의 가상 관계는 사회적 관계의 전체적 스펙트럼이나 Gemeinschaft(공동체 관계)의 응집력 있는 기대를 포함하지 않으며, 이는 Presdee (2000)의 '여가의 카니발'에서도 주장되는 바이다(2장 참조). 대신, 개인들은 상호작용의 전문화와 구획화로 인해 사회적 기술이 저하되는 Gesellschaft 기반의 공동체를 경험한다. 인터넷은 확실히 Licklider와 Taylor가 그들의 획기적인 1968년 논문에서 설명한 '네트워크의 네트워크'(1990[1968]: 38)라는 새로운 사회적 네트워크의 성장을 지원하는 데 성공했다고 주장할 수 있다. 물론 개인들은 감정적 또는 정보적 필요를 충족시키는 듯한 네트워크에 잠길 수 있지만, 이러한 네트워크는 여전히 제한된 경험을 제공하며, 기대와는 달리 네트워크화된 개인들은 전체적인 공동체 경험을 경험하지 않는다.

인터넷 접근이 네트워크 요금의 감소 (종종 보조금 지원), 하드웨어 비용의 절감 및 공공 접근 정책을 통해 점점 더 널리 보급됨에 따라, 사회의 주요 분열은 전통적인 사회 경제적 불평등 때문이 아니라 정보 접근의 불평등으로 인해 발생하고 계속 발생할 것이다. 정보 혁명에 참여하지 않는 개인들은 정보적 배제에 직면하게 된다. 결과적으로, 카스텔스 (2000a, 2000c)와 다른 이들이 설명한 바와 같이, 정보화 사회에서 새로운 네트워크화된 질서가 나타나고 있다. 이 새로운 질서의 한 가지 가시적인 표현은 정보와 아이디어의 사유화가 증가한 것이다. 상표와 특허 등록의 전체 수가 증가했으며, 지적재산권을 보호하기 위한 지적재산권법의 적용이 새로운 공격성을 보인다. 이는 일부 정보가 이전에 공공 영역에 있었던 것이 지적 재산으로 상용화되고 있음을 시사한다. 이는 새로운 정보자본의 정치경제와 새로운 권력관계의 성장을 촉진할 뿐만 아니라(Boyle, 1996; Wall, 2004; David, 2010 참조), 정보콘텐츠의 가치를 획득하려는 새로운 형태의 일탈 행동도 촉진한다. 이에 따라 오늘날 사이버공간은 단순히 소유권과 통제에 대한 우리의 기존 이해를 도전할 뿐만 아니라, 범죄와 민사 활동 간의 전통적인 경계와 우리의 기존 범죄피해 및 정의에 대한 이해의 일부 원칙을 모호하게 만든다. 좋은 예로는, 범죄자가 디지털 정보 자산을 영구적으로 박탈할 의도를 입증하는 검사의 능력이 줄어들었음을 들 수 있다(이는 영국 절도법 1968년 제1조에서 요구되는 바이다). 따라서 사이버범죄가 무엇인지, 그리고 그것이 우리가 현재 범죄로 인식하는 다른 활동들과 얼마나 다른지에 대한 중요한 질문이 제기되었다.

사이버공간이 범죄활동에 미치는 변화적 영향

사이버범죄의 정의적인 특징이 네트워크 기술에 의해 중재된다는 점을 감안 할 때, 사이버범죄의 테스트는 동일한 네트워크 기술이 활동에서 제거된 후 무엇이 남는지를 기준으로 해야 한다. 이를 나는 '변형테스트'라고 부른다. 이는 과학적인 방식으로 적용될 의도는 없으며, 오히려 인터넷이 어떻게 범죄활동의 매개체가 되었는지를 이해하는 데 도움이 되는 직관적 장치, 즉 경험적 규칙이다. 사이버범죄의 디지털구조에 영향을 미치는 특정 변형은, Castells (2000c: 10)를 참고하면, 기술의 융합을 통한 네트워킹의 성장, 정보전송 및 중개의 중요성 (정보획득뿐만 아니라 데이터 마이닝을 통한 데이터 감시), 그리고 글로벌화이다. 이러한 변형은 단순히 기술의 산물이거나 상호 배타적인 것이 아니며, 오히려 사이버공간의 혼합된 본질을 의미한다. 즉, 사이버공간에서의 행동이 그 밖의 현실에 실제로 영향을 미칠 수 있음을 나타낸다. 이러한 넓은 과정들은 추가 논의를 위한 유용한 초점들을 제공한다.

네트워킹 및 디지털기술과 네트워크 기술의 융합

인터넷을 기본적으로 축소하면 본질적으로 개인 컴퓨터들이 네트워크를 통해 서로 통신할 수 있도록 해주는 정보 프로토콜의 집합이라고 할 수 있다. 이는 컴퓨팅과 통신기술의 성공적인 융합을 소비할 수 있고 사용하기 쉬운 제품으로 만든 것이다. 따라서 융합 과정은 정보화시대에 범죄기회가 어떻게 변화하기 시작했는지를 이해하는 데 중요한 열쇠이며, 간단히 말해 소비자 장치(전화, 텔레비전, 개인 컴퓨터)와 같은 다양한 (네트워크화된) 기술 플랫폼이 유사한 종류의 서비스를 제공할 수 있는 능력으로 정의될 수 있다(European Commission, 1997b: 1).

디지털융합에 대한 초기 논의로부터 10년이 지난 지금, 정의는 실제로 크게 변하지 않았지만 융합의 정도는 초기 논평자들을 놀라게 할 수 있다. 예를 들어, 우리는 이제 컴퓨터에서 모바일전화로 음성 통화(VoIP)를 할 수 있고, 모바일전화로 문자메시지를 보내고, 모바일전화에서 컴퓨터로 이메일을 보내며, 그 동일한 폰을 사용하여 상호 작용하는 TV 채널을 변경할 수 있다(이 TV는 컴퓨터를 통해 구매한 것이다). 이러한 상호 기능성, 새로운 조합 및 융합으로 인한 기능 확대는 특히 (무선) 환경(AMI) 기술, 식별(생체 인식) 기술 및 저렴한 위성 연결을 통한 위치 기술의 출현 이후 증가하고 있다(IPTS, 2003). 아직 입증되지는 않았지만, 소프트웨어 정의 라디오(SDR) (BBC, 2006j)는 앞으로 몇 년 동안 특히 중요한 융합 개발이 될 수 있다. SDR은 다양한 종류의 라디오 파동을 읽고 이해할 수 있는 능력 덕분에 '바벨탑' 기술로 알려져 있으며, 이를 통해 다양한 기술과 통신 시스템을 연결할 수 있어 개인들 간, 그리고 그들의 집과 직장 간의 새로운 연결 기회를 생성할 수 있다. 앞으로도 이 두 가지가 별개로 남을 경우를 가정한다.

융합의 중요성은 정보 네트워크라는 새로운 부가가치를 창출한다는 점이다.

이는 개별 기술이 발명되었을 때 상상되지 않았던 것이며, 개별 기술의 능력을 넘어선다. 이후 새로운 통신기술들이 상호 기능적으로 융합됨에 따라 우리는 전 세계적으로 사회적, 문화적 범위에서 새로운 사회 네트워크를 구성할 수 있는 능력을 정제하고 확장하게 되었다. 네트워크의 발전을 가장 생생하게 보여주는 예는 분산 및 탈중앙화된 피어 투 피어(P2P) 네트워크, 또는 그리드 기술의 출현이다. 이러한 네트워크는 사용자 참여에 의존하며 개인들 간의 새로운 형태의 탈중앙화된 상업적 및 정보적 관계를 생성한다. 또 다른 예는 가상환경에서 참가자들이 아바타로 표현되는 가상 세계의 네트워크나 토론그룹과 블로그 사이트 등이다. 이러한 관계는 시민권과 민주적 참여를 강화하고, 전자상거래를 촉진하며, 전반적인 삶의 질을 향상 시킬 수 있다. 그러나 앞서 설명한 바와 같이, 이러한 주장에는 일정한 한계가 있다.

정보전달 및 가치

인터넷이 단순히 합의된 정보 프로토콜의 집합에 불과하다면, 그 핵심에는 정보전송 과정이 있으며, 이는 접근 프로토콜이나 콘텐츠를 거래하기 위한 것이다. 네트워크에 연결된 컴퓨터를 켜는 것만으로도 정보중개 과정이 시작되지만, 컴퓨터가 네트워크 프로토콜을 교환한 후에는 특정 네트워크에 접근하기 위한 절차가 시작된다. 이 과정에서 개인의 접근코드(개인정보)는 이미 컴퓨터 시스템에 저장된 데이터와 비교되어 접근권한과 신원이 확인된다. 이러한 데이터 중복은 모든 컴퓨터 사용자들이 경험하는 감시행위이다. 특정 네트워크에 접근이 허용되면, 정보콘텐츠는 서비스비용을 지불하고 교환될 수 있다.

사이버공간에서의 가치는 주로 물건보다는 정보 아이디어의 표현에 부여된다. 따라서 사이버범죄의 목표는 정보를 획득하여 그 가치를 추출하는 것이다. 우리가 사이버범죄로 이해하는 활동에는 닫힌 시스템에 대한 접근코드의 불법획득, 재무 출처에 대한 접근, 저작권 또는 상표가 등록된 자료, 정보 및 데이터의 조작 또는 파괴가 포함된다. 또한, 분산된 극단적인 성적 자료와 비디오 난시, 정보전쟁, 경제스파이 활동 등 새로운 형태의 포르노그래피와 많은 다른 활동도 포함된다.

흥미롭게도, 네트워크 기술이 모든 인터넷 거래의 정보 데이터 기록을 생성하고 유지할 수 있는 능력 덕분에, 정보 감시의 강도가 증가하여 전자적 시선에서 벗어나기 점점 더 어려워지고 있다. 이러한 데이터, 또는 때로는 '마우스 배설물'이라고도 불리는 데이터는 시스템이 작동하도록 보장하고 사용자에게 도움을 주기 위해 주로 설계되어 있다. 데이터 경로의 후속 분석(데이터 감시)은 법집행을 도울 수 있다. 데이터 기록은 사용자가 거래를 수행했는지 증명하거나 반증하기 위해 호출될 수 있으며, 실시간으로 모니터링하여 금융 기관이 자금 세탁, 결제 카드 사기 및 다른 불법활동을 식별하기 위해 거래를 모니터링하는 것과 유사하게 비정상적인 행동패턴을 식별할 수 있다(Levi와 Maguire, 2004: 397). 우리는 Haggerty와 Ericson이 설명한 '사라짐의 사라짐'(Haggerty와 Ericson, 2000: 619)을 경험하게 된다. 이는 물론 개인정보보호와 인권보호에 잠재적인 위협을 제기하며, 후에 논의될 추가적인 논쟁을 낳고 있다.

글로벌화

인터넷은 정보 네트워크로서 전통적인 거리의 지리적 한계를 무너뜨려, '네트워크화된 세상에서는 어떤 섬도 섬이 아니다'(McConnell International, 2000: 8; Goodman and Brenner, 2002: 83)고 할 수 있다. 예를 들어, 이메일로 지구 반대편과 소통하는 것이 지역 내에서 소통하는 것만큼 빠르다. '등거리'는 정보전파, 사회적 참여, 상업적 측면에서 막대한 이점을 제공할 수 있지만, 동시에 위험을 훨씬 더 가깝게 만들 수도 있다. 범죄의 맥락에서 globalization은 범죄자들이 전 세계적으로 범죄기회를 창출하게 함으로써 문화와 관할권을 넘어서서 범죄기회를 만들어냈다. Dan Geer는 인터넷이 모든 사람을 조금 더 가까이 이동시키며 '당신 이웃의 모든 사이코패스가 이제 당신 옆에 살고 있고, 좋은 이웃은 없다'고 비평했다(Geer, 2004).

그러나 globalization을 단순히 기술적 범위의 확장으로 해석해서는 안 된다; 오히려 이것은 사회적 과정으로, '여러 개체 간의 관계를 구성하고 재구성하는 과정'이다(Cain, 2002). 이러한 관계는 정보의 교환을 기반으로 하며, 항상 공정한 교환은 아니다. Swift는 globalization이 '무역, 투자 및 투기를 통해 자신을 더 빠른 속도로 더 먼 지평으로 투영하는 기술을 이용하는 일종의 터보 자본주의의 산물'이라고 주장했다(2002). 그 결과, 글로벌화된 정보흐름은 범죄자들의 상상력을 전통적인 문화와 지리적 경계를 넘어 확장시키며, 지역과 글로벌 사이의 격차는 새로운 범죄 시나리오를 만들어냈다. 사이버범죄는 단순히 인터넷의 어느 곳에서든, 언제든지 저지를 수 있는 글로벌화된 현상일 뿐만 아니라, 문화적이고 지리적 경계를 초월하는 아이디어를 바탕으로 구축된다. 이론적으로, 한 곳에서의 변화는 다른 곳에서도 발견되어야 한다.

그러나 어느 시점에서 '로컬'이 방정식에 들어오게 된다. 첫째, 범죄는 어딘가에서 저질러져야 하고, 둘째, 피해자는 어딘가에서 피해를 당해야 하며, 셋째, '로컬'의 세 번째 침입은 다음을 통해 발생합니다. 반드시 그런 것은 아니지만 일반적으로 범죄나 피해가 발생한 곳에서 조사가 이루어져야 한다. 여기서 주의할 점은 이는 거리 범죄분석에서 발견되는 것과는 다른 '지역적' 범죄라는 점이다. 그것은 글로벌에 의해 변형되는 '로컬'이다. Bauman (1998)은 이러한 '글로컬화'를 글로벌과 로컬 프로세스 간의 본질적인 연결로 개념화하며, 이는 '초국가적'이거나 '상호국가적'이 아니라 '글로컬화된' 것이라고 지적한다. 예를 들어, 인터넷은 지역에 완전히 새로운 유형의 피해를 도입할 수 있다. 따라서 법집행 관점에서, globalization은 지역 범죄 관행에 영향을 미칠 뿐 만 아니라, 글로벌과 로컬 사이의 관계를 변화시켜 지역 법집행 및 경찰문화를 형성한다(Robertson, 1995; Findlay, 1999). 물론, 로컬은 또한 글로벌을 형성할 수 있다. 지역사건이 더 넓은 범죄기회를 창출할 수 있으며, 예를 들어, 한 관할권에서 상품의 금지나 과도한 세금은 다른 곳에서 범죄 비즈니스 기회를 즉시 만들어낼 수 있다. 인터넷은 이러한 기회를 활용할 수 있는 글로벌 링크를 제공한다.

'글로벌화'와 '글로컬화'와 같은 개념은 논란의 여지가 있지만, 변화 이해를 위한 언어를 제공한다. 확실한 것은 사이버범죄가 확산되고 점점 더 글로벌화될 것이라는 점이다. 이 추세의 눈에 띄는 예는 서로 다른 정보기술의 융합을 이용한 범죄기회이다. 예를 들어 이메일 스팸과 바이러스, 또는 개인정보와 소비 및 생활 방식의 패턴에 관한 데이터베이스가 연결된 통신기술의 융합이 있다. 네트워킹, 정보전송 및 글로벌화의 변환 결과는 네트워크 정보기술이 참가자들을 서로 다른 방식과 시간 프레임으로 연결하는 새로운 정보흐름을 생성한다는 것이다. 관심있는 정보는 'word of mouse'(이메일)로 매우 빠르게 흐를 수 있으며, 정보흐름은 네트워크를 통해 신속하게 퍼질 수 있다(Geist, 2006의 비디오 논의 참조). '바이러스'라는 용어의 사용은 악성 소프트웨어와 혼동되어서는 안 되지만, 분배의 확대 측면에서는 간접적인 연결이 있다. 오히려 이것은 이메일, 웹메일, 소셜 네트워킹 웹사이트, 블로그 사이트, 채팅룸 및 인스턴트 메신저 서비스의 상호작용에 의해 생성된 가상 사회적 공간의 인기가 상승함에 따라 관계가 인터넷을 통해 조직되는 방식을 의미한다. 이러한 바이럴 정보흐름은 대칭적인 대면 관계 대신 비대칭적인 Gesellschaft, 또는 다른 개인과의 거래관계를 생성할 수 있다. 하나의 개인이 동시에 많은 다른 사람들과 연락할 수 있는 기술이 동일하게 범죄자와 피해자 사이의 비대칭적인 관계를 조장할 수 있으며, 그 결과 하나의 개인이 동시에 여러 명의 개인을 피해자로 만들 수 있다, 동시 또는 비동시적으로. 낚시 비유를 사용하여 이 현상을 설명하자면, 범죄자는 여러 개의 훅을 물에 던지고 여러 개의 미끼를 사용하여 피해가 즉시 또는 초기 통신 후 얼마 지나지 않아 발생할 수 있다. 비대칭성과 비동시성을 잘 보여주는 예는 악성피싱(스팸)으로 인한 컴퓨터 매개 범죄자-피해자 관계이다. 이러한 네트워킹, 정보전송 및 글로벌화의 변환은 범죄의 조직과 범죄노동의 분할, 그리고 온라인 범죄기회 및 피해자 초점의 유형, 범위에 있어서 급격한 변화를 가져왔다.

온라인 범죄조직의 변화와 범죄노동의 분업화

위의 각 변형은 이제 개인들에게 전 세계적으로 범죄과정을 더 많이 통제할 수 있는 권한을 부여하고, 새로운 형태의 범죄조직을 용이하게 하고 있다.

개인이 형사절차를 더 잘 통제할 수 있음

가장 심각한 변화 중 하나는 인터넷이 개인에게 부여하는 권력이다. 이는 종종 '권한이 부여된 개인 또는 소규모 행위자'(Rathmell, 1998: 2; Pease, 2001: 22; Artosi, 2002)로 불린다. 이러한 사람들은 네트워크 기술을 이용하여 믿을 수 없을 정도로 복잡하고 광범위한 작업을 수행하며, 이를 전 세계에서 무수히 반복할 수 있다. 대역폭이나 언어와 같은 기술적 제한에 의해 조절되지만, 그들은 이제 재정적 또는 조직적 자원이 부족했던 범죄를 저지를 수 있다. 투자 수익의 변화는 범죄를 더 비용 효과적으로 만들어 범죄성의 중대한 변화를 대표한다. 한편으로는, 범죄자는 넓은 지리적 범위에 걸쳐 소규모의 피해를 일으킬 수 있으며, 다른 한편으로는 성공이 많지 않아도 비용을 회수할 수 있다. 또한, 그들은 대개 혼자서 원격으로 작업하기 때문에 그들에 대한 범죄정보가 적어 체포될 가능성이 줄어든다(예를 들어, 은행강도와 같은 경우에는 비교적 많은 인원이 필요한다). 이러한 범죄활동의 조직 변화가 사법절차에 미치는 파급효과는 상당한다. 특히, '법은 사소한 것에 관심을 갖지 않는다'(de minimis non curat lex)라는 원칙이 적용되는 경우에 그렇다. 작은 규모의 피해를 다수의 관할권에 걸쳐 분산시키는 문제는 개별적으로는 수사나 기소에 자원을 할당할 만큼 중요하지 않지만, 집합적으로는 중요한 범죄활동을 구성한다.

다양한 기술세트 간의 협업을 통해 온라인에서 새로운 형태의 범죄조직화

두 번째로 심오한 변화는 서로 다른 범죄 집단 간의 새로운 협력 장르이다: 해커, 바이러스 제작자 및 스패머. 사이버범죄가 조직범죄로 이전될 것이라는 초기 우려는 Brenner에 의해 대부분 해소되었다. 그녀는 온라인에서 조직범죄활동이 '일시적이고 수평적이며 유동적인' 형태로 나타날 것이라고 예측했으며, 이는 '갱' 모델이나 미국의 '마피아'와 같은 전통적인 조직범죄 모델을 복제하는 것이 아니라 범죄 네트워크로서 존재할 것이라고 했다(Brenner, 2002: 1). 이는 주로 후자의 모델이 현실세계의 기회와 제약에 크게 반응하여 발전했기 때문이다. Brenner는 온라인 범죄활동이 '수평적 관계, 네트워크를 강조할 것이며... [일정 기간 동안 집합하여 특정 작업 또는 공동작업을 수행하고 성공하면 각자의 길을 가는] "군집" 모델'을 갖출 것이라고 예측했다(Brenner, 2002: 50). 서로 다른 기술세트를 가진 개인들이 공통의 행동을 수행하기 위해 일시적인 관계를 형성하거나 자신의 기술과 지식을 재생산할 가능성이 더 크다. 이러한 예측은 Mann과 Sutton의 크래커 뉴스그룹 연구(1998)와 Wall(2000)의 연구에서 주로 입증되었다. 중요한 질문은 왜 이런 일이 발생하며 이러한 패턴이 계속될 것인가 하는 것이다.

사이버범죄과정이 매우 적은 인원에 의해 수행될 수 있지만, 노동분업은 매우 전문화되었으며, 작동을 위해서는 다양한 전문 구성요소를 결합해야 한다. 예를 들어, 바이러스 작성을 부분적으로 자동화할 수 있지만, 오늘날의 정교한 악성 소프트웨어는 그 구축에 있어 점점 더 전문화된 기술을 요구한다. 예를 들어, 2004년 독일 잡지 C'T는 바이러스 작성자들이 원격관리 트로이목마에 감염된 컴퓨터의 IP 주소를 스패머들에게 판매했다고 보도했다(C'T, 2004). 이러한 감염된 컴퓨터, 즉 '좀비'는 스패머들이 감염된 시스템을 사용하여 스팸을 불법적으로 배포할 수 있게 하며, 설치된 트로이목마의 '봇넷' 네트워크는 분산서비스 거부(DDoS) 공격을 포함한 강력한 도구가 된다(BBC, 2003a; C'T, 2004; Libbenga, 2004; McQuade, 2006b: 99).

이러한 기술세트의 협력과 봇넷의 악성공격 증가뒤에는 '조직범죄' 이익이 이러한 '새로운 세대'의 사이버범죄를 착취하고 있다는 우려가 있다. 2005년 6월, 영국 NISCC(국가기반시설 보안조정센터)는 정부와 비즈니스 기밀을 훔치기 위해 다양한 방법으로 민감한 컴퓨터 시스템을 감염시키는 동아시아에 위치한 '매우 정교한 첨단갱단'의 관행을 경고했다(NISCC, 2005; Warren, 2005). 이 경고는 기존의 조직범죄에 대한 생각과는 다른 독특한 범죄조직 형태를 설명했다. 공격은 '전문적인 수준의 기술과 이메일 주소 및 대상의 이름을 얻기 위해 사회공학을 사용하는 것'이었다(Warren, 2005). 이 경고는 매일 약 세 번 발생하는 공격이 최대 1년 동안 이루어진 것이라는 분석가들의 의심을 확인했다(Naraine, 2005).

이 공격들은 여러 가지 이유로 독특했다. 첫째, 전통적인 해커의 행동패턴을 나타내지 않았고, '조직범죄가 빠른 금융수익을 추구하는 인센티브가 없다'는 것이었다(Warren, 2005). 둘째, 공격패턴이 한두 개의 조직을 사전 계획된 공격보다 피싱원정(phishing expedition)과 더 유사했다. 이 갱단은 감염된 컴퓨터에서 반환된 정보를 사용하여 시스템을 공격했다. 예를 들어, 단순히 기업을 목표로 삼은 것이 아니라 정부기관과 조직도 공격받았다(Leyden, 2005c). 셋째, 반환된 정보는 빠르게 목표 조직의 주요 인물을 식별하는 데 사용되었으며, 이후 이메일로 보내진 개인정보는 첨부파일을 열도록 유도했다. 이렇게 하면 컴퓨터가 정교한 트로이목마에 감염되며, 이는 정기적으로 변형되어 안티바이러스 및 스파이웨어 소프트웨어에 탐지되지 않도록 한다. 트로이목마는 이후에 조직의 기업 및 개인정보를 찾아 반환하며, 이는 경쟁자에게 전달되거나 목표 조직을 타격하는 데 사용될 수 있다(Leyden, 2005c; Lueck, 2005; Warren, 2005). 초기에는 이러한 '갱단'이 '새로운 인터넷 마피아'를 구성할지 여부는 시간이 지나야 알 수 있을 것으로 생각되었다(Berinato, 2006). 두 세대가 지난 지금, 이 문제는 더 심오할 수 있다. 앞 장에서 언급했듯이, 젊은 해커가 사이버범죄 풍경의 일부로 여전히 존재하는 동안, 사이버범죄를 촉진하는 새로운 정교한 생태계가 등장했다. 이 생태계는 이전보다 더 전문적으로 운영되며 조직범죄활동의 요소를 보여주지만, 구조가 평면적이고 계층적이지 않다. 또한, 이 초국가적인 생태계는 건전한 비즈니스 모델을 기반으로 하고 있으며(Musotto and Wall, 2022), 사이버범죄 마피아와 같은 신화에서 유발된 드라마가 결여되어 있다(Collier et al., 2021).

온라인 범죄노동의 기술 저하

네트워크 기술의 영향을 이해하는 유용한 방법 중 하나는 '기술적 하향화(Deskilling Effect)'를 탐구하는 것이다(Braverman, 1976). 기술적 하향화 가설은 마르크스주의 이론을 기반으로 하여 기술의 발전과 활용의 주요 논리가 인간 노동과 행동의 효율성을 증가시켜 자본에 대한 투자를 극대화하는 것이라고 주장한다. 이 작업의 중심에는 노동을 필수 작업으로 나누고 각 작업을 자동화하여 더 효율적이고 경제적으로 수행할 수 있도록 '하향화'하는 과정이 있다. 예를 들어, 공장에서는 많은 수의 수동 조립설비 작업자들이 기계로 대체되었다. 기술적 하향화는 생산과정에만 국한되지 않는다. 예를 들어, 대부분의 사무직과 관리직에서는 타이핑과 컴퓨터 사용이 일반적인 기술로 여겨지며, 과거에는 타이핑과 컴퓨터 사용이 전문 분야였다. 기술비판자들은 기술적 하향화가 노동에 미치는 부정적인 영향을 강조하였지만, 종종 적은 수의 근로자들이 더 완전하지만 자동화된 생산과정을 제어함에 따라 발생하는 불가피하고 동시에 일어나는 재기술화 과정을 간과했다.

이러한 기술적 하향화와 재기술화 주장은 범죄노동의 조직에도 똑같이 적용될 수 있다. 디지털 및 네트워크 기술을 사용하면 한 사람이 컴퓨터를 통해 범죄를 저지르는 전체 프로세스를 제어할 수 있다. 기본적으로, 컴퓨터는 '해킹'

이나 절도와 같은 범죄를 저지르는 데 사용되는 정교한 도구이다. 원래는 프로그래머로 훈련된 해커들에 의해 수동으로 수행되었으나, 해킹은 이후 '스크립트'를 사용하여 개선되었다. 그러나 이러한 프로세스의 자동화, 웹 기반의 '포인트 앤 클릭' 도구를 사용하여 악성 소프트웨어와 코드를 대량으로 보다 쉽게 작성하고 제공할 수 있게 되었다(BBC, 2005e). 온라인 범죄노동의 기술적 하향화와 재기술화에 대한 흥미로운 증거는 한때 인기 있었던 해킹 잡지 Phrack의 사라짐에서 찾을 수 있다. Phrack은 이십 년 이상 동안 '게시판에서 3G 모바일까지의 해킹의 진화를 포괄하며 정보 보안에 대한 지식이 풍부하고 정치적으로 인식이 있으며 자주 논란이 된 시각을 제공했다'(Leyden, 2005d). 마지막 편집자(Ollie)는 '해커들이 쌓아야 하는 기본적인 기술수준이 계속해서 상승하고 있었다. 실제로 작업을 수행할 수 있는 지점에 도달하는 것이 훨씬 더 어려워졌다. 더 많은 것을 배우고 더 많은 책을 읽어야 한다. 하지만 사이버범죄 과정의 복잡성이 증가함에 따라 기술적 하향화와 자동화 과정이 계속되고 있다'(Ward, 2005)고 불평했다.

온라인 범죄노동의 기술 재숙련: 자동화와 지원 – 사이버범죄 생태계의 부상

적절한 기술을 갖춘 범죄자가 사이버범죄의 각 기능을 단독으로 수행할 가능성은 여전히 있지만, 성공에 필요한 전문지식의 수준은 매우 높으며, 다양한 작업은 시간이 많이 소요된다. 또한, 적발될 위험이 크고 재정적 보상은 상대적으로 낮다. 범죄의 위험을 줄이고 수익을 증가시키기 위해, 범죄자 그룹은 다크웹의 도움을 받아 전문서비스의 시장 격차를 식별하였다. 전문서비스는 공격의 다양한 단계에서 필요한 특수기술과 연결된다. 이러한 그룹은 합법적인 활동과 불법적인 활동 사이의 회색지대에 일부 기술이 있어서 상호 의존적 관계에서 이익을 얻는다. 7장에서 더 자세히 설명하겠지만, 사이버범죄 암시장에서 많은 전문화가 존재한다. 간단히 말해, 스패머는 피싱, 사기 및 사기범들이 사람들의 자격증명을 훔치는 데 사용하는 스팸웨어-서비스 소프트웨어를 임대한다. 데이터 중개인들은 이러한 훔친 세부정보를 다크웹에서 거래한다. 이러한 세부정보는 종종 '초기에 접근한 브로커'에게 구입할 수 있으며, 이들은 컴퓨터 시스템에 대한 초기 접근(access)을 얻은 후 그 접근한 세부정보를 공격자에게 판매한다. 이러한 공격자들은 종종 범죄웨어-서비스 브로커와 거래하며, 여기서 랜섬웨어와 같은 악성 소프트웨어를 임대하거나 DDoS 스트레스 공격과 같은 기타 서비스를 제공한다. 이 그룹을 조정하기 위해, 다크마켓의 운영자들은 범죄자들이 코딩 작업이나 사이버범죄 상담서비스와 같은 서비스를 공개적으로 판매하거나 거래할 수 있는 온라인 시장을 제공한다. 또한, 암호화폐를 세탁하고 법정화폐로 전환하는 Monetizers와, 피해자와 범죄자 모두를 대표하여 몸값 협상을 진행하는 협상가를 고용할 수도 있다. 이 생태계는 최근 사이버범죄 컨설턴트의 출현에서 볼 수 있듯이 지속적으로 발전하고 있다. 이들은 공격의 주요단계에서 범죄자에게 조언을 제공하고 그 대가를 받는다. 이는 비지니스 컨설턴트와 유사한 방식이다. 아날로그 노동의 종말과 마찬가지로 사이버범죄를 수행하는 데 필요한 구성요소는 온라인에서 얻을 수 있다.

인터넷은 명백히 범죄와 유해한 행동을 위한 새로운 경로를 제공한다. 이러한 변화는 범죄자, 피해자, 그리고 국가 간의 전통적인 공간적 및 시간적 관계를 변화시켜 전 세계적으로 범죄자의 기회를 확대하고, 범죄자가 피해자와 새로운 방식으로 교류할 수 있게 하며, 범죄행동을 조직할 수 있는 새로운 수단을 제공한다.

따라서 피해의 근본적인 성격이 비슷할 수 있지만 – 예를 들어, 사기나 절도 – 행동이 인터넷에 의해 변형되면 이를 사이버범죄라고 부른다. 그러나 사이버범죄란 무엇일까? 사이버범죄의 본질에 대한 체계적인 명확화 없이, 사이버범죄에 대한 디스토피아적이고 종종 부적절한 우려는 범죄 사법 및 기타 기관으로부터 잘못되거나 과장된 정책 대응을 초래할 수 있다.

온라인에서 범죄기회의 범위 변화

사이버범죄의 기원은 18세기 세마포어(Semaphore) 신호의 도청이나, 앞서 언급된 19세기와 20세기 초의 전화 도청까지 거슬러 올라갈 수 있다(Standage, 1998). 두 경우 모두, 가치 있는 정보가 전송 중에 가로채여서 불법이익을 얻거나 금전적으로 이용될 수 있었으며, 이는 그 당시로서는 전례 없는 시간과 공간을 넘나들며 전송되었다. 그러나 진정한 기원은 네트워킹을 통해 두 세대에 걸쳐 변형되기 이전의 초기 컴퓨터 범죄에서 비롯되었다. '세대'

라는 개념은 전통적으로 시간의 흐름을 의미하지만, 여기에서는 특정 시점의 기술 상태를 나타내기 위해 사용된다. 각 세대는 개념적으로 다르지만 서로 동시에 발생하거나 겹칠 수 있으며, 이는 범죄기회의 범위 내에서 현재 발견되는 현대적인 차이점을 보여주는 그림 3.1에 나타나 있다.

전통적인 범죄를 돕기 위해 컴퓨터를 사용하는 사이버 지원 범죄

사이버범죄의 첫 번째 세대는 전통적인 범죄행위를 돕는 컴퓨터 기술을 설명한다. 초기에는 이러한 행위들이 독립적인 컴퓨팅 시스템 내에서 이루어졌으며, 주로 메인프레임 컴퓨터와 그 독립적인 운영체제를 범죄적으로 악용하는 특징이 있었다. 주로 돈을 획득하거나 제한된 정보를 파괴 또는 탈취하는 데 중점을 둔 이 첫 번째 세대는 전통적인 범죄기회와는 다른 범위와 양의 활동을 통해 새로운 길을 열었다. 예를 들어, 영화 '슈퍼맨 III'에서 구스 고먼이 은행 거래의 잔돈을 자신의 월급으로 돌린 'Salami fraud'(Kabay, 2002; Singleton, 2002: 39)가 있다. 이 범죄기회는 컴퓨터 시스템의 불일치, 즉 가장 낮은 화폐 단위 이하의 금액을 '반올림'하는 과정에서 발생한 것이다. 이처럼 범죄가 기술에 의해 완전히 중재된 것처럼 보였지만, 메인프레임 컴퓨터 시스템의 한계로 인해 범죄는 국지적으로 이루어졌다.

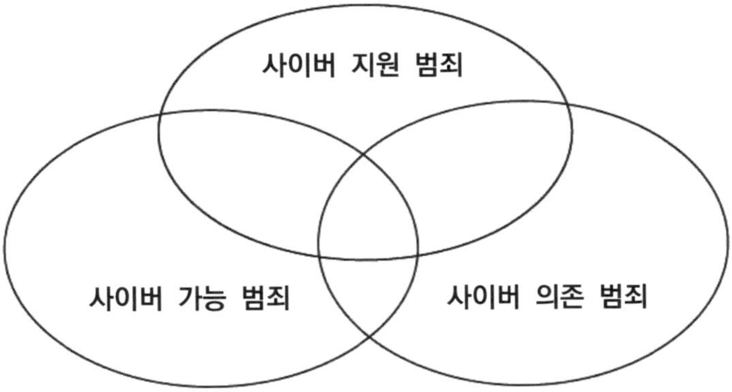

그림 3.1 기술이 사이버범죄에 미치는 다양한 영향

이 첫 번째 세대의 사이버범죄는 네트워크가 연결된 컴퓨터 또는 그렇지 않은 컴퓨터를 사용하여 이루어졌으며, 흔히 사이버범죄라고 불리지만 사실상 '전통적인'(Wall, 2001b) 또는 '일반적인'(McQuade, 2006a, 2006b) 범죄였

다. 이러한 범죄는 Brodeur(1983)의 경찰연구에서 차용된 개념에 따라 '저급' 사이버범죄로 구분된다.

사이버 지원 범죄는 범죄의 준비 단계에서 주로 컴퓨터가 사용되는 경우를 말하며, 이는 의사소통 도구로서 또는 준비 정보를 수집하는 데 사용된다(예: '사람을 살해하는 방법' 또는 '마약이나 무기를 제조하는 방법'). 여기서 네트워크화된 기술은 기존의 해로운 활동 패턴을 유지하지만, 이러한 기술이 제거되더라도 해당 활동은 다른 수단으로 여전히 지속된다. 예를 들어, 마약판매자들은 가능한 한 편리하고 덜 위험한 의사소통 및 정보기술을 사용할 것이다. 무기 및 기타 해로운 정보, 범죄를 저지르는 방법에 대한 설명서 등도 인터넷 이전부터 존재했다. 인터넷이 등장하기 훨씬 전에 급진적인 서적 판매업체인 Loompanics는 잠재적으로 해롭거나 불법적인 행동으로 이어질 수 있는 기술과 방법을 설명하는 책들을 판매했다. 이러한 급진적인 정보는 이전에도 존재했지만, 인터넷만큼 즉각적이거나 편리하지 않았다. '슈퍼맨 III'의 구스 고먼의 'Salami fraud'도 내부 은행 지시를 미묘하게 오용함으로써 여전히 저질러질 수 있었다.

전 세계 네트워크를 통해 가능해진 범죄기회

사이버범죄의 두 번째 세대는 네트워크를 통해 이루어지는 범죄를 말한다. 주로 해커와 크래커에 의해 주도된 이 범죄들은 초기 컴퓨터 운영자의 기술과 전화 시스템을 해킹해 무료 전화를 거는 '폰 프리커(phone phreakers)'들의 통신 기술이 결합된 결과물이었다. 폰 프리커의 대표적인 사례로는 'Cap'n Crunch'(본명 John Draper)라는 전설적인 인물이 있는데, 그는 Cap'n Crunch 시리얼 상자에서 얻은 장난감 휘파람을 사용해 AT&T의 오디오 기반 다이얼업 시스템에 접속하고 장거리 전화를 걸었다. 이러한 결합은 해커라는 개념을 낳았으며, 해커들은 시스템을 해킹할 도덕적 권리가 있다는 신념과 1970년대 베트남 전쟁 이후 미국 내 시민 자유주의 문화, 그리고 정부와 대기업에 대한 불신 문화에서 영감을 받았다. 해커들은 전화 시스템에 대한 지식을 컴퓨터와 '사회공학' 기술과 결합하여 정보 소유자로부터 정보를 얻고, 서로 연결된 독립적인 컴퓨터 시스템에 접근했다. 해커들은 윤리적 원칙에 의해 움직였다고 주장한 반면, 크래커들은 그러지 않았다. '크래커'(cracker)라는 용어는 원래 사이버보안 커뮤니티에서 '해커'(hacker)라는 단어의 오용을 피하기 위해 채택되었지만, 오늘날에는 기술산업 내 다양성에 대한 논쟁에서 이 용어가 잘 맞지 않아 거의 사용되지 않는다. '크래커'라는 단어는 컴퓨터 출현이전에 이미 존재했으며, 미국 남부지역은 가난한 백인을 경멸하는 인종적 비방으로 사용된 역사를 가지고 있다(Foreman, 2013).

1970년대 후반과 1980년대 초반에 최초의 개인용 컴퓨터가 대중에게 제공되었으며, 전화 기반의 LAN(Local Area Network)에 연결될 수 있었다. 초기 해커들은 이러한 시스템을 테스트하고, 자신들의 해킹 철학과 지식을 게시판 서비스(BBS)를 통해 공유했다. 이러한 BBS 시스템은 정보서비스와 상품이 판매되는 초기 가상거래소로 발전하여, 절도 및 물품과 서비스 획득 기회를 만들어냈다. 이 시스템들은 오늘날 ToR 네트워크로 접속하는 다크웹 시장의 전신이었다. 이 두 번째 세대의 사이버범죄는 인터넷이 일반 상업용으로 개방되고 TCP/IP(전송 제어 프로토콜/인터넷 프로토콜)가 표준으로 채택되면서 더욱 발전했다. 1980년대 중반 이전까지 인터넷은 군사 목적으로만 사용되었으며, 군은 이를 공격에 견딜 수 있는 통신시스템으로 구상했다. 이후 인터넷은 정부와 학술적 목적으로 사용되었고, 점차 일반 대중에게 개방되었다. 인터넷은 1990년대 초반 그래픽 사용자 인터페이스(GUI)와 월드 와이드 웹(WWW)의 개발로 상업적으로 인기를 얻으며 그 잠재력이 긍정적이든 부정적이든 실현되었다.

두 번째 세대의 사이버범죄는 주로 '하이브리드' 또는 '적응적' 사이버범죄로 불린다(Wall, 2001b; McQuade, 2006a, 2006b). 인터넷의 초국가적 환경은 기존의 형사법 또는 민사법의 주제가 되는 새로운 글로벌화된 유해활동 기회를 창출했다. 이러한 활동의 예로는 불법 인터넷 거래가 있으며, 이는 초기에는 검색 가능한 클리어 웹에서 이루어졌지만 이후 다크웹의 등장과 함께 인기를 끌었다. 이러한 거래에는 성적으로 노골적인 자료(아동 성적학대 또는 착취 이미지 포함), 사기, 마약, 의약품, 악성 소프트웨어, 범죄서비스, 심지어 인신매매까지 포함된다. 네트워크 환경, 특히 채팅 포럼은 범죄 아이디어의 순환에도 이바지한다. 예를 들어, 오래전부터 휴대전화나 디지털 TV 디코더의 보안 장치를 우회하는 방법을 알려주는 '치핑' 정보가 이곳에서 유포되었다. 또한 합성 마약을 제조하고 유통하는 방법에 대한 정보도 제공된다. 최근에는 채팅 포럼이 확대되어 다크마켓에서 제공되는 다양한 서비스, 기술, 상품에 대한 정보, 평가 및 조언이 공유되고 있다. 인터넷이 없으면 이러한 활동들이 장거리에서 쉽게 이루어질 수 있는 기회는 크게 줄어들지만, 여전히 다른 수단으로 이러한 행위들이 계속될 가능성은 있다. 그러나 이러한 행위는 더 제한적이고 지역적인 규모에서 이루어질 것이다.

결과적으로 사이버 지원(하이브리드 또는 적응적) 사이버범죄는 '현대성의 현대화'의 예라고 할 수 있다(Beck, 1992; Finnemann, 2002: 36). 또한 이러한 범죄행위에 대한 일반적인 이해와 이를 단속할 책임이 있는 기관에 대한 공통된 인식이 존재한다. 이러한 범죄들은 법뿐만 아니라 대부분의 국가에서 경찰의 권한하에 다루어진다. 사이버 지원 범죄와 관련된 주요 경찰문제는 실질적인 법률문제가 아닌 관할권 문제와 관련이 있다. 이는 법적 및 사회적 책임이 항상 명확하지 않은 사이버 의존 범죄와는 대조적이다.

기술에 의해 완전히 중재되는 사이버 의존 범죄

사이버범죄의 세 번째 세대는 디지털 및 네트워크 기술에 전적으로 의존하는 범죄로, 인터넷의 분산적이고 자동화된 특성을 특징으로 한다. 이러한 범죄는 21세기 초 모뎀기반 다이얼업 접속이 광대역으로 대체되면서 시작되었다. 초기에는 스팸메일(피싱)을 통해 범죄자가 피해자와 상호작용하며 직접적인 응답을 유도하거나 웹사이트로 연결시켰다. 최근에는 스팸메일이 바이러스 첨부파일이나 'WWW' 링크와 결합하여, 이를 열면 범죄가 자동화되며 더욱 발전한 형태의 사이버범죄로 이어졌다. 특히 '혼합 위협'과 같은 다기능 위협은 감염된 컴퓨터를 제어함과 동시에 개인정보를 수집하고 전달하는 강력한 사례로 볼 수 있다. 이러한 범죄들은 네트워크 기술에 의해 거의 완전히 매개되며, 한 번 시스템에 접근하면 '사회공학' 기술에 의존하지 않게 된다. 가장 중요한 것은, 이러한 변화들이 사이버범죄 자체의 변화에서 단계적 변화를 보여준다는 점이다. 전통적인 해커들은 '전반적으로 재미있는 오락거리가 되어가고 있으며, 더 이상 10대 천재들에 대한 20년 된 진부한 표현을 털어낼 기회가 되지 못하고 있다'(Sommer, 2004: 10). 중대한 해킹 사건들, 예를 들어 23만 건의 데이터를 유출한 오하이오 어린이병원 해킹사건은 이와 같은 변화를 잘 보여준다.

2000년대 중반부터 오늘날까지, 데이터가 그 자체로 가치 있는 자산으로 변하면서 데이터 절도의 양이 폭발적으로 증가했다. 데이터는 이제 많은 현대 사이버범죄의 중심이 되고 있다(Wall, 2018; Porcedda와 Wall, 2021). 예를 들어, 2020년에는 해커들에 의해 370억 개의 개인정보가 유출된 것으로 추정되었다(Afifi-Sabet, 2020). 실제로 침해 건수는 전년도와 비교할 때 감소한 것으로 보이지만, 해커들은 이제 더 큰 기업들의 데이터베이스를 타겟으로 삼고 있어, 도난당한 데이터의 양은 증가하고 있다. 2022년에는 2건의 데이터 유출로 2200만 명의 호주인, 즉 전체 인구의 76%의 개인정보가 유출되었을 것으로 추정되었다(Wadhwani, 2022). 사이버범죄의 목표가 변화했을 뿐만 아니라, 한때 해킹을 둘러싸고 있던 두려움의 문화가 이제는 우리의 개인정보가 악용될 수 있다는 두려움으로 옮겨갔다.

사이버 의존적 범죄는 연속체의 높은 끝에 존재한다. 이들은 인터넷의 부산물로, 따라서 인터넷이 가진 모든 변혁적인 특성을 구현하고 있으며, 지리적·사회적 관계의 시간성을 깨뜨려 이를 전 세계적으로 멀리 떨어뜨리고 이질화하는 특징을 가진다. 이들은 전적으로 인터넷이 만든 기회로 인한 결과이기 때문에 사이버공간 내에서만 발생할 수 있으며, 그 영향의 일부가 사이버공간 외부로 미칠 수 있더라도, 사이버공간 내에서만 실행된다. 따라서 이들은 고유한 특성을 가진 범죄이다. 사이버 의존적 범죄의 극단적인 예로는 더 논란이 되는 피해들이 있다. 특히 '사이버 강간' (MacKinnon, 1997), 사이버 괴롭힘(Cowie, 2013), 사이버 증오(Williams et al., 2020), 그리고 가상세계에서의 '가상파괴'(Williams, 2006) 등이 있다. 또한 지적재산권의 침해가 증가하고 있는데, 이는 범죄를 정의하는 과정에서 관할권과 경험을 벗어나는 경우가 많다. 이는 음악 및 영화산업과 파일 다운로드 사용자 간의 계속되는 갈등에서 볼 수 있다(Carey and Wall, 2001; Marshall, 2002: 1; David, 2010, Wall, 2015a).

스팸(피싱)은 사이버 의존적 범죄의 특히 중요한 사례로, 처음에는 법의 밖에 존재했으나, 2000년대 초반에 미국과 EU 법을 비롯한 여러 법적 관할권에서 불법행위로 간주되었고, 이후 독립적인 불법행위로 자리잡았다. 약 20년이 지난 2020년대에도 피싱은 여전히 주요한 사이버위협으로 간주된다. 2022년과 2023년을 위한 예측에서 사이버보안 허브는 그들이 설문한 사이버보안전문가의 약 75%가 피싱과 사회공학을 주요 위협 범주에 포함시켰다고 밝혔다(Powell, 2022). 이는 피싱이 범죄자가 잠재적인 피해자와 여러 다른 수준에서 상호작용할 수 있게 하며, 피해자들이 사기와 같은 후속적인 사이버범죄의 위험에 노출될 수 있기 때문이다. 피해자는 개인일 수도 있고 조직의 일원일 수도 있다. 사이버 의존적 범죄의 핵심 특성은 인터넷이 없으면 이러한 범죄가 완전히 사라진다는 점이다.

여기서 자세히 논의되지는 않지만, 클라우드 기술, 사물인터넷, 그리고 무선기술(소프트웨어 정의 라디오 포함)과 네트워크 기술의 융합으로 만들어지는 지능형 네트워크에서 발생하는 범죄기회로 인해 궁극적으로 사이버범죄의 네 번째 세대가 등장할 것으로 예상된다(앞서 간략히 언급됨) (IPTS, 2003). 이러한 지능형 기술에서 발생하는 데이터 흐름의 증가는 인공지능 기술에 의해 관리될 가능성이 크다. 비록 아직 초기 단계에 있지만, 연구는 이미 인공지능을 사용하여 지능형 환경에서 필요한 법적, 규제적, 기술적 안전장치를 예측하는 방향으로 진행되고 있다(더 자세한 내용은 Friedewald et al., 2006 참조).

사이버범죄를 공간이 아닌 시간의 틀 안에서 바라봄으로써, 우리는 이를 기술발전의 다른 단계로 정의되는 successive 세대로 이해할 수 있다. 각 세대는 범죄기회를 변화시키며, 이 접근법은 또한 범죄 간의 기술적 차이를 빠르게 구별하고, 범죄학 및 관련 담론 안에서 해당 주제를 위치시키는 데 도움이 된다. 이를 통해 컴퓨터와 관련된 모든 범죄에 단순히 '사이버범죄'라는 용어를 적용함으로써 생길 수 있는 혼동을 피할 수 있다. 예를 들어, 디지털 증거가 관련되거나 컴퓨터와 그 부품이 도난당한 경우, '[이것은 최선의 경우 오해를 불러일으키며, 최악의 경우 자의적이다' (Britz, 2003: 4)는 점을 지적할 수 있다. 더 구체적으로, 앞서 언급한 '변형테스트'는 현재 사이버범죄라고 불리는 다양한 온라인 범죄행위를 분류하는 간단하지만 유용한 방법을 증명한다. 예를 들어, 익숙한 범죄와 과학소설 속에서 바로 튀어나온 것처럼 보이는 범죄를 구분하는 데 도움이 된다. 그러나 위에서 논의한 범죄기회의 범위는 범죄의 종류에 대해서는 많은 정보를 제공하지 않는다.

온라인에서의 범죄기회의 변화(범행수법)

온라인 범죄는 일반적으로 세 가지 기본 유형의 범죄로 나뉘며, 각각은 다른 법체계와 범죄학적 이해를 필요로 한다. 이 범주들은 컴퓨터 시스템의 무결성에 관련된 범죄인 '기계에 대한 범죄', 컴퓨터를 이용한 범죄인 '기계를 사용하는 범죄'(앞서 언급된 유형과 혼동하지 말 것), 그리고 컴퓨터 내부의 콘텐츠에 초점을 맞춘 범죄인 '기계 안에서의 범죄'이다. 각각은 더 넓은 범죄 사법 과정에서 공공 논의와 경험의 특정한 담론을 보여준다. 세 가지 범죄 유형은 각각의 실체적 범죄행위에 대한 영향을 나타내며, 이는 다음 세 장의 기초가 된다. 그러나 새로운 세대의 자동화된 사이버범죄가 등장하면서 이 세 가지를 구분하기가 점점 더 어려워지고 있다. 실제로, 경계가 모호해질 가능성이 있으며, 실제 사이버범죄는 두 가지 이상의 유형을 결합하는 경우가 많다. 피싱은 이러한 범죄의 '혼합'을 잘 보여주는 예로, 범죄자는 스팸을 통해 피해자를 유인하고(무결성 침해), 피해자로 하여금 가짜 웹사이트(콘텐츠)로 로그인하도록 속여 그들의 개인정보를 훔친다(컴퓨터 지원). 피싱 범죄자는 이후 피해자의 금융 시스템 무결성을 공격하여 사기를 저지른다. 하지만 세 가지 유형 중 오직 '기계를 사용하는 범죄'만이 돈을 훔치는 동기가 주요 원동력이 된다. 따라서 이러한 새로운 형태의 중재된 범죄는 여러 장에서 다양한 모습으로 나타나며, 어느 정도 중복되기도 할 것이다.

위의 논의는 범행수법(modus operandi)을 정의할 뿐만 아니라, 다양한 범죄와 이를 다루는 주요 법체계를 지적한다. 이들은 '기계에 대한 사이버범죄', '기계를 사용하는 사이버범죄', '기계 안에서의 사이버범죄'라는 세 가지 범주로 구분된다.

기계에 대한 사이버범죄 (컴퓨터 무결성 범죄)

기계에 대한 사이버범죄(컴퓨터 무결성 범죄)는 컴퓨터 접근 제어를 무단으로 침해하여 권리가 이미 설정된 네트워크와 공간에 접근하거나 침입하는 범죄를 의미한다. 범죄자가 시스템에 침입하면, 시스템 내에서 권한을 상승시키며 더 원거리의 가치 있는 정보가 저장된 영역으로 이동한다. 이는 집에 침입한 도둑과 유사하다. 또는, 경제적, 복수적, 정치적 동기에 따라 범죄자는 데이터를 훔치거나 삭제하거나, 랜섬웨어나 DDoS 공격처럼 다른 사람의 접근을 차단하려 할 수 있다. 대부분 기계에 대한 범죄는 기계가 활성화하거나 기계 안에서 정보를 다루는 다양한 추가 범죄의 기초를 마련한다. 여기에는 사기, 데이터 절도, 기물 파손, 스파이 활동, 서비스 거부, 바이러스와 트로이목마의 설치 및 사용 등이 포함될 수 있다(Gordon and Chess, 1999 참조). 관련된 사람들은 공공의 이익을 위해 정보를 공개하려는 원칙적인 해커부터 개인적, 재정적, 정치적 이득을 추구하는 비원칙적인 해커까지 다양하다. 현재 많은 관할권에서는 영국의 컴퓨터오용법(Computer Misuse Act 1990)과 같은 법률을 제정하여 컴퓨터 자료에 대한 무단 접근, 추가 범죄를 저지를 의도로 무단 접근, 컴퓨터 자료의 무단 수정 등을 방지하고 있다.

기계를 사용하는 사이버범죄(컴퓨터 활성화 범죄 또는 컴퓨터 관련 범죄)

기계를 사용하는 사이버범죄는 기계에 대한 범죄와 매우 다르다. 여기서 문제는 범죄자가 시스템에 어떻게 침입했는지가 아니라, 시스템을 어떻게 활용하여 피해자를 착취하고 범죄자의 이득을 취하는가에 있다. 기계를 사용하는 범죄는 주로 사기, 절도, 기만, 강탈 등을 통해 돈, 재화, 서비스 등을 부정하게 취득하는 경제범죄이다. 대부분의 관할권에서는 현재 절도 관련 법률과 잃어버린 자산의 회복 절차를 갖추고 있으며, 시민을 불법적인 아이디어 탈취로부터 보호하기 위한 지적재산권 법률도 마련되어 있다.

기계 안에서의 사이버범죄(컴퓨터 콘텐츠 범죄)

기계 안에서의 사이버범죄는 주로 컴퓨터 시스템 내부의 콘텐츠와 관련이 있으며, 이는 데이터와 같은 정보적 콘텐츠를 포함하고 무한히 복사될 수 있다. 이 범주에 포함되는 주요 범죄는 세 가지 넓은 영역으로 나눌 수 있다: 극단적인 성적 자료와 콘텐츠, 폭력적인 자료(증오발언 포함), 극단적인 급진적 자료(테러리즘). 이러한 범죄는 2000년대 중반 이후 소셜미디어 네트워크의 발달로 더욱 촉진되었으며, 이는 수십억 명의 시민에게 인터넷 플랫폼을 제공했다. 종종 이러한 정보적 콘텐츠는 범죄의 증거를 보여주며, 때로는 그 자체로 증거가 되기도 한다(예: 극단적인 성적 자료나 급진적 정치적 자료의 경우). 대부분의 관할권에서는 외설법과 선동금지 법률의 변형을 갖추고 있으며, 인터넷 콘텐츠가 표현의 자유를 보장하는 법률에 의해 보호될 수 있기 때문에 입법의 강도가 다양할 수 있다.

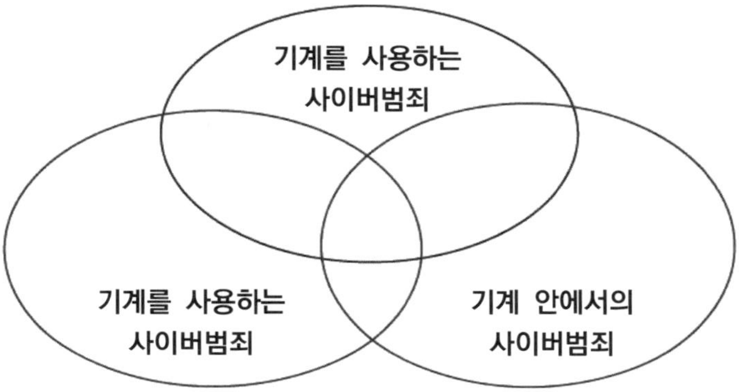

그림 3.2 사이버범죄의 세 가지 유형의 범행수법

위의 범주들은 사이버범죄의 발전과 다양성을 보여줄 뿐만 아니라, 분석을 위한 실용적인 구분을 제공한다. 이들은 이상적인 유형이며, 함께 표시될 때(그림 3.2) 상당한 중복 영역을 나타낸다.

예를 들어, 이 범주들은 조사 및 집행을 위한 다양한 자원 배분의 의미를 식별하거나, 사이버범죄에 대한 지식을 확장하기 위한 연구 설계 시 방법론을 선택하는 데 사용할 수 있다. 이들은 각각 다음 세 장에서 다룰 주제이다.

온라인 범죄기회의 초점 변화: 개인, 조직, 국가 차원의 피해자

사이버범죄를 이해할 때 중요한데 드문 고려 사항은 피해자 그룹의 부, 권력, 지위에 따른 문제이다. 각 요소는 범행동기를 부여할 수 있는 요인으로 작용할 수 있다. 따라서 피해자 그룹은 범죄자가 개인, 조직 및 기업을 대상으로 하는지, 아니면 더 큰 정치적 그림을 염두에 두고 국가를 경제나 기반시설을 통해 피해자로 삼으려 하는지에 따라 다르다. 도표 3.3은 이러한 피해자 간의 많은 중첩 영역을 보여준다.

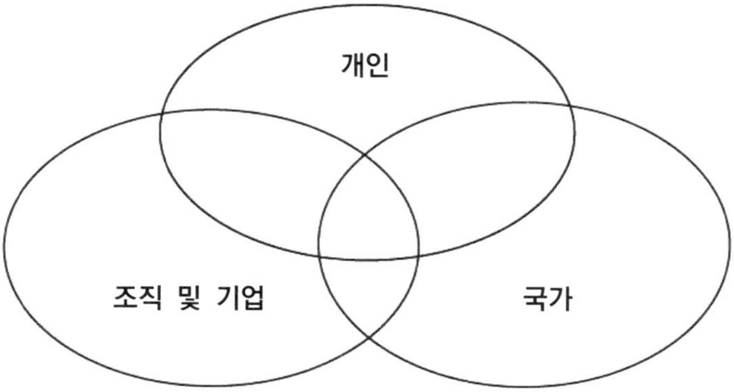

그림 3.3 피해자 간의 중첩 영역

개인은 일반적으로 사기, 스캠, 강탈의 피해자가 되고, 정치적, 성적, 종교적 증오발언에도 영향을 받을 수 있다. 반면, 조직과 기업은 더 큰 규모의 사기, 랜섬웨어 또는 데이터 납치의 피해를 입는 경향이 있으며, 이러한 사건은 종종 피해자의 평판을 손상시키고 공격자에게 돈을 지불하도록 유도하기 위해 공격자에 의해 크게 공개된다. 국가차원에서는 정치적 현상 유지를 변화시키기 위해 전술적으로 설계된 공격에 피해를 입는다. 이러한 공격은 보통 기반시설을 직접 공격하여 시민들에게 불편을 초래하고, 정부가 주요 서비스를 제공하지 못하게 하여 곤란을 겪게 할 수 있다. 또한, 허위정보(가짜뉴스) 캠페인을 조직하여 시민들의 시각을 특정 방향으로 변화시키거나, 기업과 경제를 '조금씩' 공격하여 더 넓은 경제적 불안을 초래하는 경우도 있다.

결론

다양한 사이버범죄의 영향은 사이버범죄의 변형을 보다 정확하게 설명하는 개념적 언어 틀을 제공한다. 이 틀은 인터넷 기술이 범죄에 미치는 영향('보조', '지원' 또는 '의존'), 범죄의 의도(기계에 대한, 기계를 사용하는, 기계 안의), 범죄의 대상(개인, 조직, 국가)에 대한 이해를 돕는다. 이 틀은 사이버범죄의 구성요소를 더 자세히 설명하는 데 도움을 주며, 다음 장에서 자세히 다루어질 것이다. 사이버범죄는 방대한 분야이며, FBI의 인터넷 범죄 보고서 2020(2021년 3월 발표)에서 다루는 범죄를 보면 이를 확인할 수 있다. 이 보고서는 피해자가

IC3에 신고한 다양한 인터넷 관련 활동을 나열하고 있으며, 이에는 피싱공격부터 핵티비즘까지 다양하다. 사이버범죄는 '사이버 지원', '사이버 가능', '사이버 의존' 등으로 구분될 수 있으며, 일부는 사이버범죄를 촉진하는 행위(예: 피싱)이고, 다른 일부는 실제 사이버범죄(예: 랜섬웨어 사용)일 수 있다. 사이버범죄는 시간이 지남에 따라 복잡해지며, 범죄자들이 매우 적응력이 뛰어나기 때문에 하나의 카테고리로 완벽하게 분류하기는 어렵다. 또한, 일부 사이버범죄는 다른 범죄보다 더 '사이버' 적일 수 있다. 중요한 것은 이러한 언어 틀의 용어가 복잡성을 설명하는 기초를 제공한다는 것이다.

요약하자면, 새로운 네트워크 및 디지털기술은 범죄의 확장성을 세 가지 방식으로 증가시킨다. 첫째, 범죄가 발생하는 속도를 대폭 증가시킨다. 둘째, 범죄가 발생할 수 있는 거리를 확장시킨다. 셋째, 범죄의 전체 확장성과 범죄의 양을 증가시킨다. 이를 '사이버 리프트'라고 하며, 기술발전으로 인해 범죄의 새로운 행동과 기회가 기존의 범죄 진화에 비해 확장된다는 것을 의미한다. '확장성'의 증가는 기술적 능력의 발전에 따라 계속 증가하고 있으며, 이는 무어의 법칙에서 설명한 바와 같다.

오늘날, 클라우드 기술은 컴퓨팅 능력과 저장 공간을 확장하면서 상대적 컴퓨팅 비용을 줄이고 있다. 이러한 기술발전은 삶의 질을 크게 향상시키는 동시에 정보흐름을 생성하여 활용될 수 있는 새로운 기회를 창출한다. 사물인터넷(Internet of Things)은 온라인 범죄기회의 범위와 확산을 확장하여 사이버범죄의 전체 확장성을 더욱 증가시킨다(Wall, 2017).

인터넷의 변혁적 영향은 독립적으로 또는 결합하여 범죄 및 유해한 행동을 저지르는 새로운 경로를 제공한다. 이는 범죄자, 피해자 및 국가 간의 장기적이고 전통적인 관계를 변화시킨다. 범죄자의 기회범위가 전 세계적으로 확대되고, 피해자와의 새로운 상호작용 방식이 가능하며, 범죄행동의 조직 방식에 새로운 수단을 제공한다. 이에 따라 기존의 범죄와는 전혀 다른 새로운 범죄기회가 창출되며, 거의 모든 사람이 범죄를 저지를 수 있는 기술 접근이 가능해졌다. 요컨대, 인터넷은 범죄를 민주화하였고, 이제 누구나 범죄를 저지를 수 있다!

따라서, 온라인 피해의 본질은 여전히 절도, 사기, 착취와 같은 기존의 것과 유사할 수 있지만, 인터넷 기술을 통한 피해의 규모와 방식은 과거와 상당히 다르다. 이는 사이버범죄와 비사이버범죄를 구분하는 기반이 된다. 두 가지의 차이를 이해하는 간단한 원칙은 '변형테스트'를 적용하는 것이다. 즉, 네트워크와 디지털기술이 제거되었을 때 이러한 범죄가 어떻게 변할지를 묻는 것이다.

Standage는 빅토리아 시대 전기 전신을 분석하면서 "새로운 발명이 주어지면, 항상 그것의 선한 잠재력만을 보는 사람들이 있는가 하면, 범죄를 저지르거나 돈을 벌 기회를 보는 사람들도 있다"고 관찰했다. 이는 21세기에 나타나는 모든 새로운 발명에 대해 똑같은 반응을 예상할 수 있다는 것이다. 위 분석은 인터넷의 특성(정보화 활동, 네트워킹, 글로벌화)이 범죄행동을 어떻게 변화시켰는지, 기존 범죄에 대한 새로운 기회와 새로운 범죄에 대한 기회를 어떻게 창출했는지 보여준다. 또한, 현재의 사이버범죄 논의가 컴퓨터를 사용하는 전통적인 범죄 패턴과 인터넷만의 제품인 사이버범죄 형태를 혼동하는 이유를 설명한다. 다음 세 장에서는 범죄활동의 실질적인 영역에서 일어나는 변화를 더 자세히 살펴본다.

이 장을 기반으로 한 몇 가지 토론 질문

온라인에서 범죄행동이 변화한 원인은 무엇인가?

온라인에서 범죄조직의 방식은 어떻게 변화했나?

범죄의 범위, 범행수법, 피해자 초점은 어떻게 변화했나?

추가 참고도서 사이버공간이 범죄활동에 미치는 영향을 더 깊이 연구하기 위해, 학생들과 연구자들은 다음의 문헌들을 참고하는 것이 좋다. 이들 각각은 약간씩 다른 관점에서 이 문제를 다루고 있다: McGuire (2007), Holt et al. (2015), Yar and Steinmetz (2023), Maras (2016)

4 기계(컴퓨터 무결성 범죄)에 대한 사이버범죄: 해킹, 크래킹, 그리고 서비스 거부

정보화시대 기계에 대한 범죄는 어떻게 변화했을까?

주요내용 및 핵심포인트

해킹과 해커
- 윤리적 해커
- 비윤리적 해커
- 사이버갈등 및 스파이
- 사이버 테러리스트 및 정보전

네트워크에 연결된 컴퓨터의 무결성을 침해하기 위한 해커 전술
- 사회공학 (Social engineering)
- 악성 소프트웨어 및 코드 삽입
- 스파이웨어 및 감시 소프트웨어 사용
- 피해자가 사용하는 서비스 공격

범죄동기 및 유인 요인
- 범죄적 이익 또는 상업적 이점
- 복수
- 호기심과 지적 도전
- '은밀한 스릴'을 얻기 위해
- 동료의 존경을 받기 위한 필요성
- 기술을 자랑하고 잠재적 고용주에게 감동을 주기 위해
- 정치적 동기에서의 항의

개요 *이 장에서는 기계를 대상으로 한 사이버범죄, 즉 컴퓨터 시스템과 네트워크를 공격하는 것을 목적으로 하는 사이버범죄를 다룬다. 이러한 범죄는 때로는 사용자들이 접근하지 못하도록 하는 자체 범죄로, 또는 시스템에 침입하여 콘텐츠를 훔치거나 콘텐츠를 인질로 잡으려는 의도로 이루어진다. 첫 번째 부분에서는 해커의 다양한 유형과 변종을 살펴보고, 두 번째 부분에서는 해커들이 기계를 공격하기 위해 사용하는 전술을 논의한다. 세 번째 부분에서는 이와 같은 사이버범죄에 대한 범죄동기와 유인 요인에 대해 탐구한다.*

서론

이 장에서는 해커의 역할이 어떻게 변화해 왔는지 살펴보고, 컴퓨터를 대상으로 한 다양한 사이버범죄의 유형을 개괄한 후, 컴퓨터 무결성을 침해하기 위해 사용되는 다양한 동기와 전술에 대해 논의할 것이다. 컴퓨터 네트워크의 무결성에 대한 신뢰가 없으면, 그 네트워크가 제공하는 서비스나 그 자체가 모두 손상된다. 따라서 침입이나 해킹의 영향을 평가하는 데 있어서 가장 큰 문제는 그 공격이 자체적으로 끝나는지, 아니면 다른 범죄의 전초전인지 정확하게 파악하는 것이다. 이는 다양한 해커 유형을 구분하는 데 유용한 원칙이다. 이러한 중요한 구분을 염두에 두고, 이 장은 네트워크에 연결된 컴퓨터의 무결성을 손상시키는 범죄적 공격에 초점을 맞출 것이다. 첫 번째 섹션에서는 해킹과 관련된 다양한 공격유형을 살펴보고, 두 번째 섹션에서는 시스템 무결성을 침해하기 위해 사용되는 전술을 논의하며, 세 번째 섹션에서는 범죄동기들을 분석한다.

해킹 및 해커

해킹은 다른 사람의 디지털공간에 고의적이고 무단으로 접근하려는 시도를 설명하는 일상적인 표현이다. 해킹의 주요 목적은 네트워크로 연결된 컴퓨터 시스템의 무결성을 침해하여 보안을 뚫는 것이다. 이는 불법적이거나 합법적으로 이루어질 수 있다. 시스템 무결성에 대한 공격의 폭넓은 범위를 설명하기 위해서는 '침입(trespass)'이라는 용어가 해킹보다 더 적절할 수 있는데, 해킹이라는 단어는 감정적이고 이념적인 의미를 담고 있기 때문이다. 인터넷 초기에는 선량한 해커와 악의적인 해커를 구분하기 위해 '크래킹(cracking)'이라는 용어가 인기를 끌었으나, 21세기에는 더 이상 유용한 설명으로 사용되지 않는다. 오늘날 '해킹'과 '해커'라는 용어는 '사이버범죄'와 마찬가지로 일상 언어에 자리 잡았다.

해킹이 대중과 기업에 우려를 불러일으키는 것은 놀라운 일이 아니다. 여러 해 동안 대서양 양쪽에서 실시된 조사들은 개인과 조직을 대상으로 한 보안 침해가 빈번하게 발생하고 있음을 지속적으로 나타냈다. 예를 들어, 2002년에 영국 무역산업부(DTI)가 실시한 정보 보안 침해(피해자) 조사에 따르면, "영국 기업의 44%가 지난 1년 동안 적어도 한 번의 악의적인 보안 침해를 경험했으며, 이는 2000년 조사 결과의 거의 두 배"라고 보고되었다(DTI, 2002: 1). 이러한 상대적으로 높은 피해 수준은 미국에서도 비슷한 양상을 보였다. 2002년 동안 카네기 멜론 대학의 CERT는 약 10만 건의 보안침해 사건을 기록했다. 20년이 지난 후, 2022년 영국 사이버보안침해조사(DCMS, 2022)에서는 기업이 침해를 경험한 비율이 크게 변하지 않았음을 발견했다(2017년 46%, 2018년 43%, 2019년 32%, 2020년 46%, 2021년 39%, 2022년 39%), 그러나 그 영향과 비용은 이전보다 훨씬 더 심각해졌다. 오늘날 조직(과 개인)은 20년 전보다 훨씬 더 높은 수준의 디지털 노출을 겪고 있다. 2022년 사이버보안침해조사에 따르면, "10개 기업 중 9개(92%)와 10개 자선 단체 중 8개(80%)가 온라인으로 은행 업무 또는 결제시스템을 사용"한다고 한다(DCMS, 2022). 또한 데이터 절도는 100배 이상 증가했다. 미국 신원도용 자원센터(ITRC, 2023)에 따르면, 1,802건의 침해로 인해 4억 명의 피해자가 발생했으며, 이는 20년 전 약 160건의 침해에 비해 크게 증가한 수치이다. 많은 조직들이 사이버범죄 피해를 신고하는 것을 꺼리는데, 이는 주로 기업 평판 손실을 방지하고, 피해를 공공의 이익보다는 자체적으로 해결하기를 원하기 때문이다.

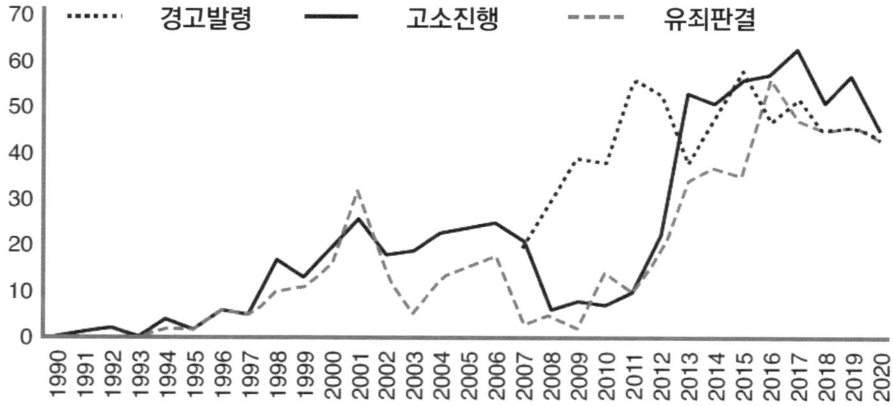

그림 4.1 1990년 컴퓨터오용법에 따른 잉글랜드와 웨일즈의 기소 및 유죄판결 건수.
출처: 다양한 ONS 소스 모음

마찬가지로, 오늘날 개인들도 20년 전보다 디지털 및 네트워크 기술에 더 많은 투자를 하고 있다. 이는 구매, 금융, 여가 및 오락 활동에서 더욱 두드러진다. 범죄 피해자 조사를 매년 실시하는 잉글랜드 및 웨일즈 범죄조사(CSEW)에서는 약 1백만 건의 컴퓨터오용 범죄가 매년 영국에서 발생한다고 추정하고 있다(Corfield, 2019). 그 중 절반은 '컴퓨터 바이러스'와 관련이 있다. 컴퓨터오용 피해 건수는 전체 사기 사건의 약 10분의 1에 불과하며, 2022년에는 성인 1,000명당 컴퓨터오용 사건이 14건으로 기록된 반면, 사기 사건은 1,000명당 145건이었다(ONS, 2023: Table F8).

이러한 피해 수준(따라서 범죄 발생 수준)은 기소통계에 크게 반영되지 않는다. ONS 및 정부의 다양한 자료를 바탕으로 작성된 도표(도표 4.1)에서는, 매년 기소된 사건 수가 1990년대 후반에 점진적으로 증가했으며, 2000년대 초반에 감소하다가 지난 10년 동안 다시 증가했음을 보여준다. 영국의 사이버범죄 대응을 위한 국가경찰 역량이 발전함에 따라 기소 건수도 변동하고 있지만, 연간 약 40~60건의 기소는 보고된 사건 수에 비하면 여전히 적은 수치이다. 이 격차의 한 가지 이유는 사이버범죄 사건 중 일부만이 액션 사기(Action Fraud)를 통해 경찰에 전달되기 때문이다. 액션 사기는 사건을 접수하여 증거를 검토하고 분류하는 기관이다(Corfield, 2019). 또 다른 이유는 컴퓨터오용 범죄 중 많은 사건이 사기와도 관련이 있으며, 조사 자원을 사기에 집중하기 위해 컴퓨터오용 범죄가 조사에서 제외되는 경우가 많기 때문이다.

잉글랜드와 웨일즈에서 사이버보안침해는 1990년 컴퓨터오용법(Computer Misuse Act 1990)에 따라 다뤄진다. 이 법은 무단 접근으로부터 피해자를 보호하는데, 구체적으로는 컴퓨터 자료에 대한 무단 접근(1조), 추가 범죄를 저지르거나 이를 촉진할 의도로 한 무단 접근(2조), 그리고 컴퓨터 자료의 무단 수정(3조)에 대해 규정하고 있다. 법이 도입된 후 첫 10년 동안(1991-2000) 53명이 이 법에 따라 경고를 받았고, 추가로 88명이 기소되었다. 그 중 68명(77%)이 유죄판결을 받았으며, 15명은 1조, 11명은 2조, 42명은 3조에 따라 처벌되었다(Hansard, 2002; Wall, 2003: 131). 사이버보안침해가 흔히 추가 범죄의 전조가 되기 때문에, 일부는 사기와 같은 보다 실질적인 범죄로 기소되었거나, 전기통신법에 따라 처리되었을 가능성도 있다. 그러나 기소된 사건 수가 지금보다 10배 혹은 100배 더 많다고 하더라도, 보고된 피해 건수와 비교했을 때 여전히 차이가 존재할 것이다. 이는 법과 경찰의 실패인지, 아니면 사이버범죄의 특성에 기인한 문제인지에 대한 의문이 여전히 남아 있다. 이러한 질문들은 이 책의 후반부, 특히 8장과 9장에서 더 깊이 다뤄질 것이다. 하지만 이 장에서는 기계를 대상으로 한 사이버범죄의 성격을 개괄하는 데 초점을 맞춘다. 이 섹션에서 도출된 주요 관찰은 구조적, 절차적, 그리고 역량과 관련된 여러 이유로 인해 많은 범죄자들이 체포되지 않고 있다는 것이다. 이러한 문제들이 해결되지 않는 한 해킹은 계속해서 가능할 것이다.

오랜 세월 동안 해커들은 미디어에 의해 청소년의 천재성과 미국의 개척 정신을 기념하는 존재로 찬양되었으나, 이후에는 악마화되기 시작했다(참조: Ross, 1990; Sterling, 1994; Chandler, 1996; Duff and Gardiner, 1996; P. Taylor, 1999; Wall, 2008; Steinmetz, 2016). 현재는 '화이트해커(ethical hackers)'와 '블랙해커(black hat hackers)' 사이에 명확한 구분이 있다. 화이트해커는 원래의 윤리적 해킹 전통을 기념하는 반면, 블랙해커는 재정적 이득이나 복수와 같은 비윤리적이고 범죄적인 동기에 의해 행동한다. 윤리적 해커의 공공 서비스나 시민 자유에 대한 윤리는 여전히 존중받지만, 두 유형의 해커의 기술과 신념은 상당히 혼합되어 이제는 두 가지 모두 불신을 받고 위협으로 간주되며, 대부분의 컴퓨터오용법에 의해 금지되고 있다. 해킹은 이상주의적 첫 번째 세대의 시스템 해킹을 넘어 매우 다양한 활동과 동기를 드러내게 되었다. 한편으로, 정상적인 해커들은 이제 윤리적 해커로서 자신을 정의하고 자격을 취득하기 위한 훈련을 받는다. 예를 들어, 네크워트 침투테스트 전문가가 될 수 있다. 반면, 비정상적 해커들은 지적 동기에서 정치적 행동, 범죄적 동기 활동까지 다양한 형태의 규범위반 행동을 나타낸다.

가장 덜 침해적인 형태에서, 해킹은 주로 해커들 스스로에 의해 보안시스템을 테스트하고 정보를 공개하거나 자신의 해킹 능력을 광고하는, 비교적 무해한 침입으로 여겨진다. 이는 심각하고 지속적인 피해를 의도하지 않으며, 심지어 해커들은 자신의 작업이 보안절차와 프로세스를 개선한다고 광고하기도 한다. 그러나 최악의 경우, 해킹은 기반시설과 정보에 상당한 피해를 줄 수 있으며, 재정적 및 물리적 손실을 초래할 수 있다. 또한 해킹의 2차 또는 파급 효과로 인해 시스템에 대한 신뢰 상실, 사업 손실, 네트워크 참여 감소 등의 피해가 발생할 수 있다. '해킹'이라는 용어가 이제 널리 받아들여지고 있기 때문에, 윤리적 해커와 비윤리적 해커 간의 구분을 논하는 것이 적절하다. 그러나 해킹의 확산으로 인해 각 범주에는 종종 사이버보안 미디어에서 '모자 색깔'로 구분되는 다양한 변형이 존재한다: 화이트, 블랙, 그레이, 그린, 블루, 레드, 심지어 옐로우까지 있다. 해커의 다양한 상태를 설명하기 위한 색상 사용은 논란의 여지가 있으며 항상 일관되지 않을 수 있다. 문헌을 참고하여 기본적인 차이를 간략히 설명한 Shea(2019)를 참조하면 유용하다. 이러한 범주를 사용할지 여부는 스스로 판단해야 한다.

윤리적 해커

윤리적 해커는 이름에서 알 수 있듯이 높은 수준의 윤리적 기준을 가지고 있으며, 이는 전문지식과 공공 정보 접근의 자유라는 윤리적 신념을 결합하여 표현된다. 통신기술의 초기시절부터 해커들은 인터넷의 발전에 중요한 역할을 했다(참조: Ross, 1990; Sterling, 1994; Chandler, 1996; Duff and Gardiner, 1996). 그들은 시스템을 테스트하고 코드 작성자들에게 더 높은 품질 기준을 달성하도록 압박했으며, 그들의 기술과 상상력을 발휘하여 인터넷을 형성하는데 기여했다. 1986년에 작성되어 지금은 폐간된 Phrack 잡지에 실린 '해커의 선언문(Hacker's Manifesto)'은 이러한 윤리적 가치를 요약하고 있다: '예, 나는 범죄자이다. 나의 범죄는 호기심이다. 나의 범죄는 사람들이 외모가 아니라 그들이 말하고 생각하는 것으로 판단하는 것이다. 나의 범죄는 당신을 능가하는 것이며, 이는 당신이 결코 용서하지 않을 것이다'(The Mentor, 1986).

지난 20년 동안 윤리적 해킹은 훈련 커리큘럼을 안내하고 자격의 기초를 형성하는 일련의 일관된 관행을 개발해 왔다. 윤리적 해커의 역할은 네트워크의 무결성을 공격하는 것이 아니라, 범죄자들에 의해 악용될 수 있는 시스템과 네트워크의 취약점을 찾아내어 그들의 보안을 강화하는 것이다. 그들은 브루트 포스(때로는 블랙 박스(Black-박스) 테스트라고도 함) 테스트를 통해 IT 부서와 협력하여 약점을 식별하고, 시스템을 검토하며, 시스템을 안전하게 만들기 위한 정책과 절차를 개발하는 데 도움을 준다. 이들은 시스템을 보호하기 위해 새로 출현한 사이버보안산업의 중요한 부분이 되었다. 그러나 다양한 유형 간에는 용어와 색깔에 따라 미세한 차이점이 있다.

화이트해커(White Hat Hackers): 일반적으로 훈련된 보안전문가들로, 블랙해커가 발견하고 악용하기 전에 소프트웨어와 하드웨어의 취약점을 찾기 위해 고용된다. 블루 해커(Blue Hat Hackers): 화이트해커와 비슷하지만, 새로운 제품이 판매되기 전에 보안 구멍과 취약점을 찾기 위해 조직에 의해 고용된다. 레드 해커(Red Hat Hackers): 법의 테두리 밖에서 자신만의 정의를 실현하려는 경향이 있다. 화이트해커가 블랙해커를 경찰에 신고한다면, 레드 해커는 자경단 역할을 하며(때로는 정부를 대신하여) 블랙해커의 컴퓨터 시스템을 공격하고 파괴한다. 퍼플 해커(Purple Hat Hackers): 자신의 해킹기술을 향상시키고 테스트하려 하지만, 타인의 시스템이 아니라 자신의 시스템에서만 작업을 수행한다. 그레이 해커(Grey Hat Hackers): 화이트해커와 블랙해커의 혼합체로, 취약점을 찾기 위해 불법적인 방법을 사용할 수 있다. '라이트 그레이 해커(Light Grey Hats)'는 종종 블랙해커에서 화이트해커로 변화하는 과정에 있는 해커들이다. 이들은 '다크 그레이 해커(Dark Grey Hats)'와 구별된다. 다크 그레이 해커는 불법적인 방법으로 취약점을 찾고 이를 가장 높은 입찰자에게 판매한다.

비윤리적인 해커

비윤리적 또는 블랙해커들은 시스템의 취약점을 악의적이고 불법적으로 탐색하여 자신의 이득을 위해 악용한다. 이들은 재정적 또는 정치적 이득, 복수, 또는 자신의 기술을 자랑하여 동료의 존경을 얻으려는 등의 다양한 동기에 의해 움직인다. 실제로, 비윤리적 해커들은 악의성과 피해 정도에 따라 화이트해커와 블랙해커 사이의 중간 지점에 위치할 수 있다. 위에서 설명한 그레이 해커와 특히 '다크 그레이 해커'는 불법적인 방법으로 취약점을 찾아 이를 가장 높은 입찰자에게 판매하며, 무엇이 좋은 행동인지 나쁜 행동인지 불확실한 영역에 위치하고 원하는 목표를 달성하려 한다. 해킹과 활동주의를 결합하여 종종 논란을 일으키며 정치적 아이디어를 홍보하여 사회변화를 추구하는 해커 변형이 핵티비스트이다. 이들은 이상을 달성하는 데 있어 무엇이 옳고 그른지 판단하기 어려운 '회색 영역'에 존재하는 것처럼 보이며, 그들의 행동은 종종 악의적이고 파괴적일 수 있다(Shantz and Tomblin, 2014).

Young(1995: 10)은 자사 시스템의 취약점을 보여줌으로써 사회에 기여한다고 순진하게 믿는 유토피아적 해커들과 공격적으로 반체제적이며 목표에 의도적으로 피해를 주는 사이버펑크를 구분했다. 두 그룹 모두 비인가된 장소에서의 존재로 인해 혼란을 초래하는 경향이 있다. 실제로 두 그룹을 구분하기 어려운 경우가 많으며, 경험에 따라 추가적인 구분이 이루어질 수 있다. 그린 해커(Green Hat Hackers): '스크립트 키디(Script Kiddies)', '워너비(Wannabes)', 또는 '래머스(Lamers)'라고도 불리며, 블랙 해킹 기술을 배우려는 호기심과 열정을 가진 주니어 및 경험 부족 해커들이다. 이들은 낮은 수준의 숙련도를 가지고 있으며, 전문 채팅 포럼에서 도움을 받곤 한다. 이들 포럼에서는 '구루스(Gurus)' (오랜 지식과 경험을 가진 전문가), '위자드(Wizards)' (지식의 깊이로 유명한 사람들), '사무라이(Samurai)' (실제 해킹 경험이 있는 사람들)에게 배운다. 스크립트 키디는 미숙하고 기술이 부족한 해커들로, 사전에 만들어진 도구를 사용하여 시스템에 침투하거나 방해하려고 한다. 그들은 '스릴을 위해 웹사이트를 훼손하거나 동료들 사이에서 명성을 얻기 위해' 활동한다(Mead et al., 2005). Lemos는 이들을 '발목을 무는 자들(ankle-biters)'이라고 불렀다(2000). 비록 IT기술 부족으로 경시되지만, 그들은 강력한 메시지를 전달할 수 있다. 주로 동료들로부터 존경을 얻기 위해, 또는 대담함을 과시하기 위해 활동하며, 그들의 성과(대담한 해킹 증거)는 여러 사이트에서 자주 게시된다. 하나의 예로, 2600: The Hacker Quarterly가 있으며, 이곳에는 '해킹된' 사이트들의 아카이브가 있다. 경험이 쌓이면, 스크립트 키디는 블랙해커로 성장할 수 있다. 옐로우 해커(Yellow Hat Hackers): 주로 소셜미디어 계정을 불법적으로 해킹하여 장악하거나 콘텐츠를 왜곡하여 특정 개인, 아이돌 또는 상업 브랜드에 대한 복수를 추구한다. 이들은 때로 소셜미디어 해커로 알려지지만, 블랙해커와 동일한 수준의 기술과 무자비함을 가지고 활동한다.

사이버갈등 및 스파이

대부분의 해커들은 자신의 기술을 주목받고 싶어하지만, 사이버 스파이들은 정치적 또는 산업 스파이 활동을 수행하면서도 자신이 발견되지 않기를 원한다. 이들은 정부나 무역 비밀과 같은 제한된 정보를 얻기 위해 사이트에 조용히 접근하고 빠져나가려 하며, 이러한 정보는 시장이나 정치적 경쟁에서 우위를 점하는 데 사용될 수 있다. 인터넷은 사이버 스파이 활동을 여러 가지 방식으로 지원한다. 첫째, 내부 정보원들이 자신의 시스템 접근권한을 남용하여 정보를 전자적으로 수집하고 조직 외부로 보내는 경우가 많다. 둘째, '선의의' 내부 정보원들이 조직의 이익을 위해 보안시스템을 무시하고 자신의 전문적인 목표를 달성하기 위해 문서를 추출하는 경우도 있다. 셋째, 내부자가 외부인에게 폐쇄 시스템에 대한 불법적인 접근권한을 제공하여 정보를 얻는 경우가 있다. 이 경우, 내부자가 스파이웨어나 백도어를 설치하여 원격 접근을 허용하거나, 사회공학적으로 접근코드를 공개하도록 유도하는 방법이 있다. 넷째, 시스템을 조용히 탐색하여 기본 시스템 사용자이름과 비밀번호를 찾는 방법도 있다. 예를 들어, 사용자이름과 비밀번호가 동일하거나 이메일 주소와 '12345' 같은 비밀번호, 또는 'password' 같은 비밀번호를 사용하는 경우이다. 이러한 행위는 오늘날에는 덜 일반적이지만, 여전히 발생할 수 있다. 다섯째, 인터넷의 감시능력을 이용하여 외부인이 조직의 웹사이트를 통해 방출된 정보들을 관찰하여 조직의 구조, 야망, 계획에 대한 상당히 완벽한 그림을 조립할 수 있다.

사이버 스파이는 오랫동안 우려의 대상이었으며, 이는 사이버 스파이가 쉽게 이루어질 수 있기 때문이다. 이론적으로 사이버 스파이는 네 가지 주요 그룹으로 구분된다. 첫째, 사이버 전사들은 '총잡이'처럼 행동하는 블랙해커들로, 자신의 기술을 가장 높은 입찰자에게 판매한다. 둘째, 산업스파이는 기업에 초점을 맞추며 돈에 의해 움직이고, 조직을 매끄럽게 침투하고 탈출할 수 있는 능력을 가진 전문가들이다. 셋째, 정부요원들은 고도로 훈련되고 숙련된 인물로, 정치적 목표를 달성하기 위해 활동한다. 넷째, 군사 해커들은 군에 소속되어 군사적 목표를 추구한다. 실제로는, 사이버 스파이 활동이 다양한 그룹이나 행위자들이 동일한 공간을 차지하는 경우가 많다. 사이버갈등은 '규칙 내에서의 치팅'이며, 전통적인 전쟁보다는 '정보수집-방첩의 대결'에 더 가깝다고 Lindsay는 주장한다. 결과적으로, 과거 몇 년 동안 지배적 위협 내러티브에서 예측된 심각한 피해는 나타나지 않았지만, 데이터 절도 및 서비스 중단과 같은 활동이 피해자들에게 영향을 미치고 있다(Wall, 2008; Lindsay, 2017).

지난 10년 동안 사이버갈등은 증가하는 우려와 현실이 되었다. 특히 2014년 우크라이나에서의 러시아 '특별작전'과 최근 2022년부터 사이버갈등그룹의 수와 활동이 증가했다. 이들 갈등그룹은 국가와 비국가 행위자들이 연합하여 사이버활동을 진행하며, 이는 상당한 국가적 개입을 나타낸다. 이러한 사이버갈등그룹은 내부 분쟁이나 반작용, 법집행을 피하기 위해 자주 해체되고 재구성된다. 특히 비국가 행위자들 중 일부는 경제범죄를 숨기기 위해 지정학적 연대감을 활용한다. 동시에, 국가 행위자들은 경제범죄자들을 이용해 자신의 전략적 목표를 숨기기도 한다. 예를 들어, 사이버 캠페인으로 '적'에게 피해를 주거나 훔친 데이터를 통해 얻은 정보를 이용하는 것이다. 그러나 랜섬웨어 그룹 Conti가 러시아에 대한 공개된 충성도로 인해 우크라이나와 러시아에 연합한 회원들 간의 내전이 발생했고, 이에 따라 Conti는 붕괴되었다(Goldsmith and Wall, forthcoming).

사이버테러 및 정보전

사이버전(cyber-warfare)은 새로운 디지털 네트워크 기술과 사이버공간이 '새로운 전장'으로 간주되는 개념으로, 적들과의 전쟁을 수행하는 데 사용된다. 이 개념은 사이버공격, 정보통신관리, 로봇공학 등에 대한 논의를 포함하며, 로봇공학은 여기서 논의되지 않는다.

사이버 테러리즘(cyber-terrorism)은 오래된 미디어 트로프(media trope)이며, 2001년 9월 11일 이전에도 우려가 있었으나 이후에는 매우 감정적인 주제로 남아있다. 사이버 테러리즘의 목적은 컴퓨터를 사용하여 물리적 기반시설을 공격하고 대중의 두려움과 불안을 조성하며 이론적으로 정치적 의제를 조작하는 것이다. 1990년대 초, Sterling은 "Amtrak 컴퓨터나 항공교통관제 컴퓨터에 해커들이 들어가면 언젠가 누군가가 죽게 될 것이다"라고 경고했다(Sterling, 1994: 185). 1998년 2월, 미국 군사컴퓨터의 취약성이 드러나면서 해커들이 아랍 에미리트의 중계 컴퓨터를 통해 펜타곤 시스템에 침입한 것으로 밝혀졌다. 이 공격의 의미는 펜타곤에 의해 축소되어 발표되었고, 해킹이 소규모 아마추어 그룹에 의해 이루어진 것으로 여겨졌다(Dolinar, 1998: A03). 이 사례에서는 해커들이 자신들의 침입 흔적을 남겼는지, 즉 '다음에 사용할 열쇠를 문 밑에 숨겨두었는지'는 알려져 있지 않다(Dolinar, 1998: A03). 이와 유사한 사례들은 지난 25년 동안 여러 차례 발생했다.

사이버 테러리즘의 주요 약점은 그것이 실제로 발생했는지 확인하기 어렵다는 점이다. 사이버 테러리즘이 대중에 충분히 영향을 미쳐 정치적 결과를 초래하는 사례는 거의 없다. 중요한 공공 컴퓨터 시스템, 네트워크, 서비스 및 유틸리티가 9월 11일 이후 대부분 보호되고 있으며, 이에 따라 사이버 테러리즘 공격의 성공 가능성은 상당히 줄어들었다. 실제로, 초기의 종말론적 예측이 아직 실현되지 않은 이유는 이 강력한 보호 조치에 있을 수 있다.

더 가능성이 있는 것은 정보전(information warfare)의 변형이다(Szafranski,1995: 56). 예를 들어, 러시아/우크라이나 갈등 상황에서 진행된 정밀 공격의 사례들이 있다. 2021년 중반, 러시아어를 사용하는 위협 그룹이 미국 기반시설의 일부를 제공하는 기업에 랜섬웨어 공격을 감행했다. Colonial Pipeline에 대한 공격은 예를 들어, 미국 동부의 연료공급을 마비시켰다(Goldsmith and Wall, unpublished). 이 공격은 대중에게 극적인 영향을 미쳤으나, 주로 금전적인 동기에 의해 이루어졌고, 랜섬이 지불되었다(Newman, 2021). 그럼에도 불구하고, 이는 국가행위자들이 자신의 목표를 달성하는 데 도움을 줄 수 있다.

정보전은 정보화시대에 더욱 가능해졌다. 소셜미디어 네트워크와 토크 라디오의 출현은 미디어의 중개자 역할을 효과적으로 없애고 훨씬 더 넓은 청중에게 목소리를 제공했다. 이에 따라, 미디어의 주변부에서는 진실이 중요하지 않고 단지 논의되는 내용이 중요하다는 결과를 초래했다(Baudrillard, 1994). 지난 10년 동안 미국과 영국의 정치에서 여러 중요한 사례들이 있었다.

정보전의 오래된 설명은 이를 국가정보시스템에 대한 군사적 도구로 정의한다. 정보전은 '적의' 저항을 약화시키는 데 사용되었으며, 이는 인터넷이 존재하기 수 세기 전에도 발견된 예시가 있다. 이는 적을 항복시키기 위한 선전이나, 자국의 인구를 설득하여 자신의 대의에 동참하도록 유도하기 위해 허위정보나 선전을 퍼뜨리는 형태로 나타날 수 있다. 정보 전이 오래된 개념일지라도, 네트워크 기술은 이를 효과적이고 효율적으로 수행할 수 있는 새로운 가능성을 제공한다. 군에서는 네트워크 기술을 이용한 정보전에 대한 우려가 커지고, 군사전략가들은 공식적으로 구성된 정보전 부대를 통해 카운터 정보전 전략(counter information warfare strategies)을 정기적으로 준비한다(Berger, 1996; Rathmell, 2001).

현대 정보전의 정의는 덜 군사적이며, 경쟁 우위를 얻기 위해 정보를 조작하는 것으로 간주된다. 그러나 정보전 정보를 사용하거나 정보시스템을 목표로 하는 공격일지라도 그 잠재적 영향을 축소해서는 안 된다. 정부의 중요한 정보 데이터에 대한 공격은 정치적 및 사회적 안정성에 심각한 장기적 영향을 미칠 수 있다. 정보전의 주요 위협은 단일 대규모 공격으로 인한 경제적 피해보다는, 소수의 잘 알려진 소규모 공격이 시스템에 대한 공공의 신뢰를 저하시킬 수 있는 것이라고 Berkowitz와 Hahn (2003) 및 Francisco (2003)가 결론지었다.

네트워크 컴퓨터의 무결성을 손상시키는 해커 전술

해커들에 대한 일반적인 오해 중 하나는 해커들이 컴퓨터 시스템에 침투하고 그 시스템을 맵핑할 수 있는 초인적인 능력을 가지고 있다는 것이다. 이런 신화는 해커영화와 허구 문학에서 지속적으로 유지되어 왔다. 이 신화는 '슈퍼해커'들의 전문지식과 기술이 그들의 도덕적 제약이 사라지면서 '모든 영역에 접근할 수 있는' 능력을 부여하며, 이들이 사회에 위험을 끼친다고 가정한다. Ohm(2007)은 사이버범죄 전문가 담론에서 슈퍼해커(또는 슈퍼 사용자)의 개념이 만연해 있으며, 이러한 신화적 슈퍼해커는 기술적 제약으로부터 면역이 되어 있다고 설명한다. Ohm은 정책 입안자들이 슈퍼해커의 능력을 과장하여 대응을 지나치게 하게 되며, 이는 전반적으로 모호하고 넓은 법률이 통과되는 원인이 된다고 지적한다. 오늘날 해킹의 현실은 과거와 매우 다르다. 해커들보다 정확하게 말하자면 공격자들은 범죄를 지원하는 서비스들을 구매하여 자신의 범죄를 용이하게 한다. 이러한 지원 서비스들은 사이버범죄 생태계의 일부로, 7장에서 자세히 설명된다.

이 생태계를 가장 쉽게 설명하는 방법은 랜섬웨어 공격의 아홉 가지 개별 단계를 살펴보는 것이다. 각 단계는 특정하고 전문적인 해킹 기술이 필요하다. 첫 번째 단계는 정찰(reconnaissance)로, 잠재적인 피해자와 그들의 네트워크 접근 지점을 식별하는 과정이다. 두 번째 단계는 초기 접근(initial access)으로, 대상 시스템에 로그인 자격증명을 사용하여 접근하는 것이다. 이러한 자격증명은 피해자로부터 정보를 속여 빼내는 작업과정(phisher)들에 의해 획득된다. 이렇게 수집된 자격증명 데이터는 정리된 후 다크웹에서 초기 접근 브로커(initial access broker)가 구매한다. 한편, 작업과정(또는 초기 접근 브로커)는 선택적인 사회공학(social engineering)을 사용하는 대신, 무차별 대입 공격(brute-force attack)이나 크리덴셜 스터핑(credential stuffing) 공격을 이용해 해당 자격증명 세트가 여전히 유효한지를 확인하는 방법을 사용할 수도 있다. 이 두 가지 방법 모두 고성능 봇(bot)을 사용하여 시스템에 접근하고 대규모 공격을 수행한다. 무차별 대입 공격은 사용자가 예측 가능한 단순한 비밀번호를 사용하는 경우에 의존한다. '봇'은 자주 사용되는 비밀번호, 사전에 있는 일반적인 단어나 문구, 또는 무작위 문자 조합을 시도하여 비밀번호를 추측한다. 반면, 크리덴셜 스터핑 공격은 유출된 자격증명 데이터베이스에서 가져온 정보를 활용한다. 이 데이터베이스는 무료로 제공되기도 하고, 더 신뢰할 수 있는 세트는 유료로 판매되기도 한다. 예를 들어, Collections #1-5는 다크웹에서 자유롭게 유통된 데이터베이스로, '무려 22억 개의 고유한 사용자 이름과 해당 비밀번호'가 포함되어 있었다(Greenberg, 2019). 이 데이터는 Dropbox, Linked In 등 여러 기업에서 수년에 걸쳐 유출된 정보들의 모음이었다. 비록 오래된 데이터이지만, 여전히 유효한 경우가 많다. 이는 사용자가 비밀번호를 변경하지 않았거나, 동일한 비밀번호를 다른 애플리케이션에서도 사용하고 있기 때문이다(Greenberg, 2019).

세 번째 단계에서는, 초기 접근을 확보한 공격자가 권한을 상승(privilege escalation)시키고 조직 내에서 횡적 이동(lateral movement)을 시도한다. 이를 통해 조직 내에서 가장 중요한 데이터를 찾아내는데, 이는 피해자가 해당 데이터를 사용할 수 없을 때 가장 큰 피해를 입도록 하기 위해서다. 이러한 이유로 병원, 교육기관, 정부기록, 기업고객정보 등이 랜섬웨어 공격의 주요 대상이 되는 경우가 많다. 네 번째 단계에서는, 암호화 랜섬웨어를 설치하고 활성화하기 전에, 공격자는 중요한 데이터를 식별하고 이를 추출하여 따로 저장한다. 다섯 번째 단계에서는, 랜섬웨어가 설치 및 배포된다. 이는 종종 공휴일과 같이 조직이 가장 취약한 순간을 노려 실행된다. 피해자가 처음으로 공격을 인식하는 순간은 주요 데이터가 잠기고 정상적인 운영이 불가능해지는 때다. 여섯 번째 단계에서는, 피해자의 이름이 랜섬웨어 운영자들의 다크웹 유출 사이트에 공개되어 사회적 망신을 주는 방식으로 압박을 가한다. 이 게시물에는 훔친 민감한 데이터를 공유하거나 경매에 부칠 것이라는 협박도 포함될 수 있으며, 이는 피해자가 몸값을 지불하도록 겁을 주기 위한 전략이다. 일곱 번째 단계에서는, 랜섬웨어 공격이 성공적으로 이루어질 경우, 공격자는 암호화폐로 몸값을 요구한다. 암호화폐는 추적이 어렵기 때문에 공격자들에게 유리한 지불 방식이다.

여덟 번째 단계에서는, 몸값이 지급되면 공격자는 이를 현금화한다. 암호화폐는 세탁 과정을 거친 후 법정화폐로 전환된다. 아홉 번째 단계에서는, 공격자들은 공격을 도운 서비스 제공자들에게 비용을 지급한 후, 범죄수익을 합법적인 경제에 투자하는 경우가 많다. 그러나 일부는 추가적인 공격을 연구하고 준비하는 데 이 자금을 활용하기도 한다(Wall, 2021).

위에서 분석한 랜섬웨어 공격 사례는 성공적인 공격을 수행하는 데 필요한 다양한 기술들을 보여준다. 앞서 언급했듯이, 능숙한 해커 한 명이 모든 기능을 수행할 수도 있지만, 대규모 작전을 낮은 위험으로 실행 가능하게 만드는 수준의 전문성과 조직력을 갖추기는 어렵다. 스패머(spammer)들은 스팸웨어-서비스형 소프트웨어(spamware-as-a-service)를 대여하여, 작업과정(phisher), 스캐머(scammer), 그리고 사기범들이 이를 이용해 사람들의 자격증명을 훔칠 수 있도록 한다. 이렇게 탈취된 데이터는 데이터 브로커(databroker)들이 다크웹에서 거래하며, 초기 접근 브로커(initial access broker)들이 이 정보를 구매해 컴퓨터 시스템에 처음 침투한 후, 해당 접근권한을 랜섬웨어 공격자들에게 다시 판매한다. 랜섬웨어 공격자들은 종종 크라임웨어-서비스형 브로커(crimeware-as-a-service brokers)와 협력하는데, 이들은 랜섬웨어-서비스형 소프트웨어(ransomware-as-a-service) 및 기타 악성 멀웨어를 제공한다. 이러한 그룹들을 조직적으로 연결하는 역할은 다크마켓 운영자(darkmarketeer)들이 담당하며, 이들은 보통 ToR 네트워크를 활용한 다크웹의 온라인 시장에서 범죄자들이 자유롭게 서비스나 상품을 거래할 수 있도록 한다. 또한, 돈세탁 전문가(monetizer)들은 암호화폐를 세탁하고 법정화폐로 변환하는 역할을 수행하며, 협상가(negotiator)들은 피해자와 가해자 양측을 대변하여 랜섬 금액 협상을 진행한다. 랜섬웨어 생태계는 끊임없이 진화하고 있으며, 최근에는 '랜섬웨어 컨설턴트'(ransomware consultant)라는 직업도 등장했다. 이들은 공격자들에게 잠재적 피해자 선정, 초기 접근 자격증명 확보, 공격 실행을 위한 적절한 기술 보유자 연결 등의 조언을 제공하며 수수료를 받는다.

위 내용이 보여주는 바는, 현대의 사이버범죄가 매우 정교한 범죄운영 체계를 갖추고 있으며, 단순한 기술적 해킹 능력뿐만 아니라 사회적 해킹 기술과 비즈니스 감각까지 요구된다는 것이다.

사회공학

사회공학 또는 사람에 대한 해킹은 피해자가 원하지 않는 일을 하도록 유도하기 위해 사용하는 다양한 기술을 의미한다. 이러한 기술은 일반적으로 속임수나 조작을 포함한다. 사회공학의 목표는 피해자에 대한 정보를 얻어 그들을 상대로 사용할 수 있는 개인정보를 확보하거나, 컴퓨터 또는 고용주 네트워크에 대한 접근코드를 얻는 것이다. 또는 피해자에게 악성코드를 삽입하게 하여 그들 또는 그들의 조직이 공격에 취약하게 만드는 것을 목표로 할 수 있다.

사회공학은 해커신화와는 달리 과소평가되는 경향이 있다. 사회공학이 현재는 널리 사용되고 있지만, 초기 해커들은 이 기술을 사용하는 것을 인정하지 않았으며, 대신 그들의 기술이 최전선에 있다고 믿게 하려 했다. 사회공학이라는 용어는 Skinnerian 행동 심리학에서 유래되었지만, Kevin Mitnick이 《The Art of Deception》에서 대중화시켰다. Mitnick은 자신의 해킹이 시스템 자체를 공격하기보다는 시스템에 접근할 수 있는 사람들의 가장 약한 링크를 이용하는 방식으로 이루어졌다고 설명했다. 그는 해커의 성공이 통신 및 컴퓨팅 시스템에 대한 전문지식과 시스템에 접근할 수 있는 개인과 신뢰 관계를 구축하는 능력의 결합에 있다고 말했다. Mitnick에 따르면, 대상이 의심을 갖지 않도록 만드는 것에 있다: "사회공학자는 그의 접촉이 평소와 같게 보이도록 할수록 의심을 덜 받게 된다. 사람들이 의심할 이유가 없으면, 사회공학자가 신뢰를 얻기 쉽다"(Mitnick and Simon, 2002: 41).

사회공학자는 시스템에 접근할 수 있는 직원(주로 행정 또는 비서직)에게 신뢰를 줄 수 있도록 시스템에 대한 지식을 활용한다. 그들은 조직의 언어를 사용하고, 종종 친근한 용어로 동료를 언급한다. '공학자'의 신뢰성이 확립되면, 접근정보를 얻으려 할 것이다. 이러한 활동은 보통 단독으로 이루어지지 않는다. 접근정보를 얻지 못하면, 폐기된 문서에서 개인정보를 찾아 그 정보를 활용해 신뢰를 주는 방식으로 진행될 수 있다. 또한, 좀 더 정교한 사회공학 기술로는 가짜 조직 신분증과 같은 신뢰할 수 있는 문서를 사용하여 직원을 사칭하는 방법이 있다. 또 다른 방법으로는 역방향 사회공학이 있으며, 이는 해커가 시스템 내에서 기술적 문제를 일으키고, 그 문제를 해결하기 위해 자신을 고용하게 하여 접근권한을 얻는 방식이다(Mitnick and Simon, 2002: 60).

현대 사회공학의 전형적인 방법은 피싱 캠페인이다. 피싱은 사용자가 네트워크 접근 자격증명을 공개하도록 속이거나, 접근 프로필을 개발하는 데 사용할 수 있는 데이터를 제공하도록 유도한다. 피싱은 낮은 수준과 높은 수준에서 발생할 수 있다. 낮은 수준에서는 일반적인 데이터 탐색으로 시작되며, 이메일에 반응하도록 유도한다. 최악의 경우, 냉담한 회신은 이메일 계정이 여전히 사용되고 있다는 것을 보여준다; 최상의 경우, 피해자의 연락처 정보와 웹사이트 정보를 포함할 수 있다. 이러한 데이터는 공격자들에게 초기 접근을 제공하기 위해 판매되거나, 그 가치를 높이기 위해 추가 개발될 수 있다. 피싱 시도에 응답한 정보는 데이터 전문가들에 의해 필터링되고, 시스템 접근 자격증명을 제공하는 데 유용한지에 따라 분류된다. 이러한 자격증명은 온라인에서 즉시 사용 가능한 자격증명으로 판매된다. 초기 접근은 공격자가 원격 데스크톱 프로토콜(RDP) 방법을 통해 네트워크에 접근하도록 유도할 수 있다. 또는 '대형 사냥'(또는 스피어 피싱) 방식으로 조직 내 주요 관리자나 책임자를 대상으로 하여 그들의 특권 접근 로그인 자격증명을 도용하거나 속일 수 있다. Group-IB(2021)는 2020년에 피싱 사건이 RDP 자격증명에 의해 네트워크 침입의 주요 수단으로 대체되었고, 그 다음으로 피싱과 공공 애플리케이션(예: Citrix, WebLogic, VPN 서버 또는 Microsoft Exchange) 이용이 뒤따른다고 보고했다(Group-IB, 2021).

악성 소프트웨어 및 코드 삽입

피해자가 이메일 첨부파일을 열거나 URL을 클릭하거나 악성파일(종종 업데이트로 가장됨)을 다운로드하도록 사회공학적 기법으로 설득되면, 이 악성 소프트웨어는 여러 가지 방법으로 공격자들에게 피해자의 컴퓨터를 원격으로 제어할 수 있는 권한을 부여하고, 이후 네트워크를 가로질러 이동할 수 있게 한다. 고급 사회공학의 경우, 예를 들어 공격자들이 소프트웨어 회사나 심지어 경찰을 사칭하는 경우, 피해자들은 네트워크 보안을 비활성화하고 공격자들에게 원격 데스크톱 프로토콜(RDP)을 통해 컴퓨터에 직접 접근하도록 허용하기도 한다.

지난 10년 동안, 사이버범죄노동의 점점 더 전문화된 분업과 해커, 바이러스 제작자, 스팸발송자 간의 전략적 협력의 성장, 그리고 해킹도구 기술의 발전으로 인해 다양한 유형의 악성 소프트웨어와 이를 설치하기 위한 소프트웨어 도구들이 등장했다. 과거에는 키로거나 RAT(원격관리 트로이목마)와 같은 도구들이 사용되었으나, 현재는 네트워크에 침입하고 그 내부를 가로질러 이동하기 위해 다양한 정교한 소프트웨어 스위트가 사용된다. 이 중 일부 도구는 정부기관에서 도난당한 것이다. 예를 들어, 2017년 Wannacry와 Not-Petya 랜섬웨어 공격은 'DoublePulsar'라는 백도어 임플란트와 'EternalBlue'라는 소프트웨어 루틴을 결합하여 이루어졌다. 이 루틴은 패치되지 않은 컴퓨터의 취약점을 악용한다. 아이러니하게도 이 두 루틴 모두 미국 국가안보국(NSA)에 의해 개발되었고, 이후 ShadowBrokers 해커그룹에 의해 절도당했다(Goodin, 2017).

박스 4.1 워너크라이 크립토웜 랜섬웨어 공격

2017년 5월 WannaCry 랜섬웨어 공격은 이 장에서 다루는 주요 테마들을 여러 가지로 잘 보여준다. 특히 다양한 사이버범죄 그룹 간의 협력과 사이버범죄를 이용한 갈등 상황의 악화가 두드러진다. 북한과 연계된 것으로 추정되는 Lazarus Group이 시작한 WannaCry 랜섬웨어 크립토웜은 전 세계적으로 많은 조직 네트워크를 감염시켜 25만 대의 컴퓨터를 침해하고 수백만 달러의 피해를 초래했다. 이 랜섬웨어는 암호 해독기를 위해 비교적 작은 금액인 300달러의 비트코인(BTC) 지불을 요구했다. 공격은 감염된 사용자들이 그 심각성을 인식하지 못하고 시스템을 즉시 종료하여 비즈니스가 중단되는 바람에 하루 정도 큰 혼란을 일으켰다.

WannaCry는 패치되지 않은 '초기 MS Windows 시스템'을 대상으로 하였으며, EternalBlue 취약점을 이용해 DoublePulsar 백도어 임플란트 도구를 설치하고 랜섬웨어 암호화기를 삽입하는 방식으로 작동했다. 이 두 루틴은 미국 NSA의 여러 부서에서 도난당한 것으로 알려진 'Shadowbrokers'라는 해커/해커 활동가 그룹에 의해 탈취된 것이며, 이 그룹은 러시아와 연계된 것으로 추정된다. 이 공격은 영국의 보안 연구원 Marcus Hutchins에 의해 신속하게 저지되었다. 그는 공격의 구조적 약점을 발견하고 킬 스위치를 등록하여 감염된 컴퓨터의 암호화 및 확산을 막았다(Greenberg, 2017; Newman, 2017a, 2017b).

WannaCry의 변형은 2018년 8월 대만 반도체 제조 회사(TSMC)를 공격했으며, EternalBlue와 DoublePulsar 조합은 2017년 6월의 not-Petya 공격에도 사용되었다. not-Petya(여기서는 Petya의 변형)는 주로 우크라이나 조직을 공격하기 위해 러시아 정부기관에 의해 사용된 것으로 알려져 있다.

스파이웨어 및 감시 소프트웨어 사용

다른 '해킹' 전술 중 하나는 비밀스러운 스파이웨어와 감시 소프트웨어를 사용하여 피해자를 관찰하고, 그들의 다양한 네트워크에 대한 접근을 포함한 정보를 얻는 것이다. 키로거 프로그램은 직접적으로 비밀번호를 기록하고 정보를 훔치는 데 사용되며, 현재는 다양한 변형 스파이웨어가 사용되고 있으며, 각기 다른 수준의 침해를 보여준다. '쿠키'는 웹 브라우저와 웹사이트 간의 상호작용을 돕는 도구로, 낮은 수준의 대량 감시에 사용될 수 있다. 예를 들어, 광고 분석가들이 사용자 브라우징 및 구매 선호도에 대한 낮은 수준의 정보를 제3자에게 보고할 수 있다(예: DoubleClick) (In re Doubleclick Inc., 2001).

그 외에도 비밀번호를 식별하기 위해 운영체제의 접근 파일을 조사하는 '비밀번호 스니핑' 기술과 사용자 통신을 기록하지만 내용은 기록하지 않는 '트래픽 이동 로거', 사용자가 실제로 입력한 내용을 기록하는 '키 스트로크 로거'가 있다. 마지막으로, 사용자의 특정 컴퓨터에서 모든 행동을 기록하고, 전송하거나 수신하는 통신의 내용까지 포함하는 '콘텐츠 스파이웨어'가 있다.

지난 20년 동안 감시 논의는 개인에 대한 데이터를 찾기 위해 맞춤형 소프트웨어를 사용하는 것에서 소셜미디어 네트워크용 '앱'을 이용한 대량 감시 프로그램으로 변화했다. 2018년에는 Cambridge Analytica 스캔들이 터졌고, 이 회사가 'This is your digital life'라는 성격분석 '앱'을 개발하여 27만 명의 Facebook 사용자들이 채택했다. 이 '앱'은 비밀리에 사용자 네트워크와 개인정보를 수집하여 9700만 명의 Facebook 사용자의 개인정보를 수집했다. 정보는 학문적 목적이라고 주장되었지만, 더 악의적인 목적으로 사용되었다. 이후 '앱' 개발자는 Facebook의 서비스약관을 위반한 것으로 판명되었고, Cambridge Analytica는 데이터 오용으로 인해 미국 연방무역위원회(Federal Trade Commission)로부터 불만을 제기 받았다. 영국에서는 데이터의 정치적 사용에 대한 우려가 제기되었고, 정보위원회 사무소(Information Commissioner's Office)의 3년 간의 조사 결과, Brexit 캠페인에서 러시아의 개입 증거는 발견되지 않았다(BBC, 2020b). 그러나 미국정부는 Cambridge Analytica의 계약자가 러시아 정보기관에 민감한 미국 선거 및 여론조사 데이터를 넘겼다고 확인했다(Siegelman, 2021).

피해자가 사용하는 공격 서비스

마지막 해킹전술 중 하나는 중간자 공격(Man-in-the-Middle Attack)이다. 이 공격에서 해커는 사용자와 그들이 접근하려는 서비스 사이에 자신을 은밀히 위치시켜 통신을 가로챈다. 피해자가 서비스 제공자와 직접 소통하고 있다고 믿는 동안, 해커는 사용자에게 정보를 제공받고, 이를 통해 로그인 자격증명이나 개인정보를 훔치거나, 피해자를 감시하거나, 통신을 방해하거나, 데이터를 손상시킬 수 있다(Swinhoe, 2022). 또는 해커는 서비스가 제공하는 정보를 변경하거나 악성코드를 업로드 할 수 있다.

중간자 공격에는 두 가지 기본 유형이 있다. 첫 번째는 암호화 계층을 공격하는 공격이다. 예를 들어, HTTPS 스푸핑(HTTPS Spoofing), SSL 하이재킹(SSL Hijacking), 그리고 SSL 스트리핑(SSL Stripping) 등이 포함된다. 두 번째 유형은 통신을 실제로 가로채는 공격으로, IP 스푸핑(IP Spoofing), ARP(Address Resolution Protocol) 스푸핑, 자동 프록시 탐지공격(Automatic Proxy Discovery Attack), DNS 스푸핑(DNS Spoofing), 또는 BGP(Border Gateway Protocol), 주소 오기(misdirection) 등이 포함된다(Savvy Security, 2021). 이러한 공격은 랜섬웨어와 다른 사이버범죄에 비해 특히 빈번하지는 않지만, 최근 몇 년 동안 사건이 급증하고 있으며, 피해자에게 미치는 영향은 치명적일 수 있다.

DDoS 사이버공격

DDoS 공격은 1990년대부터 네트워크와 컴퓨터 시스템의 무결성에 실질적인 위협이 되어왔다. 해킹과는 달리, 사이버 바라지(cyber barrage)는 데이터, 종종 로그인 시도를 포함하여 접근 게이트웨이에 폭격을 가함으로써 합법적인 사용자가 네트워크와 컴퓨터 시스템에 접근하지 못하도록 하는 것이 주요 목표이다. DDoS 공격은 시간이 지남에 따라 발전해왔다. 처음에는 사회공학적 그룹 액션으로, 많은 사람들이 짧은 시간 안에 특정 시스템에 접근하여 그 시스템의 접근 게이트웨이를 과부하 시키고 정치적 또는 윤리적으로 동기 부여된 목표를 달성하는 방식이었다. 이러한 윤리적 동기와 컴퓨터 기술의 융합은 '핵티비즘(Hacktivism)'의 기초이다(Taylor, 2001: 59). 1990년대에 전자 시민 불복종 극단은 Floodnet이라는 자바 애플릿을 사용하여 세간에 알려진 핵티비스트 공격을 성공적으로 조직했다. Floodnet은 대상 웹페이지를 몇 초마다 새로 수정하여 호스트 서버를 접근 요청으로 범람시킨다. 이에 따라 대상 웹사이트의 운영이 중단되었다. 덜 컴퓨터 집약적인 변형으로는 시스템의 불안정성에 관한 유해한 소문을 퍼뜨리거나 소유자의 윤리적 관행에 대한 소문을 퍼뜨려 네트워크나 시스템의 사용을 막으려는 방식이 있다.

지난 20년 동안 DDoS 도구는 엄청나게 강력해졌으며, 특히 클라우드 컴퓨팅 기술에 의해 강화되었다. 이들은 다양한 시스템을 공격하는 데 사용되며, 랜섬웨어와 같은 다른 사이버전술을 보강하여 피해자가 몸값을 지불할지 결정하는 동안 불편을 겪게 만들기도 한다. 공격 스펙트럼의 부드러운 쪽에서는 일부 DDoS 공격이 단순히 짜증을 유발하거나 시스템 보안을 테스트하려는 것이며, 범죄자들이 심각한 피해를 주기보다는 친구들이나 동료들에게 자신의 전문성을 과시하려는 경우도 있다. 그러나 공격 스펙트럼의 강력한 쪽에서는 상대 조직에 심각한 피해를 주기 위해 설계된 공격이 있으며, 이는 사이버전의 사례로 알려져 있다. 사이버보안전문가들은 DDoS 공격으로 인한 잠재적 중단을 줄이기 위해 더 큰 서버를 설치하거나, 허니팟 트랩을 생성하거나, DDoS 공격 및 악성코드의 유입을 식별하고 느리게 만드는 방법을 개발하고 있지만, DDoS 개발자들은 이러한 저항 조치를 극복하기 위해 더 강력한 악성코드를 개발하는 데 적응하고 있다(Krupp et al., 2016). Morales(2018)는 이러한 성장을 보여주었으며, 2007년에는 DDoS 공격의 정점 크기가 24MB였으나, 2018년 첫 분기에는 1.7TB로 거의 천 배 증가했다고 밝혔다(Morales, 2018). DDoS 도구에 대한 수요가 증가함에 따라 DDoS 도구를 공급하는 새로운 중개자(DDoS 브로커)가 등장했다. '스트레서(Stressers)'는 DDoS 대여 서비스로, 사이버경제활동가, 장난꾸러기 또는 특정 웹사이트에 대한 접근을 차단하려는 핵티비스트들에게 일반적으로 암시장에 판매된다. DDoS 공격은 범죄자들에게 다양한 결과를 제공하기 때문에 가장 빠르게 확산되는 사이버범죄 중 하나이며, 범죄자의 동기와 피해자가 크게 다를 수 있다(Musotto and Wall, 2022).

미래에는 DDoS 공격의 동기가 해킹과 유사하게 변할 것으로 보이며, 윤리적 또는 정치적 동기에서 범죄적 이득으로 이동할 가능성이 있다. 이는 랜섬웨어와 유사하게 발생할 수 있다. DDoS를 중지시키기 위한 몸값을 요구하는 사례가 이미 존재한다(Wakefield, 2005). 2021년에는 주요 포춘 글로벌 500 기업이 DDoS 공격을 이용한 몸값요구 시도에 의해 공격을 받았으며, 이는 사이버보안전문가들이 랜섬웨어 공격에서 회복하려고 하는 동안 네트워크를 과부하시키기 위해 사용되었다(Spadafora, 2021). 하지만 DDoS는 최근 러시아/우크라이나 갈등에서 정치적 목적으로 재사용되었다. 전투를 지원하기 위해 등장한 많은 사이버갈등그룹들이 DDoS 공격을 사용하여 상대방과 그 지지자들을 좌절시키고 있다. 예를 들어, 2022년 3월, 러시아에 충성하는 KillNet 그룹은 우크라이나 방어군에 물자를 공급하는 것으로 알려진 미국 공항을 공격했다: '우크라이나에 대한 무기공급이 중단되면, 당신의 국가의 정보네트워크에 대한 공격도 중단될 것이다'(Strozewski, 2022; Goldsmith and Wall, unpublished). 알려진 갈등그룹(222개) 중에서 두 가지 주요 사이버전술은 DDoS(38%)와 해킹(37%)이었으며, 그 다음으로는 심리작전(10%), 데이터 유출(7%), 랜섬웨어/와이퍼(6%), 봇넷(2%), 그리고 변조(1%)가 있었다(Goldsmith and Wall, unpublished).

범죄동기와 매력

범죄자들의 동기에 대한 정보는 문헌, 알려진 범죄, 그리고 소수의 기소된 범죄자들로부터 얻을 수 있는 정보 외에는 상대적으로 적다. 이는 피해자들이 사이버범죄를 보고하지 않는 경향이 있기 때문이다. 또한, 사이버범죄가 기업 피해자의 사적 이익에 따라 해결될수록 더 적은 정보가 공개된다. 그러나 지난 30년 동안 온라인 범죄에 대한 지식은 확장되었다. 현재까지 알려진 바에 따르면, 사이버범죄자들의 동기는 전통적인 범죄 패턴, 특히 화이트칼라 범죄와 크게 다르지 않다. 그러나 사이버범죄의 정보화, 네트워크화, 글로벌화 특성은 범죄자들이 정보를 중개하고 온라인에서 자신을 문화적으로 재생산하는 방식에 있어 근본적인 차이를 시사한다.

2017년 영국 국가범죄청 (NCA) 연구에 따르면, 해커들의 평균 연령은 17세였으며, 일부는 12세에 불과했다. 이는 이전의 평균 연령인 24세와 비교된다.

평균 연령이 낮아진 이유는 사례 수가 적고 매우 어린 범죄자들이 체포되었기 때문이다(NCA, 2017). 더 넓게는, HackerOne의 2016년 조사에 따르면, 617명의 주로 화이트 햇 해커들은 대부분 남성이며 34세 이하였다. 조사결과, 72%는 돈을 위해 해킹을 했고, 70%는 재미를 위해 해킹을 했으며, 66%는 도전의 스릴을 즐겼다고 답했다(Newcomb, 2016). 조사는 범죄자들이 젊고 주로 남성이며 재미와 도전의 스릴을 동기로 삼는다는 것을 나타낸다.

디지털 드리프트(Digital Drift)에 관한 문헌(see Goldsmith and Brewer, 2015; Goldsmith and Wall, 2022)은 젊은 사람들이 사이버범죄에 유혹되었다가 다양한 수준의 심각성으로 '드리프트'한다고 주장한다. 이러한 유혹적 드리프트는 인터넷이 제공하는 '행동 유도성(affordances)'과 그 유혹적인 기술의 '저항할 수 없는' 끌림으로 이해되어야 한다. 인터넷은 전염을 유도하고 사이버범죄로의 드리프트를 지속시켜 역전하기 어렵게 만든다. 이는 특히 청소년들에게 해당되며, 인간과 컴퓨터의 협력이 '사이보그 범죄'를 생산하여 종종 보이지 않고 예측할 수 없게 만든다. 결과적으로 개인과 소셜미디어 플랫폼 간의 상호작용에서 인간의 결과 예측능력은 인터넷의 구조와 운영에 의해 제한된다(Goldsmith and Wall, 2022). 디지털 드리프트는 많은 사람들, 특히 젊은이들에게 매우 쉽게 이루어진다. 디지털 유혹의 기술은 새로운 접근성, 저렴성, 익명성, 그리고 온라인의 풍부함, 모호성, 자극성, 비대칭성을 제공한다(see Goldsmith and Wall, 2022).

인터넷은 잠재적인 범죄자들을 유혹할 뿐만 아니라, 디지털 및 네트워크 기술은 범죄를 유도하는 환경(또는 사이버공간)을 만든다. 이러한 가능성(행동의 가능성) 중 일부는 범죄자가 혼자 또는 온라인에서 만난 다른 사람들과 함께 범죄를 수행할 수 있게 한다. 범죄자들은 범죄를 계획할 때 직접적인 사회적 상호작용 없이 자유로울 수 있다. 이런 기술은 또한 그들을 피해자와 거리감을 두게 한다. 인터뷰를 통해 인터넷 사기를 저지른 범죄자는 직접적인 접촉이 없었던 것이 매력적이었다고 주장했다. 그에 따르면, 인터넷은 익명성을 제공하며, 이러한 기계적인 만남이 범죄자와 피해자 사이의 거리를 유지하게 한다. 온라인 사기꾼들은 종종 쉽게 설정할 수 있는 웹메일 계정을 선호하는데, 이는 그들의 실제 신원과 남긴 흔적을 숨기기 때문이다(Leyden, 2006c).

또한 해킹기술은 온라인 채팅 포럼에서 재현될 수 있으며, 거리감을 두고 이루어진다. 경험이 풍부한 해커들이 신규 해커들에게 기술을 가르치는 과정이 언급되었다. 포럼의 핵심에는 지식 기반을 제공하는 해커들이 있으며, 그 주위에는 새로운 기술을 배우고 있는 초보자들이 있다. 이러한 훈련은 경험 많은 해커들이 초보자들에게 기술을 가르치는 형태로 진행되며, 초보자들은 작업을 수행하고 선배들로부터 칭찬을 받기 위해 열심히 노력한다(see Wall, 2007b: 65-8). 이 신입교육의 방식은 Mann과 Sutton(1998)이 그들의 '인터넷범죄' 연구에서 문서화한 것과, Williams(2006)가 관찰한 사이버세계(cyberworld) 커뮤니티와 유사하다. 물론, 해킹의 입문수준 기술이 높아지거나(Ward, 2005) 주요 해킹 루틴이 자동화됨에 따라, 이러한 온라인 교육은 점점 더 희귀해질 수도 있다.

이와 같은 가능성 외에도, 문헌에서 사이버범죄의 다양한 세대에 대해 다루며, 범죄동기에 대한 일곱 가지 주요 그룹을 식별할 수 있다.

범죄적 이득 또는 상업적 이점

경제범죄를 유도하는 인기 있는 동기 중 하나는 쉽게 금전적 이득을 얻는 유혹이다. 이는 직접적인 사기를 통해서든, 아니면 DDoS 공격을 통해 기업에 몸값을 요구함으로써 이루어질 수 있다. 온라인 마권업자들은 DDoS 공격 위협에 특히 취약해 보이다: '범죄자들은 공격방지를 위한 비용보다 extortion 요금을 낮추고 있다. 이것은 심지어 범죄자들을 더 자극하게 된다' (Overton, Leyden 인용, 2005f). DDoS 공격의 위협 외에도, 몸값이 지불된 후 블랙메일러(협박범)가 제공하는 코드로 무력화되는 랜섬웨어(ransomware)도 있다. 초기 사례 중 하나는 1980년대 후반에 발생했으며, 전 세계의 조직들이 AIDS 교육 패키지라고 주장하는 무료 플로피 디스크 세트를 받았다. 설치되면, 디스크에 포함된 프로그램이 시스템을 잠그고, 피해자가 미국 내 특정 주소로 돈을 보낸 후 블랙메일러가 제공하는 코드로만 해제할 수 있었다(Chandler, 1996: 241). 블랙메일러는 신용카드 정보나 제한된 정보를 요구할 수도 있다(BBC, 2003b, 2003c, 2004a; Britz, 2003; Biever, 2004). 2006년 첫 3개월 동안, Gostev et al.은 데이터가 불법적으로 암호화되고 암호화 키와 교환하기 위해 돈이 요구되는 사이버 블랙메일 사례의 증가를 발견했다(Gostev et al., 2006). 2006년 5월, 한 컴퓨터 사용자는 Archiveus 트로이목마에 감염되어 파일이 복잡한 암호로 암호화된 것을 발견했다. 블랙메일러는 경찰에 연락하지 말고 온라인 약국에서 약을 구입하여 암호를 찾으라고 지시했다(Oates, 2006). 파일은 신속하게 암호 해제되었고, 암호는 인터넷에 공개되어 다른 피해자들이 돈을 지불하지 않도록 했다(BBC, 2006c).

복수

복수는 범죄를 유도하는 주요 동기 중 하나로, 특히 조직 내 불만을 가진 내부자들에 의해 자주 발생한다(Britz, 2003). 복수 공격 전술은 다양하지만, 범죄자들은 일반적으로 자신에게 조직이나 그 안의 개인이 가한 불의를 바로잡으려 한다. 피해를 입히려는 의도가 있는 경우, 종종 불만 웜(grievance worms)이나 논리 폭탄(logic bombs)이 사용된다. 이러한 공격은 특정시간에 발생하도록 설정되며, 일반적으로 직원이 조직을 퇴사하거나 해고된 후에 작동한다.

호기심과 지적 도전

Britz는 사이버범죄자들이 종종 '지적 도전'을 추구한다고 밝혔다(2003: 65). 일부는 '정보적 관음자(informational voyeurs)'로서 호기심이나 지루함으로 인해, 또는 단순히 즐거움과 재미를 위해 사이버범죄에 참여하였다. 더 심각한 형태의 범죄, 예를 들어 스토킹이나 괴롭힘에 연루된 이들은 성적 만족을 추구하는 경향이 있다(2003: 65). Weaver et al. (2003)은 '웜'디자이너들이 종종 '실험적인 호기심(experimental curiosity)'을 표현한다고 관찰했다.

'은밀한 스릴'을 느끼기 위해

인터넷의 유혹적인 특성과 가능성, 그리고 위험이 결합되어 Katz (1988)가 '은밀한 스릴(sneaky thrills)'이라고 부른 것을 생성한다. 인터넷의 흥미롭고 무한해 보이는 환경속에서 '정상적'으로 인식되는 경계가 모호해지면서 '정상적'인(특히 젊은) 사람들이 일탈을 하게 된다(Goldsmith and Wall, 2022). 이러한 '은밀한 스릴'은 잠재적인 범죄자들을 해킹세계로 끌어들이는 것뿐만 아니라, 이후의 범죄를 유도하기도 한다. 즉, 범죄가 발생할 때마다 점점 더 많은 은밀한 스릴을 추구하게 되는 것이다.

동료의 존경 필요

해킹, 크래킹, 바이러스/웜 작성에 대한 많은 보고서들은 범죄자들이 시스템에 대한 경멸을 드러내거나 다른 이들에게 해를 끼치는 방법에 대한 능력과 우수한 지식을 과시함으로써 동료로부터 존경을 얻고자 한다고 제시한다. 자부심을 높이려는 의도가 없더라도, 존경을 받으면서 자신이 권력을 느끼는 경우도 있다.

기술을 자랑하고 잠재적인 고용주에게 인상을 주기 위함

과거 해커들이 이후에 보안컨설턴트로 고용된 사례가 여러 가지 있다. 최근 몇 년 동안, 바이러스 작성자들(VXers)의 동기 중 하나는 자신들의 기술능력을 증명하기 위해 바이러스를 작성하는 것이다. 예를 들어, 'Love Bug 사건'의 용의자 중 한 명인 마이클 부엔은 자신을 이름 붙인 매크로 바이러스(W97M/Michael-B)를 만들었다(Hayes, 2005). 부엔은 바이러스가 매달 23일 이후의 금요일에 열리면, 대기 중인 인쇄 작업을 중단시키고 대신 자신의 이력서를 인쇄하도록 설계했다. 인쇄된 메시지에는 다음과 같은 위협이 포함되어 있다고 한다: '[i]f I don't get a safe job till the end of this month, I will send a third virus, that will delete every directory on the main HDD…' 또 다른 예로는 MyDoom.V의 작성자가 웜의 코드 안에 다음과 같은 메시지를 숨겼다는 것이다: 'We searching 4 work in AV industry' (Leyden, 2004d).

정치적 동기로 인한 항의

정치적 동기로 인한 항의는 정치 질서를 방해하거나 정치 과정을 유리하게 영향을 미치기 위해 이루어진다. 이러한 항의는 핵티비즘(hacktivism) 또는 정보전(information warfare) / 정보 테러리즘(information terrorism)의 형태로 나타나며, 주요 기반시설을 목표로 삼는다.

결론

이 장에서는 정보화시대에 사이버범죄, 특히 컴퓨터오용과 관련된 범죄가 어떻게 변화해 왔는지를 탐구했다. 해커의 역할 변화와 사이버범죄의 유형, 그리고 컴퓨터의 무결성을 손상시키기 위해 채택된 활동과 전술을 살펴보았다.

문헌에서는 해커를 종종 '범죄적 이단자'로 묘사하며 그들의 '위험성'을 강조하는 경향이 있다. 그러나 알려진 해커들에 대한 증거는 그들이 경찰과 자주 접촉하는 거친 거리의 범죄자들이 아님을 보여준다. 오히려 그들은 대개 내성적이며 피해자와의 직접적인 접촉을 피하고 사회적 거리를 두는 경향이 있다. 이는 개인과 범죄를 프로파일링할 때 중요한 관찰이다. 사회적 거리를 두는 필요성 때문에, 그들은 주로 온라인에서 교육을 받는다. 포럼에 대한 단속에도 불구하고, 범죄활동에 대한 정보교환과 기술세트, 범죄문화를 재생산하는 많은 포럼들이 여전히 존재한다.

최근 10년 동안 상업적 인기와 인터넷의 대중 사용이 재정적 이해관계를 높였고 새로운 기업가적 관심을 가진 세대가 등장했다. 이 시기에 한때 윤리적이었던 해킹의 기술이 이해관계가 높아지면서 덜 윤리적인 동기로 부패하게 되었다. 또한 해킹은 자동화되었고, 시스템에 접근하고, 시스템을 가로질러 이동하며, 랜섬웨어나 DDoS와 같은 악성 소프트웨어를 고용하고, 공격을 시작하며, 성공할 경우 이를 수익화하는 절차가 스크립팅 됨으로써 기술이 감소했다. 하지만, 이러한 새로운 과정들을 성공적으로 운영하고 서비스를 제공하는 기술세트가 등장하면서 기술이 다시 발전했다. 이는 전통적이고 숙련된 윤리적 해커가 현재는 대부분 역사적 유물이 되었음을 의미하며, 해킹 또는 크래킹은 상당히 다른 것으로 변화하였고, 새로운 위협과 네트워크 사용자에게 새로운 위험을 초래하고 있다.

이 장을 기반으로 한 몇 가지 토론 질문

'윤리적' 해커가 존재하는 것이 도덕적으로 가능한가?

해커들은 어떤 방법으로 해킹 목표를 달성하나?

해커들은 왜 해킹을 하나요? 그들의 동기는 무엇인가?

추가 참고도서 위의 논의에서 알 수 있듯이, 해킹의 세계는 그 범위, 규모, 그리고 행동을 설명하는 용어의 사용 측면에서 복잡하다. 기계에 대한 사이버범죄 분야에서 연구를 진행하고자 하는 사람들에게는 해커들에 대한 심층적인 연구와 해커들 사이의 차이점에 대한 일반적인 논평을 포함하는 다음의 자료들을 참고할 것을 권장한다. 추가로 Steinmetz, 2016; Grimes, 2017; Hutchings and Holt, 2018; Leukfeldt and Holt, 2021을 참조하십시오.

5 기계를 이용한 사이버범죄 (컴퓨터 지원 범죄): 가상강도, 사기, 절도

정보화시대 기계를 사용한 범죄는 어떻게 변화했을까?

주요내용 및 핵심포인트

가상은행강도: 신원도용 및 온라인 금융 및 결제시스템 악용
- 전자 입력사기
- 입력사기(신원도용)
- 피싱을 통한 신원도용
- DNS 캐시중독(파밍)을 통한 신원도용
- 감시 소프트웨어(스파이웨어)를 이용한 신원도용
- 출력사기
- 카드 부재 및 기타 결제사기(출력사기)

가상스팅, 온라인 기만, 사기 및 갈취
- 비즈니스 이메일 침해(BEC)
- 승인된 푸시 결제(APP) 사기
- 온라인 도박 사기
- 인터넷 광고 사기(클릭사기)
- 프리미엄 전화선 전환 사기
- '숏펌' 사기
- 랜섬웨어 및 데이터 갈취

가상사기
- 스케어웨어 사기
- 차익 거래/그레이 마켓 악용
- 온라인 피라미드 판매사기
- 직접투자 사기
- 대출, 신용옵션 또는 신용등급 회복 사기
- 웹사이트 도메인 네임 사기
- 제품 및 서비스에 대한 허위 광고

- 함정마케팅 사기
- 인터넷 경매 사기
- 선불금 사기(419 사기 및 로맨스 사기)
- 온라인 티켓 사기
- 약품판매/건강 치료/가짜 치료제
- 암호화폐 사기

가상절도(디지털 강도) 및 사이버 해적행위

- 사이버 해적행위

개요 *이 장에서는 범죄자들이 인터넷의 확장성과 글로벌화 특성을 활용하여 가상강도, 사기 및 절도를 저지르는 사이버범죄를 탐구한다. 이러한 사이버범죄는 해킹과 같은 기계에 대한 범죄(4장 참조)나 콘텐츠 범죄와 같은 기계 내 사이버범죄(6장 참조)와는 다르다. 이 점을 설명하기 위해, 이 장에서는 가상은행강도(온라인 금융 및 결제 시스템에 대한 사이버범죄), 가상스팅(기만, 사기 및 갈취), 가상사기(주로 기만), 그리고 가상절도 및 디지털 강도(사이버 해적행위와 정보적 무형 자산 '절도')를 살펴볼 것이다.*

서론

'Slick' Willie Sutton, 유명한 1930년대의 gentleman 은행강도였던 그는 오늘날 범죄경력을 시작한다면 인터넷을 통해 강도를 저질렀을 것이다. Sutton이 은행강도에 의해 순수하게 금전을 추구했다고 오랜 시간 동안 가정되어 왔다. 그가 은행강도에 대해 인터뷰에서 '왜 계속 은행을 강도질 하냐?'는 질문에 '그곳에 돈이 있기 때문이야!'라고 말했다는 응답이 유명하게 되었다. 이 문구는 그를 유명하게 만들었고 Sutton 법칙의 기초가 되었다. 그러나 Sutton은 이러한 발언을 한 적이 없다고 부인하며, 기자가 은행강도 행위의 스릴을 강조한 것은 이야기의 강한 요소를 만들기 위해서라고 설명했다. Sutton은 은행에서 강도를 하면서 느끼는 생동감이 자신의 인생에서 가장 중요한 순간이라고 강조했다(Sutton and Linn, 1976: 160). Sutton이 인터넷을 사용한 것인지 확인하거나 부인할 수는 없지만, 그는 단순히 기계적인 절도가 아닌 몰래 하는 즐거움을 즐겼다는 것은 분명하다. 금전적 동기도 있었지만 그 자체가 주요 동기였던 것은 아니었다.

이러한 금융범죄에 대한 동기는 지난 세기 동안 크게 변하지 않았다(2장 참조). 그러나 당시와 지금의 차이점은 Sutton이나 그의 동료들이 이제는 힘들고 위험한 백만 달러 은행강도를 계획하지 않을 것이라는 점이다. 앞서 설명한 바와 같이, 네트워크 기술을 통해 그는 개인적인 위험을 크게 줄이면서 수백만 건의 소규모 강도를 저지를 수 있다. 이는 여전히 '은밀한 스릴'을 제공하며, 범죄학적 관점에서 보면 네트워크 기술이 금융범죄를 대중화했다. 한때 이는 사회에서 특권적 위치를 남용한 범죄자들에 의해 저질러졌던 '강력한 자들의 범죄'였으나(Sutherland, 1949; Pearce, 1976; Weisburd et al., 1991; Tombs and Whyte, 2003), 오늘날에는 인터넷에 접근할 수 있는 누구나 범죄를 저지를 수 있게 되었다(Wall, 2010a).

오늘날의 범죄는 과거와 마찬가지로 여전히 기회를 따르는 경향이 있지만(Grabosky and Smith, 1998: 1), 이러한 기회는 범위와 규모가 변화했다. 예를 들어, 2007년에는 영국 성인의 약 1/3(32%)가 인터넷뱅킹을 사용했으나, 2022년에는 그 비율이 90%를 넘었다(Statista, 2023). 전 세계적으로, Statista는 2024년까지 약 25억 명의 활성 온라인뱅킹 사용자가 있을 것으로 추정하고 있다(Statista, 2023), 이는 지구 인구의 약 1/3에 해당한다. 이는 금융서비스 부문에는 좋은 소식이지만, 기술변화로 인해 범죄기회가 증가하면서 절도, 사기 및 갈취로 인한 손실이 증가하고 있어 사회에는 나쁜 소식이다.

이러한 변화는 온라인뱅킹 외에도 온라인 결제시스템의 성숙도와 편리성 덕분이다. 예를 들어, Mondex는 사전승인 없이 직접적인 동료간(무현금)에 자금이체를 가능하게 하는 초기 스마트카드를 개발했으며, 이는 현대 모바일 결제시스템의 선구자이다. 마찬가지로, Paypal 및 Apple pay와 같은 중개자들은 판매자와 구매자 모두를 위한 결제 보안을 보장하는 신뢰할 수 있는 제3자로서 역할을 한다. 이러한 선구적인 시스템에 이어 많은 새로운 암호화폐 기반 가치 교환 시스템이 다양한 수준의 성공과 초기 문제를 겪으며 시험되고 있으며, 이는 물론 새로운 범죄 기회를 동반한다.

이 장에서는 범죄자들이 네트워크화된 컴퓨터를 이용해 개인 또는 기업 피해자에게 정보적 또는 금전적 이득을 위해 기만적이고 획득적인 해를 입히는 다양한 방식에 대해 다룬다. 이러한 디지털 불법행위는 이전 장에서 논의된 기계에 대한 사이버범죄나 다음 장에서 다루는 정보콘텐츠(기계 내 사이버범죄)와 혼동되어서는 안 된다. 그러나 앞서 언급했듯이, 정보 및 신원도용, 그리고 저작권 침해는 온라인 경제범죄의 주요 선행요소가 되고 있다. 사실, 세 가지 사이의 경계를 명확히 구분하는 것은 점점 더 어려워지고 있지만, 이 책의 다른 부분에서와 마찬가지로, 각 특정 주제에 해당하는 위험 행동의 범위와 다양성을 정리하는 것이 목표이다. 단순히 다양한 범죄 형태를 나열하는 대신, 이 장에서는 기계를 사용하는 사이버범죄를 네 가지 구별된 그룹으로 정리하려고 시도했다. 첫 번째 부분에서는 주로 은행업무와 청구업무를 포함하는 온라인 금융관리시스템을 악용하는 가상은행강도에 대해 탐구한다. 이 범죄는 일반적으로 오프라인에서 수익을 창출하기 위해 온라인에서 발생하지만, 암호화폐의 등장으로 일부 수익이 현금화될 때까지 온라인에 남아 있다. 두 번째 부분에서는 피해자를 의도적으로 표적화하고, 피해자를 속이기 위해 종종 상황을 구성하는 가상스팅에 대해 살펴본다. 이러한 미끼는 개인의 은행 자산을 표적화하거나 이를 사용하여 조직에 접근하며, 온라인에서 가능하게 되고 궁극적으로 오프라인에서 발생한다. 세 번째 부분에서는 누구든지 유혹될 수 있도록 설계된 가상사기에 대해 다룬다. 이러한 사기는 온라인에서 가능하게 되지만, 사기의 최종 실행은 오프라인에서 이루어진다. 이들은 인터넷이 개인과 기업을 속이고 사기치는 데 어떻게 사용될 수 있는지를 보여준다. 네 번째 부분에서는 가상절도 또는 디지털강도에 대해 설명한다. 가상절도는 가치 있는 가상 객체를 훔치는 것이다. 이는 온라인에서 가능하며 범죄적 이득도 궁극적으로 온라인에서 이루어진다. 일반적으로 데이터나 지적 재산 형태의 가상 유무형 자산의 절도를 포함하며, 각 활동의 중심에는 교환 가치가 있는 정보가 있다. 가상강도와 달리, 많은 부분이 여전히 온라인에 남아 있다.

가상은행강도: 신원도용 및 온라인 금융 및 결제시스템 악용

인터넷이 재무관리를 위한 인기 있는 수단이 되면서, 금융시스템과 그 사용자들은 범죄의 기회가 되는 대상이 되었다. 2007년과 2022년 사이에 온라인뱅킹 사용이 거의 두 배 증가했다. 여기서 '가상은행강도'라는 용어는 은행 및 금융시스템에서 직접 또는 사용자의 계정을 통해 돈을 훔치는 온라인 범죄를 포괄적으로 설명하기 위해 사용된다. 가상강도는 궁극적으로 온라인 금융 결제 및 관리 시스템, 주로 은행 및 청구시스템을 표적으로 삼는다. 이러한 범죄는 주로 입력사기로 사용자 자격증명을 얻어 은행시스템에 접근하는 데 중점을 두며, 온라인에서 가능하게 되고 궁극적으로 오프라인에서 현금화된다.

금융 범죄자들은 오랫동안 인터넷을 사용하여 은행을 사기치고, 가짜신원을 만들고, 계좌를 개설한 후 이를 운영하여 신용등급을 쌓아 개인대출을 얻고, 이후 이를 상환하지 않거나, 돈세탁을 위해 '더러운 돈'을 은폐하기 위해 빠른 이체를 통해 은행 간 및 관할권을 넘어 이동시켜왔다. 이론적으로는 쉬운 일이지만, 실제로는 은행 보안시스템을 속이는 것이 꽤 어렵다. 범죄자들은 절도 기회와 검거 위험을 비교한다. 그럼에도 불구하고 "범죄자들은 가장 쉬운 표적이 있는 곳으로 간다" (Cards International, 2003)고 하므로 시스템의 약점을 찾아내며, 이는 입력 및 출력단계 모두에서 발생하는 경향이 있다. 실제로는 항상 구분하기 쉽지 않지만, 입력사기는 범죄자들이 개인 또는 재정정보를 얻어 불법적으로 금융시스템에 접근할 수 있는 경우를 말한다(예: 신원도용, Finch, 2002; Finch and Fafinski, 2010). 반면에 출력사기는 신용카드와 결제시스템에 접근하여 불법적으로 상품, 서비스 또는 돈을 얻는 경우를 말한다. 신원도용 과정에 주로 중점을 두며, 신원 데이터가 사이버범죄 연쇄의 핵심역할을 한다(see Porcedda and Wall, 2019, 2021).

인터넷의 확장된 가상상점 창구는 결제(또는 출력) 사기를 위한 많은 기회를 제공한다. 진짜 신용카드나 결제시스템을 이용하여 사기정보로 불법적으로 접근한 경우, 상품 및 서비스를 속여 얻을 수 있다. 예를 들어, 신원도용이나 계좌탈취를 통해 이루어질 수 있다. 또는 인터넷에서 구입한 훔친 정보를 기반으로 허위자격증명을 사용하거나, 정보가 직접적으로 덜 안전한 관할권에서 사용될 수 있다. 그러나 금융보안이 글로벌화됨에 따라 이러한 경로는 점점 닫혀가고 있다.

전자 입력사기

이전에는 범죄자들이 CreditMaster 4.0과 같은 소프트웨어를 사용하여 위조 카드 정보를 생성할 수 있었다. 이러한 프로그램은 인터넷상점에서 쉽게 구할 수 있었으며, 유효한 신용카드 번호 문자열을 생성하여 거래에 사용되었다. 이들 카드번호는 대개 모바일전화 통화시간 구매에 사용되었다(Kravetz, 2002). 중요한 점은, 위조된 번호가 온라인에서 다운로드된 프로그램으로 생성되었지만, 거래가 이루어지는 방법은 대부분 인터넷을 사용하지 않았다는 것이다. 위조 카드 거래는 카드번호만 요구하는 모바일전화 시스템을 통해 이루어졌다. 카드 유효성 검사 코드(CVC2), 즉 신용카드 뒷면의 세 자리 숫자가 도입되면서 카드번호 생성기의 가치는 크게 감소하였으며, 현재는 더 이상 유용하지 않다. CVC 코드가 제공되었던 경우에도, 'carderplanet'과 'shadowcrew'(BBC, 2005a)와 같은 클론 신용카드를 제공하던 불법 '카딩 웹사이트'는 더 이상 존재하지 않으며, 그 대체 사이트들도 그다지 널리 퍼져 있지 않다.

입력사기 (신원도용)

전자상거래의 초기부터 온라인 소매업체들은 사기범들에게 속아 상품을 제공한 경우가 있었다. 사기범들은 허위 결제정보를 제공하거나 허위주소를 사용하여 상품을 발송하도록 하였다. 전자상거래의 초기에는 개인 수표와 은행 송금이 사기의 주요 대상이었으나, 이들은 빠르게 신용카드와 다른 온라인 신용카드 결제 수단으로 대체되었다. 현재도 신용카드는 발급 은행의 보증 덕분에 여전히 인기가 있으며, PayPal, Mondex, Applepay와 같은 제3자 에스크로 인터넷 결제시스템이 중개자로서 확장되고 있다. 오늘날 대부분의 결제는 무현금 이체로 이루어진다.

신원도용 (입력사기)은 출력사기와 다른 금융범죄의 선행 단계이다. 이는 범죄자들이 피해자로부터 개인정보를 얻어 부정한 방법으로 신용시설을 확보하는 단계이기 때문이다. 신원도용은 추가 범죄로 이어지지만, 영국에서는 기록 가능한 범죄로 간주하지 않는다. 그럼에도 불구하고 Action Fraud는 피해자들에게 이를 보고할 것을 권장한다. 1990년대 중반 이후로, '신원도용'이라는 용어는 종종 출력사기보다 중요성이 덜한 것으로 오해되었으며, 이는 더 쉽게 측정할 수 있기 때문이다. 보안기술자인 '브루스 슈나이어'는 신원도용에 대한 강조가 '사기와의 싸움에 해를 끼치고 있다'고 주장하며, 신원도용은 '사기적 대리'의 한 유형으로 개념화되어야 한다고 설명했다(Leyden, 2005b). 즉, 신원도용에 더 중점을 두면 출력사기 사례가 줄어들 것이라고 제안했다.

이 논의에서 신원도용은 입력사기의 맥락에서만 다루어진다. 이는 신용시설을 신청하기 위해 정보를 부정하게 취득하거나, 불법적인 신용카드나 결제시스템 신청하거나, 훔친 자격증명을 사용하여 소유자의 계정을 탈취하는 것을 포함한다. 2010년대에 신용카드 사기 건수가 감소한 후, CIFAS(영국 사기예방서비스)는 팬데믹에서 회복됨에 따라 신원도용으로 인한 신원사기 사건이 급증할 것으로 예측했다. 이 관찰을 지원하기 위해, 국가사기범죄 데이터베이스는 2021년 상반기동안 범죄가 11% 증가했다고 밝혔다(CIFAS, 2021). 2022년에는 신원사기가 거의 1/4(23%) 증가하여 국가사기범죄 데이터베이스의 모든 사건 중 68%를 차지하게 되었다(CIFAS, 2023).

현재 개인 금융정보를 얻는 주요 방법은 다음 네 가지가 있다: 피싱, 파밍, 탭내핑, 스파이웨어 사용.

피싱을 통한 신원도용

신원도용의 첫 번째 방법은 피싱을 통한 것이다. 초기에는 개인정보를 얻기 위해 쓰레기를 뒤지는 '덤스터 다이빙'이 사용되었다. 이는 버려진 문서를 수거하여 대출 등을 신청하는 방식이었다. 또 다른 전통적인 방법은 가족이나 친구를 통해 신뢰를 얻어 피해자의 신원을 도용하여 사기를 치는 것이었다(Javelin, 2009). 이 두 가지 방법은 노동 집약적이고 지역적이며 수익이 낮다. 전자은행과 결제시스템의 범죄기회가 증가함에 따라, 피싱의 수요가 증가하였고 이는 산업화되었다고 할 수 있다.

피싱은 개인금융정보를 추적하여 피해자를 속이기 위해 사용하는 방법으로, 수신자가 가짜 이메일, 웹사이트 또는 전화 통화를 실제와 구별할 수 없다는 점을 이용한다(Toyne, 2003). 전통적인 '피싱 탐색'은 수백만 개의 이메일을 무차별적으로 발송하여 수신자의 은행, 결제시스템 또는 eBay, Amazon, Etsy와 같은 디지털마켓 플레이스에서 온 것처럼 보이게 한다. 이메일은 일반적으로 긴급성을 강조하며, 종종 보안위반을 주장하면서 수신자에게 이메일에 제공된 URL로 접속하여 개인정보를 확인하라고 요청한다(Oates, 2004a). 이러한 피싱 이메일은 '스프레이 앤 프레이' 접근방식으로, 많은 사람들에게 일반적인 이메일을 보내고 그 중 일부가 반응하기를 기대한다. 그러나 실제로 많은 사람들이 반응하지 않는 것으로 나타났다. '수확율'을 높이기 위해, 작업과정은 '스피어피싱'이라고 불리는 더 집중된 접근방식을 채택하였다. 이는 특정 조직이나 개인을 표적으로 하여 중요한 데이터를 추출하려는 '고도의 맞춤형 사이버공격'을 의미한다(Leyden, 2006a). 스피어피싱의 변형으로는 '웨일 피싱'이 있다. 이는 조직의 고위 경영진과 동료들이 함께 목표가 되며, 각각에게 연결된 이야기를 제공하여 가짜결제를 승인하도록 유도한다.

스피어 또는 웨일 피싱의 대상은 일반적으로 훔친 데이터에서 식별된 이메일 주소와 특정 식별 특성(예: 특정 직업, 스포츠, 취미, 성적 취향 등)을 바탕으로 찾아진다. 타겟이 되는 피싱 이메일은 예를 들어, 변호사들에게 새로운 분야의 인증이나 법률 회의에 관한 내용을 보낸다. 일부 은행 관련 '스피어피싱' 공격은 온라인 은행 고객을 대상으로 가짜 설문조사를 완료하도록 하여 중요 개인정보를 제공하도록 유도한다(Leyden, 2006b). 일반적으로 이메일은 진짜 통신처럼 보이도록 구성되며, 수신자가 알고 신뢰하는 적절한 로고가 포함되어 있다. 빠르게 읽으면 적절히 구성된 이메일이 믿을 만하게 보일 수 있으며, 수신자가 지시를 따르거나 응답하게 된다. 이러한 이메일은 피해자가 가짜 이메일을 실제 이메일과 구별할 수 없는 점을 이용한다(Toyne, 2003). 프로파일링된 그룹을 타겟으로 하여 맞춤형 이메일을 보내며, 피해자의 상품 또는 서비스에 대한 욕구를 이용하여 신속하게 결정을 내리도록 압박한다. 이에 따라 피해자가 발신자의 신원, 웹페이지의 유효성, 다운로드하는 소프트웨어를 신뢰할 수 없게 된다. FireEye의 연구는 스피어피싱의 전술이 현재의 우려를 활용하여 매우 전술적이라고 밝혔다(FireEye, 2012; Leyden, 2012). 스피어피싱공격은 심리적, 정서적, 기술적 세련미가 증가하고 있다(Wall, 2010a; RSA, 2011; Stajano and Wilson, 2011).

이메일 메시지(대상 여부와 관계없이)는 eBay, Amazon, Etsy와 같은 서비스를 사용하지 않는 사람들에게는 별로 의미가 없을 수 있지만, 이러한 서비스를 사용하는 수백만 명에게는 의미가 있을 수 있다. 특히 '요청을 무시할 경우 계정을 일시 정지할 수밖에 없다'와 같은 문구가 포함되어 있을 수 있다. 그러나 자세히 살펴보면 일반적으로 문법과 구문에서 오류가 있으며, 서비스 표준에 미치지 못하는 저질의 문법과 구두점 배치가 발견된다: '이 이메일에 답변하지 마십시오. 귀하의 답변은 수신되지 않습니다. 감사하다.' (sic).

피싱의 특징 중 하나는 새로운 변형이 빠르게 등장하는 속도이다. 생성 AI를 사용하여 새로운 메시지를 작성하는 경우, 이 속도는 더욱 가속화된다. 범죄자들이 피해자들보다 유리한 점은 시스템의 취약점을 식별하고 공격을 시작하며 기술적 해결책이 마련되는 좁아지는 시간 창이다. 따라서 주요 금융기관이 피싱공격을 방지할 방법을 찾으면, 공격자들은 접근방식을 변경한다. 피싱에 대한 부정적인 홍보 이후, 공격자들은 종종 수신자의 피싱에 대한 우려를 이용하여 경고 메시지를 가장하여 피해자를 속이기도 한다.

그림 5.1은 2014년부터 2022년까지 피싱공격이 7배 증가한 것을 보여주며, 이는 신원도용에 대한 범죄적 관심과 회복력, 스팸메일을 보내는 고급기술 능력의 증가를 나타낸다. Group-IB의 연구에 따르면, 러시아에 기반한 스팸 서비스 'Classiscam'이 2020년에 미국, 유럽, 구소련 국가에서 약 650만 달러를 훔친 것으로 추정된다(Cimpanu, 2021). 추세선은 종종 피싱 이메일에 대한 응답으로 시작되는 랜섬웨어 추세선과 유사하지만, 정확한 통계적 연관성을 만들기는 어렵다. APWG의 통계와 비교할 때, 알려진 랜섬웨어 공격 횟수(RWdb9)에 대해 성공률은 약 0.07%이며, 이 비율은 보고의 동적 특성으로 인해 과소 평가될 수 있다. 2022년 9월, APWG는 피싱공격의 거의 1/4(23.2%)이 금융부문을 대상으로 했으며, BEC(비즈니스 이메일 사기)가 가장 문제가 되었고, 발생량이 3/5(59%) 증가했다고 추정했다(APWG, 2022).

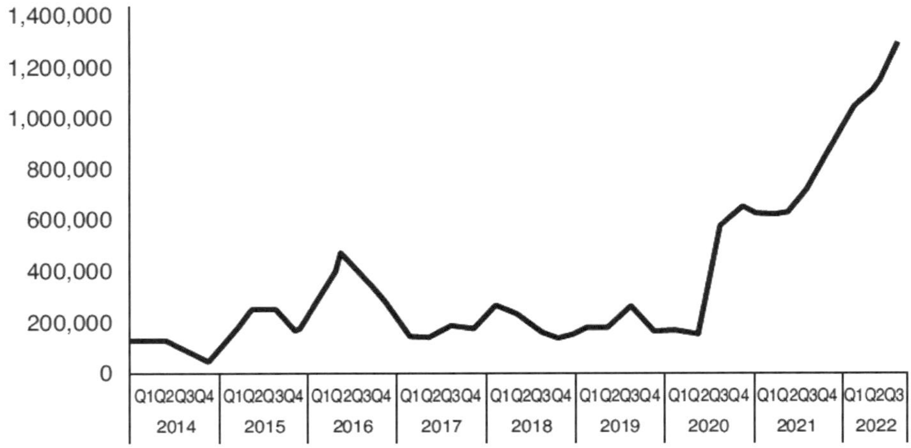

그림 5.1 2014-2022년 분기별 피싱공격 신고 건수.
출처: 2014-22년 APWG 피싱 동향 보고서에서 작성되었다.

이메일 피싱 캠페인 외에도 소셜미디어 네트워크 피싱, 스미싱(smishing), 및 비싱(vishing)의 증가가 두드러진다. 지난 15년 동안 소셜미디어 네트워크는 더 보편화되었으며, 이러한 플랫폼의 잠재력도 커졌다. 인스타그램, 링크드인, 페이스북, 트위터, 텔레그램 등과 같은 소셜미디어 네트워크는 수십억 개의 계정을 보유하고 있으며, 피셔들은 이러한 플랫폼을 이용해 개인 데이터를 훔치거나 소셜미디어 계정에 접근할 수 있다. 피싱 패턴은 이메일과 유사하지만, 피셔들은 각 플랫폼의 특징에 맞게 관행을 조정한다.

예를 들어, 인스타그램에서는 피셔들이 가짜 인스타그램 로그인 페이지를 만들어 사용자의 자격증명을 수집한 후, 사용자를 실제 로그인 페이지로 리디렉션한다. 링크드인에서는 링크드인 관리자로부터 온 것처럼 보이는 이메일을 발송하여 자격증명을 요청한다. 페이스북에서는 가족과 친구를 연결하는 플랫폼을 이용하여 가짜 페이스북 메시지를 통해 수신자에게 개인정보를 확인하라고 요청한다. 트위터와 텔레그램에서도 유사한 방식으로 가짜 관리자 메시지를 보내 로그인 자격증명 및 개인 금융정보를 요청한다. 텔레그램은 알고리즘을 사용하여 메시지를 제안하므로 사용자는 자신이 받는 메시지에 대해 거의 통제할 수 없다. 또한, 피셔들은 플랫폼을 통해 피싱키트를 판매하여 사용자의 전파범위를 증가시키려 한다. 소셜미디어 피싱에서 수집된 자격증명은 피해자들에게 직접 사용되거나, 다크웹 마켓에서 판매될 수 있다.

스미싱은 SMS 문자메시지를 통해 피해자들에게 피싱 메시지를 전송하는 방법이다. 이 메시지는 원래의 피싱 이메일과 유사한 내용을 포함하고 있으며, 피해자들에게 '중요한 보안 정보를 즉시 확인하라'는 요청을 한다. 대개는 응답을 통해 정보제공을 요구하거나, 웹사이트 링크를 통해 정보를 입력하라는 지시가 포함된다. 다른 스미싱 공격유형으로는 기술지원 사기(technical support scam)가 있다. 이 경우, 발신자가 주요 운영체제의 지원팀을 자처하며, 사용자의 인터페이스에 문제가 감지되었으니 문제를 해결하기 위한 기술지원 서비스를 제공하겠다고 하며, 수수료를 요구한다. 또는 사용자가 자신의 컴퓨터에 원격접근을 허용하도록 유도하여, 원격관리 트로이잔을 설치한다.

비싱은 VoIP(Voice over Internet Protocol)를 이용한 음성 피싱이다. Ofcom, 영국의 정보통신 감시기관에 따르면, 4500만 명(82% 사용자)이 의심스러운 전화를 받았으며, 71%는 의심스러운 문자메시지를 받았다고 보고되었다. 절반은 이를 정기적으로 받는다고 응답했다. 비싱은 음성을 통해 피싱을 수행하며, 피해자에게 가짜 정보나 지원을 제공하는 사기 전화를 포함한다.

피해자는 질문에 응답하거나 제공된 번호로 다시 전화하도록 속이거나, 메시지에 제공된 웹 주소에 로그인하라고 요청받을 수 있다. 이러한 웹 주소는 다양한 유형의 악성 소프트웨어를 다운로드할 수 있다. 이러한 악성 소프트웨어는 피해자를 봇넷에 가입시키거나, 반복적인 전화에 시달리게 하거나, 피해자의 장치를 통해 메시지를 중계하는 데 사용될 수 있다. 이에 따라 피해자는 더욱 큰 피해를 입을 수 있으며, 봇넷은 서비스 형태로 관리되어 범죄자들이 임대할 수 있는 상품처럼 취급된다. 'Pushdo'와 같은 일부 봇넷은 매우 뛰어난 회복력을 가지고 있으며, 수많은 차단 시도를 견뎌냈다(Leyden, 2013 참조). 또한, 'Zeus'와 같은 악성 소프트웨어는 다른 컴퓨터를 감염시키거나, 사용자의 보안정보, 계좌번호, 사용자 ID, 비밀번호 및 추가 보안정보를 은밀하게 검색한 후, 이를 신원도용자에게 전송하는 등의 여러 공격 기능을 포함하고 있다. 이러한 정보는 피해자의 은행계좌에 직접 접근할 수 있게 하여, 신청사기를 수행할 필요를 없애준다.

DNS 캐시중독을 통한 신원도용 (파밍)

파밍, DNS(Domain Name Server:도메인 네임 서버) 캐시중독(또는 '스푸핑')은 전형적인 피싱공격과 유사하게 보이는 정보가 발신자와 제목 줄에 포함되어 있어 개인들이 이메일을 열도록 속인다. 이메일이 열리면, 이메일 내의 코드가 자동으로 수신자를 피셔가 만든 가짜 웹사이트로 안내한다. 피싱과 달리, 파밍은 수신자가 웹사이트를 클릭하도록 속이는 '사회공학' 수법을 사용하지 않는 대신 도메인 네임 서버를 속여 잘못된 또는 위조된 접근 데이터를 자동으로 수용하도록 한다. 파밍의 효과는 스푸핑된 웹사이트의 '히트' 비율을 증가시키는 것이다. 이 웹사이트는 피해자의 실제 은행 사이트와 유사한 모습과 느낌을 가지고 있다. 그러나 피싱과 마찬가지로, 신뢰를 상징하는 인식을 사용하여 수신자를 속여 금융정보를 공개하게 만든다.

파밍의 변형으로는 웹사이트 기반의 중간자 공격이 있다. '중간자 공격'(또는 '브라우저-중간자 공격')에서는 정교한 악성 소프트웨어가 컴퓨터와 브라우저 사이에 배치된다. 보통 이 악성 소프트웨어는 피해자의 컴퓨터가 드라이브 바이 다운로드에 의해 감염된 후, 중간자 공격이 발생하도록 한다. 이러한 공격은 은행 공격에 주로 사용되지만, 독점적이지는 않다. 피해자가 은행 웹사이트에 로그인하면, 가짜은행 페이지가 원래 페이지 위에 열려 사용자에게 정상적인 접근 데이터 및 다른 개인정보를 입력할 수 있는 추가 정보 입력란을 제공한다. 페이지는 항상처럼 보이며 사용자가 예상하는 대로 보이다. 사용자의 모든 데이터가 입력되면, 이 정보는 피셔의 데이터베이스로 전송되고, 브라우저에서 중간자가 종료되며, 올바른 데이터가 은행 웹사이트로 전송되어 피해자가 기대하는 대로 다음 페이지로 이동한다. 이 작업이 몇 초 만에 진행되기 때문에 피해자는 속임을 당했다는 사실을 알지 못한다. 이러한 공격에서 얻은 정보는 금융시스템에 대한 검증된 접근 데이터이기 때문에 높은 시장 가치를 지니며, 이 발전은 피싱 패턴의 가시성이 노골적인 것에서 은밀한 것으로 변화하고 있음을 보여준다.

탭냅핑(Tabnapping)을 통한 신원도용

탭냅핑(tabnapping)은 사용자가 비활성 상태인 탭을 공격하여, 사용자가 다시 활성화할 때 해당 페이지가 리디렉션되는 컴퓨터 취약점이다. 이 공격은 사용자의 웹사이트 신뢰와 세부 사항에 대한 무관심을 악용하여, 잘 알려진 웹사이트를 가장하고 사용자가 탭을 다시 활성화할 때 로그인 정보와 비밀번호를 제출하도록 유도한다(Claburn, 2010).

감시 소프트웨어(스파이웨어)를 통한 신원도용

신원도용은 불법적인 스파이웨어의 사용 증가와 함께 발전해 왔다. 불법적으로 또는 때로는 합법적으로 설치된 스파이웨어는 피해자의 키 입력(비밀번호 포함)을 기록하거나 하드 드라이브에 저장된 주요 재무정보를 적극적으로 검색한다. 이러한 경우, 수집된 정보는 나중에 감염자에게 전달된다. 예를 들어, 앞서 언급한 Zeus는 스팸메일이나 감염된 웹사이트를 방문한 후 '드라이브-바이 다운로드'를 통해 컴퓨터에 침입하는 정교하게 제작된 악성 소프트웨어이다. 처음에는 해를 끼치지 않는 것처럼 보이지만, 불안정한 컴퓨터를 감염시켜 개인 및 기업의 은행 로그인 정보를 훔치고 악성 소프트웨어를 실행한다. 또한, Zeus와 같은 많은 악성 소프트웨어는 탐지를 피할 수 있는 내장 기능을 갖추고 있으며, 여러 차례의 반복을 통해 진화해 왔다.

출력사기

출력사기는 훔친 신원 세부정보(자격증명)를 사용하여 신용카드 및 은행 결제 시스템에 접근하고 부정하게 물품, 서비스 또는 돈을 얻는 행위를 말한다. 이러한 사기는 종종 신원사기(identity fraud)라고 불린다. 범죄자들은 다음과 같은 방법으로 훔친 자격증명을 악용할 수 있다: 은행계좌 개설, 신용, 대출 또는 혜택 취득, 훔친 자격증명을 사용하여 물품 구매, 피해자의 기존 은행계좌 인수, 휴대폰 계약 체결, 피해자의 이름으로 여권이나 운전면허증과 같은 공식 문서를 취득한다.

많은 출력사기는 전통적인 경제범죄로, 인터넷을 통해 이전보다 훨씬 큰 규모로 이루어지고 있다. 최근의 중요한 가상은행 강탈 형태 중 하나는 암호화폐 거래소 강탈이다. 많은 경우 이러한 강탈은 신원 관련 사기가 아니라 사기나 스팅(예: Mt. Gox, OneCoin, Poly Network, Bitfinex)으로 분류된다. 그러나 지난 10년간 해커들이 훔친 자격증명을 사용하여 계좌를 인수하거나 허위 이름으로 계좌를 개설하는 거래소 강탈 사건이 증가하고 있다. Lane(2022)은 이메일 피싱, 투자사기, 로맨스 스캠이 암호화폐 공간에서 가장 '일반적으로 관찰되는' 사기라고 지적한다. 각 사기 유형은 피해자에게 자격증명을 제공하거나 계좌(암호화폐 지갑)를 개설하고 돈을 이체하도록 설득하거나 사회적 공학적 기법을 사용하여 피해자를 속이려 한다.

카드 미제출 및 기타 결제사기(출력사기)

비접촉 결제와 온라인 거래가 증가함에 따라, 카드 미제출 거래는 전자상거래 기반 소매 운영의 주요 방식이 되었다. 따라서 카드 미제출 사기는 범죄자가 자신의 소유가 아니거나 소지하지 않은 카드의 신용카드 정보를 사용하여 거래를 하는 사기이다. 카드 미제출 사기에서 발생하는 손실이 상당히 증가했으며, 이는 국가안보에 대한 위협으로까지 간주되고 있다(Corera, 2021). 카드 미제출 사기는 뱅킹시스템 외부에서 발생하였으며, 뱅킹룰 변경으로 소매업체들이 (처음에는 전화 거래에서) 신용카드가 직접 현장에 없어도 신용카드 정보를 받을 수 있도록 허용되었다. 이러한 정책 변화는 신용카드를 원래의 목적을 넘어선 사용으로 만들었고 새로운 유형의 사기의 문을 열었다: '인터넷은 신용카드 제도를 원래 의도한 것 이상으로 확장시켰다. 신용카드는 WWW에서 카드 미제출 거래에 사용되도록 설계된 것이 아니었다.' 범죄자 관점에서 보면, '웹사이트에 카드 정보를 입력하는 과정은 주문할 때 누구나 할 수 있는 일이다.' 결제사기의 핵심은 '타인의 주소지에서 물품을 수령하고 서명할 사람을 확보하는 것'이다.

가상스팅, 사기, 기만 및 갈취

기술혁신의 유행을 타고, 범죄자들은 전자상거래의 새로운 기회를 활용하여 가상스팅을 통해 새로운 피해자를 찾는다. 가상스팅은 특정 대상을 겨냥한 기만이다: 피해자가 의도적으로 목표로 삼아지며, 연결의 맥락(예: 이메일)은 종종 피해자를 속이기 위해 구성된다. 가상스팅은 범죄자들이 법적 및 금융시스템의 결함을 이용하여 개인 및 조직을 사기치는 다양한 온라인 기법을 의미한다. 이들은 온라인에서 시작되지만 대개 사기를 오프라인으로 전환하려고 한다. 대부분의 가상스팅은 오프라인 사기와 마찬가지로 사회공학을 통한 기만의 형태를 가지고 있으며, 주로 사업체에서 돈을 얻는 것을 목표로 한다. 이들은 온라인에서 활성화되지만, 범죄자가 현금을 인출할 때 오프라인으로 전환된다. 비록 새로운 변화를 활용하지만, 역사적으로 보면 기만의 원칙과 관행은 유사하다.

비즈니스 이메일 사기 (BEC)

BEC(Business Email Compromise)는 가장 널리 퍼져 있고 비용이 많이 드는 사이버범죄 중 하나이다. BEC는 '스피어' 또는 '웨일' 피싱의 일종으로, 범죄자가 신뢰받는 사람으로 가장하고 이메일 또는 소셜미디어를 통해 피해자에게 기밀 비즈니스정보를 공개하거나 돈을 보내도록 속인다. BEC는 2022년에 59% 증가하며 가장 문제되는 피싱 형태로 식별 되었다(APWG, 2022). 이는 영국의 국가경제범죄센터에서 발표한 BEC로 인한 비즈니스 손실 £1억 4천만을 반영한다(Muncaster, 2021). 미국에서도 FBI가 운영하는 IC3는 2022년에 BEC와 관련된 21,832건의 신고를 접수했으며 피해자 손실은 약 27억 달러에 달한다(IC3, 2022). 산업계의 막대한 손실로 인해 BEC는 FBI, INTERPOL 및 NCA의 주요 법집행 우선 사항이 되었다. 2019년에는 'Operation Rewired'라는 법집행 작전에서 281명이 체포되었으며 (USDOJ, 2019), 이는 2018년 'Operation WireWire'에서 74명이 체포된 후의 결과이다(FBI, 2019). BEC 사기는 종종 연애, 취업기회, 온라인 차량판매 사기, 렌탈 사기 및 복권사기와 연결되며, 다른 사기와의 차이점은 타겟이 고위 비즈니스 임원이라는 점이다.

승인된 송금 사기 (APP) 사기

최근 네트워크 뱅킹 시스템 기술에서 나타난 출력사기의 예로, 승인된 송금(APP:Authorized Push Payments) 사기가 있다. 이 사기는 범죄자가 피해자를 목표로 삼아 사회적 조작을 통해 피해자가 자신의 계좌에서 범죄자의 계좌로 '정상적인' 송금을 하도록 유도하는 방식이다. 이 사기는 타겟팅된 피싱이메일을 통해 시작될 수 있으며, 이메일에는 은행에 주어진 번호로 연락하는 것이 중요하다고 명시되어 있을 수 있다. 또는 직접 전화를 통해(음성 피싱) 은행에서 새 계좌로 돈을 이동하라고 요청할 수도 있다. 또는 더 교활하게는 피해자가 가족이나 친구의 설득에 의해 청구서를 지불하거나 물건 또는 서비스를 구매하기 위해 돈을 송금하도록 유도할 수 있다. 이러한 사기는 새롭기는 하지만, 기존의 사기 방식의 변형일 뿐이며, 그 규모가 더 작아진 것이다.

온라인 도박 사기

온라인 도박의 인기가 여러 관할권에서 높아짐에 따라 도박 사기도 증가하고 있다. 특히 도박에 대한 법적 및 도덕적 태도가 부정적인 지역에서 이러한 경향이 두드러진다. 온라인 도박산업의 규모는 영국의 사회적 도박 영향을 다루는 자선단체인 GamCare가 발표한 통계로 잘 나타난다. GamCare는 인터넷에 약 1,700개의 도박 웹사이트가 있다고 추정한다. 또한, Merrill Lynch는 2003년에 온라인 도박시장이 63억 달러의 매출을 기록했다고 보고했다(Leyden, 2004c). 15년이 지난 후, 2020년 도박위원회 조사에 따르면, 온라인 도박은 안정세를 보이며 전체 시장의 40%를 차지하는 55억 파운드 규모의 산업으로 자리잡았다. 모바일 전화가 특히 젊은 사람들 사이에서 가장 인기 있는 장치로 사용되고 있지만, 조사에서는 노트북과 PC, 네트워크 연결된 스마트 TV 등 네트워크 장치의 사용도 증가하고 있다고 보고했다(Gambling Commission, 2021). 이러한 확장은 사기범죄의 외연을 넓히고 있다.

온라인 도박에 대한 논의는 예측 가능하게도 법적 및 도덕적 측면에 집중되어 있으며, 특히 미국에서는 '국가정서에 뿌리 깊은 금욕적 경향과 함께 강력한 자국산 도박산업이 존재'하는 상황이다(Fay, 2005). 따라서 이 논의의 주요 초점은 다른 국가에서 또는 다른 국가로부터의 불법도박 운영에 대한 미국의 관할권을 강화하는 데 집중되어 있다(Goss, 2001: 32). 2023년, 온라인 도박은 약 25개 미국 주에서 허용되지만, 각 주마다 자선 사업, 복권, 경마장(현장) 및 스포츠 베팅이 관련된 법적 제한이 있다. 그러나 Legal Betting Online에 따르면, '만약 허용되지 않는다면, 해외 온라인 운영자를 통해 법적으로 안전하게 배팅할 수 있다'(Legal Betting Online, 2023).

온라인 도박의 인기는 확실하며, 이는 도박꾼들이 시스템을 이기거나(여기서는 다루지 않음) 도박장 운영으로 사기쳐서 이익을 얻으려는 욕망에서 기인한다. 후자의 경우, 2002년에 Europay는 온라인사기로 인한 손실의 5분의 1이 도박과 관련이 있다고 주장했다(Leyden, 2002). 전자결제 제공업체들, 예를 들어 PayPal의 허용 사용정책 수정 및 새로운 보안기술의 도입은 온라인 도박 사기의 발생을 줄일 가능성이 있다.

인터넷 광고 사기 (클릭사기)

클릭사기는 클릭당 지불되는 온라인 광고가 의도적으로 접근되어 광고 비용을 부풀리는 사기이다. 이는 새로운 상업적 기회가 온라인에서 얼마나 빠르게 사기의 초점이 되는지를 보여준다. 광고를 표시하는 인터넷 사이트는 광고가 보일 때마다 광고주로부터 소액의 수수료를 받는다. 개별적으로는 미세한 금액이지만, 대량 환경에서는 누적될 수 있다. 이에 따라 '클릭사기' 또는 '가짜 클릭 증후군'(Liedtke, 2005; Modine, 2009)이 발생하며, 인터넷 광고 청구시스템을 사기치는 형태가 된다. 부도덕한 웹사이트 소유자는 광고를 대량으로 클릭하기 위해 사람을 고용하며, 때로는 저임금노동이 저렴한 제3세계 국가에 아웃소싱하기도 한다. 여기서 '공장' 형태의 저임금노동자들이 웹 광고를 수동으로 클릭하는 경우가 많다. 이들은 임금노동과 강제노동의 경계가 모호한 상황에서 작업을 수행할 수 있다. 그러나 더 일반적인 경우는 '구글 클릭'과 같은 맞춤형 소프트웨어를 사용하는 것으로, 이는 컴퓨터 스크립트로 클릭 작업을 수행하여 같은 결과를 만들어낸다(USDOJ, 2004). 또 다른 관련 예는 '링크 스팸(Link Spamming)'으로, 이는 급성장하는 인터넷 광고 산업을 악용한다. '링크 스팸'의 목적은 특정 웹사이트와 관련된 키워드를 링크하는 것이다. 이는 법적으로 반드시 불법은 아니지만 (관할권에 따라 다를 수 있음), 종종 공정 거래 관행 규칙을 위반한다. 링크 스패머들, 또는 스스로를 검색 엔진 최적화(SEO) 전문가라고 부르는 이들은 웹사이트와 개인 블로그에 키워드를 포함한 텍스트 블록을 스팸으로 보내어 'PPC – 약품, 포르노, 카지노'와 같은 웹사이트의 검색 엔진 순위를 올린다(Arthur, 2005). 링크 스팸의 최근 발전 형태는 블로그 스팸(또는 스팸덱싱)으로, 이는 다른 사이트로 사람들을 유도하여 해당 사이트의 순위를 높이기 위한 댓글이나 문구의 연속이다(Abou-Assaleh and Das, 2008).

프리미엄 라인 스위칭 사기

브로드밴드가 다이얼업 모뎀을 대체하기 전, 전화 청구 사기의 일반적인 형태 중 하나가 프리미엄 라인 스위칭이었다. 이 사기는 주로 포르노와 관련된 부정직한 웹사이트를 방문한 사람들이, 브라우징하는 동안 자신도 모르게 '드라이브-바 다운로드'를 통해 감염되면서 발생한다. 사용자는 감염된 컴퓨터에서 자동으로 기존 전화 서비스를 일반 가정 요금에서 프리미엄 라인 서비스로 전환시키는 '악성 다이얼러'를 얻게 되며, 이에 따라 사기를 당하게 된다(Richardson, 2005). 현재는 새로운 형태의 프리미엄 라인 스위칭 사기가 유선 전화보다는 모바일 전화 서비스를 악용하기 시작했다.

'쇼트-펌(Short-firm)' 사기

쇼트-펌 사기는 온라인 경매의 평판관리 시스템을 악용하여 발생한다(Wall, 2010a). eBay, Amazon 등의 경매 사이트에서는 평판관리 시스템을 도입하여 사용자가 거래 전 판매자의 과거 거래 행동을 평가할 수 있도록 한다. 이러한 평판관리 시스템의 부작용으로 등장한 것이 '쇼트-펌' 사기이다. 이는 장기적 신뢰를 구축하는 장기-펌 사기와 유사하지만, 짧은 시간 내에 신뢰를 구축하고 신속히 사라지는 방식이다. 쇼트-펌 사기에서 사기꾼은 품질이 좋은 상품을 실제 가치보다 낮은 가격에 판매하여 빠르게 좋은 평판을 얻는다. 그런 다음, 이 좋은 평판을 바탕으로 매우 비싼 아이템을 판매하며, 이 거래는 종종 오프라인에서 이루어진다. 거래 후, 돈을 받은 사기꾼은 사라지며 더 이상의 거래는 이루어지지 않는다. 쇼트-펌 사기에서는 사기꾼은 고객 피드백과 과거 판매 성과를 기반으로 프로필을 구축하여 잠재 구매자들이 입찰 전에 이들을 검토할 수 있도록 한다. 좋은 평판은 높이 평가되며, 이를 유지하려는 노력이 부정직한 행동을 억제하는 데 도움을 준다.

가상사기

가상사기는 주로 개인 사용자를 대상으로 하며, 가상 스팅과는 달리 비즈니스 커뮤니티를 초점으로 하지 않는다. 가상사기는 누구나 유혹할 수 있도록 설계된 것으로, 온라인에서 활성화되어 결국 오프라인에서 발생한다. 이러한 사기는 저렴한 가격의 상품이나 서비스, 평소보다 높은 투자 수익률, 또는 심각한 질병에 대한 대체 치료법이나 해당 지역에서 구할 수 없는 희귀 약품 등의 매력적인 조건으로 피해자를 유인한다(Hall, 2005). 분석적 관점에서, 열정적이고 공격적인 마케팅, 나쁜 비즈니스, 그리고 고의적인 범죄적 기만 사이의 구분은 종종 어려울 수 있다. 그러나, 우리는 전자상거래와 관련된 기만적 행동의 범위를 개략적으로 설명할 수 있으며, 이는 주로 스팸에 의해 구동된다. 전자상거래의 경계에 있는 사기 중 특히 눈에 띄는 것은 공격적인 유도 마케팅과 기만의 경계에 있는 사기이다. 예를 들어, 단기간에 큰 수익을 기대하게 하는 '빠르게 부자가 되는' 계획이 있다. 이러한 금융 상품에 투자하게 유도하는 것은 종종 사기의 잠재성이 명백하며, 미국 IC3와 영국 Action Fraud, UK Payments(구 APACS) 및 BIS(Department for Business Innovation and Skills, 구 DTI 및 BERR) 등의 피해 통계 출처는 일반적으로 위험 회피적인 인터넷 사용자도 피해를 입을 수 있음을 명확히 보여준다. 가상사기는 주로 개인으로부터 돈을 얻는 데 초점을 맞추며, 온라인에서 활성화되고 나서 오프라인으로 이동하여 물리적인 공간으로 전환되어 사기범이 자금을 현금화한다.

스케어웨어(Scareware) 사기

스케어웨어(Scareware)사기는 인터넷에서 오랫동안 발생해온 문제로, 반복적으로 나타나는 테마이다(BBC, 2009; USDOJ, 2018). 스케어웨어는 공격적인 판매기법으로, 사용자에게 잘못된 보안 메시지를 과도하게 전송하여 자신의 컴퓨터가 악성 소프트웨어에 감염되었다고 경고한다. 이러한 메시지는 보통 Windows Messenger를 통해 전달되며, 사용자를 두려움이나 충격전술을 통해 자신의 소프트웨어를 구매하도록 유도한다. Scareware는 사기를 실행하고 불법수익을 사기범에게 송금하는 역할을 하므로, 진정한 사이버범죄로 간주된다. 최근 버전의 scareware는 일반 운영체제의 외관과 권위를 모방하여 더 은밀하게 동작하며, 피해자는 자신이 사기를 당한 사실을 알지 못할 수도 있다(Wall, 2010a). 2018년, 라트비아 국적의 개인은 미국법원에서 '방탄호스팅 서비스' 제공에 대해 유죄를 인정했다. 이 서비스는 Minneapolis 스타 트리뷴 웹사이트를 방문한 사용자들을 악성 광고 소프트웨어에 감염시켜서

Scareware 안티바이러스 구매하게 사기쳤다(USDOJ, 2018).

Scareware 사기의 변형 중 하나는 경찰이나 권력기관을 가장한 메시지를 이메일, 문자, 전화로 받는 것이다. 메시지는 사용자가 범죄를 저질러 벌금을 물어야 한다고 주장하며, 예를 들어 포르노 다운로드, 속도위반, 잘못된 주차 또는 다른 위반 사항을 이유로 벌금을 즉시 지불하라는 내용이다. 한 사기에서는 사용자의 부주의로 인해 컴퓨터가 랜섬웨어에 감염되었으며, 이를 제거하기 위해 벌금을 지불하거나 서비스를 구매해야 한다고 주장했다. 2010년대 중반에는 이러한 사기가 더 많이 발생했으나, 최근에는 피싱방지 기술의 발전으로 그 빈도가 줄어들었다.

중재 / 그레이 마켓 착취

인터넷의 글로벌 범위는 가격 차이에 따라 생성된 '회색시장'의 착취를 가능하게 한다(Granovsky, 2002). 특히 통화와 원자재와 관련된 회색시장의 가격 차이를 활용할 수 있다. 인터넷의 빠른 속도와 범위는 제조업체, 생산자 또는 정부 승인 유통 채널이 부과하는 가격 조정 메커니즘을 우회하여 중재를 가능하게 한다. 이렇게 해서 기본 원자재 생산 비용, 통화 환율, 세금 (부가가치세 또는 수입세) 등의 지역적 차이에 의해 발생한 가격 차이를 착취할 수 있다. 물론 중재는 오래된 사기수법이지만, 담배, 알코올, 소비재, 의약품, 연료 등과 같은 휴대 가능한 품목의 불법 국경 간 거래를 초래한다. 또한, 외래 동물과 그 가죽, 모피와 같은 희귀한 동물의 거래가 포함된다(BBC, 2005b; IFAW, 2005). 가격 차이 외에도, 법적 중재 - 즉 법적 차이에서도 회색시장이 발생한다. 이는 한 지역에서는 불법 또는 제한된 상품을 다른 지역에서는 합법적으로 구매할 수 있는 상황을 의미한다. 예를 들어, 처방약, 섹스서비스, 희귀 돌, 골동품, 희귀 동물 가죽, 심지어 인체 부위 등이 해당된다. 물론, 많은 경우 이러한 상품과 서비스는 존재하지 않거나 허위이다.

피라미드 판매 사기 온라인

피라미드 판매 계획과 그 변형들은 수백 년 동안 성공적인 사기수법으로 사용되어 왔으며, 인터넷 이전에도 존재했다. 이 사기는 다양한 친구, 개인 또는 다른 신뢰할 수 있는 네트워크를 이용하여 운영된다. 다른 수익성 있는 사기와 마찬가지로, 피라미드 판매는 인터넷에 여러 가지 교묘한 속임수를 통해 유입되었으며, 종종 '폰지사기'라고도 불린다. 이는 1920년대 미국에서 이러한 범죄수법을 이용한 이탈리아 이민자 '찰스 폰지'의 이름을 따서 붙여진 명칭이다. 피라미드 판매는 좋은 투자수익을 약속하며 희생자들을 모집하는 정교한 신뢰사기이다. 이 계획의 성공 비결은 초기 투자자들이 나중에 투자한 돈으로부터 보수를 받는 구조에 있으며, 신뢰가 빠르게 쌓여서 추가 투자자들을 유도한다. 새로운 모집자들은 종종 초기 투자자들로부터 자신들의 초기 투자를 회수할 수 있다는 진정성 있는 주장에 의해 유도된다. 이것은 기본적으로 숫자게임이며, 수익이 제품 판매에서 오는 것이 아니라 새로운 모집 숫자에 기반하기 때문에, 합법적인 다단계 마케팅 관행과는 달리 피라미드 판매 계획은 수학적으로 실패하게 된다. 이 계획은 단순히 소득을 창시자들에게 재분배하며, 많은 패자는 적은 승자를 위해 비용을 지불한다. 인터넷 버전의 피라미드 계획은 보통 이메일을 통해 전파되며, 지상 버전과 유사하지만, 인터넷은 사기꾼에게 더 많은 잠재적 모집자에게 접근할 수 있는 기회를 제공하므로 위험이 더 크다.

직접투자 사기

인터넷에서의 직접투자 사기는 매우 흔하다. 일부는 기업을 대상으로 하고, 다른 일부는 개인을 대상으로 한다. 일부는 진정한 투자 서비스를 제공하여 비즈니스를 자극하려는 시도일 수 있지만, 다른 일부는 덜 진정성 있는 방식으로 관심 있는 수신자들에게 돈을 먼저 받으려 한다. 또는 집에서 일하면서 큰 수입을 올릴 수 있는 기회를 제공한다고 주장한다. 후자의 경우, 피해자들은 계획을 설명하는 정보 패키지에 대한 수수료를 보내도록 유도된다. 실제로 어떤 것을 받더라도, 보통은 가치 없거나 실용적이지 않거나, 심지어 불법적인 활동에 참여하도록 유도될 수 있다. 특히 이 사기에 취약한 사람들은 이동이 어려운 사람들, 실직자, 또는 집에만 있어야 하는 사람들, 예를 들어 싱글 부모나

간병인들이 포함된다.

재택근무 계획 외에도, 합법적인 투자중개인인 척 가장하는 사람들이 행하는 더 해로운 사기도 있다. 이러한 사기꾼들은 가입비를 요구하고, 가입 후에는 고객에게 무료 투자 보고서를 제공하며, 이를 통해 의심스러운 주식이나 주식에 투자하도록 유도한다. 이러한 주식이 실제로 존재하는지 여부는 불분명하다(예: OneCoin 사례). 비슷한 방식으로, '펌프 앤 덤프(pump and dump)' 사기는 주식 시장에서 투자자들을 속여 인터넷에서 실제 주식에 대한 허위정보를 퍼뜨린다. 이 정보는 주식 가격을 인위적으로 올린 후 (펌프), 부풀려진 가격에 매도한다(덤프). Frieder와 Zittrain의 2006년 연구에 따르면, '펌프 앤 덤프' 이메일에 응답한 사람들은 이틀 내에 최대 8%의 투자 손실을 볼 수 있으며, '스팸발송자는 이메일을 보내기 전에 저가 주식을 구매하여 판매 시 4.9%에서 6%의 수익을 보게 된다'(BBC, 2006i; Frieder and Zittrain, 2006).

대출, 신용옵션 또는 신용등급 회복 사기

인터넷을 통해 발생하는 특히 불법금융사기 중 하나는 가난하거나 재정적으로 소외된 사회계층을 대상으로 한다. 이들은 신용등급을 회복하거나 신용옵션이나 신용시설을 제공하는 것, 제로 또는 매우 낮은 이자율의 신용카드, 또는 신용조회나 담보 없이 즉시 무제한 대출을 약속한다. 이러한 제안이 실제로 따르게 되면, 피해자는 대개 높은 이자율에 직면하거나 탈출하기 어려운 복잡한 상황에 빠지게 된다. 더욱 심각한 경우, 이러한 함정에 빠지면서 피해자는 원금상환을 위해 더 넓은 범위의 범죄활동에 연루될 수 있다.

웹사이트 도메인 네임 사기

웹사이트 도메인 네임 사기는 다양한 활동들을 포함하지만, 그 중 두 가지가 가장 흔하다. 첫 번째는 사업체에 도메인 네임 갱신 통지처럼 보이는 편지가 발송되는 경우이다. 송장 사기와 마찬가지로, 기재된 사업체는 원래 도메인 네임을 등록한 사업체와 다를 수 있다. 두 번째는 사기꾼이 직접 사업체에 연락하여 도메인 네임에 대한 우선 구매 권한을 제공한다고 주장하는 경우로, 해당 도메인 네임이 사용 가능하거나 등록이 만료될 예정이며, 다른 당사자가 이를 구매하고자 한다고 말한다. 때때로, 그 도메인 네임은 목표 사업체의 것일 수 있다.

상품 및 서비스에 대한 기만적 광고

기만적 광고는 피해자를 유인하기 위해 상품을 크게 할인된 가격에 판매한다. 일부 광고는 단순히 상품을 배송하지 않거나, 저품질의 상품(예: 재제조된 제품)을 판매하는 경우가 있으며, 일부는 회색시장을 이용하기도 한다(앞서 설명된 바와 같다). 온라인에서 사무용품을 대상으로 한 기만적 광고는 사무실, 의료, 또는 기타 공급품을 구매하는 관리자를 겨냥하며, 저렴한 비용에 매력을 느끼게 한다. 보통, 이러한 광고는 특별히 가격이 조정된 프린터 카트리지나 대폭 할인된 컴퓨터 장비, 때로는 비싼 장비를 제공하는 것으로 보이다. 광고는 종종 구매자에게 '인센티브'를 제공하는 유인을 포함하고 있다. 다른 기만적 광고는 개인을 대상으로 하며, 소비자 내구재, 브랜드 제품 또는 서비스를 크게 할인된 가격에 제공한다. 이러한 광고는 또한 가짜 교육 자격증이나 기타 매력적인 상품을 제공할 수 있다. 가장 악성인 사기 중 하나는 기부를 요청하는 것으로, 대부분 가짜 자선단체가 미비한 종교와 연결되거나, 9월 11일, 2004년 박싱데이 쓰나미, 2005년 런던 폭탄테러(7/7 및 21/7), 허리케인 카트리나, 파키스탄 지진, 아시아 조류독감, 2009년 신종플루, 2010년 아이티 지진, 2011년 후쿠시마 원자력 재앙, 2014년 말레이시아 항공기 사고, 2017년 허리케인 하비, 2019년 뉴질랜드 총격사건, 2020년 COVID-19 팬데믹 등의 재난 피해자들을 돕기 위해 기부를 요청한다(Dodt, 2020 참조). 심지어 패트릭 스웨이즈나 마이클 잭슨과 같은 유명인의 사망을 이용해 기부금을 요청하는 경우도 있다. 이러한 사기는 공적 동정을 이용해 돈을 갈취하거나, 수신자를 감염된 첨부파일을 열도록 속이려는 시도를 포함한다.

예를 들어, 2005년 7월 7일 런던 폭탄테러 발생 몇 시간 후, 상자 5.1의 스팸 메시지가 유포되었다.

박스 5.1 사기 이메일

발신자: breakingnews@cnnonline.com
제목: TERROR HITS LONDON
파일명: 'London Terror Moovie.avi 〈124 spaces〉 Checked By Norton Antivirus.exe'
내용: '첨부파일에서 독특한 아마추어 비디오 장면을 확인하세요'
이 이메일은 런던 폭탄테러 사건의 최신 정보를 제공한다고 가장하여, 첨부파일을 열도록 유도한다. 파일명에서 "Checked By Norton Antivirus.exe"와 같은 요소를 사용해 수신자를 안심시키려는 시도가 있지만, 실제로는 악성 소프트웨어가 포함되어 있을 가능성이 높습니다.

이런 사기 이메일의 목적이 항상 직접적으로 금전을 요구하는 것은 아니다. 때때로 그 목적은 수신자가 링크를 클릭하게 유도하여 수신자의 컴퓨터를 감염시키고, 이를 원격관리가 가능한 좀비컴퓨터로 만들어 다른 사람이 이를 조종할 수 있도록 하는 것이다. 좀비컴퓨터로 이루어진 로봇 네트워크(봇넷)는 그 자체로 매우 가치 있는 자원이다. 예를 들어, 2006년 헤이그에서 슬로보단 밀로셰비치의 전쟁범죄 재판 중에, 그가 살해되었다고 주장하는 스팸메일이 퍼졌다. 이 스팸메일은 그의 살해 사건에 대한 초기 뉴스영상과 사진이 게시된 다양한 웹사이트 주소를 나열했다. 웹 주소에 접속하면, 호기심 많은 사람들의 컴퓨터는 악성 트로이목마(Dropper-FB)에 의해 감염되어 원격관리에 취약해지게 되었다(Leyden, 2006c).

함정마케팅 사기

함정마케팅 사기는 피해자를 쉽게 벗어날 수 없는 상황에 빠지게 하며, 반복적인 피해자가 될 수 있다. 이러한 사기는 피해자가 앞서 언급한 활동에 참여하거나 함정마케팅 사기의 피해자가 될 때 발생할 수 있다. 고전적인 예로, 종종 합법적인 함정마케팅 사기는 무료체험 구독에 유인하는 것이다. 이 경우, 준비된 식사나 엔터테인먼트 스트리밍 채널과 같은 서비스를 무료로 제공받기 위해 사용자는 금융정보를 제공해야 하며, 체험 기간이 끝난 후 서비스를 계속 이용할지 여부를 결정할 수 있다. 이는 현재 일반적이고 합법적인 비즈니스 관행이지만, 더 불법적인 판매자는 예를 들어 성적으로 노골적인 콘텐츠에 접근할 수 있는 사이트나 새로 시도하는 도박 웹사이트에서 무료 신용한도를 제공하는 경우가 있다. 이러한 사기의 핵심은 콘텐츠가 합법적이라고 가정할 때, 구독자가 취소를 통지할 책임을 지게 만들어 많은 사기가 법의 테두리 안에 머물게 되는 것이다. 서비스를 철회하려면 무료체험 구독자는 미리 정해진 기간동안 서면으로 통지해야 하는 경우가 많으며, 이는 종종 긴 이용약관에 숨겨져 있을 수 있다. 이에 따라 구독자는 추가적인 월 구독료를 지불하게 될 수 있다.

인터넷 경매 사기

온라인 경매 사이트의 인기로 인해 사기범들은 경매에 참여하는 사람들이 물건의 실제 상태가 아닌 설명과 사진을 기반으로 판단하기 때문에 이를 악용한다. 경매 사이트는 소비자 신뢰를 구축하기 위해 엄격한 보안절차를 광고하지만, 사기범들은 여전히 이를 악용한다. 사기범의 주요 목표는 입찰자를 잘 보호된 온라인 경매 환경 밖으로 유인하는 것이다. 예를 들어, 2005년에는 세 명의 사기범이 eBay 고객들에게 30만 파운드를 사취한 혐의로 징역형을 선고받았다. 이들은 콘서트 티켓부터 자동차에 이르는 다양한 물품의 광고를 올렸으며, 일부는 실제 물품이었고 일부는 가짜였다. 경매가 끝난 후, 사기범들은 낙찰되지 않은 입찰자들에게 재차 물건을 구매할 기회를 제공하며, 돈을 송금하여 결제하도록 유도했다. 그러나 입찰자들은 이후에 물건을 받지 못했다(BBC, 2005c). 2021년과 2022년의 영국과 웨일즈 범죄통계에 따르면, 온라인 쇼핑 및 경매 사기는 소비자 및 소매 사기의 약 60%를 차지하고 있다(ONS, 2023).

박스 5.2 eBay 사기경고

eBay의 보안 센터는 판매자와 입찰자를 대상으로 한 다양한 사기경고를 제공한다. 아래는 eBay의 보안 센터에서 제공하는 사기경고 내용이다(Bischoff, 2021에서 수정됨).

입찰자를 대상으로 한 사기

- 미배송 사기: 일부 품목의 경우, 판매자가 직접 결제를 받을 수 있는 상황에서 발생한다.
- 잘못된 라벨: 거래가 완료된 후 잘못된 라벨이 붙어 있는 물건이 발송되어 구매자가

다른 사람의 소포를 받았다고 생각하고 반품한다. 이때 판매자는 물건을 다시 받고 결제 금액을 유지한다.

- 빈 상자 사기: 구매자가 원하는 물건을 신속하게 구입하지만, 실제로는 빈 상자만 받는 경우이다.
- 위조 상품: 사기꾼이 매우 매력적인 가격으로 유명 브랜드 아이템을 판매하지만, 실제로는 위조품 또는 '짝퉁' 상품을 판매하는 경우이다.
- eBay 외 결제: 불법 판매자가 물건을 판매하고 결제를 플랫폼 외부로 요청하는 경우이다.
- 가짜 고객 서비스: 사기꾼이 프로필이나 제품 페이지에 가짜 고객 서비스 번호를 게재하여, 주문이 잘못되거나 배송되지 않았을 때 해당 번호로 연락한 피해자가 사기꾼과 연결된다. 사기꾼은 고객 서비스 직원인 척 하며 피해자로부터 환불을 처리하기 위해 은행계좌와 같은 민감한 정보를 요구한다.
- 상품권 사기: 상품권 사기꾼이 피해자에게 한정된 시간 동안 할인을 제공한다고 전화를 걸어 상품권 번호를 요구한다. 이후 사기꾼은 상품권 잔액을 빼돌린다.

판매자를 대상으로 한 사기

- eBay 외의 개인 거래: 구매자가 eBay의 공식 결제 채널을 사용하지 않고 개인적으로 결제하겠다고 제안하여 거래 수수료를 피하려는 경우이다. 판매자는 목록을 종료하고 상품을 보내지만, 구매자는 결제를 하지 않거나 거래가 물건이 손상되었다고 주장하면서 eBay와 분쟁을 일으킨다.
- 초과지불 제안: 잠재적인 구매자가 판매자에게 요청 가격보다 더 많은 금액을 지불하겠다고 제안한다. 이 제안이 거부하기 어렵지만, 구매자가 위조 수표로 결제하면 상품이 즉시 발송된 후 수표가 부도나게 된다.
- 주소 변경: 구매자가 물건을 구매하고 요청 가격보다 더 많은 금액을 지불하며 해외로 발송해달라고 한다. 사기꾼은 판매자의 PayPal 이메일 주소를 요청하며, 가짜 PayPal 직원으로 가장한 사기꾼이 우편 추적 번호를 요구하고 물건이 발송된 후 결제가 이루어진다고 주장한다. 신뢰하는 판매자는 상품을 발송한다.
- 빈 상자 주장: 구매자가 신속히 결제하고 상품을 발송하지만, 구매자가 빈 상자만 받았다고 주장하며 사기를 신고한다. eBay는 반환을 요구하고 구매자는 빈 상자를 판매자에게 다시 보내면서 실제 물건은 자신이 보유한다.
- 상품 미수령 주장: 판매자는 보통 서명 확인을 제공해야 하지만, 물건이 $750 이하인 경우 이메일이나 문자로 된 배송 알림만으로도 충분한다. 경험이 많은 사기꾼은 이 허점을 이용해 물건을 받지 않았다고 주장하고 환불을 요구한다.
- 손상된 복제품 사기: 구매자가 상품을 구입하고 배송받은 후, 손상된 아이템이라고 주장하며 사진을 제공한다. 이 사진은 실제로 발송된 상품의 복제품이며, 구매자는 이를 손상된 상품으로 보고하고 eBay에 환불을 요청한다.

- 부당한 환불 청구: 거래가 완료된 후, 구매자(사기꾼)가 신용카드나 PayPal로 결제한 후 거래를 취소하겠다고 연락한다. 그러면 판매자에게서 돈이 회수되며 추가 환불 수수료가 부과된다($20는 PayPal, 신용카드는 다양한 수수료). 사기꾼은 중개자(판매 사이트)에게 문제가 있었던 것처럼 말하면 대부분 즉시 환불을 진행한다.
- 피드백 강요: eBay에서 온라인 평판을 구축하는 것이 중요하다. 나쁜 피드백은 비즈니스에 악영향을 미치므로, 사기꾼은 판매자로부터 구매 후 추가 금액을 비공식적으로 요청하여 부정적인 피드백을 남기지 않도록 한다. 이는 피드백이 완료되면 논의할 수 없기 때문에 일종의 협박이다.

다른 온라인 경매 관련 사기 사례로는 초과지불 사기가 있다. 이 사기에서는 사기꾼(이번에는 입찰자)이 의도적으로 합의된 금액보다 더 많은 금액을 지불한다. 지불된 수표는 며칠 후에 은행시스템을 통과하고 판매자는 상품을 다른 위치(은행계좌에 등록된 위치와는 다른)로 발송하며 초과지불된 금액을 환불한다. 수표가 위조된 사실은 보통 몇 주 후에야 발견되며, 이에 따라 피해자는 손실을 두 배로 지게 된다. 이 사기의 변형으로는 구매자가 인터넷을 통해 구매한 물건, 예를 들어 자동차를 수령하기로 합의하고, 위조된 수표로 초과지불을 한다. 판매자는 수표가 정산되기 전에 초과지불된 금액을 환불하지만, 구매자는 물건을 수령하지 않고, 판매자는 물건을 유지한 채 초과지불된 금액의 손실만 입게 된다(Rupnow, 2003).

선불사기 (419 사기 및 로맨스 스캠)

선불사기는 사기 중에서도 심각한 형태로, 일반적으로 419 사기라고 불린다. 이는 나이지리아에서 유래하였고 나이지리아 형법 제419조를 위반하기 때문에 붙여진 이름이다. 사전 수수료 사기범들은 오랫동안 개인과 기업을 대상으로 돈을 빼앗아왔으며, 이메일 사용의 증가로 인해 문제가 더욱 심각해졌다. 이메일이 주요 통신수단으로 자리 잡기 전에는 공식적인 서신을 통해 사기행위가 이루어졌다. 이러한 서신은 대개 사망한 고위 공직자의 친척을 가장하여, 해외 은행계좌에 많은 돈이 남아있으며 이를 본인의 은행계좌를 통해 이체하는 것을 도와달라고 요청한다. 협조하는 대가로 수취인은 돈의 일부 (예: 1천200만 달러 중 20%인 6천만 달러의 20%)를 제안받는다. 수취인이 응답하면 은행 수수료와 환전비용 등을 지불하기 위해 사전 수수료를 요구받게 된다. 하지만 피해자가 사기에 깊이 연루되고 돈을 지불하면, 이를 철회하기가 점점 더 어려워진다. 대다수, 혹은 모든 이런 초대는 가짜이며, 응답자를 속여 상당한 금액을 사취하기 위해 설계된 것이다.

이메일을 통한 사전 수수료 사기의 급증과 실제 피해 발생 사이의 연관성은 불확실하다. 이는 종이문서로 발송된 초대장보다 이메일 초대장이 상대적으로 설득력이 부족하기 때문이다. 2001년 영국 국가범죄정보서비스(NCIS, 현재 NCA)의 연구에 따르면 이메일 요청과 피해 발생 사이에 직접적인 연관이 없다고 보고되었다(Wall, 2007a: 92). 이는 이메일 초대장이 형편없는 영어와 잘못된 서술로 인해 많은 사람들이 이를 신뢰하지 않기 때문이다. 반면, 종이문서 초대장은 더 철저하게 조사되고 개인화된 경우가 많았다. 하지만, 이와 관련하여 몇 가지 상반된 요소가 존재한다. 한편으로는 많은 피해자들이 스스로가 음모에 연루되었다는 비난을 피하기 위해 서신이나 이메일을 파기하는 경향이 있어, 신고를 꺼리는 경향이 있다. 그러나 피해가 확대되거나 개인의 안전이 위협받는 경우 신고를 할 수 있는 동기가 증가할 수 있다. 선불사기의 결과는 두 가지로 나눌 수 있다.

첫 번째는 재정적 결과이다. 2005년 미국 국가인터넷사기정보센터의 보고서에 따르면, 12,315건의 사기 신고 중 8%인 985건이 '나이지리아' 돈 제안에 관한 것이며, 평균 손실액은 약 7,000달러이다. 17년 후인 2022년 IC3는 선불사기 신고가 전체 800,944건의 신고 중 1.6%인 13,020건을 차지하며 평균 손실액은 8,012달러라고 보고했다(IC3, 2022). 영국의 선불사기 분석에서는 평균 손실액이 미국보다 낮은 3,493달러로 나타났다(Andrews, 2023). 개인적인 손실이 전체 사기와 비교했을 때 크지 않을 수 있지만, 특히 취약한 사람들에게는 재정적으로 치명적일 수 있다.

두 번째 결과는 개인의 위험 증가이다. 특히 개인이 해외로 유인되거나 사기범들과 직접 맞서서 돈을 회수하려 할 때 위험이 증가한다(Reuters, 2005). 해외로 가서 사기범들과 맞서 싸운 일부 개인이 납치되거나 사망한 사례도 보고되었다(BBC, 2001). 이 숫자는 작지만 실제로 존재한다.

박스 5.3 419 사기 예시: 이메일 발췌

내 아버지가 고(故) 사니 아바차 장군이 국가 원수로 있었을 당시 정부에서 일하던 시절, 그들은 수십억 달러를 발생시킨 여러 거래에 관여했다. . .

이 기간 동안 제 아버지는 상당한 금액을 벌어 개인 은행계좌에 보관했다. 현재 제 아버지는 조사를 위해 체포되어 구금된 상태이다. 제가 제 아버지의 장남으로서 가족 전체의 의무를 다하기 위해 이 6천만 달러를 해외로 성공적으로 이체하여 투자 목적으로 사용해야 한다고 믿는다. 현재 상황에서는 혼자서 이 작업을 할 수 없다.

저는 이 자금을 수혜자로 지정하고 이체를 완료하기 위한 최선의 방법을 철저히 조사했다. 제가 결정한 방법은 우리의 안전과 자금의 성공적인 이체를 보장한다. 따라서 이 프로젝트가 위험이 없고 실현 가능한 것이라고 확신할 수 있다. 만약 귀하가 도움을 줄 수 있고 원하신다면, 저에게 이메일을 통해 연락하여 더 많은 세부정보를 요청해 주십시오.

믿어주세요, 우리가 다시 신뢰할 수 있는 사람은 없다. 제 아버지의 친구들은 도움을 가장하여 우리를 착취한 후 우리를 버렸다. "문제가 있을 때 진정한 친구를 알 수 있다"고 하듯이, 모든 것을 비밀로 유지하신다면 우리는 문제를 겪지 않을 것이다. 귀하의 도움에 대해 이체 후 전체 자금의 20%를 드리고, 귀하가 제안하는 유망한 사업에 적절한 비율로 투자하겠다.

부디 이 일을 성사시키기 위해 제게 도움을 주시기 바란다. 이 기회를 무시하지 마십시오. 이는 귀하에게도 큰 도움이 될 것이다. 귀하가 도움을 주는 것에는 아무런 손해가 없으며, 대신 많은 이익을 얻으실 수 있다.

Source: email (verbatim) received by author, 8 March 2001
(with similar ones on many subsequent occasions)

419 사기와 로맨스 사기의 영향에 대한 실제적 영향은 아직 논의 중이다. 이메일로 진행되는 419 사기의 경우, 전통적인 서신의 문서 상징과 서명이 결여되어 신뢰성의 상실이 문제로 지적된다. 그러나 이메일을 통한 대출 요청과 같은 선불사기의 다양한 변형이 발견되었다. 또한, 온라인 데이팅 서비스에서 인연을 맺고, 비행기 비용과 기타 경비를 선불로 요구하는 경우가 있는데, 이에 따라 사랑에 빠진 피해자들은 연인을 기다리다 결국 속아 넘어가게 된다. 로맨스 사기는 선불사기의 변형으로, 온라인을 통해 허위의 로맨틱한 의도로 피해자를 속이는 것이다. 로맨스 사기는 결코 새로운 것이 아니지만, Facebook, Instagram 및 기타 전문 네트워킹 사이트의 등장으로 이러한 사

기들은 특히 국경을 넘어서 더욱 용이해졌다. TSB의 연구에 따르면 2020년부터 2022년까지 7,000명의 피해자가 발생했으며, 로맨스 사기로 인한 손실은 3년 동안 거의 세 배 증가했다(Goodman, 2023).

로맨스 사기의 전형적인 주제는 다음과 같다: 청구서 지불, 의료비, 또는 집수리비용을 요청하는 경우, 해외에 갇혔다고 주장하며 여행 비용을 요청하는 경우, 피해자가 직접 여행 예약 비용을 송금하라고 요구하는 경우, 개인정보나 친밀한 이미지를 협박으로 요구하는 경우, 피해자가 사기범에게 대출을 받아서 송금하는 경우. TSB 연구에 따르면, 이와 같은 경우는 60%를 차지하며, 21%는 사기범의 여행 비용을 지불한 경우, 8%는 피해자를 위한 여행 예약 비용을 지불한 경우로 나타났다. 나머지 4%는 개인정보나 이미지의 유출 협박에 의한 경우이다. 다른 경우로는 피해자가 사기범에게 대출을 받는 경우도 포함된다. 피해자들은 모든 연령대에서 발생했지만, 가장 큰 손실(46%)은 51세에서 65세 사이에서 발생했다. 영국에서는 연간 약 6,500만 파운드의 손실이 추정되며(Goodman, 2023), 한 피해자는 로맨스 사기범에게 32만 파운드를 잃은 것으로 보고되었다(BBC, 2020b). UK Finance(2022b)의 조사에 따르면, 온라인에서 만난 적이 없는 사람에게 돈을 요구받은 경우가 두 명 중 한 명(38%)이며, 그 중 절반 이상(57%)이 돈을 주거나 빌려준 것으로 나타났다. 사기범들은 피해자로부터 돈과 정보를 얻는 데 매우 숙련되어 있으며, 조직범죄 집단이 이 사기 뒤에 있다는 증거도 있다.

또한, 사용자는 이메일을 통해 복권에 당첨되었다거나 프로모션 행사에 참여하게 되었다는 메시지를 받을 수 있다. 이메일은 사용자를 웹사이트로 안내하여 상금을 받을 정보를 제공하는 것으로 보이다. 이 사이트에서 사용자는 개인정보를 입력하고 해외에서 돈이 온다고 하여 은행 또는 관리 비용을 위한 소액의 수수료를 지불하라는 요청을 받는다. 모든 종류의 선불사기는 어떤 행동이 이루어지기 전에 선불로 돈을 받기 위해 설계된 것이다.

온라인 티켓 사기

엔터테인먼트 티켓 판매가 온라인으로 이동하면서 티켓판매 사기사건도 증가하고 있다. 전형적인 티켓판매 사기는 피해자에게 인기 있는 이벤트의 티켓을 구매할 기회를 제공하며, 종종 소셜미디어 사이트에서 홍보된다. 사기의 유혹 요소는 이벤트가 거의 매진되었거나 아직 판매되지 않았지만 곧 매진될 가능성이 높다는 것이다. 피해자는 티켓을 위해 결제를 하고, 이후 여러 가지 시나리오가 발생할 수 있다. 티켓이 도착하지 않거나, 구매자는 행사 당일에 현장에서 고객 대표를 만나야 한다고 안내받지만 아무도 나타나지 않거나, 티켓이 도착하더라도 가짜티켓이라 입장이 거부된다. 옥션사기(Action Fraud)는 2022년에 영국에서 티켓판매 사기가 증가하였으며, 피해자들은 총 670만 파운드 이상의 손실을 입었다고 보고했다(Action Fraud, 2023).

약품판매 / 건강 치료 / 뱀기름 약제

인터넷 덕분에 마약판매가 활발해졌다. 지역적으로는 거리의 판매자들이 소셜미디어를 통해 마약을 판매하기 시작했다. 권리 옹호 단체 Volteface가 2,006명의 16~24세 청년들을 대상으로 조사한 결과, 4분의 1의 청년들이 소셜미디어에서 불법약품이 광고되는 것을 보았다고 보고되었다(White, 2019). 국제적으로는 Tor 네트워크에서 호스팅되는 다크마켓의 출현이 글로벌 마약시장의 수요를 충족시키는 것으로 보인다. Silk Road가 거래를 중단한 지 거의 10년이 지났고 법집행기관의 지속적인 개입에도 불구하고, 새로운 대체 시장이 등장했으며 다크웹에서의 마약판매는 여전히 활발하다. Martin과 Barratt는 왜 다크웹이 마약 소비자와 판매자 모두에게 매력적인지 조사했다. 그들은 다크웹이 '대면을 싫어하고 충분히 기술에 익숙한 사람들에게 이상적이며, 오프라인에서의 위험과 폭력에 대한 대안'이라고 발견했다(Martin and Barratt, 2020). 다크웹 마켓은 Amazon과 같은 기존 상업적 웹사이트와 유사하게 운영된다. 평판 관리 시스템을 운영하여 경쟁 시장에서 소비자들을 안내한다. 기본적으로 범죄자들은 고객에게 최고의 품질을 보장하며, 아이러니하게도 스스로 품질을 감시한다.

처방약의 인터넷 판매는 일반적인 건강관리의 일부분이 되었다. 그러나 처방약은 대부분 훈련된 전문가의 감독하에 사용되지만, 여전히 비밀스러운 시장이 존재한다. 이 시장은 규제되지 않거나 가짜약품이 유통될 가능성 때문에 우려를 불러일으킨다. 품질 보장, 가성비, 접근성 등의 약속은 종종 깨지며 사기피해를 입히기도 한다. 예를 들어, 2000년대 초반 Viagra와 같은 발기부전 치료제의 국제 무역이 급증했다(Satchwell, 2004: 44; Humble, 2005). 그럴듯하게 보이는 약품광고는 일반적으로 상업주소와 다른 신뢰할 수 있는 사업 자격증명을 제공하며, 종종 약품이 국경을 넘어 합법적으로 운송된다. 비슷한 시장에서는 스테로이드와 체중감량 약품 등 신체강화 약품도 거래된다(Satchwell, 2004: 44). 인터넷을 통한 가짜약품의 판매는 이미 급성장하는 시장을 전 세계적으로 확산시키기 때문에 약품규제 기관들에게 우려를 불러일으킨다(Satchwell, 2004). 세계보건기구(WHO)는 전 세계 의약품의 약 8~10%가 가짜라고 추정하고 있다. 특히, 나이지리아에서 판매된 약품 중 60% 이상이 가짜로 발견되었다는 보고가 있으며, 일부는 인터넷을 통해 판매되었다. 이러한 예는 제조의 품질과 합법성을 검증하고 구매를 승인하기 위한 국제적 규제의 필요성을 제기한다(WHO, 2004). 인터넷 약품판매에 대한 두 가지 주요 우려사항은 대량 판매와 개인에 대한 규제이다. 이 두 가지는 통제하기가 훨씬 어렵다. 20년이 지난 현재도 이러한 우려 사항을 통제하는 것은 어려움을 겪고 있다: '2021년 Global Alliance for Safe Online Pharmacies의 조사에 따르면, 온라인 약국의 95%가 불법적으로 운영되고 있다' (Dumais, 2022). COVID-19 팬데믹 이후 온라인 약국에 대한 수요가 증가하면서 이 문제는 특히 심각해졌다.

약품판매와 함께, 대체 의학과 뱀기름 약제 시장도 활발하다. 이들은 구매자나 피해자에게 제품이나 서비스가 신뢰할 수 있다고 설득하려고 한다. 하지만 이러한 뱀기름 사기는 개인의 불안감이나 건강 문제를 이용하여 피해자를 속이다. 사람들은 장수와 젊음을 추구하는 것이 당연하고, 고전문학은 젊음을 회복하고 불사의 상태를 이루려는 이야기를 가득 담고 있다. 이러한 이야기들은 메소포타미아의 고대 길가메시 서사시까지 거슬러 올라간다(Sandars, 1972: 97). 기적의 치료제는 중세 영국의 장터에서 인기를 끌었으며, 19세기에는 미국의 약장사 쇼의 기초가 되었다(Anderson, 2000). 따라서 인터넷이 21세기 가상의 의약품 쇼가 되어, 여전히 개인의 불안감을 자극하고 기적의 치료제와 뱀기름을 글로벌 차원에서 판매하는 것이 놀라운 일은 아니다. 이메일 받은 편지함에서 자주 발견되는 것은 활력, 젊음, 건강, 장수를 유지하고 강화하는 제안, 기적의 다이어트와 물약, 체지방을 줄이는 바디강화 로션이나 수술, 가슴이나 성기를 확대하거나 근육을 조각하는 로션과 크림 등이 있다. 도덕적으로 가장 낮은 수준에서는 암과 기타 심각한 질병을 치료할 수 있다는 대담한 주장을 하는 예도 있다.

암호화폐 사기

암호화폐는 사기와 갈취에서 일반적인 교환 매체로 사용되는 것 외에도, 자체적으로 사기꾼들의 인기 대상이 되고 있다(해커들도 마찬가지다). 암호화폐는 은행계좌 대신 디지털 지갑에 저장되며, 블록체인으로 검증 및 인증을 받기 때문에 사기꾼들이 자주 노리는 대상이 된다. 사기꾼들은 비교적 잘 알려진 방법을 사용하여 사용자들을 속이고, 그 중 암호화폐 투자계획은 가장 빈번한 암호화폐 사기 중 하나이다. 사기꾼들은 투자전문가를 자처하며 잠재적인 투자자들에게 접근한다. 이들은 투자자들이 특히 비트코인과 같은 암호화폐의 가치상승에 대해 이미 알고 있다고 가정하며, 이러한 호기심과 탐욕을 자극해 결국 사기의 취약성을 노린다. 가짜투자자처럼 가장한 사기꾼들은 선불 수수료와 개인정보를 요구하며, 이는 사기꾼이 피해자의 계좌에 접근할 수 있게 만든다. 사기꾼들은 또한 유명인사의 가짜 지지를 이용해 그 유명인이 투자로 큰 수익을 얻었다는 인상을 주기도 한다(Osborne, 2020; Hetler, 2022). 이들은 투자자들에게 자신의 성공을 과시하며, 동시에 그들을 투자하도록 압박한다.

가짜 '초기 코인 공개(ICO)'는 인기 있는 사기범죄이다. 이 사기범죄의 기초는 암호화폐를 시작하기 위한 선불투자를 모으려는 노력이다. 2017년에 암호화폐에 대한 많은 미디어 홍보로 인해, 2018년에는 약 1,000개의 ICO가 실패하여 약 1억 달러를 잃었다. Kshetri는 많은 ICO가 원본 아이디어가 없으며, 15% 이상이 다른 암호화폐 프로젝트에서 복사되었다고 관찰한다(Kshetri, 2019). OneCoin은 아마도 가장 유명한 사례일 것이다(상자 7.1 참조). OneCoin은 '비트코인 킬러'를 주장하며 2014년부터 2016년까지 전 세계적으로 수십억 달러를 투자받았지만, OneCoin은 실제로 존재하지 않았으며, 블록체인이 없었고 의도적으로 투자자들로부터 돈을 훔치기 위해 설계되었다. 투자자들은 약 38억 달러를 잃었고, 사기꾼들은 25억 달러의 이익을 얻었다. 이 사기는 결국 폭로되었고, 주최자였던 Dr Ruja Ignatova, 자칭 'CryptoQueen'은 사라졌으며, 돈도 함께 사라졌다(BBC, 2019).

다른 투자사기들은 법정화폐에서 직접 수입된다. 차익 거래자들은 암호화폐 거래소 간의 가격 차이를 아는 전문가로서 투자자들을 감동시켰다(Kshetri, 2019). CryptoCallz는 텔레그램에서 암호화폐 가격을 '급등'시킨다고 주장하는 채팅방이었다(Mac, 2018). CryptoCallz는 텔레그램에서 이러한 투기적 투자 그룹 중 하나이다. 그들은 '펌프 앤 덤프'가 증권 산업에서는 '사기'로 간주되지만, 암호화폐 분야에서는 아직 규제가 도입되지 않았다고 주장한다(Mac, 2018). 암호화폐 투자사기의 핵심은 빠른 수익에 대한 탐욕과 신뢰할 수 있는 관리자나 은행시스템 등의 부재이다.

암호화폐와 소셜미디어 플랫폼이 결합되면서 '거래 봇'의 표적이 되었다. 이 거래 봇들은 큰 수익을 약속하지만, 실제로는 가벼운 형태의 폰지사기인 경우가 많다(위의 '온라인 피라미드 판매 사기' 참조). Global Trading bot은 '다른 수준의 정교함'과 차별화된 판매 포인트를 제공하며, 미국에서 비트코인을 구매해 한국 거래소에서 거래하는 방식으로 차익을 이용했다(Mac, 2018). 투자자들은 암호화폐를 지갑으로 보내면 1~3개월 후에 돈을 인출할 수 있다고 들었다. 텔레그램 기반의 '봇'은 투자 진행 상황을 4시간마다 알려주며, 가족 및 친구와 공유할 수 있는 링크도 제공한다(Mac, 2018).

가상절도 (디지털 절도) 및 사이버 해적행위

가상절도는 온라인에서 구상, 제작 및 제공된 가상 가치 있는 객체를 불법적으로 취득하는 행위이다. 가상절도는 온라인에서 발생하며, 범죄 또한 온라인에 머무른다. 이 의미에서 가상절도는 사이버 의존 범죄이며, '가상절도'라는 용어는 부적절할 수 있다. 왜냐하면 '절도'는 법적으로 객체의 사용을 영구적으로 박탈하는 것을 의미하기 때문이다. 이는 디지털 가공물이 원본이 없어 '소유'할 수 없는 것과는 대조적이다(Baudrillard, 1994). 그러나 가상절도는 물리적 객체처럼 객체의 가치와 소유의 독점성을 희석시킬 수 있으며, 따라서 재정적 및 감정적 결과를 초래할 수 있다. 따라서 가상환경에 대한 접근뿐만 아니라 그 안에서 이루어지는 교환 거래의 권리 확인이 중요해졌다. '디지털 절도'가 이

행위를 더 잘 설명할 수 있을지 모르지만, 가상절도는 종종 시스템에 침입하여 디지털 가공물을 '훔치는' 것을 요구하기 때문에, 특히 데이터가 지적재산권 절도와 관련된 경우 (제6장 참조), '가상절도'라는 용어가 구어체로 자리 잡게 되었다. 앞서 언급한 바와 같이, 인터넷 기술은 이전에 물리적 형태로 존재하던 지적 재산을 디지털화하는 데 적합하다. 이러한 네트워크는 지적 재산을 배포할 수 있게 하며, 상표 및 저작권 이미지와 같은 지적 재산은 사이버공간의 부동산이 되었다. 특히 이 IP가 인터넷의 구조와 연결된 경우(예: 도메인 네임 등), 사이버공간은 지적 부동산에 대한 통제의 싸움으로 표식된 가상 지형이 되었다. 이러한 부동산의 가치는 배포에 대한 법적 및 기술적 통제의 강도에 비례하여 증가한다. 그러나 이 통제는 획득하거나 사용하거나 판매할 가치가 있는 대상으로 만들어 더 매력적으로 만든다.

이와 관련하여, 통화 및 지적 재산을 초월하는 '대체 불가능한 토큰(NFTs)'에 대한 관심이 증가하고 있으며, 이는 향후 사기꾼들이 새로운 사냥터로 삼을 가능성을 시사한다. 대체 불가능한 토큰은 소유권을 가지는 개별 디지털자산으로, 복제하거나 대체하거나 분할할 수 없다. 암호화폐와 마찬가지로, 이 자산은 블록체인에 기록되어 그 진위와 소유권을 인증한다.

박스 5.4 도널드 트럼프와 그의 NFT 디지털 트레이딩 카드

2022년 12월, 도널드 트럼프는 다양한 캐릭터로 변신한 자신을 보여주는 99달러짜리 디지털 트레이딩 카드(NFT)를 출시했다. 이 캐릭터들은 슈퍼히어로, 카우보이, 우주비행사 등으로 나타났다(Kaonga, 2023). 이 카드는 그의 추종자들 사이에서 인기를 끌었으며 빠르게 매진되었고, 트럼프는 암호화폐 이더리움으로 약 100만 달러를 벌었다고 한다. 2023년 4월, 트럼프는 두 번째 시리즈의 디지털 트레이딩 카드를 발표했으며, 이 또한 매진되었다. 첫 번째 시리즈의 거래가는 트럼프가 뉴욕에서 기소될 것이라는 추측으로 급등했으나, 체포가 이루어지지 않자 가격이 하락했다. 트럼프는 NFT 프로젝트에 대해 조롱받았지만, 그가 이들을 출시한 결정은 돈이 아닌 예술을 위한 것이라고 방어했다: '이걸 보면서 "와, 이거 꽤 귀엽다. 팔릴 수도 있겠네, 팔릴 수도 있겠네"라고 생각했다. 사람들이 6개월 걸려서 팔릴 거라고 생각했지만, 6시간 만에 팔렸다'(트럼프, Kaonga, 2023 인용).

지식재산권 보유자들과 법이 직면한 추가적인 문제는 인터넷이 정보재의 새로운 형태의 참여적 소비(prosumption)를 촉진한다는 점이다. 소비자들은 제품이나 서비스를 소비하는 과정에서 점점 더 생산 과정에 직접 참여하게 되며, 단순히 자신이 소비하고자 하는 것을 요구할 뿐만 아니라, 그것을 어떻게 소비할 것인지? 까지도 요구하는 경향이 커지고 있다. 이러한 과정은 창조산업이 오랫동안 유지해 온 지식과 아이디어의 생산자와 소비자간의 경계를 흐리게 만든다(Ritzer & Jurgenson, 2010). 예를 들어, 참여적 소비는 사람들이 전체 앨범이 아닌 개별 곡을 구매하기 시작하거나(Stanley, 2013), 노래방을 통해 노래를 직접 부르면서 시작되었다. 그러나 인터넷 기술의 발전으로 인해 일반 소비자들은 음악, 사진, 영화, 글과 같은 창작물에 과거에는 상상할 수 없었던 방식으로 자신만의 창의성을 추가할 수 있게 되었다. 특히, 소비자들은 음악을 단순히 소비하는 것을 넘어 자신의 창의성을 반영하여 직접 재작업할 수도 있으며, 이는 문화산업과 대중간의 오랜 권력관계를 뒤흔드는 결과를 초래한다. 따라서 지식재산을 활용하려는 동기는 단순히 경제적 이익을 얻으려는 것뿐만 아니라, 창작적 이유에서 비롯될 수 있다. 이러한 동기에는 자유주의적(libertarian), 예술적, 도덕적, 심지어 교육적 목표가 포함될 수 있다. 예를 들어, 엘비스 프레슬리의 이미지, 텔레토비 상표권, 오아시스(Oasis)라는 팝 그룹의 저작권, 마빈 게이(Marvin Gaye)의 음원 등 다양한 사례를 보면, 지식재산권 보유자들이 자신의 권리를 보호하는 데 얼마나 큰 중요성을 두는지를 알 수 있다. 비록 본문에서는 이러한 사례를 자세히 다루고 있지는 않지만, 이들 사례는 IPR(지식재산권) 보유자들이 자신의 이익을 위협하는 요소들에 대해 얼마나 심각하게 고려하는지를 보여준다. 또한, 참여적 소비(prosumption) 환경에서 지식재산권 보유자들이 직면하는 딜레마를 잘 드러낸다. 즉, 지식재산의 무단 유통을 제한하여 수익원을 유지해야 하는 필요성과, 동시에 지식재산이 문화적 소비의 일부로 시장에 충분히 유통되어 새로운 시장에 도달할 수 있도록 해야 하는 필요성 사이에서 균형을 맞춰야 하는 어려움이 존재한다(Wall, 2004: 35).

사이버 해적행위

네트워크 기술이 텍스트, 이미지, 음악, 영화 및 TV와 같은 정보(지적) 재산을 정보서비스 형태로 전파, 공유 또는 거래할 수 있는 능력은 인터넷의 중요한 발전 중 하나였다. 이 '지적 재산'은 정보적이고 네트워크화되어 있으며 글로벌화되어 있으며, 그 저자 또는 라이선스 보유자는 이에 대한 소유권 또는 통제권을 가지고 있으며, 콘텐츠에 대한 접근에 대한 대가를 받을 권리를 가지고 있다. 정보자산과 콘텐츠 제공서비스에 대한 접근 수단은 시장 가치를 가지며, 이는 동시에 사이버 해적행위라고 알려진 것에 대한 기회와 동기를 만들어낸다. 사이버 해적행위는 전통적인 해적행위의 mens rea(범죄 의도)와 actus reus(범죄행위)를 따르지만, 인터넷의 글로벌화 및 네트워크 특성은 해적행위에 상상할 수 없었던 새로운 범위와 규모를 제공한다. 사이버 해적행위의 예로는 음악, 영화, 정보서비스, TV, 소프트웨어, 게임 및 가상 디지털 가공물을 제공하는 스트리밍 서비스에 대한 불법 접근과 온라인 사회 공간이 포함된다. 스트리밍은 통신기술의 발전과 다운로드 속도의 대폭 증가, 대역폭의 확장으로 가능해졌다.

정보서비스를 훔치는 가장 일반적인 방법은 도난당한(복제된, 위조된 또는 훔친) 신용카드 정보를 사용하는 것이다. 또는 정보서비스는 도난당한 또는 빌린 자격증명을 사용하여 계정을 탈취하여 접근할 수 있다. 기술이 허용하는 경우에는 합법적인 구독을 통해 접근 세부정보를 공유할 수 있다. 다양한 스트리밍 미디어 제공업체는 특정 계정에서 로그인 수를 제한하는 경우가 많다. 그러나 불법 접근을 얻는 주요 방법은 브로커를 통해 서비스에 불법적으로 접근하는 것으로, 일반적으로 수수료를 받고 제공된다. 이 수수료는 합법적인 제공업체에서 청구하는 요금보다 낮다.

사이버 해적행위 논쟁의 핵심은 지적재산과 인터넷의 도덕성에 관한 더 넓은 논쟁이다. 즉, 디지털 지적재산에 대한 합법적인 통제권을 가진 사람들이 자신의 이익을 위해 법적으로 그리고 실질적으로 그 통제를 유지할 수 있는 능력에 대한 문제이다. 문제는 디지털 재산이 코드로 저장되며 파일이 실행될 때마다 원본 형태로 생성된다는 독특한 특성으로 인해 사용을 감시하는 문제이다. 앞서 언급했듯이, 종종 원본이 없으며 디지털 복제본은 동일하여 유통을 통제하는 데 새로운 문제가 발생한다. 이는 아날로그 기술로 복제된 물리적 지적 재산과는 매우 다르다. 물리적 재산은 복사본의 세대가 증가함에 따라 품질이 저하된다. 이러한 특성은 원본 디지털 가공물의 가치를 강조하지만 비공식적인 감시 메커니즘도 설치한다. 적절한 통제가 없으면 디지털 재산의 가치는 빠르게 손실될 수 있으며, 통제 권리도 힘을 잃을 것이다. 결과적으로, 인터넷의 성장과 함께 상표, 저작권 및 특허에 관한 지적 재산법의 수와 복잡성도 증가했다(예: 미국의 개인정보보호 및 공개법 변경 논쟁; Madow, 1993; Boyle, 1996).

이 법률의 증가와 일부 IP 주장에 대한 논란(예: IP가 일반화되었거나 공동 창작된 경우)은 해적행위에 대한 논쟁을 심화시켰다. 사이버공간과 더 제한적인 지적 재산 법률의 교차점은 특히 Baudrillard가 경제활동이 문화적 가치와 규범의 결과가 되었다고 관찰한 시점에서 강력한 조합이 되었다(Baudrillard, 1988, 1998). 따라서 법적 논쟁의 대부분은 IP의 경제적 측면에 초점을 맞추고 있지만, 종종 이를 정당화하기 위해 문화적 측면을 사용한다. 중요한 것은, 생산적인 아이디어가 이제 비싼 기계 제조 과정 없이 구현될 수 있으므로 이러한 아이디어의 금전적 가치가 더욱 강화된다는 점이다.

지적재산 해적행위는 원본을 복제하여 원본으로 위장하는 오랜 관행을 따른다. 상표는 제품이 진품이며 품질 있는 제조업체에 의해 생산되었음을 구매자에게 알리기 위해 도입되었다(Sherman and Bently, 1999). 대량소비시대에 상표 자체가 명성과 가치를 획득하게 되었으며, 이는 제공되는 상품이나 서비스의 품질과는 독립적이다. 상표가 붙은 상품의 경우, 인터넷은 자연스러운 시장이 되었으며, 특히 전자상거래, 디지털 마켓 플레이스 및 인터넷 경매 사이트의 인기가 증가하면서 더욱 그러하다. 이러한 시장 사이트는 Rolex 시계, 디자이너 의류 및 액세서리와 같은 위조된 상표 하드 굿을 판매하는 데에도 사용될 수 있으며, 위조 브랜드 소프트상품이 복제되고 포장되어 다운로드 가능한 형태로 제공되기도 한다.

인터넷으로 인해 최초로 실질적인 IP 저작권 문제는 MP3(see David, 2010) 및 MP4 포맷을 통한 음악 및 영화의 불법다운로드에서 발생했다. 이 변화에 대한 산업의 반발은 영국의 FACT(Federation Against Copyright Theft)와 MIA(Music Industry Association), 미국의 RIAA(Recording Industry Association of America) 및 MPAA(Motion Picture Association of America)와 같은 대규모 산업 조직에 의해 주도되었다. 이들

의 격렬한 안티 해적행위 프로젝트는 사용자들에게 불법 MP3 및 MP4 파일 다운로드를 저지하도록 했으며, FACT의 2007년 'Knock-off Nigel' TV 캠페인과 같은 캠페인도 포함되어 있다. 이러한 캠페인의 결과 중 하나는 다운로드하는 사람을 식별하고 사용에 대해 청구서를 발송하는 것이었다. 이는 대중에게 문제가 있음을 알리고 잘못된 행위임을 경고했지만, 동시에 IP 권리를 감시하는 변호사들 중 일부를 타락시키기도 했다. 오늘날 기술발전으로 인해 엔터테인먼트 스트리밍은 큰 사업이 되었으며, 스트리밍 서비스가 콘텐츠를 유통할 권리를 가지게 되면서, 초점은 개별 IP 항목(노래, 앨범, 영화)에서 서비스 자체로 이동했다.

박스 5.5 추정 송장을 통한 다운로드 단속

사이버 해적행위 및 사이버범죄 논쟁에서 2010년대에 흥미로운 전환점이 발생했다. 창작 산업을 대리하는 일부 변호사들이 불법다운로드 행위자를 식별하고 기소하는 과정에서 부패하게 된 사건이다. 일반적으로 변호사(변호사)는 고객(지적재산권 보유자)으로부터 지시를 받고 법원에 신청하여 인터넷 서비스 제공업체로부터 지적재산권 침해자 목록을 확보한다. 그런 다음, 침해자에게 '훔친' 서비스에 대한 비용을 청구하는 송장을 발송한다. 송장에서 회수된 금액은 변호사 수수료를 제외하고 지적재산권 보유자에게 전달된다. 만약 침해자가 지불을 거부하면, 사건은 법원에 제소되며, 법원은 대개 지적재산권 보유자에게 유리한 판결을 내린다. 그러나 일부 변호사들은 지적재산권 보유자로부터 업무지시를 받기 전에 법원에 신청하여 침해자 목록을 받고, 대량의 '추정 송장'을 발송하며, 지불하지 않을 경우 법적 조치를 취하겠다는 협박을 했다. 그 후, 지적재산권 보유자에게 정보를 제공하고 수익의 일부를 전송했다.

'추정 송장' 관행은 음악 지적재산권 보유자들에게 많은 부정적인 홍보를 초래하여, 이들은 이 관행을 포기하게 되었다. 변호사들은 초점을 바꾸어 성인 오락 산업으로 이동하여 포르노 영화 다운로드자들을 상대로 같은 방식으로 공격했다. 추정 송장에 대한 반발은 결국 범죄 변호사들에 대한 여러 사건으로 이어졌다. 미국과 캐나다에서는 Canipre(캐나다 지적재산권 집행), Prenda Law, Malibu 등과 같은 사례가 있었으며, 영국에서는 ACS Law 사건이 잘 알려져 있다(Wall, 2015a 참조). ACS Law는 주장된 침해자들을 괴롭혔을 뿐만 아니라, 자신을 보호하기 위해 비판자들에 대해 괴롭히는 전술을 사용했다(Masnick, 2010a, 2010b). 추정 송장 모델은 대부분 거짓에 기반을 두었을 뿐만 아니라, ACS Law와 같은 사례에서는 송장에 명시된 손실 매출에 대한 피해를 정당화할 만한 결정적인 증거가 거의 제공되지 않았다. 또한 소송을 아웃소싱하고 관련 변호사들에게 비정상적인 유인책을 제공하여 부패를 초래했다. '추정 송장'은 법조계의 윤리 강령에 명백히 위배될 뿐만 아니라, 빠르게 '저작권 테러'와 괴롭힘, 심지어 강요의 형태로 변질되어, 저작권 침해를 규제하려는 본래의 목표에서 멀어지게 했다(Wall, 2015a). 이 관행은 지적재산권의 '수호자'들을 부패시켰다.

오늘날 대부분의 반 해적 캠페인은 불법서비스를 제공하는 브로커들, 특히 음악과 영화 스트리밍 서비스에 대한 업로더를 대상으로 하고 있다. 그러나 일부 안티 해적 캠페인은 다운로드 사용자도 겨냥하고 있다. 예를 들어, 웨스트 머시아(West Mercia)

경찰은 스포츠 채널을 불법적으로 가정에서 스트리밍한 1,000명을 대상으로 했다(ITV, 2023). Hern은 스트리밍이 해적행위를 막기 위해 고안되었음에도 불구하고, 오늘날 해적행위가 더 쉬워졌다고 주장한다: "지불할 것이 있다면, 그것을 공짜로 얻으려는 사람들이 항상 존재할 것이다"(FACT in Hern, 2021). 음악 스트리밍 서비스인 Spotify는 '즉각적인 접근과 해적행위보다 나은 사용자 경험'을 제공한다고 주장하며, 음악 스트리밍은 2003년 이후로 가장 높은 음악 수익의 큰 부분을 차지하고 있다(Hern, 2021). 문제는 서비스가 소비 트렌드에 맞게 최신 상태를 유지하는 것이다. Hern은 "몇 년 만에 스트리밍 피로가 발생했다"며, 너무 많은 서비스가 각각의 독점성을 개발하고 있지만 모든 서비스에 접근할 시간이 부족하다고 지적했다(Hern, 2021). 해적행위는 지적재산권 보유자들에게 지속적인 문제로 남을 것이다.

결론

이 장에서는 사이버범죄자들이 컴퓨터를 사용하여 얼마나 창의적이고 반응적이며 적응력이 뛰어난지, 그리고 이러한 범죄가 합법적인 사업 기회와 얼마나 밀접하게 연결되어 있는지를 보여주었다. 가상은행강도, 가상스팅, 가상사기 및 가상절도와 같은 영역이 기술발전에 발맞추어 빠르게 진화하고 있으며, 이러한 진화는 법집행기관에 새로운 도전을 생성하고 있다. 예를 들어, 영국의 법은 기계가 속을 수 없으며 오직 기계를 사용하는 사람들만 속일 수 있다고 이해하고 있다; 데이터는 훔칠 수 없으며; 사기와 기만은 아직 구체적인 범죄로 확립되지 않았고; 영업비밀의 절도는 여전히 범죄가 아니라 정보가 얻어진 방법만이 범죄이다. 그러나 법이 전 세계적인 문제에 가장 효과적인 지역적 해결책일까? MP3 및 MP4 파일 공유의 예는 개인과 기업의 이해관계가 공공의 이익과 경쟁하며 범죄 의제를 장악하는 상황을 생생하게 보여준다.

이 장의 대부분은 경제적 또는 정보적 이득을 추구하는 사기행위에 초점을 맞추었다. 이 프로필은 네트워크 기술이 가정, 업무, 여가와 같은 다양한 분야에서 더 큰 융합을 이루면서 새로운 범죄기회가 창출됨에 따라 점차 넓어질 것이다. 중요하게도, 이러한 새로운 융합의 세계는 정보중개에 의해 점점 더 특징 지어질 것이며, '정보자본'의 가치는 점점 더 높아질 것이다. 결과적으로 정보 절도의 범위와 폭이 더 확대될 것으로 예상된다. 따라서 기계를 이용한 사이버범죄에 대한 향후 논의는 정보보호와 관련된 권리, 그리고 정보와 평판이 타협된 이후의 복구에 더욱 집중될 것이다.

이 장을 기반으로 한 몇 가지 토론 질문

입력사기는 얼마나 위험하며 출력사기와 동일하게 취급되어야 할까?

가상강도, 가상스팅, 가상사기는 사이버범죄로 분류해야 하나요, 아니면 일반 사기범죄로 분류해야 하는가?

가상 자산(예: 디지털 아트 또는 NFT)의 절도는 절도로 다루어야 할까, 아니면 기타 범죄로 분류해야 하는가?

추가 참고도서 다양한 발전 중에서도 AI가 범죄자와 잠재적 피해자를 연결하는 새로운 방법을 개발하는 데 사용되면서 기계 이용 사이버범죄의 양은 빠르게 증가하고 있다. 이 주제를 더 깊이 연구하고자 하는 학생들과 연구자들은 다음의 다양한 관점을 제시하는 자료들을 참고하는 것이 좋다: Button and Cross, 2017; Button et al., 2022; Levi et al., 2017; Hanoch and Wood, 2021.

6 기계안에서의 사이버범죄 (컴퓨터 콘텐츠 범죄): 극단적인 포르노그래피, 증오 및 폭력적 발언

정보화시대 기계안의 범죄는 어떻게 변화했을까?

주요내용 및 핵심포인트

음란하거나 부도덕한 불법콘텐츠

- 온라인에서 성적으로 노골적이고 음란한 자료
- 극단적 포르노
- 아동 성적 이미지 및 인터넷

온라인에서 폭력적, 증오적 또는 유해한 불법콘텐츠

- 테러 자료
- 폭력적인 이미지/살인 동영상 증오/호기심 시청
- 인종차별과 급진적 정치를 포함한 증오발언
- 웹사이트를 사용하여 유해 행위 조직에 사용되는 정보를 배포하기
- 마약 및 무기제조에 대한 정보유통

위법행위의 원인이 되는 콘텐츠

- 온라인에서 잘못된 정보 및 오해의 소지가 있는 정보유포
- 불쾌한 커뮤니케이션: 이메일, 채팅방 및 블로그
- 채팅방 및 토론 그룹 커뮤니케이션(스토킹 및 그루밍)
- 블로그 및 블로그 사이트
- 사이버 괴롭힘

사이버범죄의 초점이 되는 콘텐츠(데이터, 컴퓨터 콘텐츠 및 지적 재산 도용)콘텐츠(단어와 이미지)가 실제로 생각을 행동으로 전환하여 피해를 입힐 수 있을까요?

개요 *이 장은 '기계 안의 범죄' 또는 콘텐츠 범죄에 대해 탐구한다. 이러한 범죄는 일반적으로 컴퓨터나 디바이스에 저장된 정보 자료나 데이터와 관련이 있으며, 이는 소지하는 것 자체가 불법이거나, 범죄행위의 증거를 구성하거나, 그 내용이 사이버범죄의 초점이 된다. 이 장의 구성은 '기계 안의 사이버범죄'의 이러한 측면들을 다루고 있다.*

서론

인터넷 콘텐츠는 사회적, 문화적, 교육적, 정치적으로 유익할 수 있지만, 콘텐츠와 사용의 맥락이 잘못되거나 악의적으로 설계되면 결과가 매우 다르며 심지어 해로울 수 있다(Rauterberg, 2004: 51). 이러한 관찰은 놀라운 일이 아니며 오랫동안 가정해 왔던 것을 확인해주는 것이지만, 어떤 콘텐츠가 왜 해로운지에 대한 질문은 여전히 남아있다. 현재 정보화된 컴퓨터 콘텐츠가 단어와 이미지로 사람들에게 해를 끼칠 수 있는 세 가지 주요 우려 사항이 있다. 첫 번째 섹션에서는 극단적인 성적 이미지, 특히 아동 이미지와 같은 컴퓨터에 저장된 외설적이거나 부도덕한 자료의 문제를 다룬다. 두 번째 섹션에서는 테러 자료, 증오발언, 인종차별적 발언, 폭력 이미지 및 기타 금지된 콘텐츠를 포함하여 폭력적이거나 증오적이거나 해로운 온라인 불법콘텐츠를 다룬다. 세 번째 섹션에서는 사이버 괴롭힘, 폭력적이거나 해로운 콘텐츠, 공격적인 커뮤니케이션, 아동 유인 증거와 같은 잘못된 행위에 기여하고 해를 끼칠 수 있지만 그 해악의 증거도 될 수 있는 자료의 보유를 살펴본다. 네 번째 섹션에서는 데이터절도 같은 사이버범죄의 초점이 되는 콘텐츠와 지적재산권과 관련된 데이터가 무엇을 의미하는지에 대해 탐구한다. 마지막 다섯 번째 섹션에서는 해로운 콘텐츠가 행위(사회적 행동)에 미치는 영향을 논의하고, 해로운 생각과 해로운 행동, 단어와 행위, 공격적인 콘텐츠와 표현의 자유 사이의 경계와 긴장을 탐구한다.

음란하거나 부도덕한 불법콘텐츠

이 챕터의 첫 번째 부분에서는 소지하는 것이 도덕적으로나 법적으로 금지된 자료를 다룬다. 여기에는 온라인 성적 자료, 테러 관련 자료, 폭력적인 이미지가 포함된다.

강력한 경고 메시지 포르노그래피와 기타 콘텐츠 범죄는 흥미로운 주제이자 지적 연구의 정당한 주제가 될 수 있지만, 정보를 찾는 데 있어 윤리적으로 인터넷을 검색하는 것이 중요하다. 검색 엔진에는 원치 않는 이미지를 포함할 수 있으며, 특히 '신경이 예민한' 성향을 가진 경우에는 이후에 다시 보지 못할 수도 있다는 점에 유의해야 한다. 또한, 당신의 연구 계획에 대해 가족이나 기관이 알고 있도록 하며, 단어와 토론에 집중하고 이미지와는 거리를 두는 것이 좋다. 일부 이미지를 보고 콘텐츠를 보는 것은 당신이 다운로드하지 않았더라도 귀하의 국가에서 불법일 수 있다는 점을 기억해야 한다.

온라인에서 성적으로 노골적이고 음란한 자료

성적으로 노골적인 자료의 판매와 거래는 일반적으로 포르노그래피로 알려져 있으며, 도덕적으로 논란이 많은 문제로 여겨져 왔으며, 많은 법의 주제가 되어왔다. 사진이 디지털화되거나 디지털 카메라로 촬영된 후, 인터넷을 통해 전 세계적으로 배포될 때, 이러한 자료의 판매와 거래는 더욱 논란의 여지가 커진다. 특히 이러한 자료가 판매되고 '상품화'될 때 더욱 그러하다. 소설가 어빙 웰시의 소설 'Trainspotting'에서 반영웅 캐릭터인 '아픈 소년(Sick Boy)'은 소비 사회와 포르노그래피 간의 관계를 간결하게 설명한다. 그는 사회가 포르노그래피를 필요로 한다고 주장한다.

> 우리는 소비자이기 때문이다. 우리가 좋아하는 것들이고, 본질적으로 우리가 느끼거나 가치, 해방감, 만족을 줄 것이라고 속아 믿게 된 것들이죠. 우리는 그것들을 소중히 여기기 때문에, 적어도 그것들이 이용 가능하다는 환상을 가져야 한다. [포르노그래피]를 코카콜라, 과자, 고속 보트, 자동차, 집, 컴퓨터, 디자이너 브랜드, 모조 반바지로 대체해 보세요. 이것이 광고와 포르노그래피가 유사한 이유이다; 두 가지 모두 이용 가능성의 환상과 소비의 무결과성을 판매한다(웰시, 2002: 450).

Sick boy의 마지막 포인트인 '이용 가능성의 환상과 소비의 무결과성'은 포르노그래피를 유통하고 소비하는 매체로서 인터넷의 매력을 설명하는 데 중요한 역할을 한다. 포르노그래피와 기술발전은 1990년대 초반부터 인터넷과 관련된 호기심을 자극하면서도 모순된 장기적인 관계를 가져왔다(Johnson, 1996: 217). 1990년대 중반에 일반적으로 믿어졌던 것은 포르노그래피 자료에 제약 없이 접근할 수 있다는 것이었고, 이것이 많은 사람들을 인터넷으로 끌어들였다. 관심은 제니퍼 링리의 JenniCAM.com과 같은 관음적인 소프트코어 캠걸 사이트의 등장에 의해 더욱 고조되었다. 캠걸 사이트는 당시 인터넷의 독특한 능력 덕분에 가능해졌다. 이는 텍스트와 시각 매체를 실제 시간과 선택된 시간에 상대적으로 낮은 비용으로 융합할 수 있는 능력이었다. 캠걸 사이트는 여성들이 자신의 방식으로 자신을 표현할 수 있도록 하는 자기표현 정치의 변화를 나타내며(Turner, 2004: 64), 이는 여성들이 인터넷에서 일정한 지분을 가지게 하여 시장을 더욱 확장하게 했다. Jimroglou(1999)는 JenniCAM을 사이보그 주체로 묘사하며, 다른 캠걸 사이트들과 함께 '단순한 육체 그 이상'을 드러내고, 시각, 성별, 정체성에 대한 인식론적 개념과 관련된 문화적 긴장을 드러낸다고 설명한다(Jimroglou, 1999). JenniCAM이 생애 주기 동안 초기 가치를 유지했을 수 있지만, 많은 다른 캠걸 사이트는 빠르게 성장하는 온라인 하드코어 포르노산업에 흡수되었다. 이 산업은 '사이버 포주'(cyber-pimps)라 불리는 재정지원자들이 웹페이지에 자금을 지원하고 캠걸 네트워크 및 성 포털에 연결하며 검색엔진 순위에서 높은 위치를 유지함으로써 형성되었다. 1999년까지 '포르노그래피'라는 단어는 인터넷 검색엔진의 주요 타겟이었으며, 거의 10년 동안 이 자리를 유지하다가 'MP3'에 의해 대체되었다(Carey and Wall, 2001: 35). 2005년에는 두 검색어 모두 '패리스 힐튼'이라는 검색어에 의해 초월되었다(Wordtracker, 2005).

온라인에서 성적으로 노골적인 자료에 대한 높은 수요와 그로 인해 발생한 비즈니스는 이를 제공하는 기술의 발전을 촉진했다. 인터넷의 형성기 동안 가상 성매매는 신속하게 전자 성 정보서비스(이미지, 이야기 등)로 발전했으며, 이는 논란의 여지가 있지만 가상거래를 개척했을 뿐만 아니라 인터넷의 상업적 잠재력을 기업과 범죄 공동체에 입증했다. 그리고 콘텐츠로 인해 취약한 사회 구성원들이 타락할 수 있다는 두려움과 범죄자들이 성적으로 노골적이거나 포르노그래픽 자료에 대한 무제한 접근을 유도할 것이라는 생각이 처음으로 인터넷에 대한 공공의 우려를 촉발했다. 이러한 우려는 소셜미디어가 인기를 끌면서도 지속되고 있다. 이러한 두려움에 대한 논의는 후에 다루어질 것이다.

오늘날 '포르노' 산업은 상업화되고 전문화되어 엄청난 규모로 성장하여 소비 수준을 수치화하기가 불가능해졌다. 그러나 소비자 사용의 한 가지 지표는 2020년 3월 COVID-19 팬데믹 동안의 봉쇄 조치 이후 '포르노' 사이트인

Pornhub에 대한 접근의 급증을 보여주는 그림 6.1에서 확인할 수 있다.

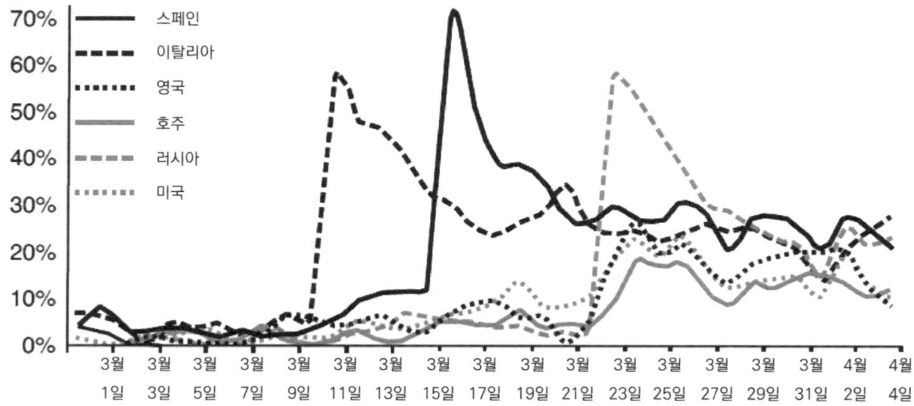

그림 6.1 2020년 3월 COVID-19 팬데믹 봉쇄 이후 Pornhub에 대한 사용자 접근 증가 비율.
출처: Wall (2021).

이 급증은 봉쇄가 신속하게 시행된 곳에서 특히 두드러지며, 이는 인터넷 사용 행동의 전반적인 변화도 나타낸다. 이러한 변화에는 평소보다 위험한 활동에 대한 욕구가 포함될 수 있다. 이러한 행동 변화는 이 책의 다른 장과도 관련이 있다. 왜냐하면 이러한 변화로 인해 보안이 취약한 개인 컴퓨터가 다양한 유형의 멀웨어에 감염될 수 있는 위험에 노출되기 때문이다. 또한, 재택근무에 사용되는 컴퓨터가 공격 피해를 늘릴 수 있다(Wall, 2021). Pornhub 자체는 고객을 보호하기 위해 사이버보안을 유지하는 것으로 보이며, 공유되는 자료가 합법적이고 묘사된 행위가 모두 동의에 기반한 것임을 보장하기 위해 노력한다. 그러나 Pornhub 보다 보안이 취약한 사이트도 많이 존재한다.

성적으로 노골적인 자료가 관객을 자극할 수 있지만, 내용이 성인과 관련될 경우 많은 국가에서 반드시 불법은 아니라는 점을 강조하는 것이 중요하다. 그러나 사이버 포르노그래피/외설 논쟁과 온라인에서 외설 자료를 식별하는 문제는 문화와 관할권에 따라 다른 도덕적 및 법적 이슈의 복잡한 얽힘으로 인해 더욱 복잡해졌다. 그럼에도 불구하고 인터넷은 글로벌 현상이다.

온라인에서 외설 자료를 식별하는 데는 두 가지 근본적인 문제가 있다. 첫 번째는 인권과 관련이 있으며, 개인의 표현의 자유와 국가가 자신의 문화와 가치를 보호할 권리 사이의 경계를 어디에 두어야 하는가에 대한 문제이다. 이를 위해 유럽인권협약(유럽평의회) 제10조(1)항은 유엔 세계인권선언 제19조를 반영하며 EU 시민에게 '의견을 갖고 공공기관의 간섭 없이 국경에 관계없이 정보와 아이디어를 수신하고 전달할 자유'를 부여한다. 그러나 제10조(2항)는 이러한 자유, 의무 및 책임의 감독과 규제가 법에 의해 규정되어야 하며, '민주사회에서 필요하다'고 명확히 설명한다. 이는 국가의 안전, 영토의 보전 또는 공공안전, 질서 또는 범죄예방, 건강 또는 도덕보호, 타인의 명예나 권리 보호를 위한 것이다(R. v. Handyside v. United Kingdom, 1976; Paris Adult Theater I v. Slaton, 1973 참조 - 국가는 사회의 도덕을 보호해야 한다고 명시됨).

두 번째 문제는 인터넷이라는 글로벌 매체에서 외설과 타락을 정립하기 위해 어떤 기준을 적용해야 할지 결정할 때의 상당한 법적 및 도덕적 차이를 어떻게 조정할 것인가에 관한 것이다(Chatterjee, 2001: 78 참조). 예를 들어, 영국에서는 개인들이 매일 소비하는 노골적인 이미지가 다른 문화에서는 외설적으로 간주될 수 있다. 영국 TV에서는 오후 9시 이후에 허용되는 성적 이미지가 보다 관대한 국가에서는 낮 시간대에도 방송될 수 있지만, 다른 국가에서는 전혀 방영되지 않을 수 있다. 정의하는 기준을 명확히 하기 위해 유럽연합 집행위원회의 녹서 (Green Paper)및 시청각 및 정보서비스에서 미성년자 및 인간 존엄성 보호에 관한 행동 계획(European Commission, 1996)은 성적(포르노그래픽) 내용을 포함하는 합법적인 웹사이트에 아동이 접근할 수 있는 상황과 불법적인 외설 행위를 묘사한 자료가 포함된 사이트 간의 중요한 구분을 만들었다(European Commission, 1997a). 법적 구분의 유용성은 자율규제가 중단되고 국가개입이 시작되는 지점을 식별하는 데 있다. 특히 도덕적 및 정치적 의제가 여론을 주도하는 경우에 해당한다. 그러나 웹사이트의 내용이 반드시 불법은 아닐 수 있지만, 여전히 아동의 발달에 해롭다고 판단될 수 있다는 광범위한 관점으로 인해 복잡해진다(European Commission, 1996: ch. 1).

World Wide Web에서 외설 자료 규제에 대한 논쟁의 감정적으로 충전된 성격은 여러 방향으로 발전했다. 인터넷 초기에는 Rimm의 카네기 멜론 조사(1995)에 의하면, 포르노그래피 소비가 전체 인터넷 트래픽의 절반을 차지한다고 주장했다. Rimm은 '2,000개 도시, 40개 국가, 주 및 지역에서 소비자들이 8.5백만 번 다운로드한 917,410개의 이미지, 설명, 단편 이야기 및 애니메이션'을 식별했다고 주장했다(Rimm, 1995: 1849). 이 영향력있는 조사에 대한 대중의 반응은 1990년대 중반 인터넷 사용에 대한 도덕적 공황을 촉발했으며, 이는 조사방법론의 불일치가 드러난 후에도 계속되었다. Rimm의 방법론은 실제로 매우 결함이 있었으며, 그는 데이터 수집을 뉴스그룹과 게시판에 집중함으로써 성적 자료에 대한 인터넷 트래픽 수준을 크게 과대평가했다. 사실, 모든 형태의 인터넷 트래픽을 고려했을 때 전체 비율은 1% 미만으로 나타났으며, 이는 Rimm이 주장한 83.5%와는 대조적이다(Wallace and Mangan, 1996). 이러한 모순에도 불구하고 Rimm의 조사 결과는 초기 인터넷 규제에 대한 논쟁에 지속적인 영향을 미쳤으며, 미국에서 1996년 통신품위법(47 USC s. 223)의 통과를 위한 정서적 분위기를 설정하는 데 중요한 역할을 했다. 이 법은 나중에 일부가 배척되었다(ACLU et al. v. Reno (1997); Heins, 2001b). Rimm의 결과는 포르노그래피가 여성을 타락시키고 사회의 도덕적 구조에 대한 공격이라고 주장하는 안티-포르노그래피 로비에 강력한 경험적 지지를 제공하는 것으로 보였다(MacKinnon, 1993). 한동안 이러한 결과는 성적 자료의 가용성이 성범죄를 줄일 것이라고 주장하는 프로-포르노그래피 로비(다이아몬드와 우치야마, 1999: 1, 18)를 가렸고, 포르노그래퍼의 표현의 자유를 방어하는 시민 자유론자들, 그리고 자유 시장의 수요가 사건의 전개를 결정해야 한다고 믿는 자유방임주의자들의 주장도 가렸다. 비록 도덕적 공황은 이후 진정되었지만 여전히 배경에 남아 있으며 가끔씩 다시 불거진다.

포르노그래피에 대한 다양한 도덕적 및 정치적 관점은 웹사이트에서 발견되는 포르노 콘텐츠의 종류에 따라 시청자에게 미치는 위험을 구별할 필요성을 강조한다. 대부분의 인터넷 기반 포르노그래피는 성인이 동의한 포르노그래피로, 이는 소프트코어 성적 이미지이거나 성행위 및 기타 성적 행위를 묘사한 하드코어 이미지일 수 있다. 도덕적 제약을 받긴 하지만, 그 합의된 성격 때문에 대부분의 서구 관할권 내에서는 대체로 논란이 되지 않으며, 법의 경계 내에서도 일부 주의 사항과 함께 허용된다. 심지어 동의된 행동의 경계를 넘어서는 것으로 보이는 '극단적인' 포르노그래픽 자료조차도, 그 행위가 동의 되었음을 입증할 수 있다면 기소될 가능성이 낮다(R. v. Brown, 1993, 1994; R. v Wilson, 1996). 일방이 다른 당사자에게 폭력을 행사한 명백한 증거가 있을 때만 수사가 진행될 수 있으며, 이는 일반적으로 경찰에 공식적인 불만이 제기된 후에만 발생한다. 이 점을 설명하기 위해, 영국의 왕립검찰청(Crown Prosecution Service, CPS)은 국왕을 대신하여 기소를 수행하며, 기소할 수 있는 모든 외설 활동을 정의하는 것은 불가능하다고 주장하지만, 그럼에도 불구하고 가장 일반적인 범주를 나열하기 시작했다. 그러나 이 목록은 극단적인 포르노그래피 법이 통과된 후 논란이 많아지고 실효성이 없어졌으며, 결국 CPS는 그 지침을 수정하게 되었다.

극단적인 포르노그래피

가장 뜨거운 논쟁은 '극단적인 포르노그래피'로 알려지게 된 문제와 관련이 있다. 이는 성인과 특히 아동이 극단적으로 음란이미지를 보는 것으로부터 얼마나 보호되어야 하는지를 포함한다. 영국 및 기타 관할권에서 외설성의 기준은 해당 자료가 시청자를 타락시키고 부패시키는지 여부이다: "기사가 외설적이라고 간주되려면, 그 효과가 전체적으로 보면 타락하고 부패시킬 가능성이 있는 사람들, 즉 이를 읽거나 보거나 들을 가능성이 있는 모든 관련 상황을 고려할 때, 사람들에게 그러한 영향을 미치는 경우"(영국 외설 출판물법 제1조(1) 참조)이다.

2008년, 영국은 극단적인 포르노그래피에 대한 법률을 도입하여 (형사 사법 및 이민법 2008, 제5부) 음란한 자료 외에 더 많은 범죄를 추가하고 인터넷에서 유통되는 일부 디지털 이미지를 명확히 하고 법적으로 규제하고자 했다. 이 법은 폭력, 잔인함 또는 비하를 포함하는 성적 자료를 만드는 데 참여하는 개인을 보호하기 위해 '극단적인 포르노그래픽 이미지'의 소지를 범죄로 간주하려고 했다. 또한 이러한 자료에 대한 접근이 법적으로 신뢰할 수 있는 방식으로 통제될 수 없고, 그 시청이 "폭력적이거나 비정상적인 성행위"에 대한 관심을 유도할 수 있다고 판단하여 사회 전체, 특히 아동을 보호하고자 했다(CPS, 2019).

2008년 법률에 따라 극단적인 포르노그래피는 다음과 같은 기준을 충족해야 했다:

- 포르노그래픽('성적 흥분을 위한 목적으로 단독 또는 주로 제작된 것으로 합리적으로 추정될 수 있는 특성을 가진 것'),
- 극히 불쾌하고, 증오스럽거나, 음란한 성격을 가진 것,
- 다음 중 하나를 명시적이고 사실적으로 묘사하는 것 :
  - 사람의 생명을 위협하는 행위,
  - 사람의 항문, 유방 또는 성기에 심각한 부상을 초래하거나 초래할 가능성이 있는 행위,
  - 인간 시체와의 성적 개입(necrophilia: 시체와의 성교),
  - 동물(죽거나 살아 있는)과의 성행위(수간),
  - 다른 사람이 자신의 성기나 신체 일부 또는 그 밖의 어떤 것을 사용하여 다른 사람의 질, 항문 또는 입에 동의없이 삽입하는 행위(강간 또는 침투에 의한 폭행)

그리고
- 이미지를 보는 이성적인 사람은 그 사람이나 동물이 실제라고 믿을 것이다.

2019년, 영국 왕립검찰청(CPS)은 극단적인 포르노그래피 규정의 한계를 인정하고 일부 문제 사례를 제거하며 수정하였다. 또한, 다음 조건을 충족하는 경우 포르노그래픽 자료를 소유하거나 제작한 사람은 기소될 가능성이 낮다고 강조했다:

- 합의된 성인이 등장하며, 여기서 합의의 제공이 명확하게 표시되어야 하며, 합의가 자료 자체에서 쉽게 판단되지 않을 수 있는 경우
- 심각한 해가 발생하지 않음, 신체적 또는 그 외의 해를 포함하여
- 다른 범죄와 관련이 없음
- 청중이 18세 미만이 아님(CPS, 2019).

성인 포르노 비디오와 관련된 법을 명확히 하기 위해, 2014년 시청각 미디어 서비스 규정은 상업적으로 제작되어 온라인 또는 허가된 성인 상점에서 판매되는 '전문 포르노그래피'를 영국 영화 등급 위원회 (BBFC) 18세 등급으로 분류하였다. 이 등급은 성인에게만 적합하다. 2019년에는 이러한 규정이

2008년 형사사법 및 이민법 제5부와 일치하도록 업데이트되어 동의하는 성인 간의 성행위 촬영이 합법화되었다.

고소를 기소할지 여부를 결정할 때, 왕립검찰청(CPS)은 해당 외설적 자료의 형태가 서면인지 시각적 형태인지 고려한다. 서면 자료는 시각적 자료보다 영향을 덜 미치는 것으로 간주된다. 또한, 자료가 개인적인 것인지 상업적인 것인지; 아동이나 취약한 성인이 볼 수 있었는지; 공공장소나 상점에서 일반 대중이 쉽게 볼 수 있었는지; 피고인이 유사한 이전 범죄 기록이 있는지 여부를 고려한다. 마지막 고려사항은 피의자의 참여 정도와 해당 자료의 내용에 대한 그의 인식 수준이다(1959년 외설 출판법 제2조(5)). 기소과정에서 중요한 점은 해당 출판물이 관할 국가 내에서 생산되고 배포되어야 한다는 것이다. 이는 인터넷에서 외설 자료를 규제하는 데 중요한 문제로 작용한다. 극단 포르노그래피법은 심각한 성폭력 장면과 같은 외설적 자료의 소지를 범죄로 간주하며, 이는 1959년 외설출판법에 따라 영국에서 출판이 불법인 자료지만 해외에서 인터넷을 통해 접근할 수 있는 경우에 해당한다(내무부, 2005, 2006).

아동 성적 이미지 및 인터넷

온라인 포르노그래피 중 가장 논란이 많은 유형은 '아동이 포함된 성적 또는 성적 이미지'를 포함하는 것이다(M. Taylor, 1999). 일반적으로 '아동 포르노그래피'라고 불리는 이 용어는 '아동학대 이미지' 또는 '아동 성적학대 자료'로 선호되어 사용된다. 극단적인 성적 이미지를 공개적으로 보고하는 인터넷 감시재단(IWF) 은 이 문제에 대해 다음과 같이 명확히 설명하고 있다:

> 우리가 다루는 이미지와 비디오의 심각성을 반영하기 위해 '아동 성적학대'라는 용어를 사용한다. '아동 포르노그래피', '아동 포르노' 및 '키디 포르노'는 수용할 수 없다. 아동은 자신의 학대에 동의할 수 없다.

아동학대 이미지는 국제 및 국가차원에서 법적으로 다루어진다. 국제 실종 및 착취 아동 센터(ICMEC) 는 196개국의 아동 성적학대 자료 법률에 대한 9차(2019) 평가에서 국제 법률의 조정 노력을 보고하며, 중요한 진전이 있었지만 혼합된 결과를 나타냈다고 보고했다. ICMEC 프로젝트가 2006년에 시작된 이후 150개국이 아동 성적학대자료에 대한 새로운 법률을 정교화하거나 시행했다. 이들은 140개국에서 단순 아동 성적학대자료의 소지를 불법으로 만들었고, 125개국이 이를 정의했지만, 단 32개국만이 인터넷 서비스 제공자에게 의심스러운 자료를 보고할 것을 요구했다(ICMEC, 2019). 이는 이 문제에 대한 일반적인 국제적 우려를 나타내며, 이는 유럽 평의회(CoE)와 이를 다루는 유엔협약의 존재로 인해 크게 영향을 받는다.

유럽 평의회 아동 성착취 및 성적학대로부터의 보호에 관한 협약(CETS No. 201) 은 2006년에 발효되었다. 이 협약은 회원국 및 서명국에게 '아동 포르노그래피의 모든 측면'을 범죄화할 것을 요구한다(CoE, 2006). 2023년까지 이 협약은 48개의 가입 또는 비준을 기록하였으며, 이는 46개 회원국, 러시아 연방 및 튀니지를 포함한다. 또 다른 주요 협약은 아동의 권리에 관한 유엔협약으로, 제34조는 모든 서명국이 포르노 성행위 및 자료에서 아동의 착취적 사용을 불법화하기 위한 적절한 조치를 취할 것을 요구한다(UN, 1989). 유엔협약에는 아동 포르노그래피를 '제작, 배급, 전파, 수입, 수출, 제공, 판매 또는 소지하는' 것을 범죄화할 것을 요구하는 선택적 의정서도 있다. 197개의 가능한 서명국 중 178개국이 이를 비준하였고, 7개국은 비준할 의사를 가지고 서명하였으며, 12개국은 아직 아무 조치를 취하지 않았다(2023년 2월 23일 기준).

영국에서의 법률 발전 경로는 아동성적학대자료와 관련하여 대부분의 관할권과 유사하다. 1978년 아동보호법은 현재 아동의 음란 사진 또는 유사 사진과 관련된 네 가지 범죄를 정의하고 있습니다(양형자문위원회, 2002: 2).

1978년 법 제1조(1)에 따르면, 다음과 같은 행위는 범죄이다:

(a) 아동의 음란한 사진이나 가짜 사진을 찍거나 찍히도록 허용하거나 만드는 것; 또는
(b) 그러한 음란한 사진이나 가짜 사진을 배포하거나 보여주는 것; 또는
(c) 그러한 음란한 사진이나 가짜 사진을 소유하고 자신이나 다른 사람이 배포하거나 보여주도록 하는 것; 또는
(d) 광고주가 그러한 음란한 사진이나 가짜 사진을 배포하거나 보여주거나 그렇게 할 의도가 있다는 것을 전달하는 것으로 이해될 만한 광고를 게재하거나 게재하게 하는 것

영국에서 아동의 음란한 디지털사진 소지는 1988년 형사사법법 제160조에

따라 범죄로 규정되었다. 2009년 검시관 및 정의법 제62조는 소지할 수 없는 아동 이미지의 유형을 정의했다. 디지털기술의 발전에 맞추기 위해, 1994년 형사사법 및 공공질서법 제84조(4)에는 '조작된 사진(pseudo- photographs)' 소지를 포함시켰다(Akdeniz, 1997). '가짜 사진'의 존재는 이전에는 사진 구성에 아동학대가 있었다는 사실에 의존했기 때문에 검찰의 주장을 약화시켰다(자세한 내용은 R. v. Jonathan Bowden, 2000 참조). 아동의 음란한 사진 또는 조작된 사진 소지는 증거에 따라 하급 법원인 치안법원(Magistrates' Courts) 또는 상급법원인 왕립법원(Crown Courts)에서 심리될 수 있는 양쪽에서 재판할 수 있는 범죄로, 유죄판결 시 최대 5년의 징역형에 처할 수 있다(Home Office, 2015).

다른 법적 관할권에서도 영국에서 설명한 법적 고려 사항과 유사한 점을 채택하고 있지만, 미국 및 기타 국가에서 표현의 자유에 대한 헌법적 보호로 인해 아동 포르노그래피의 제작 및 소지는 불법이지만 다른 가능한 방어수단이 있다. 따라서 많은 논의는 아동 성적 이미지의 정의를 둘러싸고 진행된다. 미국에서는 아동인터넷 보호법(Children's Internet Protection Act, 18 USC 2256(8)(A-D))에 따라 정의되며, 이는 2002년 Ashcroft v. Free Speech Coalition 사건 이후의 내용이다(Landau, 2002):

> (8) '아동 포르노그래피'란 성적으로 노출된 행위를 포함하는 모든 시각적 표현, 즉 사진, 영화, 비디오, 그림 또는 컴퓨터 또는 컴퓨터 생성 이미지나 그림을 의미하며, 다음 조건을 만족해야 한다:
> (A) 해당 시각적 표현의 제작에 미성년자가 성적으로 노출된 행위에 참여한 경우.
> (B) 해당 시각적 표현이 미성년자가 성적으로 노출된 행위에 참여하는 것으로 보이는 경우.
> (C) 해당 시각적 표현이 식별 가능한 미성년자가 성적으로 노출된 행위를 하는 것처럼 보이도록 만들어졌거나 수정된 경우.
> (D) 해당 시각적 표현이 미성년자가 성적으로 노출된 행위를 하는 것처럼 보이는 방식으로 광고, 홍보, 제시, 설명되거나 배포되는 경우.

아동 성착취에 대한 공공 및 법적 우려의 핵심은 조사관과 검사가 이미지가 법을 위반하는지 여부를 판단할 수 있는 능력이다. 이미지의 평가를 가능하게 하는 분류를 표준화하기 위해, 영국 양형자문위원회 (UK Sentencing

Advisory Panel, 2002)는 아동의 착취 이미지를 설명하기 위한 Cork대학교의 COPINE 10점 분류법을 5단계로 축소하여(SAP 척도) 적용 가능하게 만들었다. 2014년에는 SAP 척도가 성적 이미지에 대한 양형위원회의 성범죄에 대한 확정 지침으로 대체되었다(Sentencing Council, 2013: 34).

박스 6.1 성범죄에 대한 확정적인 양형지침

- A 범주: 삽입 성행위와 관련된 이미지 및/또는 동물과의 성행위 또는 사디즘을 포함하는 이미지
- B 범주: 비삽입 성행위와 관련된 이미지
- C 범주: A 또는 B 범주에 포함되지 않는 기타 음란한 이미지

출처: Sentencing Council(2013: 34)

영국의 이러한 분류는 국제법집행 및 법률 공동체에서 지지를 받았으며, 미국에서 적용되는 테스트와 겹치는 부분도 있지만, 몇 가지 근본적인 차이점도 드러낸다. 미국에서 아동 성 이미지가 외설인지 여부를 판단하는 중요한 요소는 '음란한 노출(lascivious exhibition)' 여부이다. 많은 미국법원은 사진이 '음란한 노출'에 해당하는지를 판단하기 위해 United States v. Dost (1986) 사건에서 제시된 6부 구성요소인 도스트 테스트(상자 6.2)를 적용한다(Adler, 2001: 262).

박스 6.2 음란한 노출의 대한 Dost 테스트

[18 USC] § 2255(2)(E) 아래에서 아동의 시각적 묘사가 '음란한 성기 또는 음모의 노출'에 해당하는지 여부를 결정하기 위해, 사실을 판단하는 자는 다음과 같은 요소들을 고려해야 하며, 특정 사건에 관련될 수 있는 다른 요소들도 함께 고려할 수 있다:

(1) 시각적 묘사의 초점이 아동의 성기 또는 음모에 있는지 여부;
(2) 시각적 묘사의 배경이 성적으로 암시적인지, 즉 일반적으로 성행위와 연관된 장소나 자세에 있는지 여부;
(3) 아동이 비정상적인 자세로 묘사되었거나, 아동의 나이를 고려했을 때 부적절한 복장을 하고 있는지 여부;
(4) 아동이 완전히 또는 부분적으로 옷을 입고 있거나, 누드인지 여부;

(5) 시각적 묘사가 성적인 수줍음이나 성행위에 참여하려는 의지를 암시하는지 여부;
(6) 시각적 묘사가 시청자에게 성적 반응을 유도하기 위한 의도 또는 설계가 되어 있는지 여부.

출처: United States v. Dost (1986: 832).

영국 양형위원회의 분류가 주로 사실문제를 다루지만, 'Dost 테스트'는 어느 정도 해석을 요구하는데, 이는 아동 성착취를 구성하는 것이 '항상 그렇게 명확하지 않다'(M. Taylor, 1999)는 점에서 그리 유용하지 않다. 이러한 사진들이 아동에 대한 성적 관심이 있는 사람들에게 매력적인 이유는 부분적으로 그 내용 때문이다. 가장 중요한 요소는 그 내용이 불러일으키는 성적 환상과 개인적인 의미다. 법이 행동의 경계를 정의할 수 있지만, 예를 들어 아동 성적 이미지의 소지, 변형된 이미지를 포함하여, 영국에서는 불법이며, 특히 위험과 관련하여 공익이 어디에 있는지에 대해 해석의 여지가 많이 남아 있다. 다시 말해, 위험은 어디에 존재하는가? 따라서 아동 성적 자료가 생산되고, 수집되고, 소비되는 이유에 대해 더 이해하는 것이 중요하며, 이는 아동성착취 및 학대 이미지를 법적 정의를 넘어 생각해야 할 과제를 요구한다(Taylor and Quayle, 2003; Krone, 2004: 1).

아동 성학대 이미지는 결코 인터넷의 산물이 아니다. 이는 수년간 문제로 존재해왔으며, 고대까지 거슬러 올라가는 아동에 대한 성적 관심에 대한 역사적 증거가 많다. 그러나 이 논의의 맥락에서 인터넷이 아동 성 이미지에 변혁적 영향을 미쳤는지, 그리고 만약 그렇다면 어떻게 미쳤는지 확인하는 것이 중요하다. Taylor와 Quayle(2003)는 COPINE 연구를 기반으로 하여 인터넷이 아동 성 이미지에 대한 관심이 있는 개인이 자신의 성적 환상을 표현하는 데 안전함을 느끼도록 하는 사회적, 개인적 및 기술적 상황(여건)을 어떻게 창출하는지를 보여주었다. 첫째, 네트워킹 기술(소셜미디어 포함)은 아동 성 이미지 소비자를 위한 사회적으로 셀프정당화되는 온라인 커뮤니티를 만들어 일탈적 가치가 공유되거나 심지어 장려된다. 둘째, 네트워킹 기술은 개인이 자택의 사생활에서 포르노그래픽 자료에 접근하고 다른 사람과 소통할 수 있도록 하여, 그들에게 안전함과 매체에 대한 통제감을 제공하며, 그들의 참여가 수동적일지 능동적일지를 선택할 수 있는 기회를 준다(M. Taylor, 1999). 참여자 간의 이러한 환상적인 거리와 소비의 비결과 그에 따른 결과에 대한 인식은 특히 가짜 또는 환상적인 신원이나 암호화를 사용하여 익명성을 유지함으로써 더욱 자극된다: '50세의 남성은 청소년으로 자신을 표현할 수 있다....약한 자가 강하게'(M. Taylor, 1999). 여기서의 우려는 이러한 환상이 결국 아동과의 온라인 상호작용이나 온라인으로 주선된 만남 후 대면에서 행동으로 옮겨질 수 있다는 것이다(Krone, 2004: 3). 물론 이 게임은 양쪽 모두에서 진행될 수 있으며, 같은 SNS상에서 경찰관이 아동으로 가장하여 '함정수사'를 수행할 수 있게 한다.

셋째, 네트워크 기술이 아동 성착취에 미친 주요 영향 중 하나는 아동 성 이미지 배포를 위한 새로운 및 점점 더 효과적인 방법을 제공한 것이다. 특히 중요한 것은 다이얼업 BBS(게시판 서비스)에서 광대역, 그리고 더 빠른 광섬유를 이용한 광대역으로의 전환 이후 대역폭의 증가이다. 이 발전은 P2P(피어 투 피어) 네트워크의 발전을 도왔고 이미지를 빠르게 전파할 수 있게 하였으며, 동시에 그러한 이미지에 관심이 있는 사람들, 또는 아동에 대한 보다 일반적인 성적 관심을 가진 사람들이 보다 효과적으로 조직할 수 있게 했다. 이러한 조직의 효과성에 중요한 것은 P2P 네트워크가 참가자들이 자신의 공개 폴더에서 업로드를 허용하도록 의존한다는 점과, 많은 폐쇄된 아동 성착취 네트워크의 회원 요구사항이 사전에 지정된 수의 이미지를 제출하고 이를 교환할 의사를 보여주도록 한다는 것이다. 이 조건을 충족시키는 것은 네트워크에 참여하는 모든 사람을 행위에 공모하게 하여 그들을 네트워크에 더욱 묶어주고, 또한 이미지 수집을 그 자체로 하나의 목적이 되도록 격려한다.

초기 아동 성 자료에 대한 수요 규모와 배포 조직에 대한 아이디어는 온라인 아동 성 이미지 소비자를 상대로 한 경찰작전의 성과에서 얻을 수 있다. 'Operation Ore'는 FBI가 텍사스 구독 포털에 가입한 7,200명의 영국 용의자 세부정보를 제공한 후 영국 경찰의 대응이었다. 해당 포털의 이름인 'Landslide'는 구독자들에게 월 약 21파운드에 300개의 아동 성 학대 이미지 사이트에 접근할 수 있게 했다(Sherriff, 2004). 영국 측의 작전 결과 3,744명이 체포되었고, 1,848명이 기소되었으며 그 중 1,451명이 유죄판결을 받았다. 493명이 경고를 받았고 총 879건의 조사가 진행되었다. 이에 따라 109명의 아동이 학대받는 가정에서 구출되었다(Cowan, 2005). 다소 논란의 여지가 있지만, 조사받은 사람 중 약 35명이 이후 자살한 것으로 알려졌다(Howie, 2006)며, Leppard (2005)와 Campbell (2005a, 2005b)는 이후 증거처리 절차에서의 결함을 강조하였다. 그러나 60개국에서 390,000명의 구독자 이름과 신용카드 구독 세부정보를 포함한 전체 Landslide 구독 데이터베이스의 엄청난 규모는 문제의 글로벌화된 규모를 보여준다(Jewkes and Andrews, 2005: 49)며, 'Operation Ore'는 결코 첫 번째 경찰작전이 아니었다. 1998년에 'Operation Cathedral'이 'Wonderland Club'(이름은 "이상한 나라의 앨리스"에서 유래)이라는 소아성애 집단을 상대로 시작되어 750,000개의 아동 성 이미지가 압수하였다(Creighton, 2003: 3). 이러한 이미지의 후속 분석에서 1,200명 이상의 서로 다른 아동이 관련된 것으로 확인되었지만, 단지 18명만이 확인되고 발견되었으며, 그 중 3명은 영국에서 발견되었다(Downey, 2002). 이는 경찰작전의 복잡성과 자원 집약성을 보여준다.

아동 성 학대 이미지 신고를 위한 가장 큰 핫라인 중 하나인 IWF의 70명의 직원은 2022년에 375,230건의 신고를 평가했다(2021년 대비 4% 증가). 이들은 이 중 375,153건이 웹페이지 신고였고 77건이 뉴스그룹 신고였음을 발견했다. 이러한 보고서 중 255,571개의 웹페이지(6%)와 17개의 뉴스그룹(22%)이 아동 성 학대 이미지를 포함하고 있거나 이미지에 대한 링크가 있거나 이를 광고하는 것으로 확인되었다(IWF, 2023). IWF는 각 웹페이지(URL)가 '하나, 수십, 수백 또는 심지어 수천 개의 개별 아동 성 학대 이미지나 비디오'를 포함할 수 있다고도 밝혔다(IWF, 2023). IWF는 비영리조직이며 전 세계의 경찰, 정부 및 NGO와 긴밀히 협력하여 아동학대 이미지의 증거를 관련 사법기관에 보고한다.

아동학대 이미지 범죄의 수는 아동학대 자료의 소지, 제작, 배포가 포함된 모든 알려진 사건의 대략 10%를 차지하는데, 이는 대부분의 웹페이지나 범죄자가 영국에 호스팅되지 않았기 때문이다. 그림 6.2는 2008년과 2020년 사이의 아동학대 이미지 범죄 연간 수를 나열하고 있다. 이 통계는 CPS와 아동학대방지 국가협회(NSPCC) 자료에서 수집된 것이므로 주로 설명적인 자료임을 유의해야 한다. 이들은 세 가지 다른 범죄그룹으로 구성되어 있으며, 그 비율은 매년 1-2% 정도 일관성을 보인다. 세 그룹은 다음과 같다: 사진을 통한 아동 성착취(제작, 배포, 상영, 광고)(77%); 부도덕한 사진의 소지(21%); 아동의 금지된 이미지(1%). 2020/1년 COVID-19 봉쇄 후 범죄가 소폭 증가한 점에 주목하라.

따라서, 범죄의 잠재적으로 심각한 성격에도 불구하고, Edwards(2000)는 불법 이미지를 소지한 경우 중 소수만이 결국 법원, 특히 왕립법원에서 진행되었다는 점이 흥미롭고 다소 우려스러운 일이다. 이러한 발견은 20년 후에도 그대로 반영된다. 2020/21년에는 아동학대범죄 3,025건이 법원에 제출되었고, 평균 유죄판결률은 85%에 달했다. 이러한 숫자 중 아동 성 학대 이미지 범죄는 12개의 아동학대 범죄 그룹 중 1개를 차지하므로, 이미지 사건의 수는 훨씬 낮다. 게다가 2020/21년의 수치는 2016/17년에 제출된 6,394건의 절반에 해당하며, 유죄판결 수는 4,751건에서 2,595건으로 45% 감소했다(NSPCC, 2022). 게다가, 아동사건이 법원에 도달하고 완료되는 데 걸리는 시간은 2018/19년과 2020/21년 사이의 3년 동안 5개월 증가하여 평균 1년 10개월이 되었다(NSPCC, 2022). 기소된 수의 감소와 법원까지 가는 시간의 증가 현상은 COVID-19 팬데믹으로 인한 형사사법시스템의 제한으로 설명될 수 있을 것이다. 그러나 사실은 사건 수가 여전히 상대적으로 적다는 점이다.

그림 6.2 아동학대 이미지 범죄 2008–2020 (아동학대 자료의 소지, 제작 및 배포).
출처: CPS(2016) 및 NSPCC(2021) 통계에서 변형됨.

또한, 2020/21년 수치는 2016/17년 6,394건에 대한 소송의 절반에 해당하며, 유죄판결 수치는 4,751건에서 2,595건으로 45% 감소했다(NSPCC, 2022). 그리고 아동사건이 법원에 도달하고 판결이 완료되는 데 걸리는 시간이 2018/19년과 2020/21년 사이의 3년 동안 5개월 증가하여 평균 1년 10개월에 이른다(NSPCC, 2022). 기소된 수의 감소와 법원에 가는 시간의 증 는 COVID-19 팬데믹으로 인한 형사사법시스템의 제한으로 설명될 수 있다. 그러나 사실은 사건 수가 여전히 상대적으로 적다는 것이다.

Edwards는 유포할 의도가 있는 소지와 부적절한 사진 촬영과 같은 더 심각한 범죄만이 치안법원(Magistrates' Court) 또는 고등법원(Crown Court)에서 기소되었다고 밝혔다(Edwards, 2000: 19). 그러나 아동 성적학대 이미지를 기소하는 데 나타나는 부족한 이유 중 하나는 네트워크 기술과 다양한 플랫폼(소셜미디어 포함)의 확산으로 인해 상대적으로 적은 수의 개인이 더 심각한 범죄자와 함께 동시에 여러 불법작업으로 대규모 데이터베이스를 통제할 수 있기 때문이다. 이는 범죄자 집단이 더 많다는 인상을 준다. 이 후자의 점은 범죄조사의 자원이 효율적으로 배분될 수 있도록 개인이 초래하는 위험의 수준을 구별해야 할 필요성을 더욱 강조한다.

M. Taylor(1999)가 온라인에서 거래되는 아동 성적 이미지의 수집에 대한 COPINE의 연구를 바탕으로, 세 가지 주요 유형의 아동과 관련된 성적 자료를 발견했다. 첫 번째는 에로티카로, 아동의 개인 스냅샷 형태의 사진이나 아동복 광고이다. 이러한 자료는 반드시 성적이거나 불법적이지는 않지만, 수집 형식이 편집자의 아동에 대한 성적 관심을 드러낼 수 있다. 두 번째 유형은 아동의 나체사진을 묘사한다. 일부는 은밀히 촬영된 사진이거나 성적 자세로 포즈를 취한 사진(소프트 포르노)일 수 있으며, 다른 일부는 자연주의 및 예술 출판물에서 가져온 것이다. 에로티카의 경우와 마찬가지로 이들은 개별적으로 불법이 아닐 수 있지만 여전히 아동에 대한 성적 관심을 나타낸다. 세 번째 카테고리는 명백한 성적 자료와 외설적으로 분류되는 자료이다. 이 이미지를 분류하는 것은 매우 유용하지만, 범죄자에게서 오는 위험에 대해서는 별로 알려주지 않는다. Krone의(2004: 3) 온라인 아동 성적학대 이미지 범죄의 유형화는 이러한 목표를 더욱 달성하고자 한다. 특히 유용한 점은 아동에 대한 성적 관심이

단순히 환상에 국한된 개인과 실제로 아동을 학대하는 개인 간의 구별이다. Krone는 개인의 참여 유형과 성격, 네트워킹 수준, 아동에 대한 즉각적인 안전 위험 및 학대의 성격을 고려한다.

Krone는 아동 포르노 소비자들 사이에 상당히 뚜렷한 그룹이 있으며, 각 그룹은 지역사회에 대해 서로 다른 수준의 위험을 보인다는 점에서 유용하다. 처음 세 그룹인 브라우저, 환상가 및 트롤러는 매우 낮은 수준의 네트워킹을 보이며, 그들의 활동 대부분은 인터넷 기반, 거리감이 있는 사적인 생각에 머물 가능성이 높다. 또한 그들은 아동에 대한 즉각적인 위험이 낮을 것이다. 그러나 수집가, 유인자, 학대자, 제작자 및 유통자 같은 그룹은 자신의 생각을 행동으로 옮길 준비가 되어 있으며, 그들의 동종 집단에 참여하려는 의지 때문에 아동에게 더 큰 위험을 초래한다.

박스 6.3 Krone의 온라인 아동 성적학대 자료 범죄 유형

1. 브라우저(Browsers) 는 스팸에 반응하거나 우연히 의심스러운 사이트에 접근한다. 그들은 알고 자료를 저장한다. 브라우저는 보통 독립적으로 활동하며 네트워킹하지 않는다.
2. 개인 환상가(Private fantasists) 는 자신의 용도를 위해 온라인 텍스트나 디지털 이미지를 의식적으로 생성한다. 그들은 보통 독립적으로 활동하며 네트워킹하지 않는다.
3. 트롤러(Trawlers) 는 공개적으로 이용 가능한 브라우저를 통해 아동 성적 이미지를 적극적으로 찾습니다. 트롤러는 대체로 독립적으로 활동하지만 저수준의 네트워킹에 참여할 수 있다.
4. 비보안 수집가(Non-secure collectors) 는 P2P 네트워크를 통해 자료를 적극적으로 찾는다. 그들은 고수준의 네트워커지만 보안을 강화하려는 경향은 없다.
5. 보안 수집가(Secure collectors) 는 보안네크워크를 통해서만 자료를 적극적으로 찾으며, 발견되지 않기 위해 높은 수준의 보안을 유지한다. 그들은 고수준의 네트워커이며 새로운 출처에 접근하기 위해 수집품을 교환하려고 한다.
6. 원조교제자 (Groomers) 는 한 명 이상의 아동과 온라인 관계를 발전시킨다. 그러나 그들은 위의 1~5와 같은 자료를 찾을 수도 있고 찾지 않을 수도 있다. 그들은 학대를 촉진하기 위해 포르노그래피를 사용하는 경향이 더 크다.
7. 신체적 학대자(Physical abusers) 는 온라인에서 소개된 아동을 학대한다. 유인자와 마찬가지로 그들은 위의 방법으로 자료를 찾을 수도 있고 찾지 않을 수도 있다.

그들은 학대를 촉진하기 위해 포르노그래피를 사용하는 경향이 더 크다.
8. 제작자(Producers) 는 아동에 대한 자신의 학대를 기록하거나 다른 사람의 학대를 기록한다. 또는 그들은 아동이 자신의 이미지를 제출하도록 유도할 수 있다.
9. 유통자(Distributors) 는 위의 어떤 수준에서도 이미지를 유통할 수 있다.

출처: Krone (2004: 4 (표 3))를 기반으로 함.

그러한 구별을 만드는 것은 응답 자원의 효율적인 배분을 위해 중요하지만, 이는 이해할 수 있게도 사람들을 두렵게 만드는 문제이다. 아동이 학대받았다고 느껴질 때, 대중의 감정은 매우 고조된다. 그 결과, 아동 성착취와 소아성애자에 대한 경찰활동이 정치화되는 고도의 언론 민감성이 존재한다. 휴슨(Hewson)은 아동 성적 이미지를 보는 것이 대중의 눈에서 강간에 대한 범죄적 책임과 동등하게 여겨지게 되었다고 믿으며, 이는 자유와 법에 대해 우려스러운 함의를 가지고 있다. 가장 중요한 문제는 범죄자들에 대한 무차별적인 비난 경향이 실제 영향에 대한 비판적 논의를 위축시키고 있으며, 실제로 시행되고 있는 엄격한 조치들이 그들이 억제하려는 바로 그것에 대한 관심을 자극하고 있다는 것이다(Hewson, 2003). 또한 아들러(Adler)가 지적한 훨씬 더 광범위하고 논란의 여지가 있는 철학적 문제를 제기한다. 그 문제는 이 책에서 논의되지 않았지만, '어린이와 성이 불가분하게 연결되어 있는 동안 우리가 아동의 순수함을 선언한다'는 것이다. 아들러에게 주요한 문제는 '금지된 성은 생산되는 성이 된다'는 것이다(Adler, 2001: 273).

브라우저나 환상가로서의 개인의 지속적인 참여가 단순히 그들의 호기심을 충족시킬 것인지(Diamond and Uchiyama, 1999 참조) 아니면 브라우저의 도덕적 구속력을 침식하여 전통적 질서의 도덕적 제약에서 점차 벗어나게 할 것인지에 대한 이해를 위해서는 더 많은 연구가 필요하다(Matza, 1964). 널리 알려진 '드리프트 이론'의 지지자들은 소아성애적 세계관이 개인의 욕망과 성적 욕구를 일탈의 척도로 높일 것이라고 예측한다. 그러나 모든 범죄자를 자동으로 낙인찍고 악마화하는 공적 도덕적 반응으로 나타난 이 '소아성애 이데올로기'는 문제의 이해, 조사 및 해결을 혼란스럽게 할 수 있다. 이는 사고와 행동 사이의 경계가 어디에 그어져야 하는지를 이해하는 데 특히 중요한데, 다음과 같은 중요한 질문을 제기한다: 아동에 대한 성적 관심이 환상에 그치지 않는 사람들은 실제로 아동을 학대하는 사람들과 다른 집단인가? 이 질문의 답변은 컴퓨터 콘텐츠를 통해 아동에게 더 큰 위험을 초래하는 사람들을 효과적으로 겨냥하는 데 필요한 제한된 자원의 목표 설정에 중대한 함의를 가진다. 이러한 이해는 감정적으로 매우 민감한 영역에서 중요하다. 왜냐하면 전자는 도움이 필요할 수 있는 반면, 후자는 감옥에 가야 할 수 있기 때문이다. 마지막으로, 사고가 행동으로 전환되는 지점에 대한 주제에서, 새로운 기술로 인해 변화된 행동이 구법(old law)에 의해 오해받는 예를 고려해 보십시오.

박스 6.4 스냅챗과 '섹스팅'

이 사례 연구는 BBC (2015)에 의해 보도 된 14 세 소년이 스마트폰 애플리케이션 스냅쳇을 통해 자신의 나체사진을 학교의 여학생에게 보낸 것과 관련이 있다. 스냅쳇은 10초 후에 사진을 삭제했지만 받은 사람은 그 시간 내에 사진을 저장하고 학교 친구들에게 보냈다. 이 사진은 학교 연락 담당관의 주의를 끌었고, 혐의는 없었지만 공식적으로 범죄로 기록되었으며 보낸 사람과 받은 사람 모두의 세부정보가 경찰 정보 데이터베이스에 저장되었다. 최대 10년 동안 보관할 수 있으며 범죄 기록 조회에 공개될 수 있다. 이미지를 처음 보낸 사람이 18세 이상이었다면, '리벤지 포르노'의 피해자와 촬영물을 유포한 소녀가 기소되었을 것이다. 언론과의 인터뷰에서 소년의 어머니는 아들이 '기껏해야 순진'하고, 최악의 경우 '십대'라는 이유로 '굴욕감'을 느꼈다고 말했다. 이 사례는 현재 많은 젊은이들이 유혹의 한 형태로 소위 '섹스팅'에 참여하고 있다는 것을 확인했다(BBC, 2015). 이는 '뉴 노멀(new normal)'의 일부가 된 행동 양식으로, 기성세대와 당국의 더 많은 이해를 필요로 한다(Wall, 2017).

온라인에서 폭력적, 증오적 또는 유해한 불법콘텐츠

정보콘텐츠는 개인과 사회집단을 표적으로 삼아 증오를 조장하고, 이후 위협과 암시적 폭력을 통해 그 증오를 강화함으로써 이들을 침해할 수 있다. 이러한 활동이 반드시 즉각적이고 직접적인 물리적 실체를 가지는 것은 아니지만, 피해자는 그 행위의 폭력을 느낄 수 있으며 그 결과로 장기적인 심리적 상처를 겪을 수 있다. 폭력적 콘텐츠는 증오 웹사이트를 통해 직접적으로 표현될 수 있으며, 여기에는 폭력적 이미지를 유포하거나, 약품, 폭탄, 무기제조에 관한 정보를 제공하거나, 블로그 사이트를 통한 공격적인 이메일 통신, 그리고 '공공' 채팅룸에서의 사이버 스토킹/그루밍이 포함된다. 범죄자에 의한 폭력적 콘텐츠의 사용은 다음 섹션에서 논의되며, 단어와 이미지가 개인에게 미치는 다양한 영향은 후속에서 다루어질 것이다.

테러 자료

온라인 성적 자료의 경우와 마찬가지로 디지털 및 네트워크 기술은 테러리즘을 위한 최악의 상황을 제공한다. 기술은 자료를 디지털화하고 네트워크를 통해 접근하거나 전달할 수 있게 할 뿐만 아니라, 사용자 주도형 콘텐츠를 가능하게 함으로써 의사소통을 효과적으로 민주화한다. 테러리스트 자료를 유포하려는 자들에게는 간과할 수 없는 특성이다. 인터넷은 테러리스트들에게 중요한 도구로 떠올랐으며, 그 이유는 그들이 제공하는 이점 때문이다. 특히 몇몇 사람들이 전 세계 대중매체의 보도를 영향력을 미칠 수 있는 능력이 있다. 테러리스트들은 위협하고, 급진화시키고, 모집하며, 궁극적으로 테러공격을 수행하는데 도움이 되는 메시지를 전파할 수 있다. 따라서 이러한 활동을 방지하기 위해 컴퓨터 콘텐츠로서 테러리스트 자료를 금지할 필요성이 있다. 테러리즘의 보다 적극적인 구성요소는 나중에 논의될 것이다. 인터넷 사용의 장점은 접근이 용이하며 규제나 검열이 거의 없다는 것이다. 정부의 통제는 대개 최소화되어 있다. 존재하는 제한으로 인한 위험은 잠재적인 글로벌 청중, 어느 정도의 익명성 및 비교적 저렴한 비용으로 즉각적으로 통신하는 것과 상쇄된다 (Weimann, 2006 참조). 다른 불법자료와 마찬가지로 인터넷 콘텐츠 금지에 관한 주요 논란은 이를 게시하는 사람들의 표현의 자유를 제한할 수 있다는 것이다. 이러한 논란은 특정 국가의 헌법에 표현의 자유가 명시되어 있을 경우에 특히 크다. 테러리스트 자료로 간주되는 것을 금지하는 문제는 오늘날의 테러리스트가 내일의 정치 지도자가 될 수 있기 때문에 특히 민감하다.

Walker와 Conway(2015)는 온라인 테러리즘에 대한 국가의 대응범위를 유용하게 설명하며, 테러 콘텐츠 제거라는 전술을 더 넓은 범위의 반테러 제재의 틀 안에 배치한다. 그들은 국가대테러 대응조치가 다양한 전술의 조합을 통해 극단적인 이데올로기의 영향을 줄이려 한다고 지적한다. 한편으로는, '긍정적인' 조치는 디지털 참여 및 교육을 활용하고 반대 서사를 제공한다. 다른 한편으로는, '부정적인' 조치는 폭력적인 극단주의 온라인 콘텐츠를 삭제하거나 제한하고, 그 온라인 유통업체 및 사용자에게 법적 제재를 가한다. 그들은 또한 취약한 개인에게 경고하거나 상담하는 등의 기타 재량적인 국가제재를 언급한다. 대안으로, 그들은 식별된 개인이 강의를 할 수 없도록 금지하거나, 영국에 입국하는 것을 금지하고 극단주의 웹사이트를 삭제할 수 있다. 마지막으로 Walker와 Conway는 다른 더 부드러운 제재가 실패할 경우, 범죄자들이 인터넷에서 다운로드한 자료나 정보를 수집하거나 메시지를 보내는 것에 대해 기소될 수 있다고 언급한다. 이 메시지는 직접적으로나 간접적으로 다른 사람들을 테러리즘으로 선동하는 내용을 포함할 수 있다(Walker와 Conway, 2015).

대부분의 관할권에서는 테러리스트 자료를 금지하는 법률을 통과시켰다. 물론 테러리즘의 정의는 다양할 수 있으며, 따라서 내용도 다를 수 있다. 온라인 성적 자료의 경우와 마찬가지로, 테러리스트 자료에 대한 제한은 국제법 및 국가법에 따라 이루어진다.

유럽연합 집행위원회는 테러위협을 완화하기 위해 일련의 자발적 및 법적 조치와 이니셔티브를 도입했다. 그들은 EU의 테러 콘텐츠 정의를 '누군가에게 테러 범죄를 저지르거나 테러 집단의 활동에 참여하도록 요청하는 자료, 또는 테러 범죄를 선동하거나 찬양하는 자료'로 설정하고 있다(EC, 2021). '온라인 테러 콘텐츠 확산방지 규제'는 이전 이니셔티브를 기반으로 하여 2022년 6월 발효되었다. 규제를 강화하기 위해 유럽연합경찰기구(EUROPOL) 내 EU 인터넷 참조 부서는 300개 이상의 플랫폼에 테러 콘텐츠를 식별하고 이를 신고하여 공격적인 자료를 삭제하도록 하며, 기업과 협력하여 테러선전으로부터의 저항력을 강화하고 있다(EC, 2021).

영국에서는 2000년 수사권한법(Regulation of Investigatory Powers Act 2000)이 테러리스트 자료를 금지하고 있다. 테러리즘과 아동 성폭력 자료가 이미 법적으로 금지되어 있지만, 영국정부는 '온라인 안전 법안'으로 강화하려 하고 있다. 새로운 법안은 온라인 마약 및 무기 거래, 인신매매, 보복 포르노, 사기, 자살을 선동하거나 이익을 위해 매춘을 조장하는 것을 포함하여 제거해야 할 범죄 콘텐츠 목록을 우선으로 확대한다.

폭력적인 이미지/살인 동영상 증오/호기심 보기

영국의 외설 출판법(Obscene Publications Acts)은 성적으로 노골적인 자료에만 국한되지 않으며 극단적인 폭력을 나타내는 자료도 포함될 수 있다. 그러나 非성적 외설자료에 대한 사례는 드물고 1984년 비디오 녹화법(Video Recordings Act 1984)과 같은 법률에 따라 처리될 수 있다. 네트워크 기술은 특히 비디오 형식의 극도로 폭력적인 이미지를 배포하는 데 쉽게 활용될 수 있다. 1990년대에는 '스너프 영화'의 온라인 배포에 대한 우려가 제기되었다. 스너프 영화는 실제로 여성의 성행위 중에 일어나는 죽음을 극적으로 묘사하고, 다른 이들의 쾌락을 위한 것으로 주장하는 영화이다(Harding, 2001). 처음에는 비디오 형식으로 전체 영화가 불법 판매되었고, 이후 웹 비디오 클립으로 축소되었다. 스너프 영화는 시청자들에게 '그들이 드물고 독점적인 무언가를 알고 있다는 느낌'을 주기 위해 설계되었다. FBI의 1990년대 중반 조사에 따르면 스너프 영화는 가짜일 가능성이 높으며, 그 안에 묘사된 살인은 연출된 것이라는 결론에 도달했다. 이는 현재 해당 주제에 대한 일반적인 지혜로 자리잡고 있다: '나는 전 세계 어디에서도 스너프 영화의 단 하나의 문서화된 사례를 발견한 적이 없다. 20년 동안 수백 명과 이야기를 나누었지만, 한 번 거론된 sightings는 많지만, 개인적으로 본 신뢰할 수 있는 인물은 찾지 못했다'(Ken Lanning, FBI 아카데미, McDowell, 1994 인용; Harding, 2001에서도 인용).

폭력적인 포르노그래피에 대한 우려는 2003년 영국 교사 제인 롱허스트(Jane Longhurst)가 폭력적인 성적 이미지에 집착한 남자에게 살해된 사건 이후에도 지속되었다. 이 사건은 문제를 전면에 드러내었고, 2006년 영국정부는 폭력적인 포르노그래피의 관람을 불법으로 만들겠다고 발표했다(영국 내무부, 2006). 이 발표 이후 BBC에서 실시한 온라인 폭력 포르노그래피에 대한 연구는, 시청한 자료는 극도로 그럴듯하게 보였지만 주로 조작된 것으로 나타났다(Oliver, 2006). 이는 폭력적인 성적 이미지를 보는 개인에게 미치는 영향에 대한 논란을 불러일으켰다.

비성적 폭력 이미지가 온라인에서 미치는 영향을 이해하기 위해서는 2003년 '걸프 전쟁' 이후 등장한 차가운 장르의 '처형' 비디오를 살펴볼 수 있다. 이

비디오는 2005년 4월 이슬람 단체에 의해 납치된 영국 시민 켄 빅리(Ken Bigley)와 같은 외국인의 살해장면을 묘사한다. 이러한 기록물은 다양한 웹사이트를 통해 제공되며, 피해자들이 자신의 생명을 구걸하는 굴욕적인 공개 호소를 하도록 강요받은 후 냉혈하게 처형되는 장면을 보여준다. 스너프 영화와는 달리 판매를 위해 제작된 것이 아닌 이러한 처형 비디오는 제작자의 정치적 의제를 강화하기 위한 사이버테러의 도구이다. 이들은 피해자의 공동체에 두려움과 분노를 퍼뜨리며, 그들의 지지자를 결집시키는 데 목적이 있다. 또한, 이러한 기록물은 이후 인터넷 사용자들에 의해 구경거리로 널리 퍼졌다.

Walker(2004)는 살인비디오의 인기가 주로 시청자들의 호기심 때문이라고 간단히 요약한다: '[많은 것들이 우리가 보지 말아야 할 것들을 보는 금기에 관련이 있다].' 이러한 호기심은 행위의 차갑고 계산된 품질에 의해 자극되며, 이 비디오가 반(안티)이슬람 이익을 위해 조작되었다고 주장하는 음모론자들의 분노를 불러일으킨다. 따라서 사람들은 그것이 실제인지 확인하기 위해 시청한다(일루미나티 뉴스, 2004). 이러한 기록물을 보여주는 호스트 사이트의 동기는 다양하다. 일부는 시청자들의 호기심을 활용하여 사이트 방문자 수를 늘리려 하며, 다른 사이트는 행위에 대한 지지 또는 반대의 도덕적 또는 정치적 의제를 증진할 수 있다. 예를 들어, 한국의 자유해방 그룹은 북한의 공개처형 비디오를 공개하여 현 정권의 야만성을 입증하고 자신들의 활동을 홍보했다(CNN, 2005). 반대로, 섬뜩한 이미지를 포함한 다른 사이트는 표현의 자유를 지키기 위한 권리를 적극적으로 주장할 수 있다, 특히 미국에 위치한 사이트의 경우에는 더욱 그러하다.

인종차별과 급진적 정치를 포함한 증오발언

'증오발언(hate speech)'의 정확한 의미에 대한 학술적 논란이 존재하는 이유는 그것이 포함하는 다양한 행동들, 즉 증오, 편견, 배제 등의 차이 때문이다(이와 관련하여 O'Connor, 2003: 62 참조). 그러나 여러 일반적으로 인용되는 출처에서 파생된 정의는 증오발언이 인종, 민족, 출신 국가, 종교, 성적 지향 또는 장애를 근거로 하여 다른 사람을 저하시키고, 배제하고, 위협하거나 폭력 또는 편견을 조장하는 방식으로 의도적으로 발언된 언어라는 것이다. 온라인 증오발언 역시 비슷한 특성을 가지고 있지만, 온라인에서 이루어지기 때문에 정보적이며, 네트워크화되어 있으며, 글로벌화 한다. 소셜미디어의 폭발적인 증가로 인해 잘못된 정보의 확산과 개인화의 과정이 더욱 확대되었다(3장 참조; Castells (2013) 및 Rainie and Wellman (2012)도 참조). 온라인 증오발언에 대한 범죄학적 논의에서 핵심적으로 중요한 점은 정보적 내용이 생각과 행동 사이의 경계를 넘는 시점과, 단어가 실제 위협으로 변하는 시점이다(Rothman, 2001: 1). 이 점에 대해서는 나중에 논의될 것이다.

인터넷에는 매우 불쾌한 증오발언이 존재하며, 이에 대한 반응은 관할권에 따라 다양한다. 아마도 가장 극적인 사례 중 하나는 홀로코스트 부정론(holocaust denial)으로, R. v. Zundel (1992) 사건에서 잘 나타난다. 캐나다인인 준델(Zundel)은 나치가 유대인을 박해한 사실이 결코 발생하지 않았다고 주장함으로써 유태인 역사서를 재작성하려고 했다. 준델은 1988년에 '허위 뉴스 발행'으로 기소되었지만, 그의 유죄판결은 이후 항소에서 캐나다 권리장전(Canadian Charter of Rights)을 위반한 것으로 판단되어 뒤집혔다. 그는 이후 문제의 웹사이트를 미국서버로 이전하여, 그곳에서 더 강력한 표현의 자유, 법의 보호를 받게 되었다. 준델은 혼자가 아니며, 홀로코스트 부정론을 다루는 다른 웹사이트들도 존재한다(Greenberg, 1997: 673 참조) 및 증오발언을 겨냥한 많은 웹사이트가 있다. 2003년 1월, 인터넷상의 인종차별 및 외국인 증오 출판물에 대한 프로토콜이 유럽평의회(Council of Europe, CoE)의 사이버범죄에 관한 협약에 추가되었다(CoE, 2003). 미국은 2006년에 사이버범죄 협약을 비준했지만, 이 추가 프로토콜이 미국헌법의 표현의 자유 권리와 일치하지 않기 때문에 가까운 시일 내에 서명될 가능성은 낮다.

웹사이트를 사용하여 유해 행위 조직에 사용되는 정보를 배포하기

웹사이트는 회의 및 모임의 세부 사항을 발표하거나 심지어 증오해야 할 특정 대상을 식별하는 등의 방식으로 해로운 행동을 조직하는 데 사용될 수 있다. 이러한 활동의 조직에서 여러 가지 법적 조항이 위반된다: 특히 공공질서 또는 음모 관련 법이 해당된다. 물리적 피해가 발생하는 경우, 개인을 보호하는 법이 적용된다. 종종 사이버폭력(cyber-thuggery)이라고도 불리는 특정 예시는 다음과 같다.

뉘른베르크 파일 생명보호 운동단체인 미국 생명활동연합(ACLA)은 낙태를 시행하는 의사들과 그 지지자들에 대한 개인정보를 수집했다. 이 정보는 안티 낙태 운동가인 닐 호슬리에게 전달되었고, 그는 이를 자신의 웹사이트인 '뉘른베르크 파일'에 게시했다. 이 '이름이 거론된' 개인들 중 일부는 이후 잔인하게 공격을 당했으며, 공격이 발생한 후 웹사이트의 작성자들은 사망자의 이름을 삭제하고 부상자의 이름을 강조 표시했다(Gey, 2000: 541; Maynard, 2001: 41). 이어진 법정 소송인 Planned Parenthood v. ACLA(2001)에서, 사상과 행동의 구분이 주요 쟁점으로 부각되었다. 법원은 웹사이트의 언어적 어조가 낙태 제공자를 식별하기 쉽게 만들어, 공격을 조장하는 것으로 볼 수 있다는 결론에 도달했다. 그러나 실제 웹사이트의 진술에서는 폭력을 언급하지 않았으며 의사들에게 해를 가하겠다고 구체적으로 언급하지 않았기 때문에 유죄판결을 내리기에는 충분하지 않다고 판단했다. 이 진술들은 공적 담론의 일부로 간주되어 위협으로 간주되지 않았다(Maynard, 2001: 42).

인종차별적 웹사이트 (조직적) 웹사이트는 인종차별적 내용을 호스팅할 수 있으며, 그룹을 조직하고 이벤트에 대한 정보를 배포하는 데에도 사용된다. 이러한 웹사이트는 주로 정치적 및 종교적 극단주의 단체로 구성된다.

플래시몹 및 시위 그룹 플래시몹은 네트워크 통신기술을 사용하여 사람들을 자발적으로 조직하는 방법이다. 이는 사람들이 장난감 가게에 모이는 등 다소 비현실적이고 심지어 무의미한 스턴트의 연속으로 시작되었다. 그러나 플래시몹은 이후 정치적 의제를 가진 사람들이 자발적인 시위를 조직하는 데 활용되었다. 예를 들어, 일부(하지만 모든) G8 반대시위에서 그 예를 찾을 수 있다. 플래시몹과 시위는 표현의 자유법 아래 어느 정도 보호를 받을 수 있지만, 질서를 유지해야 하는 사람들에 의해 자주 적대적으로 대우받는다.

범죄 갱단 조직 범죄 갱단은 자신들에 대한 정보를 유포하고 그들의 상징 및 성과를 알리기 위해 인터넷을 사용하는 것으로 알려져 있다. 웹사이트는 또한 물리적 또는 온라인 모임을 조직하는 데 사용될 수 있으며, 그 세부 사항은 종종 회원 외에는 접근할 수 없도록 서버에 깊숙이 숨겨져 있다. 경우에 따라 정

보는 암호화에 의해 숨겨질 수 있지만, 이러한 조치는 외부의 관심을 더욱 자극할 가능성이 높다. 관련된 그룹에는 아동 성범죄 갱단(Hayward, 1997), 소프트웨어 불법복제 갱단('DrinkorDie' 사건 참조: Shenon, 2001; USDOJ, 2002; BBC, 2005d), 훌리건 갱단(BBC, 1999b), 거리갱단(Chicago Crime Commission, 2000), 그리고 조직범죄 갱단(Computing, 2005)이 포함될 수 있다.

마약 및 무기 제조에 관한 정보 유통

범죄에 대한 논의, 범죄의 저질 및 이를 달성하기 위한 기술은 뉴스그룹, 인터넷 릴레이 채팅 포럼 및 블로그 사이트에서 이루어진다. 주제는 상당히 다양하며 개인행동에 미치는 잠재력은 외설적이거나 폭력적인 내용과 관련된 것보다 훨씬 더 논쟁의 여지가 있다. 스펙트럼의 한쪽 끝에서는 기존의 기반시설 구조를 회피하기 위해 설계된 정교한 기술을 설명하는 정보의 유포가 있다. 예를 들어, 앞서 언급한 해커 프라이스(Pryce)는 소프트웨어를 얻고 하드웨어에 접근하기 위해 게시판을 사용했다고 밝혔다.

> '나는 게시판에서 소프트웨어를 얻곤 했고, 그 중 하나에서 "블루박스"를 얻었어. 이 기기는 다양한 주파수를 재현해서 무료로 전화를 걸 수 있게 해줬어,'라고 그는 말했다. '나는 남미에 전화를 걸었고 이 소프트웨어는 내가 전화를 끊었다고 생각하게 만드는 소음을 내었어. 그렇게 해서 나는 전 세계 어디에나 무료로 전화를 걸 수 있었지.' (Ungoed-Thomas, 1998: 1)

스펙트럼의 반대편에는 폭탄제작에 관한 이야기, 즉 폭탄이나 기타 무기를 만드는 방법에 대한 지침의 유포에서부터 폭력행위를 저지를 목적으로 특정 집단을 겨냥하는 것까지 포함된다(Wallace and Mangan, 1996: 153). 후자의 가장 생생한 예는 오클라호마 폭탄테러 계획에 있어 다양한 민병대의 구성원들이 인터넷을 사용한 것으로 알려진 경우이다(Deflem, 1997: 5) 그리고 더 최근에는 리차드 리드, 즉 '신발 폭탄범'의 경우가 있다(BBC, 2002). 유사하게, 2005년 7월 7일과 21일 런던 폭탄테러에 사용된 장치의 제작자들은 아세톤 과산화물 기반 폭발물의 제조법을 인터넷에서 얻었다고 알려져 있다. 그러나

이 주장은 논란의 여지가 있다. 왜냐하면 비록 공식은 사용 가능할지라도 이 물질의 매우 휘발성이 강한 특성은 이를 안정화하고 조기 폭발을 방지하기 위해 전문적인 제조과정이 필요하기 때문이다. 브루스 슈나이어의 보안 블로그에 댓글을 남긴 한 독자는 진지하게 이렇게 언급했다: '인터넷에서 다운로드한 제조법으로 폭발물을 만드는 것은 정말 어리석은 일이다. 폭발물은 일반적으로 적절한 훈련 없이는 제조(심지어 다루는 것조차) 해보지 않는 것이 좋다' (2005년 8월 5일, 오전 9시 36분에 게시됨).

온라인 계획으로 무기 만들기 2012년, 3D 프린터의 출현 이후, 코디 윌슨과 디펜스 디스트리뷰티드(Defense Distributed)는 크라우드 펀딩을 통해 첫 번째 실용적인 인터넷 프린트 가능한 총기인 '위키 무기(Wiki Weapon)'인 '리버레이터(The Liberator)'를 설계하고 계획을 온라인에 공개했다. 윌슨과 동료들은 CAD 설계를 '자신의 차고에서 22 구경 총알을 발사할 수 있는 작동 총으로 바꾸고 싶어했다.' 그들의 야망은 주로 개념의 증명이며, 그것이 가능하다는 것을 보여주고 싶었다.

> '우리는 이 원칙을 보여주고 싶다: 권총을 인쇄할 수 있다는 것이다.' 텍사스 대학교의 2학년 법학 학생인 24세 윌슨이 말했다. '200발을 쏘는 것이 필요하지 않다. 한 번만 발사하면 된다. 하지만 설계가 조금 작동하지 않더라도 상관없다. 치명성을 보장하는 한 그것은 중요하지 않다.' (Greenberg, 2012)

이 프로젝트는 상당한 언론보도와 총기 범죄증가 가능성, 테러리스트가 사제무기를 공공장소에 밀반입할 가능성, 미성년자나 자격이 없는 사람이 사제무기를 소지하는 문제에 대한 많은 대중의 우려를 불러일으켰다. 윌슨의 총기는 발사되었지만, 그 효과나 신뢰성은 그리 높지 않았고, 이러한 우려는 미국에서 진짜 무기를 구하기 쉬운 이유로 사라졌다(Greenberg, 2012). 10년 후, 이 문제는 다시 부각되었다. BBC의 보도에 따르면, 초기 프린트된 총기는 신뢰성이 낮은 단발 총기였지만, 최신 버전은 '신뢰할 수 있고 실용적'이라는 것이다. 3D 프린팅의 발전 덕분에 이제 무기의 80~90%를 만들 수 있지만, 나머지 10~20%인 총신과 다른 필수부품은 여전히 금속으로 만들어야 한다고 한다(Vallance, 2022). 그러나 경찰은 3D 프린팅된 무기의 압수를 증가시키고 있으며, 그 숫자는 전통적인 무기와 비교할 때 여전히 적다. 2020년 이후 프린팅된 무기압수가 증가한 이유 중 하나는 코로나19 팬데믹 동안 국경을 넘는 무기운반의 어려움이 범죄자들이 프린팅된 총기에 관심을 갖게 했을 수 있다는 것이다. 그러나 더 중요한 것은 '일부 "플라스틱형" 총기가 상대적으로 신뢰성이 떨어지더라도 여전히 위협을 가할 수 있다; 총기 범죄의 약 20%에서만 총알이 발사된다'는 점이다(Squires, quoted by Vallance, 2022).

이는 위험을 평가하는 데 있어 생각과 행동, 진실과 거짓을 구분할 필요성을 다시 한번 드러내며, 이러한 변증법은 인터넷과 범죄의 거의 모든 것에 특징적이다. 또한 범죄에 대한 대화가 발언으로 간주되기 때문에 종종 표현의 자유 보호를 받는다는 점도 중요하다. 이는 미국헌법과 캐나다 권리헌장 등의 법 아래에서 이루어지지만, 해로운 발언의 배후 의도가 범죄 법규와 충돌할 수 있다.

위법행위의 원인이 되는 콘텐츠

컴퓨터 콘텐츠가 소유하는 것이 범죄인 것과 대조적으로, 컴퓨터 콘텐츠는 잘못된 행동에 기여할 수도 있다. 이러한 콘텐츠는 일반적으로 온라인에서 오해를 일으키거나 잘못된 정보를 유포하는 것과 관련이 있으며, 용어에서 나타나듯이 각각 수신자를 오도하고 잘못된 정보를 제공한다. 이들은 여기서 광범위하게 적용되어 스토킹, 괴롭힘 또는 그루밍과 같은 범죄를 포함하는 행동이나 범죄의 전조 행동을 설명하며, 5장에서 설명한 사기, 속임수 또는 갈취와 같은 다양한 후속 범죄의 범위를 형성한다. 더 심각한 경우로는, 이러한 콘텐츠가 범죄자가 기술적 가정폭력, 성별 기반의 트롤링이나 괴롭힘, 도킹, 성폭력을 정당화하는 그룹, 인신매매를 저지르는 데 도움을 줄 수 있다. 이는 박스 6.5의 앤드류 테이트 사건이 보여주는 이슈들이다.

박스 6.5 앤드류 테이트 사건 – 온라인 여성증오

앤드류 테이트 사건은 콘텐츠가 어떻게 잘못된 행동에 기여할 수 있는지를 보여준다. 더 구체적으로는, 소셜미디어 인플루언서의 힘이 증가하면서 잠재적으로 사회에 미치는 더 넓은 영향을 어떻게 남용할 수 있는지를 설명한다. 테이트는 킥복서이자 소셜미디어 인플루언서로, 여성에게 벨트로 폭력을 휘두르는 동영상이 유포된 후 리얼리티

쇼 '빅 브라더'에서 퇴출된 뒤 인터넷 유명인이 되었다. 그는 이후 소셜미디어에서 여성증오적인 게시물을 통해 자신의 초남성적이고 초호화로운(독성 마초) 라이프스타일을 홍보했다. 이러한 견해는 영국의 학교에 침투한 이데올로기를 촉진하며 남학생들에게 독성 영향을 미친다고 주장한다(Weale, 2023).

테이트는 수백만 명의 팔로워를 얻었지만, 여러 플랫폼에서 정지당했다. 이러한 조치는 그와 그의 견해에 대한 관심을 더욱 자극한 것으로 보인다. 테이트는 2015년부터 2019년까지 영국 검찰청에 의해 조사받았지만, 검찰청은 '유죄판결의 현실적인 가능성이 없다'고 판단하여 기소를 거부했다. 2022년 12월, 그는 그의 형과 다른 이들과 함께 인신매매 및 조직범죄 그룹 결성 혐의로 루마니아 경찰에 의해 체포되었다. 이 그룹은 피해자들을 강제로 성인용 이미지를 만들게 하여 포르노 소셜미디어를 통해 판매하는 것으로 알려져 있다. 그들은 2023년 6월에 강간, 인신매매 및 여성 성착취를 위한 조직범죄 그룹 결성 혐의로 기소되었다. 흥미로운 점은 이러한 기술 기반 범죄의 영향이 오프라인에서도 느껴질 것이라는 것이다. 한편으로는 테이트가 여성증오적이고 일반적으로 불쾌한 견해를 홍보해 왔다. 다른 한편으로는 그가 그러한 범죄를 지원하는 이미지를 생성하는 오프라인 범죄를 저질렀다고 주장된다. 독자들은 이 사건과 그 결과를 계속 지켜보기를 원할 수 있다.

온라인에서 잘못된 정보 및 오해의 소지가 있는 정보 유포

정보에 크게 의존하는 세상에서, 허위정보는 특히 인구를 의도적으로 오도하여 의제를 변경하려 할 때 여론과 행동에 매우 강력한 영향을 미칠 수 있다. 소셜미디어의 성장과 인터넷 기술의 속도 발전은 고의적으로 다른 사람을 오도하려는 사람들의 범위를 확장시켰다. 또한 Castells(2013)이 설명한 '개별화(individuation)' 과정을 가속화했으며, 이는 요약하자면, 에코챔버 효과나 환경을 만들어 허위정보의 영향을 더욱 강력하게 만든다. 이러한 환경은 대조적인 관점을 배제하면서 사람들이 듣고 싶어하는 정보를 제공하여 기존 신념을 강화할 뿐만 아니라 그 신념을 증폭하거나 심화시킨다. 에코챔버 효과의 실제 영향력에 대한 견해는 의견을 형성하는 데 있어서 능력에 따라 다르지만, 예를 들어 사람들은 뉴스출처를 선택적으로 노출하는 경향이 있다는 데 동의한다. 이는 그들의 세계관을 반영하고, '확증 편향'을 일으킬 가능성을 높이다. 이는 사람들이 특정 아이디어나 개념이 사실이기를 원하고, 선택적 소스 때문에 그것이 사실이라고 믿게 되는 현상이다(Heshmat, 2015). 이와 관련해 즉각적으로 떠오르는 생각은 2020년 미국 대통령 선거 후 많은 사람들이 선거가 조작되었고 자신들의 당이 실제로 이겼다고 믿고 주장한 경험이다. 여러 웹사이트에서 허위정보가 유포된 것으로 알려졌는데, 대부분은 근거 없는 음모론에 불과했다. 이러한 사이트 중 하나는 4chan 메시지 보드로, 십여 년 동안 '적들'(주로, 하지만 독점적으로는 아니지만, 진보주의자, 소수자 및 기존 공화당원들)을 '웃음거리'(즉, lulz)로 삼아 모욕하거나, 괴롭히거나 '발끈하게 하는' 것으로 악명 높았다. 트럼프 운동은 더 넓은 대상에게 이를 전파할 완벽한 경로였다(Ohlheiser, 2016).

Ohlheiser는 '4chan 투표가 트럼프에게 유리하게 선거를 결정짓는 결정적인 투표 요인은 아니었지만 ... 4chan이 실제로 트럼프의 승리에 기여했거나 직·간접적으로 원인이 되었다는 믿음은 밤새 게시판 전체에서 퍼져 있었다'고 관찰했다. '인터넷 생활의 한 부분이 선거 토론의 주류로 반복적으로 언급되었다'(Ohlheiser, 2016).

2021년 1월 6일 국회의사당 난입사건은 4chan과 같은 사이트에서 유포된 오보에 기인한 것으로 보이다. 이는 선거결과가 조작되지 않았다는 모든 증거에도 불구하고, 그리고 그 주장을 뒷받침할 만한 충분한 증거가 제시되지 않았음에도 불구하고 일어났다. 2022/23년의 공개조사에도 불구하고 이러한 불신은 계속 지속되었으며, 2024년 미국 대통령 선거를 앞두고 여전히 불씨로 남아있다(Wendling and Sardarizadeh, 2022).

생각을 행동으로 바꾸는 허위정보의 스펙트럼 한쪽 끝에는 악의적인 소문이나 특정 고정관념을 의도적이든 의도적이지 않든 강화하는 다양한 도시전설을 퍼뜨리는 것이 있다. 이러한 이야기들은 유머러스하거나, 반어적이거나, 고의적으로 오도하기 위해 만들어질 수 있다. 스펙트럼 중간에는 악성 바이러스 경고 또는 '잘 속는 바이러스'가 있으며, 이는 의도적으로 '사회공학'을 이용하여 사람들을 첨부파일을 열거나 URL을 열거나 컴퓨터 운영체제의 일부를 삭제하도록 속이려 한다. 또한 이러한 방법은 사기나 로맨스 사기(5장 참조)의 일환으로 사용되어 개인이 돈을 지불하거나 특정 행동을 하도록 유도할 수 있다. 스펙트럼의 끝에는 대규모로 허위정보를 배포하여 더 넓은 정치적 의제를 형성하려는 의도가 있다(4장의 정보전에 대한 섹션 참조).

허위정보와 오정보를 유포할 수 있는 여러 가지 방법이 있다. 예를 들어, 이메일, 비디오 통화, 채팅방 또는 토론그룹을 통해 공격적 의사소통을 하여 개인을 화나게 하거나, 괴롭히거나, 스토킹하거나, 그루밍하려는 의도를 가질 수 있다.

불쾌한 커뮤니케이션: 이메일, 채팅방 및 블로그

인터넷의 대화형 형태의 대중 커뮤니케이션의 성장은 잘못된 정보를 유포하는 악성 행위자들에게 수단이 되었다. 온라인에서의 공격적 의사소통은 여러 형태를 취할 수 있다. 이메일을 통해 스팸으로 '프로파일링된' 주소 목록에 전송되거나 4chan, 채팅방, 블로그 사이트와 같은 인터넷 포럼을 통해 전달될 수 있다.

공격성의 강도는 괴롭힘과 협박에서 신체적 폭력위협까지 다양하다. 2006년 MSN/YouGov 설문조사에서 영국의 청소년 10%가 온라인 괴롭힘의 피해자였다는 사실이 드러났다(BBC, 2006b). 약 15년 후, 영국 통계청은 영국 10-15세 아동의 5명 중 1명(20%)이 최소 한 가지 유형의 온라인 괴롭힘을 경험했다고 밝혔다(ONS, 2020). 또한, 유럽전역에서 8,000명의 청소년을 대상으로 한 EU 지원 설문조사에서는 4명 중 1명(25%)이 온라인에서 트롤링을 했으며, 3명 중 1명이 디지털 불법복제에 참여한 것으로 나타났다(Milmo, 2022).

영국법에서는 의도적으로 피해자에게 해를 끼치거나 모욕하려는 명백한 의도가 있는 심각한 온라인 공격적 의사소통을 매우 심각하게 다룬다. 영국법에서의 공격적 의사소통 사례 연구는 그러한 행위에 적용되는 법률의 폭을 보여준다. 살해위협은 명백한 의도를 보여주기 때문에 1861년 'Offences Against the Person Act'(제16조)에 해당된다. 그러나 위협적이거나 공격적이며, 음란하거나 불쾌한 성격의 이메일이거나 고의적으로 불쾌감이나 불안을 초래하는 이메일은 의도가 충분히 심각하다면 1984년 'Telecommunications Act'(제43조, 1a 및 1b)에 따라 여전히 범죄가 될 수 있다. 또한, 이메일에 공격적이거나 위협적인 첨부파일이나 음란한 사진이 포함된 경우, 'Malicious Communications Act 1988'(제1조) 또는 'Obscene Publications Act 1959'(제1(2)조) 하에서 추가 범죄가 성립될 수 있다. 공격적 행위가 반복적으로 다른 기술을 통해 이루어진다면 그 심각성은 더욱 증가한다. 예를 들어, 이메일을 통해 괴롭힘 메시지를 보낸 후 상대적으로 짧은 기간 내에 전화로 메시지를 전달하는 경우, 발신자는 'Protection from Harassment Act 1997'(제1조, 2조 및 7조) 위반을 할 수 있다.

공개적으로 접근 가능한 이메일 목록에 이메일을 전송하고, 수신자가 '위협적이거나 모욕적이거나 공격적인 단어 또는 가시적 표현'을 보고 '불안, 공포 또는 불쾌감'을 느끼게 했다면, 발신자는 'Public Order Act 1986'의 4조나 5조를 위반했을 수 있다. 더 나아가, 의사소통의 내용과 방식이 피해자가 소속되었거나 소속되었을 것으로 추정되는 인종 집단에 대한 발신자의 적대감을 보여준다면, 이는 1998년 'Crime and Disorder Act'의 28조에 따라 인종적 증오가 동반된 범죄에 해당할 수 있다. 마지막으로, 명예훼손은 '사람을 비방하고', '그 사람을 증오, 경멸, 조롱의 대상이 되게 하는' 명예훼손으로부터 비롯될 수 있다. 대부분의 명예훼손 사건은 영국에서 민사소송을 통해 제기되며, 관습법에 따라 형사기소되는 경우는 드물고, 주로 다른 형법으로 더 잘 다루어지기 때문이다.

채팅방 및 토론 그룹 커뮤니케이션(스토킹 및 그루밍)

잘못된 정보나 허위정보를 유포하는 또 다른 방법은 채팅방과 토론그룹을 통한 의사소통이다. 채팅방은 사람들이 실시간으로 대화할 수 있는 온라인 포럼으로, usenet 뉴스그룹('alt.'로 시작하는)에서 발전하여 인터넷 릴레이 채팅(IRC)으로 진화했다. 두 가지의 주요 차이점은 채팅방이 실시간으로 운영된다는 점이며, 뉴스그룹은 메시지와 그에 대한 답변을 게시하는 방식으로 운영된다는 점이다. 채팅방은 참여자 모두에게 비슷한 관심사를 가진 동료 그룹에 쉽게 접근할 수 있는 장을 제공한다. 일상적인 생활에서 벗어나 '두 번째 삶'을 살아가며, 참가자들이 더 자유롭게 자신을 표현하고, 같은 생각을 가진 사람들과 소통하며, 자신의 환상을 즐길 수 있는 공간이지만, 허용되는 행동 정책이 위반될 경우 감시나 조정의 대상이 되기도 한다. 젊은 사람들에게 채팅방의 매력은 '밖에 나가지 않고도 놀 수 있다'는 실용성에 기반하고 있다. 채팅방은 인터넷 사용자들이 청소년기의 갈등을 해결할 수 있도록 하며, 부모의 규칙을 지키면서도 비슷한 관심사를 가진 새로운 친구들과 소통하고 사귀게 해 준다. 그러나 채팅방은 또한 젊은 사람들이 동료와 자신의 조건에 따라, 부모의 조건이 아닌 자신의 조건으로 참여함으로써 정서적 소유권을 주장하는 명확한 구획된 공간이기도 한다. 이러한 '경계 형성'은 특히 젊은 사람들이 의사소통하는 동료에게 더 높은 신뢰를 보이는 것처럼 보이기 때문에 채팅방에서 직면할 위험에 대한 공공의 우려로 이어졌다. 젊은 사람들이 포르노그래픽이나 기타 도덕적으로 위험한 자료에 노출될 가능성에 대한 사회적 우려뿐만 아니라, 부모들은 자녀가 해를 끼치려는 사람들(주로 성인)에 의해 온라인에서 유혹될 수 있다는 구체적인 우려도 있다. 하지만 Walker와 Bakopoulos(2005)의 인터넷 사용 패턴 연구에 따르면, 젊은이들도 성인과 놀랄 만큼 비슷한 온라인 안전에 대한 우선순위와 우려를 표현했다. '대부분의 경우 그들은 포르노보다는 보안에 대해 더 우려했으며, 포르노는 해롭다기보다는 재미있다고 보았다'는 것이다. 이 발견은 일부 우려를 완화시킬 수 있지만, 젊은이들이 부모가 인식하는 것보다 더 많은 시간을 채팅방에서 보내는 경향이 있다는 것도 발견되었으며, 이는 스토커나 유혹하는 사람들이 그들과 신뢰 관계를 구축할 가능성을 높인다.

채팅방과 토론 목록을 통한 의사소통은 '사이버 스토킹'의 기여 요인이 될 수 있다. 사이버 스토킹은 온라인 토론에서 드러난 특성이나 취약성 때문에 개인이 후속 괴롭힘의 대상이 되는 것을 말한다. 사이버 스토킹을 성공적으로 다루기 위해서는 실제 위협과 성가신 행위 사이의 경계를 어디에 그릴지 결정할 수 있어야 한다. 이러한 도전과 이를 해결할 수 있는 필요성은 초기 인터넷 사건에서 분명해졌다. 이 두 사건은 스토킹의 사례로서 대략적으로 설명될 수 있다. 1990년대 중반 'Jake Baker 사건'(United States v. Alkhabaz, 1997)에서 Baker는 'alt.sex.stories' 뉴스그룹에 강간-고문과 스너프 스토리를 판타지로 게재한 후 기소되었다. 한 이야기에서 Baker는 피해자의 이름을 그의 동급생 중 한 명으로 지정했다(Wallace와 Mangan, 1996: 63). Baker는 실제로 피해자를 몰래 추적한 것이 아니었으며, 사실 그녀에게 연락조차 하지 않았다. 더구나 나중에 그녀의 실명은 그 이름의 한 음절이 남성 생식기와 운율이 맞아서 사용되었다고 제안되었다. 그럼에도 불구하고 그는 이야기와 그것을 읽은 다른 사람들에게 상당한 우려를 일으켰다. 다른 사건에서는 'Mr Bungle'이 LamdaMoo라는 가상환경에서 다른 캐릭터들을 '스푸핑'하여 그들의 말과 행동을 가로채고, '가상현실 주민들에 대한 허구적 성폭행 행위'를 저질렀다(MacKinnon, 1997). 가상 커뮤니티의 참가자들은 실제 신체 강간이 일어났다고 믿지는 않았지만, 일부 참가자들은 그 '공격'이 허구를 넘어섰다고 느꼈고 그들의 '사이보그 친구'가 강간당했다고 느꼈다(Dibbell, 1999: 11 참조). 'Jake Baker'와 'Mr Bungle'은 사이버 스토킹을 전면에 내세웠으며, 실시간 인터넷 릴레이 채팅의 인기가 높아짐에 따라 더 강한 경계를 갖게 되었다.

1999년 BBC 인터뷰에서 CyberAngels 설립자 Parry Aftab는 세 가지 주요 사이버 스토킹 시나리오를 식별했다. 첫 번째는 관계가 끝난 후 전 배우자에게 이메일로 모욕적인 자료를 보내는 배우자 학대나 복수이다. 두 번째는 채팅방에서 맺어진 인터넷 관계가 악화되는 것이다. 좋은 시절에 공유된 정보가 나중에 한 사람이 다른 사람에게 사용되거나, 혹은 두 사람이 서로에게 사용한 경우이다. '사진이 포르노 사진에 합성되어 고용주에게 이메일로 보내지거나, 피해자가 성적 서비스를 제공하는 것처럼 보이게 게시물로 작성될 수 있다'(BBC, 1999a). 세 번째 범주는 겁을 줄 수 있는 대상이라면 누구에게나 목표를 삼는 사람들로, 종종 어린이와 사회적 취약계층을 대상으로 한다. 가장 해가 적은 경우, 이들은 단순히 괴롭히는 사람일 뿐이지만, 가장 심각한 경우에는 오프라인 접촉을 유도하기 위해 유혹을 하는 사람일 수 있다.

종종 사이버 스토킹으로 잘못 불리는 인터넷 그루밍은 보통 채팅방에서 아동이나 취약한 사람들과의 온라인 친분을 맺고 조종하는 것이다. 유혹하는 사람들은 피해자의 신뢰를 얻어 관계를 오프라인으로 옮겨 학대가 이루어지도록 하는 의도를 갖고 있다. 인터넷 그루밍은 수년간 큰 우려의 대상이었으며 그럴만한 이유도 있다. 예를 들어, BBC 뉴스 웹사이트에서 '인터넷 그루밍'이라는 키워드를 검색하면 관련 수사나 기소 사례가 약 100건 나온다. 실시간으로 극적으로 진행된 2003-4년의 Studabaker사건은 인터넷 그루밍 문제를 국제적인 헤드라인에 올려놓았다. 전직 미 해병 Toby Studabaker는 인터넷 채팅방에서 12세 소녀를 조심스럽게 유혹하고, 그녀와 만나기 위해 맨체스터로 간 후 파리로 갔다. 이 납치사건은 상당한 언론의 주목을 받았고, Studabaker는 결국 프랑크푸르트에서 체포되어 영국으로 송환되어 재판을 받았다. 그는 이후 유죄판결을 받고 4년 반의 징역형을 선고받았다(BBC, 2004b). Studabaker

사건은 인터넷 그루밍 문제에 대한 대중의 인식을 높였을 뿐만 아니라, 영국 'Sexual Offences Act 2003'의 통과를 용이하게 했으며, 이 법은 기존의 인터넷 그루밍에 대한 법률을 강화했다.

물론 법이 항상 옳은 결정을 내리는 것은 아니며, 그 적용은 일반 대중과 전문가들이 문제를 적절히 이해하는 것에 달려 있다. 이는 6.6 상자에 설명된 사례 연구에서 나타난다. 이 사례는 부모와 실무자가 더 많은 이해를 가지고 있었다면 더 동정적으로 다룰 수 있었을 것이다.

박스 6.6 페이스북, 플러팅, 그리고 살해 위협

이 사례 연구는 "트위터 농담 재판(DPP 대 챔버스 사건)"을 떠올리게 하며, 2003년 통신법(Communications Act 2003) 제127조 및 인터넷 위협과 관련되어 있다. 2010년대 초반, 한 십대 소녀가 페이스북에 바다에서 나오는 비키니 차림의 휴가 사진을 올리며 "남자들아, 어떻게 생각해?"라는 문구를 덧붙였다. 이에 대해 그녀의 남자친구의 절친(15세)이 "X나 예쁘네"라고 답했고, 이어서 장난스럽고 재치 있는 플러팅 대화가 오갔다. 이에 질투심을 느낀 남자친구는 자신의 친구에게 "꺼져"라고 말하며 언쟁이 벌어졌다. 남자친구는 화가 나서 (이제는 절교한) 친구에게 "또 그런 말 하면 널 찾아내서 죽이겠다"고 말했다. 이는 2008년 피에르 모렐 감독의 영화 "테이큰"에서 리암 니슨이 한 대사를 패러프레이즈한 것이었다. 절교한 친구의 부모는 이 온라인 대화를 보고 그의 안전을 염려하여 담임 선생님에게 알렸다. 그러나 선생님은 어떻게 대응해야 할지 몰라 학년 주임교사에게 보고했고, 이 사건은 학교 관리 체계를 따라 교장까지 보고되었다. 교장 또한 해결 방법을 몰라 지역 경찰 연락 담당자에게 문의했다. 경찰은 다시 왕립검찰청(Crown Prosecution Service)으로부터 자문을 구했다. 검찰은 "I will kill you(널 죽이겠다)"라는 발언을 협박적 성격을 가진 것으로 판단했고, 2003년 통신법 제127조 1항 (a)호를 명백히 위반한 것으로 보았다. 경찰은 해당 남자친구를 "잠재적 살인자"로 간주하고 강제로 체포한 뒤, 그의 컴퓨터를 압수했다. 그러나 이후 수사 과정에서 사건은 점차 무너지기 시작했고, 언론에 공개되었다. 조사 결과, 이 남자친구는 명백히 살인 의도가 없었던 것으로 드러났고, 그가 경찰의 주의 조치(caution)를 거부하자 사건은 결국 기각되었다.

블로그 및 블로그 사이트

'블로그' 또는 웹로그는 온라인 청중과 공유하는 인터넷 일기나 개인 저널이다. 블로그는 웹 게시 공유 소프트웨어의 발전에 힘입어 1990년대 중반에 등장했다. 다양한 형식의 블로그가 있으며, 텍스트, 비디오, 이미지, 때로는 음악을 결합한 멀티미디어 형식이 주를 이룬다. 일부는 블로거의 개인적인 생각을 표현하고, 다른 블로그는 친구, 관심사, 직업 그룹 간의 상호작용을 담고 있다. 블로거들은 시사 문제나 정치적 뉴스 항목, 질병, 종교, 심지어 성적 탐색에 이르기까지 다양한 주제를 논의한다. 대부분의 인터넷 활동과 마찬가지로, 블로깅은 불만을 표현하거나 대중의 지지를 얻기 위한 도구로도 사용될 수 있다. 예를 들어, 'The Queen of Sky'라는 전직 승무원은 자신이 근무하는 항공기에서 찍은 사진을 공개한 후 해고된 사례가 있다(Oates, 2004b). 또는 정치적 저항의 도구로도 사용될 수 있는데, 예를 들어 'Baghdad Blogger'의 사례가 있다(BBC, 2004c). 혹은 하이브리드 뉴스그룹처럼 불법활동이나 범죄활동의 경험을 공유하는 해커 블로그 같은 용도로도 사용된다. 예를 들어, 'Belle de Jour'는 자칭 매춘부로, '밤의 이야기'를 독자들에게 들려 주었다(BBC, 2004d). 2010년대 이전에는 대부분의 블로그가 개인에 의해 작성되었으나, 그 후 뉴스 미디어와 소셜미디어의 등장으로 다수의 저자가 참여하는 블로그가 도입되면서 블로깅은 주류의 의사소통 및 뉴스 형태로 자리 잡게 되었다. 현대의 블로거는 단순히 콘텐츠를 생산하는 것에 그치지 않고, 독자들과 관계를 형성하고, 독자들의 의견과 관심을 중요하게 생각한다.

블로그의 중요한 점은 단순히 블로거가 다양한 주제에 대한 개인적인 반성을 제공하는 것 이상이라는 점이다. 블로그는 유사한 견해를 공유하는 커뮤니티를 하나로 모으며, 대다수의 경우 독자들이 블로그에 기여할 수 있도록 한다. Gaudeul과 Peroni는 블로거의 활동, 독자 수, 댓글을 통한 적극적인 참여 사이에 긍정적인 관계가 있음을 발견했다(Gaudeul and Peroni, 2010). 이는 독자 수를 늘리려는 블로거들이 독자들이 듣고 싶어 하는 이야기를 할 유혹에 빠질 수 있음을 시사한다.

따라서 블로그는 좋은 정보와 나쁜 정보를 매우 빠르게 전달할 수 있는 상당한 잠재력을 가지고 있다. 대부분의 블로그는 관련 정보와 다른 블로그에 대한 웹 링크를 포함하고 있다. 이러한 블로그의 네트워크, 즉 '블로그롤'은 서로 연결된 블로그 환경, 즉 '블로고스피어(blogosphere)'를 형성하여 정보와 토론이 급격히 확산될 수 있다. 위키백과와 같은 출처에 따르면, 이러한 '블로그스톰(blogstorm) 또는 스웜(swarm)'은 블로고스피어에서 특정 주제나 논란을 중심으로 많은 활동, 정보 및 의견이 폭발적으로 증가할 때 발생한다. 비록 이러한 용어가 미래지향적으로 들릴 수 있지만, 블로고스피어는 정기적인 미디어와는 다른 정보흐름을 제공하고 건설적이고 유익한 토론과 논의를 위한 통로를 제공하는 분산형 정보공유 네트워크를 구성한다. 그러나 빠르게 여론을 형성하는 블로깅은 종종 정보를 왜곡할 수 있으며, 이는 부정적인 결과를 초래하는 경우가 많아 많은 인터넷 사용자에게 접근할 수 있는 잠재적 '콘텐츠' 조작자에게 기회를 제공한다.

사이버 괴롭힘

사이버 괴롭힘은 사이버 스토킹, 도싱(doxing), 트롤링(때로는 '플레이밍'이라고도 함)을 포함한 다양한 활동을 통칭하는 용어로, 네트워크 통신을 통해 이루어진다. 주로 소셜미디어를 통해 발생하지만, 이에 국한되지 않다. Moreno(2014)는 이를 '집단 또는 개인이 전자적 형태의 접촉을 사용하여 반복적이고 장기간에 걸쳐 피해자가 쉽게 자신을 방어할 수 없는 상황에서 공격적이고 의도적인 행위나 행동을 실행하는 것'이라고 정의했다. 중요한 점은 사이버 괴롭힘을 하는 사람들이 권력을 행사하고 다른 사람들보다 우위에 서려는 목적이 있으며, 이는 종종 다른 사람들의 눈에, 또는 심지어 자신에게 자신을 더 높게 평가받기 위해 행해진다.

사이버 스토킹은 범죄자가 인터넷을 이용해 개인, 집단, 심지어 조직을 다양한 이유로 지속적으로 스토킹하고 괴롭히는 일종의 괴롭힘이다. 일반적인 사이버 괴롭힘과 마찬가지로, 사이버 스토커는 다양한 목표를 달성하기 위해 다른 사람을 지배하려고 한다.

도싱은 피해자의 개인정보를 공개적으로 노출하겠다고 위협하는 괴롭힘 전술이다. 트롤링은 온라인 사용자들을 고의적으로 도발하여 감정적인 반응을 이끌어내고, 이를 통해 온라인 활동을 방해하고 오프라인에서도 사람들을 불쾌하게 만드는 행위이다. 이 경우, 목표는 금전적 이득(예: 갈취)보다는 방해를 목적으로 한다. '트롤링'은 정체성과 관련이 있으며, 이는 탈신체화된 '가상 커뮤니티'에서 정체성의 모호성을 악용하고, 정체성 속임수를 포함한다:

> 트롤링은 정체성 속임수에 대한 게임이다. 다만 대부분의 플레이어가 동의 없이 진행되는 게임이다. 트롤은 합법적인 참가자인 척하며, 그룹의 공통 관심사와 걱정을 공유하려고 시도한다. 반면, 뉴스그룹의 구성원들이 트롤과 다른 정체성 속임수를 인식하게 되면, 그들은 실제 게시물과 트롤링 게시물을 구분하고, 트롤로 판단된 게시자가 그룹을 떠나도록 유도한다(Donath, 1998: 43).

트롤링의 사례 중에는 자살로 이어진 경우도 있다. 예를 들어, 룸메이트가 웹캠을 이용해 타일러 클레멘티(Tyler Clementi)가 다른 남성과 키스하는 장면을 촬영하여 온라인에서 그의 성 정체성을 폭로하려 했고, 그 결과 클레멘티가 자살을 했다(Pilkington, 2010). 아만다 토드(Amanda Todd)는 '인터넷 트롤'에게 괴롭힘을 당한 후 자살했으며, 이와 유사한 사례는 많다(Wolf, 2012). 토드 사건은 인터넷 자경단체 'Anonymous'를 분노하게 했고, 그들은 이후 그녀를 괴롭힌 가해자의 신원을 온라인에 공개했다(Swash, 2012). 죽음과 관련해서, 영국의 '1998년 데이터 보호법'은 생존자에게만 적용되므로, 고인의 추모 페이지는 트롤에 의해 불쾌한 메시지가 게시되거나 훼손될 위험이 특히 크다. 이러한 무자비한 행동은 대부분의 독자들을 충격에 빠뜨리지만, 트롤링을 분석한 휘트니 필립스(Whitney Phillips)는 트롤들이 '그들이 속한 문화의 직접적인 반영이며, 따라서 단순히 이 행동범주 전체를 성급히 비난하는 것을 복잡하게 만든다'고 주장한다. 그녀는 '트롤 자체에만 집중하기보다 트롤링이 발생하는 제도적 인큐베이터로 대화를 유도하지 않는 한, 어떤 진전도 이루어지지 않을 것이며, 해결책도 찾지 못할 것'이라고 말한다(Phillips, 2012의 논의 참조).

사이버범죄의 초점이 되는 콘텐츠(데이터, 컴퓨터 콘텐츠 및 지적 재산 도용)

콘텐츠 범죄의 마지막 유형은 콘텐츠 자체가 범죄자의 실제 목표가 되는 경우이다. 이러한 범죄에는 빅데이터 절도, 콘텐츠 사용 거부 및 디지털 지적 재산 절도가 포함된다. 각 범죄는 컴퓨터(클라우드를 포함)에 콘텐츠로 저장된 데이터를 표적으로 삼으며, 해당 데이터는 가치를 지니고 있어 범죄의 표적이 된다. 또한 이러한 범죄는 다른 사이버범죄의 일부 요소로 나타날 수 있다.

사이버범죄의 첫 번째 유형의 콘텐츠는 우리가 컴퓨터를 사용하는 방식에 대한 빅데이터이다. 다음 장에서 더 설명하겠지만, 우리가 다양한 애플리케이션을 사용하는 동안 생성되는 데이터는 소비자 행동패턴을 예측하는 데이터 제품을 개발하려는 사람들에게 상업적 가치를 지닌다. 오늘날 빅데이터에 대한 수요는 공급을 초과하여 그 가치가 상승하고 있으며, 이러한 데이터는 절도(복사 및 탈취)되어 합법적인 사업체에 판매될 수 있다. 또한, 이러한 데이터는 다른 장에서 설명한 바와 같이 가공되어 Alpha Bay, Silk Road, Dream Market, Hydra Market 및 Dark Market과 같은 불법 온라인 시장을 통해 다양한 범죄 목적, 특히 컴퓨터 시스템에 대한 초기 접근을 위한 자격증명 세트로 판매될 수 있다. 이러한 시장은 법집행기관에 의해 정기적으로 폐쇄되지만, 다른 형식으로 정기적으로 다시 나타난다.

두 번째 유형의 콘텐츠는 우리가 일상적인 개인 또는 조직의 업무를 수행하는 데 사용하는 데이터 콘텐츠이다. 이는 우리가 소유권을 당연하게 여기는 데이터로, 사용이 제한되거나 다른 사람에게 공개될 수 있음을 인지할 때 그 의미가 더해진다. 예를 들어, 랜섬웨어나 데이터 갈취 공격의 경우가 이에 해당한다. 데이터의 영구적 손실이나 개인 데이터의 공개로 인한 수치심에 직면한 피해자들은 범죄자의 몸값 요구에 응할 준비가 되어 있다. 세 번째 콘텐츠 중심의 범죄는 컴퓨터 콘텐츠의 지적 재산 절도이다. 5장에서 언급한 바와 같이, 이 콘텐츠는 피해자가 직접 창작한 것이거나 피해자가 소유하거나 스트리밍을 위해 지불한 저작권이 있는 자료일 수 있다. 이러한 세 가지 유형의 컴퓨터 콘텐츠는 다른 유형의 사이버범죄의 원동력이 되며, 다른 장에서 더 구체적으로 논의될 것이다.

콘텐츠(단어와 이미지)가 실제로 생각을 행동으로 전환하여 피해를 입힐 수 있을까?

공격적인 의사소통이 야기하는 위험수준을 평가하는 데 중요한 것은 표현의 자유를 가치 있게 여기는 사회에서 생각과 행동, 즉 말과 행위를 구분하는 능력이다. 따라서 인터넷에서 콘텐츠를 구성하는 말과 이미지가 개인에게 미치는 영향을 이해할 수 있는 것이 필수적이다. 그것이 단순히 시청자의 정보적 또는 성적 욕구나 호기심을 충족시키는 것일까? 아니면 그것이 일탈적 생각을 재확인하고 정당화함으로써 개인의 도덕적 구속력을 점차 침식시키고, 더 나아가 점점 더 극단적인 환상이나 상상 경험에 노출시켜, 결국 그 경험이 개인의 정신에 '정상적'으로 내재되게 만드는 것일까?

신경과학자들은 말과 행동이 실제로 우리의 뇌 구조를 형성한다고 주장하는데, 이것이 인간이 시간이 지남에 따라 변화에 잘 적응할 수 있었던 이유 중 하나이다. 인간은 상호 간의 의사소통을 통해 서로를 조절하는데, 한편으로는 칭찬, 다른 한편으로는 건설적이거나 파괴적인 비판이 될 수 있다(Barrett, 2021). 사회학적 관점에서 말의 힘을 이해하기 위한 주요 이론적 접근은 '발화행위 이론'(speech act theory) (Austin, 1962; Searle, 1969)이지만, 범죄의 맥락에서는 그렇지 않았다. Matsuda 등(1993)을 비롯한 소수만이 '상처주는 말'(words that wound)을 이해하고 이론화하려고 했으며, 발화행위 이론은 이제 포르노그래피의 이해(Thurley, 2005)와 사이버범죄 연구(Williams, 2001, 2006)에 적용되었다.

시간이 지남에 따라 몇 가지 변형이 있긴 하지만, 발화행위 이론은 발화행위의 유형을 일루션(illocutionary) 행위와 펄로큐션(perlocutionary) 행위로 구분한다. 일루션 행위는 행위를 수행하는 발화로, 예를 들어 경찰이 "당신을 체포한다..."라고 말할 때 법적 절차가 개시된다. 반면에 펄로큐션 행위는 말의 결과가 발화된 내용과 크게 다를 수 있으며, 누군가가 무언가를 하도록 설득하여 행동을 유도하는 경우가 이에 해당한다. 그러나 실제로는 이러한 구분이 쉽지 않으며, 두 가지 발화유형이 동시에 작용할 수 있다. 이 이론을 사용하여 피싱과 같은 사이버범죄행위를 해체할 수 있다. 피셔는 먼저 이메일을 통해 자신을 합법적인 인물로 가장하여 피해자에게 접근하는 로큐션(locutionary) 행위를 수행한다. 이메일에는 은행의 공식 서식과 로고와 같은 공식 상징이 표시되어 있다. 이메일이 수신자의 주의를 끈 후에는 일루션(illocutionary) 행위인 은행 전문용어를 사용하여 권위를 강조하고, 펄로큐션(perlocutionary) 전술을 사용하여 개인정보와 금융정보를 피싱 웹사이트에 확인하도록 설득한다.

비슷하게, 포르노그래피의 영향에 대한 논쟁에서도 발화행위 이론은 포르노그래픽 텍스트의 영향을 밝히는 데 유용한 도구가 되었다. MacKinnon (1993), Langdon (1993), Stark (1997)을 포함한 여러 저자는 포르노그래피가 수행적 발화(performance utterance)라고 주장했다. 이는 발화행위, 발화수행 행위, 그리고 발화수반 행위가 비록 분리되어 있고 동시에 발생하지만, 발화가 수행적이라고 적절하게 간주되기 위해서는 필수적이기 때문이다. '표현매체는 발화행위이고, 여성의 종속성을 반복하는 것은 발화행위이며, 성적 각성은 발화행위이며, 가장 중요하게는 여성의 종속성에 대한 동의, 정당화, 묘사는 발화행위이다'(Thurley, 2005).

그러나 Thurley는 MacKinnon과 Langdon이 여성의 종속을 초점으로 하는 에로틱한 자료에만 초점을 맞춘 매우 좁은 정의를 사용하고 있음을 지적한다. 정의를 넓히면 일루션 행위는 사라져 포르노그래피가 수행적이라는 주장을 반박하게 된다. 이러한 비판은 다양한 표현의 범위를 강조하여 1996년 미국에서 짧게 시행된 '통신품위법'(Communications Decency Act)의 논리를 반박할 수 있다(Heins, 2001a, 2001b). 화행이론(speech act theory)은 채팅방 및 토론 목록뿐만 아니라 블로깅에서 '상처 주는 말'을 분석하는 도구로 사용할 수 있다.

결론

이 장에서는 각각 불법적이거나 범죄를 촉진할 수 있으며, 범죄의 동기가 될 수 있는 콘텐츠와 관련된 범죄 양상을 탐구했다.

이러한 양상의 폭넓음과 그 의도의 심각성을 잘 보여주었다. 범죄행위가 온라인에서 발생한다고 해서 그 행위가 사소하거나 덜 심각하다고 볼 수는 없다. 그러나 말과 이미지의 영향은 변수 간 관계를 다루는 거대한 이론들보다 훨씬 더 미묘하다. 말과 이미지는 생각과 행동 사이의 섬세한 상호작용을 포함하며,

일부는 상처를 줄 수 있는 반면, 일부는 그렇지 않다. 이는 앞서 설명한 제이크 베이커(Jake Baker)와 '미스터 번글(Mr. Bungle)'의 사례에서 분명히 드러났다. 이러한 사례에서는 온라인에서의 개인적인 접촉이 없었기 때문에 말과 정신적인 이미지가 더욱 중요해졌다. 오스틴(Austin)의 발화행위 이론을 '미스터 번글' 사건에 적용한 파워스(Powers, 2003)는 "가상 커뮤니티에서도 실제 도덕적 잘못이 발생할 수 있으며 ... 사람들이 가상 커뮤니티에서 행동함으로써 관행과 도덕적 기대를 확립하고, 자신과 온라인 정체성 사이에 강한 동일시를 정당화할 수 있다"고 주장했다. 윌리엄스(Williams, 2001)는 이 점을 더욱 강력하게 주장하며, 온라인상의 대부분의 학대가 텍스트로 나타나며, 인터넷 사용자가 그 동일한 텍스트에 의존하여 온라인에서 자신의 정체성을 형성하고 유지하기 때문에 텍스트 공격에 대해 더욱 심리적으로 취약해진다고 설명했다. "'실제'와 '가상' 현상이 불가분하게 연결되어 있다는 개념은 이러한 온라인 학대행위가 '실제' 삶에 영향을 미친다는 것을 의미한다. 온라인상의 유해한 일루션이 텍스트로 물리적 폭력을 전달할 수 있는 능력은 그것들에 '추가적인 수행력'을 부여하며, '전통적인' 형태의 폭력이 온라인에서 기능하도록 재설계 되었다"(Williams, 2001: 164).

따라서 온라인에서 형성되는 말이나 콘텐츠는 피해를 주고 상처를 줄 수 있는 능력을 가지고 있을 뿐만 아니라, 텍스트와 이미지를 통해 의사소통하는 온라인 매체일수록 그 효과는 더욱 강화된다. 이는 정보콘텐츠가 개인에게 미치는 위험을 평가할 수 있는 능력의 필요성을 강조한다(더 자세한 내용은 Balkin, 2004 참조). 새로운 형태의 다양한 의사소통 포럼이 등장하면서 참가자들이 새로운 온라인 위험에 노출됨에 따라 이 문제는 더욱 중요하고 시급해질 것이다.

이제 다음 장으로 넘어가, 사이버범죄의 미래와 온라인 범죄활동이 어떻게 계속해서 적응하고 변화하고 있는지에 대해 다루겠다.

이 장을 기반으로 한 몇 가지 토론 질문

온라인에서 음란물을 식별하는 방법에는 어떤 것이 있는가? 이러한 방법들이 개선될 수 있다고 생각하나요?

사이버범죄 유형 구분(cybercrime typology) 중 어디에, 사이버공간을 통해 촉진되는 대인 간 피해(예: 이미지 기반 성적학대, 기술을 이용한 가정폭력, 성별을 겨냥한 악성 댓글 및 괴롭힘, 독싱(doxing), 강간 옹호 그룹 등)를 위치시킬 수 있을까요? 이들은 기계를 이용한 사이버범죄인가요, 아니면 기계 내에서 발생하는 사이버범죄인가요?

데이터 절도가 심각한 범죄가 될 수 있는 이유는 무엇인가? 여러분의 사고 과정을 설명해 보세요.

콘텐츠가 실제로 개인에게 해를 끼칠 수 있나요? 음란, 폭력, 증오 또는 유해한 콘텐츠를 중심으로 토론해보세요.

추가 참고도서 컴퓨터 콘텐츠 범죄의 양과 깊이는 소셜미디어 플랫폼의 발전과 함께 확장되고 있으며, 기계 내 사이버범죄는 활기차고 흥미로운 연구 분야가 되고 있다. 이 분야에서 더 깊이 연구하고자 하는 학생들과 연구자들은 먼저 자신의 연구 분야에 적합한 제목인지 확인한 후, 다음의 텍스트들을 탐색할 것을 권장한다: Quayle와 Taylor (2002); Taylor와 Quayle (2003); Gillespie (2015); Williams 외 (2020).

7 사이버범죄 생태계

정보화시대에 범죄조직은 어떻게 변화하고 있는가?

주요내용 및 핵심포인트

사이버범죄를 변화시키는 새로운 기술적 촉진 요소
- 클라우드 기술
- 사물인터넷(IoT)
- 소셜미디어 네트워크
- 암호화폐
- 데이터화(Datafication)

실제로 드러나는 새로운 사이버범죄 생태계
- 랜섬웨어 공격의 다양한 단계와 각 단계에서 수행되는 기능과 역할

사이버범죄의 (재)조직화와 온라인에서 새롭게 떠오르는 조직범죄의 양상: 사이버범죄 생태계의 촉진자와 조력자들
- 피셔와 침투 브로커
- 범죄웨어 서비스(Crimeware-as-a-service) 브로커
- 포럼 브로커
- 다크마켓 판매자
- 데이터 브로커
- 방탄 호스팅 제공자
- 범죄 IT 서비스 브로커
- 수익화 전문가(Monetizers)
- 사이버범죄 컨설턴트

개요 *이 장에서는 정보화시대에 온라인범죄활동이 어떻게 변화하고 있는지를 탐구한다. 이를 위해 범죄자들이 필수적인 전문 기술세트를 공급망 형태로 발전시킴으로써 사이버범죄의 규모와 지속 가능성을 어떻게 증대시켰는지를 살펴본다. 이 과정은 궁극적으로 사이버범죄 생태계로 발전했다. 랜섬웨어와 DDoS를 사례로 사용하여, 기계에 대한, 기계를 사용하는, 그리고 기계 내부에서 발생하는 사이버범죄를 탐구함으로써, 각 유형의 사이버범죄가 새로운 공격 벡터, 기술 절차 및 이를 지원하는 기술세트의 조합을 통해 다양한 방식으로 점점 더 자동화되고 있음을 알 수 있다. 이제 사이버범*

죄라는 "문제"는 단순히 사이버범죄 자체에 국한되지 않으며, 사이버범죄가 발생할 수 있도록 하는 과정 또한 포함하게 되었다.

서론

디지털 및 네트워크 기술은 범죄과정을 합리화하고 사이버범죄의 새로운 기회를 제공했다. 이러한 기술적 이점은 규모, 시간, 거리의 측면에서 나타난다. 즉, 이론적으로 사이버범죄는 한 사람이 대량으로, 즉각적으로, 그리고 전 세계적으로 수행할 수 있다. 그러나 지난 20년 동안 범죄자들은 이러한 가능성을 성공적으로 실행하는 것이 점점 복잡해진 작업과 사이버보안 및 법집행 기술의 발전으로 인해 어려워졌다는 것을 깨달았다. 따라서 범죄의 규모를 확대하고 수익을 증가시키는 동시에 범죄자의 경력 또는 조직의 지속 가능성을 유지하기 위해, 사이버범죄행위는 분리되고 전문화되어야 했다. 이는 실제로 발생한 일이다. 이 책의 초판에서, 사이버범죄의 자동화가 이러한 탈숙련화 과정을 통해 발전함에 따라 새로운 세대의 사이버범죄가 등장할 것이라는 예측이 있었다(2장에서 설명됨). 이 예측은 실제로 현실화되었을 뿐만 아니라, 지난 15년 동안 범죄를 지원하는 생태계 형태로 존재하는 사이버범죄의 새로운 세대가 등장하면서 이를 능가했다.

기존의 사이버범죄 해킹 '기술'은 고급 프로그래밍 기술과 커뮤니케이션 및 금융시스템에 대한 전문 사회적 지식을 결합하여 하나의 범죄자가 전체 범죄를 저지를 수 있도록 했다. 그러나 이러한 기술은 사실상 '사라졌다'. 대신 새로운 해킹기술이 기존 기술을 대체했으며, 이는 정해진 기능을 수행하도록 설계된 응용 프로그램 형태로 나타났다. 이러한 기술은 비교적 직관적으로 작동하며, 범죄자들이 과거에 필요했던 전문 프로그래밍 기술을 더 이상 요구하지 않는다. 또한, 이러한 기술의 비용이 하락하고 가용성이 증가했으며, 특히 클라우드 기술의 등장으로 범죄 초기비용이 크게 감소했다. 이는 범죄의 유인을 증가시키는 결과를 낳았다.

이 장의 첫 번째 섹션에서는 지난 20년 동안 사이버범죄의 변화를 뒷받침해온 기술적 촉진 요소를 간략히 살펴보고 주요 변화를 강조한다. 두 번째 섹션에서는 사이버범죄의 재조직화를 탐구하고, 사이버범죄를 촉진하기 위해 새롭게 등장한 범죄행위자를 식별한다. 세 번째 섹션에서는 사이버범죄 생태계를 실제 사례로 설명하며, 랜섬웨어를 예로 들어 이를 구체적으로 보여준다.

사이버범죄를 변화시키는 새로운 기술적 촉진 요소

지난 20년 동안 다양한 기술적 촉진 요소가 사이버범죄의 변화를 이끌어왔다. 클라우드 기술, 사물인터넷(IoT), 소셜미디어 네트워크, 암호화폐, 그리고 데이터화(데이터의 중요성)는 사이버범죄와 그 조직방식 모두에서 중요한 변화를 가능하게 했다. 이러한 기술들은 각각 새로운 '기능'과 (사이버)범죄행동의 기회를 창출했다.

클라우드 기술

클라우드 기술은 시스템과 그 저장소를 결합한 분산 컴퓨팅의 한 형태로, 인터넷을 통해 프로그램과 데이터에 접근할 수 있는 방법을 제공한다. 클라우드 기술은 다양한 자원을 결합하여 '클라우드'라는 가상의 공간을 창출하는데, 이는 거의 무한한 크기를 자랑하며 단일 컴퓨터 드라이브의 용량을 훨씬 초과한다. 클라우드 기술은 인터넷의 기능을 크게 향상시켰다. 무한한 저장용량 외에도, 클라우드 기술은 더 큰 컴퓨팅 용량을 제공하여 운영의 확장성을 증가시킨다. 이는 더 낮은 비용으로 사용자 간의 협업을 위한 더 많은 용량을 제공한다. 또한, 시스템이 실패하거나 데이터가 삭제되거나 파괴된 경우, 시스템을 완전히 복구할 수 있다.

자주 사용되는 '클라우드'라는 용어는 실제로 클라우드 기술의 영향을 체계적으로 이해하려는 시도를 방해하는 오해의 소지가 있는 잘못된 용어이다. 클라우드 기술은 2000년대 중반 이후 'on-demand' 컴퓨팅 자원을 제공하는 서비스를 증가시키는 방식으로 점점 더 많은 영향을 미쳤다. 또한, '클라우드'는 범죄행동, 범죄분석 및 법집행에 미치는 영향을 이해하는 데 필요한 개념적 명확화가 부족하다. 많은 평론가들은 '클라우드'를 '사물' 또는 객체로 언급하는 반면, 다른 사람들은 그것을 단순히 컴퓨터 저장용량과 파워를 증가시키는 기술적 방법으로 본다. 또 다른 사람들은 그것의 존재 자체를 부인한다. '클라우드 기술'이라는 선호하는 용어는 컴퓨터의 성능과 저장용량을 증가시키고 대규모 컴퓨팅을 훨씬 저렴하게 제공하는 방식으로 컴퓨팅에 영향을 미쳤다.

위에서 언급한 모든 특성들은 범죄자들이 잘 인식하고 있으며, 이는 법집행기관의 큰 좌절을 초래하고 있다. 결과적으로, 클라우드 기술은 컴퓨팅 파워를 증가시키고 저장용량을 확대하며 컴퓨팅 파워의 비용을 절감하여 온라인 범죄 행동에 영향을 미쳤다. 이는 (사이버) 범죄자들이 더 복잡한 범죄를 더 낮은 피해자당 비용으로 더 큰 규모로 저지를 수 있게 만든다. 이들은 범죄를 효율적으로 만드는 방법이 비즈니스와 조직을 더 효율적으로 만드는 방식과 정확히 동일하다. 따라서 클라우드 기술은 '사물인터넷'을 촉진하는 또 다른 형태의 힘의 배가 장치로, 이는 인터넷에 의해 접근할 수 있는 장치 수를 크게 증가시키고, 잠재적으로 범죄자들이 이를 악용할 수 있는 기회를 제공한다.

앞서 언급했듯이, 클라우드 기술은 클라우드 사이버범죄(클라우드 범죄)를 촉진하고 가능하게 만든다. 클라우드 범죄는 봇넷, 범죄웨어 서비스 및 비밀번호 복호화와 같은 부수적인 절차를 통해 클라우드 기술이 제공하는 막대한 컴퓨팅파워 덕분에 촉진된다. 클라우드 기술은 DDoS 공격, 사기, 스팸전송을 통한 속임수의 규모를 크게 확장시키며, 심지어 전체 클라우드(대용량 데이터저장 시설)를 훔치는 범죄를 촉진할 수 있다. 요약하자면, 네트워크와 디지털기술 덕분에 범죄자들이 더 이상 5천만 달러 규모의 고위험 강도질을 저지르지 않고, 네트워크 컴퓨터를 사용해 5천만 건의 저위험 1달러 강도질을 저지를 수 있게 되었던 점을 기억할 수 있다. 이제 클라우드 기술이 제공하는 확장성 덕분에 동일한 범죄자들이 0.1센트씩 500억 건의 강도를 저질러 더 큰 수익을 올리고, 기소위험을 더욱 줄일 수 있게 되었다.

사물인터넷

'사물인터넷 (IoT)'은 '클라우드'와 마찬가지로 다소 잘못 사용된 용어이다. 그것이 '사물'이기보다는, 이제 인터넷이나 인트라넷, 블루투스에 직접 연결되는 장치(또는 사물)의 확산을 설명하는 포괄적인 용어이다. 이러한 장치는 개인적으로 사람들(예: 당뇨병 모니터), 그들의 소지품(스마트폰, 가정용 보안시스템), 그리고 이를 제어하는 과정(가정 에너지 관리 및 '스마트 홈')을 모니터링한다. 조직차원에서는 이러한 장치가 현대적인 비즈니스나 조직이 효율적으로 운영할 수 있도록 시설, 프로세스 및 성과를 관찰하는 데 도움을 줄 수 있는 수천 개의 센서를 포함할 수 있다. 장치 유형의 목록은 거의 끝이 없으며 여전히 성장하고 있다. 중요한 점은 각 센서(장치)가 악성 소프트웨어의 도입에 대한 잠재적 취약성을 증가시킨다는 것이다. 또한 이는 데이터 흐름을 증가시키며, 그 중 많은 데이터는 개인이나 조직에 민감한 정보로, 범죄자들이 범죄행위에 사용할 수 있다.

소셜미디어 네트워크

소셜미디어 네트워크는 전 세계에 위치한 수천 개의 소셜 네트워킹 서비스들로, 회원들이 정보, 의견, 콘텐츠를 공유할 수 있도록 허용한다. 많은 플랫폼은 회원들이 커뮤니티에 참여할 수 있는 서비스를 제공하며, 때때로 회원 가입은 개방적이기도 하고, 다른 경우에는 신뢰할 수 있는 사용자로부터의 추천이나 커뮤니티에 기여할 수 있는 특성 등을 기반으로 하는 자격이 요구되는 폐쇄적인 형태이기도 하다. 전 세계에는 수십억 명의 소셜 네트워크 커뮤니티 회원들이 존재한다. 이러한 장점은 범죄자들에게도 빠르게 인식되었다. 범죄자들은 커뮤니티에 가입하여 사람들을 만나거나, 때로는 그들을 속이거나 금전을 강탈하는 등의 목적을 가지고 활동한다. 이는 로맨스 사기에서 볼 수 있는 사례이다(Buchanan and Whitty, 2014). 또는 플랫폼을 사용하여 개인이나 커뮤니티에 대한 증오를 퍼뜨리려는 목적일 수도 있다(Matamoros-Fernández and Farkas, 2022 참조). 그 결과, 소셜미디어 네트워크를 통한 증오 범죄와 사기의 수는 그 시작 이래로 급격히 증가했다.

암호화폐

암호화폐는 컴퓨터 네트워크를 통해 분산된 형태로 기능하는 디지털 화폐이다. 암호화폐는 분산방식, 공개장부 시스템을 사용하여 교환에 참여한 당사자들이 관련된 자금을 보유하고 있음을 공개적으로 확인하므로 중앙집중식 권한(예: 은행시스템)에 의존하지 않는다(McDonald, 2023). 암호화폐는 사용자에게 편리함을 제공하는 동시에 기존 금융기관들에게 위협을 가한다. 암호화폐는 수십 년 동안 다양한 형태로 존재했지만, 비트코인이 가장 인기 있는 암호화폐가 되었다. 비트코인은 2008년 신비한 인물인 사토시 나카모토에 의해 창립되었으며(그의 정체는 알려지지 않음), 2009년부터 거래가 시작되었다. 거래는 블록체인 기술을 통해 검증된다. 클라우드, 사물인터넷, 소셜미디어 네트워크와 같은 최근의 혁신적인 기술들과 마찬가지로, 암호화폐의 경제적 장점은 범죄자들에게도 큰 유혹이 된다. 암호화폐는 '기회'를 제공하는 기술적 도구로, 이를 통해 범죄자들은 사이버범죄를 저지를 가능성을 만들어낸다. 암호화폐는 범죄자들에게 사회적 또는 감정적 반응을 일으키는 기술적 기회를 제공하며, 이에 따라 범죄자는 위험이 적고, 흥미롭고, 이익을 얻을 수 있다는 인식을 가지게 되어 범죄행위를 촉진한다(Goldsmith and Wall, 2022).

암호화폐는 범죄자들이 사이버범죄로 얻은 수익을 추출하고 획득할 수 있는 상대적으로 쉬운 방법을 제공함으로써 온라인 범죄활동을 촉진한다. 사용이 빠르고, 상대적으로 익명성이 보장되며, 물리적 경계를 넘나들 수 있고, 직접적인 관리(감시) 하에 있지 않기 때문에 범죄자들에게 유리하다. 또한 위험하지만 재미를 주고, '은밀한 스릴'을 제공하며(Matza, 1964), 일정한 위험이 존재하지만 범죄자에게 수익을 안겨준다.

온라인거래의 익명성이 주로 허상이라는 점은 사실이지만, 블록체인을 사용하는 비트코인과 같은 암호화폐는 비교적 투명하다(모네로와 같은 다른 암호화폐는 더 개인적이다). 그럼에도 불구하고 범죄자들은 암호화폐를 사용하고 이를 인출하는 속도와, 조사자들이 범죄자들의 계좌(지갑)를 동결하고 압수하는 속도 사이의 차이에 따라 이점을 가진다(그림 7.1에서 증가하는 암호범죄를 참조).

앞서 언급한 기술변화 이론을 바탕으로, 암호화폐가 범죄에 미치는 영향은 이를 제거했을 때 어떤 변화가 일어나는지로 이해할 수 있다. 암호화폐가 촉진하는 새로운 범죄 형태는 세 가지 주요 범주로 나눌 수 있다: 암호화폐 지원 범죄, 암호화폐 가능 범죄, 암호화폐 의존 범죄이다.

암호화폐를 이용한 범죄는 온라인 시장이나 기타 장소에서 마약과 같은 불법 상품이나 서비스의 결제를 위해 이루어지는 거래를 의미한다(Hutchings & Holt, 2015). 결제는 온라인으로 진행되지만, 물리적인 제품은 종종 판매자가 고객에게 우편으로 배송한다. 이러한 결제는 암호화폐의 도움을 받지만, 만약 암

호화폐가 교환 수단에서 제외된다 하더라도 다른 결제 방식을 통해 거래는 여전히 이루어질 것이다. 이 범주에는 원코인(OneCoin, 박스 7.1 참조)과 같은 암호화폐 사기도 포함되는데, 이는 사기범들이 피해자들을 유인하여 사기를 치는 데 암호화폐를 사용하는 경우이다. 그러나 이러한 사기들은 주로 폰지사기(Ponzi fraud)로 볼 수도 있으며, 암호화폐가 존재하지 않았다 하더라도 사기범들은 다른 수단을 이용하여 유사한 방식으로 범죄를 조직했을 것이다.

암호화폐로 가능해진 범죄는 암호화폐를 이용한 범죄와는 달리, 암호화폐의 글로벌한 특성을 적극적으로 활용하는 범죄를 의미한다. 이러한 범죄에는 불법 거래가 이루어지는 다크웹 시장의 형성뿐만 아니라, 그곳에서 랜섬웨어 및 RaaS(서비스형 랜섬웨어), DDoS 공격 도구 등과 같은 불법 상품 및 서비스가 거래되는 행위도 포함된다. 또한, 도난당한 암호화폐를 관리하는 회색지대의 암호화폐 거래소의 형성도 이러한 범죄 유형에 포함된다.

암호화폐 의존 범죄는 암호화폐를 실제 사이버범죄의 대상으로 삼는 점에서 암호화폐로 가능해진 범죄와 차이가 있다. 이러한 범죄에는 크립토재킹(cryptojacking), 코인 믹싱(법정화폐로 전환되기 전의 비트믹서 및 텀블러), 그리고 암호화폐 거래소 해킹 등이 포함된다. 만약 암호화폐 기술이 존재하지 않는다면, 이러한 암호화폐 관련 범죄는 발생할 수 없을 것이다.

박스 7.1 원코인 사기

2016년, 자칭 '비트코인 킬러'인 원코인은 전 세계적으로 수십억 달러의 투자금을 끌어모았다. 그러나 이 계획은 사기였으며, 원코인은 실질적인 형태로 존재하지 않았고, 블록체인이 없었으며 투자자들로부터 돈을 훔치려는 의도였다. 결국 이 사기는 폭로되었고, 주최자인 드 루자 이그나토바(자칭 '크립토퀸')는 돈과 함께 사라졌다(BBC, 2019).

암호범죄의 연간 증가율은 그림 7.1에 나와 있다.

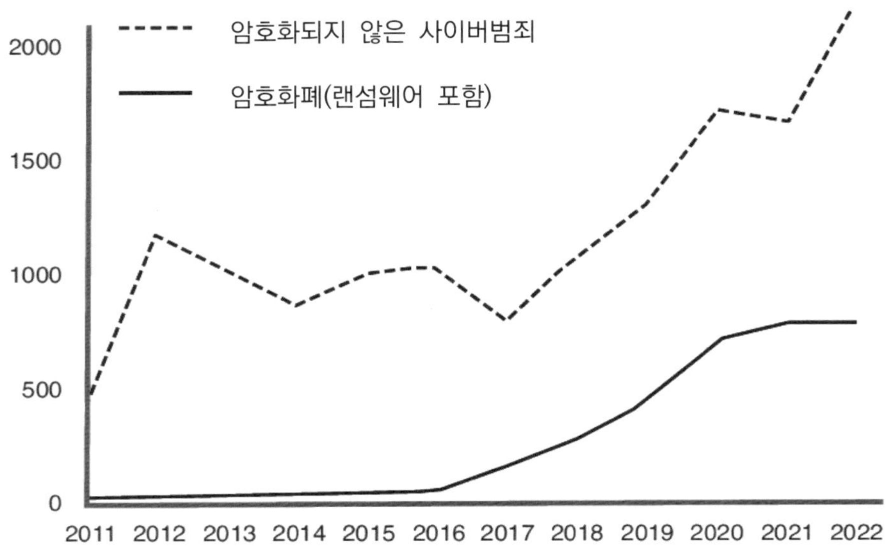

그림 7.1 암호범죄의 연간 증가율.
출처: 저자의 자체 데이터베이스에서 수집된 18,000건의 사이버범죄 사건 보고서를 기반으로 작성.

데이터화(Datafication)

클라우드 기술과 사물인터넷(IoT)의 영향 중 하나는 데이터 생성 및 흐름의 대폭 증가이며, 이는 시장에서 데이터의 가치 상승과도 관련이 있다. 이 스펙트럼의 한쪽 끝에는 '빅데이터' 현상이 존재하는데, 이는 빅데이터에 대한 거대한(합법적인) 시장이 형성되었음을 의미한다. 이 데이터는 주로 새로운 클라우드 기술, IoT, 소셜 네트워크 서비스, 그리고 현재 존재하는 여러 앱에서 생성되는 사용 데이터를 포함한다. 이 데이터는 사용 패턴에 대한 통계적 지식을 높이기 위해 전문적으로 처리될 수 있으며, 소매 및 기타 사회적 현상뿐만 아니라 그 상업적 가치를 높이는 데 사용된다.

"빅데이터는 새로운 원유"(Palmer, 2006): 데이터는 정제되어 유용한 제품으로 만들어지지 않으면 사용할 수 없으며, 이는 이익을 창출한다(Wall, 2018).

스펙트럼의 다른 끝(데이터 시장)에서는 범죄자들에게 도난당한 데이터를 여러 가지 방법으로 사용할 수 있다. 특히, 소비패턴을 분석하여 피해자의 취약점을 식별하는 데 사용될 수 있다. 보다 현실적으로, 도난당한 데이터 세트는 대부분 다크웹을 통해 판매된다(Hutchings and Holt, 2015), 여기에는 사용자들의 의료, 세금 및 보험정보가 포함된다. 이러한 데이터 세트는 범죄목적을 위해 처리될 수 있으며, 예를 들어 사기와 같은 범죄를 위한 자료로 사용된다. 데이터 절도에서 발생한 데이터가 하류에서 발생하는 추가 범죄를 가능하게 하는 과정을 다룬 Porcedda와 Wall (2019, 2021)을 참조하십시오.

현실에서 나타나는 신흥 사이버범죄 생태계

인터넷의 탄생으로부터 30년이 지난 지금, 사이버보안 위협환경은 상당히 변화하였으며, 네트워크 기술들이 온라인 범죄의 조직 방식을 점차적으로 변화시켜왔다. 앞서 설명한 새로운 기술들(새로운 클라우드 기술, 사물인터넷, 소셜미디어 네트워크, 암호화폐 및 데이터화)은 각기 다른 방식으로 사이버범죄를 변화시켰으며, 이는 더 큰 글로벌화와 거래 용량을 제공하고, 편리한 교환 메커니즘을 제공하는 것을 포함한다. 반복을 피할 수는 없지만, 이러한 기술들은 클라우드 관련 범죄(클라우드 서비스 제공업체의 모든 클라이언트에 영향을 미치는 랜섬웨어), IoT에 대한 악성코드 삽입, 새로운 형태의 증오범죄 및 사기, 암호화폐 범죄(크립토재킹) 및 도난당한 데이터 판매와 같은 새로운 사이버범죄를 만들어냈다. 중요한 점은, 이러한 기술들이 사이버범죄의 조직화에도 중요한 역할을 하였다는 것이다. 범죄자들이 사이버범죄를 저지르기 위해 사용할 수 있는 필수적인 전문 범죄서비스를 제공할 수 있게 되었기 때문이다. 이러한 서비스 중 많은 부분은 그 자체로 사이버범죄이며 불법인 것으로, 이와 다음 섹션에서 설명하고 다룰 것이다.

요약하자면, 사이버범죄를 성공적으로 수행하고/또는 이를 통해 돈을 벌기 위해 범죄자들은 범죄규모와 수법을 강화해야 한다. 그들이 사이버범죄의 각 역할을 스스로 수행할 수 있기는 하지만, 이를 통해 사이버범죄를 달성하거나 붙잡히지 않을 확실성을 가지고 수행하는 것은 거의 불가능하다. 따라서 사이버범죄의 작업과정을 세분화하고 이를 자동화하는 방식으로 변화한 것이다. 이는 앞서 설명한 기술발전 때문에 촉진되었으며, 이전 장에서 다룬 사이버범죄 노동과정의 deskill 및 reskill 이다. 이는 랜섬웨어 공격의 다양한 단계를 분석하고, 이를 바탕으로 다양한 기능과 기능 담당자(행위자)를 설명함으로써 가장 잘 설명될 수 있다.

랜섬웨어 공격의 다양한 단계, 각기 다른 기능과 기능 담당자(행위자) 표시

1단계 – 잠재적 피해자의 정찰 랜섬웨어 공격의 첫 번째 단계는 잠재적 피해자를 정찰하고 네트워크에 대한 접근 지점을 식별하는 것이다. 조직이 기술적으로 취약한지, 사회적으로 취약한지, 그리고 공격을 시도할 만큼 노력과 비용을 들일 가치가 있는지에 대한 정보를 수집한다. 기술적 취약점은 제로데이 취약점이나 패치되지 않은 운영체제와 같이 후속 공격에 활용될 수 있는 조직의 네트워크 약점을 포함할 수 있다. 공격자는 또한 조직 내에서 협력하거나 속이거나 강제로 복종하도록 유도할 수 있는 취약한 개인을 찾는다(사회공학적 기법). 이러한 취약점은 심지어 단순히 응답하고 대화에 참여하는지 여부일 수도 있다. 마지막으로, 공격자의 공격 비용이 매우 높기 때문에, 그들은 가장 좋은 피해자를 목표로 삼기 위해 약한 부문과 조직을 찾아 최대한의 수익을 올리면서도 리스크를 줄이려고 한다. 일반적으로 피해자로 삼을 기업은 충분히 높은 매출을 기록하여 큰 몸값을 지불할 수 있지만, 사이버보안 부서를 운영하거나 외부에 맡길 만큼 크지 않은 기업을 찾는다. EMPHASIS 프로젝트는 (이 책을 위해) 조직 피해자의 거의 3분의 2가 중소기업 범주에 속한다고 계산했으며, 나머지는 소형에서 대형 조직까지 다양하게 분포한다고 한다. 공격자는 정찰 작업을 스스로 수행할 수도 있고, 점점 더 많은 경우처럼, 랜섬웨어 컨설턴트에게 조언을 받아 '초기 접근 브로커'를 찾을 수 있다. 초기 접근 브로커는 접근 정보를 수집하고 이를 다양한 다크마켓 사이트에서 판매하는 전문가들이다. 이들은 ToR(The Onion Router) 네트워크(검색할 수 없는 인터넷의 일부)를 통해 이를 거래한다(참고: Hutchings and Holt, 2015; Cimpanu, 2020; Usman, 2020; Intel 471, 2020; FBI, 2021).

2단계 – 피해자의 네트워크에 초기 접근권한 획득 랜섬웨어 공격의 두 번째 단계는 피해자의 네트워크에 초기 접근권한을 확보하고 이를 침투하는 과정이다. 이는 포럼이나 다크마켓 사이트에서 구매하거나 임대한 접근 인증정보를

활용하여 이루어진다. 이러한 데이터는 일반적으로 랜섬웨어 그룹의 제휴자가 구매하는데, 이들은 랜섬웨어 운영자로부터 일정 수수료나 커미션을 지불하고 랜섬웨어를 사용할 수 있는 신뢰받는 협력자들이다. 또한, 공격자들은 인터넷에 다양한 이유로 공개된 무료접근 데이터를 활용할 수도 있는데(ReliaQuest, 2021), 이는 '프리비(freebies)'라고 불리지만, 효과적인 방법으로는 간주되지 않는다. 최근 몇 년 동안 가장 중요한 변화는, 과거와 달리 실제 공격자들이 직접 피싱공격을 수행하는 경우가 거의 없다는 점이다. 대신, 그들은 '초기 접근 브로커(initial access broker)'로부터 자격증명을 구매하는데, 이 브로커들은 '피싱공격자(phishers)'로부터 미리 확보한 다양한 유형의 자격증명 데이터를 판매한다.

자격증명 피싱은 사용자들을 속여 네트워크 접근 자격증명을 공개하게 하거나, 접근을 하거나 접근 프로필을 개발하는 데 사용할 수 있는 데이터를 제공하게 만드는 과정이다. 피싱은 일반적으로 데이터 접근의 낮은 수준과 높은 수준에서 이루어진다. 낮은 수준에서는 피싱이 일반적인 데이터 수집으로 시작되며, 이는 무차별적인 사이버 의존 범죄로 개인들이 일부 데이터를 제공하도록 유도한다. 심지어 거절만 해도 이메일이 활성화된 것임을 알 수 있다. 이 데이터는 공격자들이 개인계정에 대한 낮은 수준의 초기 접근을 얻어 조직에 접근하기 위해 구매하거나, 가치를 높이기 위해 추가적으로 개발될 수 있다. 피싱 시도에 응답한 사람들의 정보는 데이터 전문가들에 의해 필터링되고, 사용 가능성에 따라 분류되어 시스템 접근 자격증명이 제공되며, 이는 온라인에서 오프라인 상태의 활성 자격증명으로 판매된다. 초기 접근은 공격자들이 시스템에 침입할 수 있게 하며, 예를 들어, 피해자가 RDP 방법을 통해 공격자가 네트워크에 들어오도록 유도하는 경우가 있다. 또한, 이는 '빅게임 헌트'(또는 스피어 피싱)를 위한 기초로 사용되어 조직 내 핵심 관리자나 직원을 목표로 삼고, 그들의 특권 있는 로그인 자격증명을 훔치거나 속여 빼앗으려는 시도로 이어질 수 있다. Group-IB(2021)에 따르면, 2020년에는 네트워크 침입의 주요 수단으로 피싱이 RDP 자격증명에 의해 대체되었으며, 그 다음은 피싱, 그리고 Citrix, WebLogic, VPN 서버 또는 Microsoft Exchange와 같은 공개-facing 애플리케이션을 이용한 취약점 악용이 뒤따랐다(Group-IB, 2021).

KELA는 2020년 4분기 동안 초기 접근 데이터 브로커들이 판매한 250개의 초기 네트워크 접근 자격증명 세트를 분석했으며, 그 총합이 120만 달러였고, 그 중 14%는 판매된 것으로 나타났다. 이들은 133,900달러에 판매되었으며, 이는 초기 가격의 약 10%에 해당한다(Kivilevich, 2021). 중간 규모의 기업에 대한 접근 자격증명은 1,500~2,000달러에 판매되었으며, 더 큰 기업에 대한 평균 가격은 6,684달러로, 이는 3분기 대비 26% 상승한 것이다. 그러나 KELA는 일부 초기 접근 브로커들이 판매 포럼을 사용하여 자신이 보유한 자격증명 유형을 소개하고 파트너를 유치하여 제휴자로서 일하도록 유도한다고 주장한다. 따라서 큰 돈은 RDP, VPN 기반 원격 코드 실행 취약점, Citrix 제품과 같은 즉시 사용할 수 있는 자격증명에 있으며, 이는 브로커들이 중개자를 통해 제공하는 것이다(Kivilevich, 2021).

ToR에서 운영되는 불법 다크마켓은 대부분의 온라인 마켓플레이스처럼 운영되며, 신뢰할 수 있는 결제시스템(암호화폐 사용, PayPal 대신)과 중요한 점은 구매자가 판매자를 평가하여 시스템에 대한 신뢰를 구축하는 평판 관리시스템이 있다는 점이다.

표 7.1 도난당한 자격증명의 개별 판매가치

데이터 유형	판매 중인 품목	최저 가격	판매 중인 품목	최대 가격
신용카드 데이터	신용카드가 첨부된 월마트 계정	$5	신용카드 세부정보, 계좌 잔액 최대 $5,000	$110
결제 처리 서비스	도난당한 PayPal 계정 세부정보, 최소 $1,000 잔액	$10	ING 은행계좌 로그인(확인된 계좌)	$4,255
암호화폐 계정	Paxful.com 인증 계정 - 레벨 1	$20	N26 인증 계정(독일)	$2,650
소셜미디어	Spotify 팔로워 × 1,000명	$1	해킹된 Gmail 계정	$60
해킹된 서비스	넷플릭스 4K 1년	$1	Airbnb.com 인증된 계정	$300
위조 문서 -	미국 비즈니스 수표	$8	앨버타 캘리포니아	$140

스캔	템플릿		운전면허증(스캔)	
위조 문서 - 실물 문서	미국 운전면허증 (평균)	$150	몰타 여권	$4,000
이메일 데이터베이스 덤프	240만 개의 캐나다 이메일	$100	천만 개의 미국 이메일 주소	$120
멀웨어	설치 1,000건당 글로벌, 저품질, 느린 속도, 낮은 성공률	$35	프리미엄 품질, 1,000명당	$4,500
DDoS 공격	보호되지 않는 웹사이트, 초당 10~50,000건의 요청, 1시간	$10	보호되지 않는 웹사이트, 초당 10~50,000건의 요청, 1개월	$750

출처: PRIVACY Affairs '다크웹 가격 인덱스 2023'에서 수정됨 (Zoltan, 2023 참조)

표 7.1은 다크웹에서 판매되는 다양한 데이터 항목의 가격 범위를 보여준다. 이 표는 PRIVACY Affairs의 다크웹 가격 지수(Zoltan, 2023)에서 수집된 데이터를 요약한 것으로, 개별 데이터의 현대적인 가격을 제공한다. 각 카테고리에서 가장 낮은 가격과 가장 높은 가격의 항목을 비교한다. 이 표는 데이터의 가치 차이를 보여줄 뿐만 아니라, 예상대로 검증된 자격증명이 비검증된 자격증명보다 더 높은 가치를 가진다는 점을 보여준다. 또한, 데이터가 무엇을 할 수 있는지에 따라 가격이 달라지는데, 예를 들어 4,000달러의 몰타 여권은 5달러의 월마트 계정보다 훨씬 더 큰 가치가 있다.

표 7.1은 또한 네트워크에 초기 접근하기 위한 모든 기본 데이터가 비교적 낮은 비용으로 구입 될 수 있음을 보여준다. 여기에는 이메일 데이터베이스, 악성코드 접근, 해킹된 서비스 접근, 소셜미디어 네트워크 접근, 심지어 위조된 문서와 금융정보까지 포함된다. Digital Shadows(2020)는 낮은 접근 자격증명과 달리 '조직의 주요 시스템'에 접근할 수 있는 상위 자격증명은 상당한 프리미엄 가격으로 판매되고 있으며, 도메인 관리자 접근권한이 최고 입찰자에게 최대 14만 달러에 판매된다고 밝혔다(하지만 평균 가격은 3,139달러였다).

3단계 – 시스템 내 컴퓨팅 접근권한 상승 세 번째 단계는 공격자(일반적으로 '제휴자')가 네트워크에 침입한 후 자격증명을 사용하여 사용자 권한을 증가시키고 시스템을 가로지르며 이동하는 단계이다. 공격자는 피해자의 컴퓨터 시스템을 더 깊이 침투하여 독립적인 위치를 설정한다. 예를 들어, 초기 접근을 숨기기 위해 새 사용자 이름을 생성하고, 컴퓨팅 접근권한을 상승시켜 시스템을 제어할 수 있다. 이전 단계에서 얻은 정보와 마찬가지로, 이 상위 자격증명도 공격자(제휴자)에 의해 판매되거나 개발될 수 있다.

시스템에 침입한 후, 공격자는 다른 사용자들에게 익숙해지고 친숙해지기도 한다. 예를 들어 IT 헬프데스크 직원과 관계를 맺고, 진짜 IT 조언을 제공하며, 사람들이 직무를 수행하는 데 도움을 주는 방식이다. 시스템 내에서 알려지게 되면, 공격자는 시스템을 가로지르며 이동하여 자신의 사용자 권한을 관리자로 상승시킨다(가장 높은 권한). 심지어 공격이 끝난 후 피해자가 회복한 뒤에도, 향후 공격을 위해 이 자격증명을 유지할 수도 있다. 해커들이 시스템을 탐색하는 데 도움을 주는 다양한 소프트웨어 도구들이 존재하며, 이러한 도구들은 대개 상용 브랜드에서 변형(무기화)된 것이다. 예를 들어, Cobalt Strike는 사이버보안 목적으로 사용되도록 설계된 위협 에뮬레이션 도구모음을 포함하는 유료 명령 및 제어 소프트웨어이다. 또한 이 소프트웨어는 해커들에 의해 무기화된 형태로 사용되었다. 예를 들어, Cisco Talos는 Cobalt Strike가 '2020년 3분기 동안 Cisco Talos Incident Response가 대응한 모든 랜섬웨어 공격의 66%를 차지했다'고 밝혔다(Corfield, 2020). SentinelOne의 사이버보안 연구원들은 'TrickBot(봇넷)가 네트워크와 시스템을 프로파일링하기 위해 사용한 Cobalt Strike 서버의 로그에서 관찰된 활동'을 조사했다(Ilascu, 2020). 그들은 공격자가 손상된 네트워크에 관심을 가지게 되면, 이를 가로지르기 위해 다양한 정교한(합법적인) 상용 소프트웨어 프로그램을 사용한다고 밝혔다. 이는 공격자들이 얼마나 적응력이 뛰어난지, 그리고 운영체제를 침투하고 장악하기 위해 사용하는 전문적인 절차와 기법의 범위를 보여준다.

4단계 – 가장 큰 피해를 줄 수 있는 주요 조직 데이터를 식별하고 유출하기 네 번째 단계는 절도할 주요 조직 데이터를 식별하는 단계이다. 공격자가 회사 시

스템에 침입하면, 회사 데이터, 이메일, 심지어 사이버 보험정책 등을 검색하여 피해자에게 가장 중요한 데이터가 무엇인지 결정한다. 특히 직원, 공급업체 또는 고객의 개인 세부사항과 같은 상업적으로 민감한 비즈니스 데이터는 도난당했을 때 피해자에게 가장 큰 재정적 피해를 줄 수 있는 데이터이다. 또한 일부 재무정보를 사용하여 요구할 금액을 결정하기도 한다: '때때로 그들은 고객이 운영할 수 없어서 하루에 얼마나 손실을 보고 있는지 알고 있다'(Vincent LaRocca, CyberSecOp CEO, Murphy, 2021 인용). 이 과정은 시간이 많이 소요되며, 공격자들은 평균적으로 약 2주 동안 손상된 네트워크에 머물며 데이터를 암호화한다(Ilascu, 2021). 그러나 일부 비-RaaS 공격자는 1년 이상 네트워크 내부에 있을 수 있다. 주요 조직 데이터와 그 위치가 식별되면, 해당 데이터는 유출된다.

5단계 - 랜섬웨어 설치 및 암호화 프로세스 시작 시간 설정 다섯 번째 단계는 랜섬웨어(악성 소프트웨어)를 설치하고 암호화 프로세스를 나중에 시작할 시간을 설정한다. 이때 보통 조직의 보안이 가장 취약한 시간, 예를 들어 긴 주말이나 공휴일 기간의 시작 등 시스템이 약해져 암호화가 원활하게 진행될 수 있는 시간을 선택한다(Connolly and Wall, 2019).

6단계 - 피해자 공개 및 랜섬 요구 랜섬웨어 암호화가 활성화되면, 공격자(제휴자)는 운영자가 제공한 랜섬웨어 브랜드 특정 유출 사이트를 사용하여 피해자를 공개적으로 이름을 밝히고 망신을 주며, 동시에 랜섬을 요구한다. 이때 요구되는 금액은 공격자들이 조직의 가치를 계산하여 정한 금액이다(앞서 설명된 대로). 공격자들은 피해자의 이름을 나열하고, 공격의 증거로 일부 데이터를 제공하며, 결제기한을 지키지 않으면 더 많은 데이터를 공개하겠다고 경고한다. 심지어 데이터를 경매로 팔겠다고 위협할 수도 있다.

암호화 후, 결제협상을 유도하기 위해 일부 랜섬웨어 그룹은 피해자에게 DDoS 공격하여 시스템 복구를 방해한다(Abrams, 2021). 다른 그룹은 Facebook 광고 등을 사용한다(예: RagnarLocker). 피해자의 고통을 더욱 증대시키기 위해, 일부 공격자들은 (현재 해체된) REvil 랜섬웨어 그룹처럼 VoIP

를 사용해 기자들과 피해자의 사업파트너들에게 피해 사실을 알린다.

7단계 – 랜섬을 암호화폐로 지불 랜섬요구금은 '랜섬웨어 컨설턴트'에 의해 설정되며, 피해자의 가치를 추정하여 요구 금액을 정한다. 이 추정은 온라인 비즈니스 등록부를 구독하고 참조하거나, 침투와 네트워크 내 수평 이동을 통해 수집한 정보에서 이루어진다. 이 정보에는 사이버 보험정책의 존재도 포함될 수 있다. 피해자는 대개 공격에 대한 설명, 랜섬 지불방법 및 지불하지 않았을 때의 결과에 대한 구체적인 지침을 랜섬노트에서 받는다. 대부분의 랜섬요구는 비트코인으로 이루어지며, 이는 사용이 용이하고 부분적인 국제적 익명성을 제공한다(앞서 설명됨). 랜섬웨어가 주로 개인을 대상으로 했던 초기에는 공격자들이 피해자들에게 비트코인을 구매하고 지불 방법을 안내하는 헬프데스크 서비스를 제공하기도 했다. 비트코인은 사이버범죄, 특히 랜섬웨어의 주요 화폐로 사용되며, 그 시장 가격을 높여 공격자에게 유리하게 작용했다고 할 수 있다(Jareth, 2019).

피해자가 사이버보안 보험에 가입한 경우, 보험회사는 공격 완화 작업을 돕기 위해 사이버보안 서비스를 호출할 수 있다. 사이버보험 회사는 보통 조직이 최대한 빨리 복구될 수 있도록 요구사항을 지불하는 것을 선호한다. 그들은 사이버 협상자를 고용하여 복구가능한 데이터를 추정하고 복구 비용 및 손실을 계산하며, 특정 랜섬웨어 그룹의 과거 관행을 바탕으로 협상을 진행한다. 하나의 협상 회사인 CyberSecOp는 "평균적으로 랜섬을 40~50% 줄일 수 있다"고 주장했다(Murphy, 2021). 흥미롭게도, Chainalysis(2023)의 연구에 따르면 "2022년에는 더 많은 피해자들이 요구사항을 거부함에 따라 랜섬웨어 지불이 감소했다"고 한다.

랜섬웨어 협상자는 사이버범죄에서 새로 생긴 역할로, 공격자와 연락을 취하고 그들의 익명성을 보호하면서 더 낮은 금액으로 협상하는 일을 한다. Tanriverdi et al. (2020)은 이 역할이 빠른 판단력과 즉각적인 대응을 요구한다고 했다. 한 협상에서는 협상자가 회사의 자원이 제한적이라며 금액을 낮추려 했지만, 공격자들은 이를 무시하고 회사의 재무제표와 기업 보험정책을 보여주며 협상을 진행했다. 실제 금액이 걸려 있다는 것을 깨달은 뒤에야 협상이 진행되었다(Tanriverdi et al., 2020).

비록 이는 수익성이 좋은 직업이지만, 협상자의 입장은 매우 취약하며 랜섬웨어 그룹과의 거래에서 결제를 진행하기 전에 철저한 실사를 해야 한다. 특히, 이들이 미국의 경제제재 대상에 포함되지 않았는지 확인하는 것이 중요하다. 그렇지 않으면 심각한 처벌을 받을 수 있기 때문이다. '많은 부티크 협상업체들이 급증한 이유 중 하나는 대형 상장기업들이 OFAC: Office of Foreign Assets Control(미국 재무부 해외자산통제국) 문제에 대해 제대로 실사를 진행하는지 여부에 대한 규제노출을 원하지 않기 때문이다'(Murphy, 2021). 협상 과정은 또한 사이버보험이 랜섬웨어를 적극적으로 촉진하는지에 대한 흥미로운 질문과 우려를 제기하는데, 이는 실질적으로 결제가 이루어질 것임을 보장하는 방식으로 작용할 수 있다(Scroxton, 2021).

8단계 – 범죄 수익화 랜섬이 지불되면, 범죄자는 이를 암호화폐에서 법정화폐(정부 발행 화폐)로 전환해야 한다. 피해자는 암호화폐(보통 비트코인)로 공격자가 지정한 지갑에 랜섬을 지불한다. 공격자는 암호화폐를 현금으로 바꾸기 위해 암호화폐 거래소를 직접 사용하거나, 전문 환전브로커를 고용하여 비트믹서와 텀블러를 통해 암호화폐를 세탁하고 '정상적인' 암호화폐 거래소에서 현금화한다. 법정화폐를 얻기 위해, 수익창출자는 수수료를 받고 통장을 빌려주는 브로커들을 이용하기도 한다.

9단계 – 범죄 후 '도주' 공격의 마지막 단계는 범죄자가 실제로 범죄를 성공적으로 도망치는 것과 관련이 있다. 이는 전혀 다른 차원의 문제이다. 공격자들이 법정화폐를 받은 후, 은행의 의심스러운 거래를 적발하는 레이더망을 피할 수 있도록 자금을 투자해야 한다. 범죄 후 단계는 아마도 범죄자에게 가장 큰 위험을 수반하는 단계일 것이다. 이를 위해, 범죄의 수익을 합법적인 경제활동으로 전환하는 방법에 대한 재정적 조언이 필요하다. 암호화폐를 현금화한 환전업자는 돈세탁이 완료된 후, 공격자에게 합법적인 투자수익을 제공하기 위해 절약이나 투자 조언을 제공할 수도 있다. 성공적인 공격자들에게는 큰 금액이 금융환경에서 시선을 끌 수 있다는 문제가 있다. 이는 강력한 돈세탁 규정

과 범죄수익 법률이 있는 환경에서 그들의 불법적인 수익을 쉽게 소비하기 어렵게 만든다. 따라서 사이버보안 문헌의 대부분이 범죄행위에 대해 다루고 있지만, 범죄자들이 어떻게 범죄로 얻은 이익을 얻는지에 대해서는 거의 연구되지 않았다. 이는 향후 유용한 연구 주제가 될 수 있다.

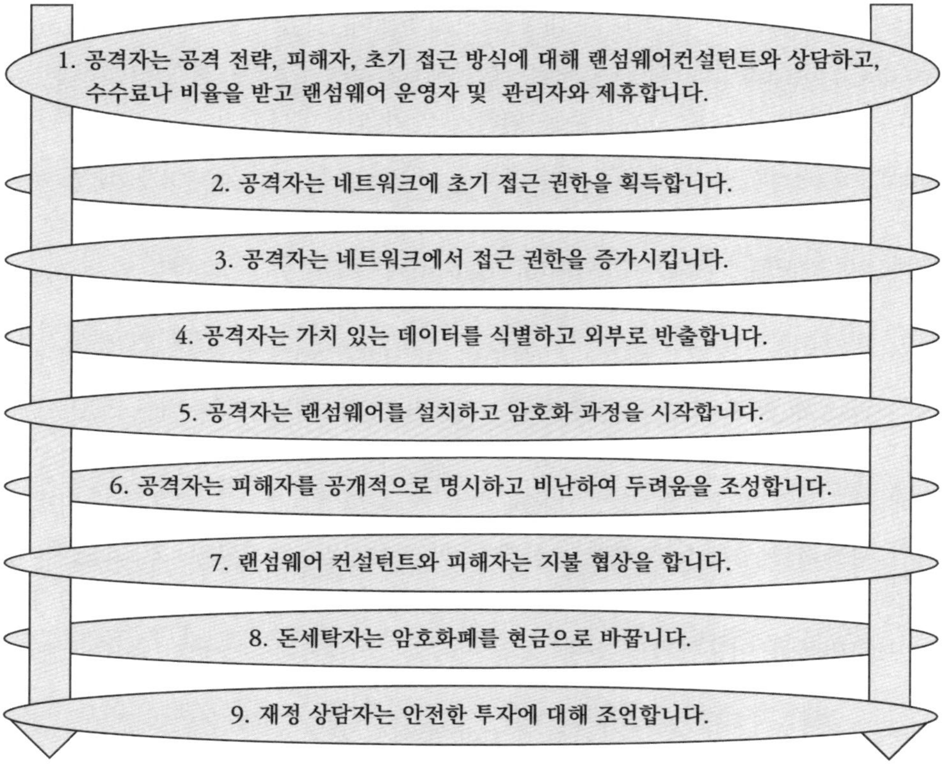

그림 7.2 랜섬웨어 공격의 아홉 가지 단계.
출처: Goldsmith와 Wall (미발표: 20).

범죄자가 자신의 범죄에서 어떻게 이익을 얻는지에 대해 논의하며, 이는 유용한 미래의 연구 주제가 될 수 있다.

사이버범죄의 (재)조직화와 온라인 조직범죄의 새로운 모습: 사이버범죄 생태계의 조력자이자 지원자

위에서 설명한 랜섬웨어 공격 단계의 간략한 요약은 사이버범죄가 조직적으로 매우 복잡하다는 점을 명확히 보여준다. 이 분석은 미디어에서 흔히 "랜섬웨어 갱단"이라고 모호하게 언급되는 랜섬웨어 공격이 실제로 어떻게 수행되는지에 대한 세부적인 기능을 제공한다. 또한, 그림 7.1과 그에 대한 설명은 랜섬웨어 운영의 조직화에 있어 범죄노동이 세분화되었음을 보여주며, 주요 범죄자는 공격자와 촉진자로 나뉘어 있음을 나타낸다. 이 두 그룹은 각각 여러 하위 그룹으로 구성된다. 예를 들어, 공격자는 경제적, 정치적, 해킹 목적에 따라 동기가 다를 수 있다. 촉진자들도 최소한 네 가지 주요 그룹으로 나뉜다: 운영자, 컨설턴트, 기술 촉진자, 그리고 수익 창출자이다. 각 그룹은 서로 협력관계를 형성하고 있다.

주제에 변형이 있을 수 있지만, 실제로 공격 결정을 내리는 공격자는 대부분 랜섬웨어 운영자의 제휴자로, 이들은 공격의 주요 단계에는 일반적으로 관여하지 않는다. 이들은 랜섬웨어를 서비스나 서비스 세트로 제공하여 공격을 촉진한다. 이를 제공하기 위해 운영자는 코드 작성과 같은 다양한 기술을 가진 인물을 고용하거나, 신뢰할 수 있는 공급자와 협상하여 서비스를 아웃소싱할 수 있다. 예를 들어, 그들은 피해자 이름을 공개하는 폭로(leak) 사이트를 호스팅하는 데 필요한 '방탄 웹 호스팅 서비스'를 이용하거나, 초기 접근 자격을 구매하거나 유리한 거래를 협상할 수 있다. 또한 피해자 자체가 사이버범죄에 간접적으로 연루되어 있다고 주장하는 경우도 있지만, 이는 피해자가 직접 랜섬을 지불하거나 사이버 보험정책을 통해 지불하는 방식으로 논의된다. 이러한 논의는 사이버범죄의 도덕적 정치에 대한 새로운 논쟁을 불러일으킬 수 있으며, 이는 다른 포럼에서 다루어야 할 문제이다. 여기서는 범죄행동의 변화에 초점을 맞추고 있다.

위의 랜섬웨어 분석을 바탕으로(또한 Connolly와 Wall, 2019; Wall, 2021, DDoS 스트레스 공격서비스(DDoS as a Service) 분석 참조) 사이버범죄 생태계를 구성하는 다양한 범죄자들에 대한 스냅샷을 모델링할 수 있다. 이는 기술발전에 따라 빠르게 변할 수 있는 그림의 한 장면이다. 이들은 생태계에 대한 기여 순서대로 나열되지만 실제로는 더 유동적이다.

침해자 및 침입 브로커

침입 또는 '초기 접근' 브로커는 피싱 및 기타 데이터수집 서비스를 통해 공격자가 사용자의 개인 및 업무 계정과 네트워크에 접근할 수 있도록 하는 자격증명을 얻기 위해 정보를 수집한다. 이 자격증명은 다크 웹의 시장이나 포럼을 통해 범죄자들에게 판매되어 공격을 수행하는 데 사용된다.

피싱의 과정은 피해자들이 범죄자(스팸발송자)의 이메일, 문자 또는 음성 메시지에 응답하도록 유도하는 것이다. 앞서 언급한 바와 같이, '아니요, 감사합니다'와 같은 응답도 이메일 계정이 유효하고 사용되고 있다는 중요한 정보가 될 수 있다. 피셔는 피해자들이 응답하게 만들기 위해 가능한 모든 전술을 사용한다: 건강 치료법과 기적의 치료제; 수입창출 제안; 대출; 신용옵션 또는 신용등급 상향; 제품 및 서비스에 대한 광고나 정보; 무료 또는 할인된 제품, 서비스 및 여행제공; 무료 포르노(성적 이미지 포함); 무언가를 받을 기회; 온라인 도박 옵션; 감시 소프트웨어; 장치 및 정보; 괴담; 도시전설; 장난; 농담; 그리고 뉴스 항목 등. 피셔는 종종 데이터를 처리하여 공통적인 특성을 가진 이메일 주소나 전화번호 목록을 작성한다. 예를 들어, 특정 직업이나 스포츠 관련 목록을 작성하여, 이를 통해 피해자들에게 더 구체적인 메시지를 보내고 피셔가 자신이나 사업에 대한 정보를 얻도록 유도할 수 있다. 이렇게 피싱공격은 기본적인 '스프레이 앤 프레이(spray and pray)' 방식에서 더 정교한 '프레이 앤 슬레이(prey and slay)' 또는 '고래(whale)' 피싱공격으로 전환된다. 이 경우 피해자는 미리 목표로 삼아 공격하게 된다.

스팸은 인터넷에 능숙한 사람들에게는 감소한 위협으로 인식될 수 있지만, 여전히 사회에서 더 취약한 커뮤니티에는 큰 위험을 초래한다. 예를 들어, 가난한 사람들; 최근에 해고된 사람들; 외딴 지역에 사는 사람들; 인터넷 사용 경험이 부족하여 신뢰할 수 있는 초대와 그렇지 않은 초대를 구분할 수 없는 사람들; 말기 환자들, 통증에서 벗어나기를 희망하는 사람들; 마지막 200파운드를 '재택근무' 프로그램에 보내는 가난한 싱글 부모들; 컴퓨터 게임의 '치트'를 찾는 청소년들 등이 있다. 특히 취약한 그룹은 최근 은퇴한 사람들로, 이들은 인터넷 사기범들이 원하는 특성을 모두 가지고 있다. 즉, 은퇴자금을 투자하려는 성급함과 컴퓨터 지식과 능숙함의 부족이다. 피싱, 파밍, 'gullibility 바이러스', 최근에는 비싱(VoIP 사용)과 같은 기만을 기반으로 한 새로운 형태의 스팸은 새로운 위험에 대해 알지 못하는 많은 인터넷 사용자를 자주 잡아낸다. 이들은 입소문, 지역 IT 지원, 웹 또는 미디어 보도를 통해 위험을 알게 된다. 따라서 범죄자들은 한 발 앞서가는 데 특별한 관심을 가지고 있다. 하나의 스패머가 반복적으로 수백만 명의 수신자에게 도달할 수 있다. Wood는 "전 세계 스팸의 80% 이상이 미국의 200명 미만의 알려진 스패머들로부터 발생한다"고 추정했다(2003: 4; 또한 Spamhaus.org 참조).

서비스로서의 범죄 소프트웨어(CaaS) 브로커

서비스로서의 범죄 소프트웨어(CaaS) 브로커는 이름에서 알 수 있듯이, 사이버범죄를 저지르는 데 도움이 되는 다양한 범죄서비스를 제공한다. 이러한 서비스에는 DDoS 스트레서, 서비스로서의 랜섬웨어, 서비스로서의 스팸웨어, 서비스로서의 피싱, 봇넷 서비스 등이 포함된다. CaaS 브로커는 범죄자에게 완전한 서비스를 제공한다. 앞서 언급한 랜섬웨어 운영자의 예시와 같이, CaaS 브로커는 자신의 제품을 연구하고 개발하여 제공하며, 그 과정에서 생태계로부터 서비스를 구매하기도 한다. 또한, 브로커는 '브랜드'의 무결성을 보호하기 위해 사용 규칙을 설정하고, 종종 잠재적인 사용자(제휴자)를 검토하여 그들이 커미션을 지불할 수 있는 신뢰할 수 있는 사람인지, 규칙을 준수하는지, 서비스를 책임감 있게 사용할 수 있는지를 확인하여 전반적인 위험을 감소시킨다. 제휴자가 규정을 넘어서서 예를 들어 의료 시설을 공격하는 경우, 운영자들은 제재를 받거나 제재 위협을 받기도 했다. 고용량 CaaS는 대시보드를 통해 자동차를 구매하는 것처럼 사용자 맞춤형으로 제공되며, 이는 범죄자가 원하는 공격의 성격에 맞춰 세부 사항을 설정할 수 있다. 규모는 적지만 심도 깊은 인간이 조정하는 공격의 경우 서비스 제공자와의 접촉이 더 많다.

포럼 브로커

포럼 브로커는 범죄자들과 관심 있는 사람들이 만나 아이디어를 공유할 수 있는 신뢰받는 온라인 포럼을 운영한다. 이들 아이디어의 많은 부분은 사이버범죄와 관련이 있다. 이러한 포럼 중 상당수는 이제 '앱(App)' 형태로 존재한다. 2020년, 'EncroChat' 채팅 포럼은 유럽전역의 경찰에 의해 침투되어 종료되었다. 이 포럼은 약 60,000명이 가입했으며, 그 중 10,000명이 영국에 있었다고 추정된다. 후속 조사 결과 746명이 체포되었으며, 이 포럼이 촉진한 범죄는 사이버범죄뿐만 아니라 많은 다른 非사이버범죄들도 포함되었다. 이 포럼의 종료는 '폭력적인 공격, 부패, 살인미수, 대규모 마약밀매' 등 다양한 범죄활동을 차단하는 데 기여했다(BBC, 2020a). Lusthaus(2019)가 7년 동안 수집한 데이터를 바탕으로 한 공개된 사이버범죄시장과 포럼에 대한 분석에서, 그는 사이버범죄를 추구하는 다양한 계층의 포럼과 시장을 발견했다. 가장 상위에는 오픈포럼이 있었으며, 이들 중 대부분은 다크웹에 있었지만 모두가 그렇지는 않았다. 중간계층에는 더 엄격하게 심사된 포럼들이 있었고, 하위 계층은 더 작은 폐쇄된 그룹들로 구성되어 있었다.

다크마켓 운영자

다크마켓 운영자는 다크마켓을 개발하고 운영한다. 이러한 마켓은 보통 ToR 네트워크에 위치하며, 범죄자들이 암호화폐를 교환 매개체로 사용하여 다양한 상품이나 서비스를 사고 팔거나 거래할 수 있는 안전한 온라인 서비스를 제공한다. 아마존이나 eBay처럼 작동하며, 물리적 제품에서 온라인상에만 존재하는 제품까지 다양한 상품과 서비스를 제공한다. 물리적 제품에는 약품이 포함되어 고객에게 우편으로 발송되거나, 고객이 액세스할 수 있는 신체적 서비스가 포함되며, 그 중 일부는 청부살인 서비스가 포함된다고 알려져 있다! 여기서 논의되는 온라인 상품과 서비스에는 악성 소프트웨어, 범죄서비스 제공, 도난당한 데이터, 자금 세탁 서비스, IT 서비스, 포르노그래픽 이미지나 온라인 회의 포럼 호스팅 등이 포함된다. 즉, 사이버범죄를 저지르는 데 필요한 모든 것이 다크마켓에서 거래된다. 2023년 4월에는 대규모 범죄자에게 도난당한 개인 데이터를 공급하는 Genesis Market이 14개 국가의 다국적 경찰공조에 의해 폐쇄되었으며, 120명이 체포되었다. 이 정보는 다크마켓 운영의 국제적 복잡성과 규모를 대략적으로 알 수 있게 해준다. 영국 NCA는 Genesis Market이 일부 기업 접근 자격증명을 판매하여 랜섬웨어 운영자들이 피해자의 컴퓨터 네트워크에 초기 접근할 수 있도록 했다는 증거를 발견했다(Scroxton, 2023).

데이터 브로커

데이터 브로커는 도난당한 데이터를 수집하고 이를 정리하여 다크마켓 웹사이트에서 주로 도난당한 데이터 세트를 판매하거나 거래한다. 이 데이터에는 처리된 피해자 프로필뿐만 아니라 불법적인 데이터 스트리밍 접근과 같은 다른 데이터도 포함된다.

불법 웹 호스팅 제공업체

불법 웹 호스팅 제공업체는 범죄자들에게 안전한 웹 서비스를 제공한다. 예를 들어, 랜섬웨어의 '이름 공개' leak 사이트와 같은 서비스를 제공한다.

범죄 IT 서비스 브로커

범죄 IT 서비스 브로커는 범죄자들에게 코드작성, 고용된 해킹, 웹사이트 제작 등 전문 IT 기술에 접근할 수 있도록 서비스를 제공한다.

수익화 전문가

수익화 전문가는 범죄의 수익을 관리하고 조직할 수 있도록 고용된다. 이들은 암호화폐 지갑을 비우고, 암호화폐를 혼합하거나 교환하며, 부정직한 암호화폐 거래소를 사용해 암호화폐를 법정화폐로 교환한 후, 돈 세탁을 위해 머니 뮬을 고용하여 현금으로 인출하는 역할을 한다. 수익화 전문가는 심지어 투자에 대한 재정 상담도 제공할 수 있다.

사이버범죄 컨설턴트 (Cybercrime consultants)

사이버범죄 컨설턴트(랜섬웨어 협상자 포함)는 요금을 받고 사이버범죄의 다양한 측면에 대해 조언을 제공하며, 일반적으로 범죄자들이 공격 전략을 세우는데 도움을 주고, 피해자가 누구일지, 어떤 악성 소프트웨어나 범죄서비스(as-a-service)를 사용할지에 대해 조언한다. 이들은 또한 다양한 사이버범죄 서비스를 제공하는 사람들의 서비스 장단점에 대해서도 조언을 할 수 있다.

이들 역할은 그들을 뒷받침하는 기술이 더 정교해지고 역할을 '자동화'할 수 있게 되면서 계속해서 변화하고 있다는 점에서 중요하다. 그럼에도 불구하고 이들은 생태계의 가설적 지도를 구축하고 다양한 부분들 간의 관계를 이해하는 데 도움을 준다. 각 서비스는 대개 한 명의 주요 인물(kingpin)에 의해 운영되지만, 실제로는 단일 제공자가 하나 이상의 서비스를 제공하는 경우가 많다. 이러한 킹핀들은 자신들이 제공하는 서비스에 대해 시장 지배력을 행사하는 경향이 있으며, 함께 일하는 파트너들을 신뢰할 수 있도록 보장한다.

앞서 언급했듯이, 이들 기능은 각기 다른 개인이 수행할 수 있지만, 사이버범죄의 규모와 양을 늘려서 상당한 수익을 얻으려면 범죄자들이 다양한 범죄 역할을 외주로 맡기게 된다. 특정 서비스를 구매하는 것은 범죄자에게 시간을 절약할 뿐만 아니라, 리스크를 줄이는 데도 도움이 된다. 앞서 언급한 것처럼 사이버범죄 생태계의 목표는 사이버범죄의 확장성을 늘리면서 동시에 구매자의 리스크를 줄이는 것이다. 다양한 역할과 기능은 그림 7.3에 개요로 제시되어 있다. 원 안은 내부 범죄활동을 나타내며, 점선으로 둘러싸인 활동은 외부에서 이루어지는 기능을 나타낸다.

생태계의 다양한 구성요소들 간의 관계는 꽤 표준적인 비즈니스 모델에 기반을 두고 있다. Roberto Musotto와 나는 2016년에 법집행기관에 의해 종료된 '부터스(booters)' 또는 DDoS 스트레서(DDoS 서비스로서)를 분석한 바 있다. 우리는 그 운영이 기존의 조직범죄(마피아형) 서사와 맞지 않다는 것을 발견했다. 그것은 단순히 구성되어 있으며 표준 비즈니스 접근방식을 사용했다. DDoS 스트레서는 다양한 서비스 수준을 제공했으며, 고객은 이에 맞게 지불했다. 대부분은 비트코인으로 2달러(10분) 트라이얼을 결제했으며, 일부는 더 높은 수준의 서비스를 구매했고, 다른 일부는 프리미엄 서비스를 구매했으며, 몇몇은 VIP 서비스를 구매했다. 분석에 따르면, '행위자'들은 대부분 아마추어나 숙련된 비전문가였지만, 몇몇 전문가는 더 높은 수준의 서비스(프리미엄 VIP)를 구매했으며, 2016년 당시 이는 50비트코인으로 상당히 큰 금액이었다. 이는 투자에 대한 상당한 수익을 기대하지 않고 지불한 금액이었다(더 자세한 내용은 Musotto와 Wall, 2022 참조). 비슷한 패턴은 랜섬웨어 서비스-as-a-service의 마케팅 전략에서도 발견되었다.

결론

새로운 기술이 개발됨에 따라, 끊임없이 변화하는 범죄노동 분업은 사이버범죄가 수행되는 방식을 계속해서 변화시키고 있다. 지난 10년 동안, 사이버범죄를 조직화하는 데 도움이 되는 실행 가능한 생태계가 발전했다. 대부분의 작업 패턴과 마찬가지로, 기술은 사이버범죄를 전문화된 작업으로 나누었고, 이제 이러한 작업은 범죄자에게 비용을 부과하는 전문가들에 의해 수행된다. 이 비용은 범죄 비즈니스 모델에 포함된다. 또한 분명해진 점은 사이버범죄의 '공격자' 들이 범죄를 촉진하는 이들과 다른 그룹의 개인들이라는 것이다. 범죄를 촉진하는 이들은 전문기술을 제공할 뿐만 아니라, 수사의 위험을 줄여준다.

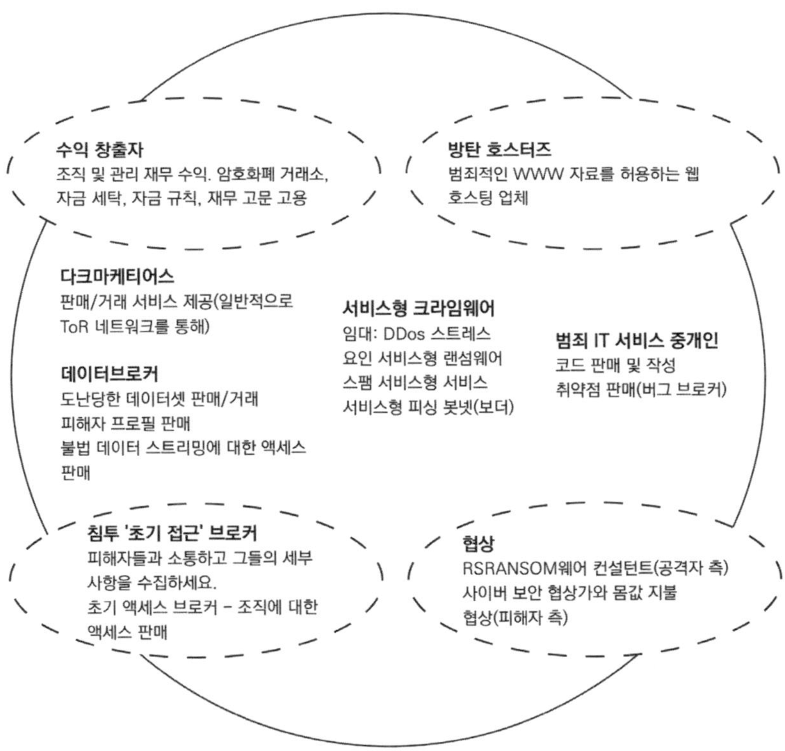

그림 7.3 사이버범죄 생태계를 형성하는 기술과 서비스 공급망

그들의 범죄사업은 표준사업 모델을 기반으로 하며, 조직범죄의 플레이북보다는 사업연구 매뉴얼에 더 가깝다. 사이버범죄의 특정단계와 조력자의 역할을

파악하는 것은 랜섬웨어 단속에 대한 향후 논의에 유용하다. 이러한 발견은 법집행기관과 사이버보안이 '랜섬웨어 피해 사이클(ransomware victimization cycle)'을 중단하기 위해 자원을 집중할 수 있는 '병목 구간'을 제시한다. 또한 이는 사이버범죄가 조직되는 방식에 대한 구조를 이해하는 데 유용한 원칙들을 제시한다.

범죄행위의 재조직은 기술이 계속 발전함에 따라 진화할 가능성이 크다. 새로운 세대의 범죄행위가 지속적으로 발전할 것이며, 범죄패턴에 대한 지식은 계속해서 변화할 것이다. 한 가지 확실한 것은 범죄자와 피해자 간의 전술이 바뀌겠지만 많은 관행은 여전히 익숙할 것이라는 점이다. 그러나 또 다른 확실한 것은 새로운 범죄활동 플랫폼과 새로운 형태의 네트워크 기술이 등장함에 따라 더 많은 놀라움이 미래에 나타날 것이라는 점이다. 범죄자들은 기술과 법집행의 시도를 피하는 새로운 혁신적인 방법을 찾을 것이며, 새로운 자동화된 형태의 커뮤니케이션을 이용해 자신의 목적을 달성할 것이다. 이는 범죄자들이 잠재적 피해자와 접촉하고 감염주기(cycle)를 계속해서 지속할 수 있게 한다. 이러한 소식은 해로운 인터넷 행동을 규제하고 법을 집행하는 사람들에게 큰 기쁨을 주지는 않는다. 피해의 자동화는 법과 사회적 행동 간의 관계를 변화시키며, 질서유지와 법집행의 역학을 변화시킨다. 이는 다음 장에서 다룰 주제이다.

이 장을 기반으로 한 몇 가지 토론 질문

사이버범죄 환경을 변화시키는 새로운 기술적 촉진 요소들은 무엇이 있는가?

사이버범죄 생태계는 얼마나 지속 가능할까요? 앞으로 어떻게 진화할 수 있을까?

사이버범죄 생태계의 촉진자 및 조력자들은 새로운 형태의 '인터넷 마피아'가 되어가고 있는 걸까요, 아니면 기존의 전통적 마피아가 인터넷을 장악하게 될까?

추가 참고도서 사이버범죄의 조직 변화와 사이버범죄 생태계의 출현은 가장 연구되지 않은 분야 중 하나이다. 사이버범죄가 점점 더 기반시설 목표를 타격함에 따라 정부는 대응하려는 동기가 커지고, 이에 따라 이 주제에 대한 관심이 커지고 있다. 하지만 반복적으로 문제가 되는 것은 범죄의 개념화와 귀속 문제이다. 이 연구 주제를 더 깊이 탐구하고자 하는 학생들과 연구자들은 다음의 참고문헌을 시작으로 연구를 진행할 것을 권장한다: Lusthaus (2018, 2019); Wall (2021); Whelan et al. (2023).

8 사이버범죄 단속: 사이버공간에서의 법질서 유지

사이버공간은 어떻게 규제되고 단속되며, 누구에 의해 이루어지는가?

주요내용 및 핵심포인트

사이버공간에서 법 질서유지: 사이버공간의 보안네크워크와 노드 내에서 경찰의 위상

- 인터넷 사용자 및 사용자그룹
- 온라인 가상환경 관리자 및 보안
- 네트워크 기반시설 제공자 / 인터넷 서비스 제공자
- 기업조직 및 기업보안
- 비정부기구, 비경찰기관 및 에이전시
- 정부의 非경찰기관
- 경찰조직 및 기관
- 보안기술 및 인터넷 기반시설

사이버공간에서 법률 유지: 사이버범죄 단속의 도전과제

- 사이버범죄는 개별적으로 너무 작아서 다루기 어렵다: '디미니미즘'
- 법률이 없으면 범죄도 없다(nullum crimen): 불일치
- 관할권의 불일치
- 비정상적인 활동과 경찰문화
- 피해자의 낮은 신고율
- 언론의 과장

사이버공간 단속에서 경찰의 역할

- 새로운 필리안(Peelian) 의제: 사이버공간에서 경찰의 역할 재고
- 다기관간의 교차 부문 파트너십

결론: 경찰-공공 의무를 위한 사이버범죄 도전과제

개요 *이 장에서는 사이버공간에서 질서와 법을 유지하는 방식을 탐구한다. 경찰은 인터넷 상의 질서를 창출하기 위해 다양한 방식으로 활동하는 더 광범위한 치안수호자로서 네트워크의 작지만 중요한 부분임을 주장한다. 또한 법 자체와 그에 따른 형사사법 시스템이 사이버범죄로 인해 여러 방식으로 도전에 직면하고 있으며, 이러한 문제를 해결해야 한다고 지적한다. 이 장은 경찰만으로는 사이버공간을 단속할 수 없으며, 다른 이해 당사자들과 협력해야 한다는 결론을 내린다.*

서론

디지털 및 네트워크화된 기술과 관련된 범죄기회의 성장이 계속됨에 따라, 공공, 산업, 경찰, 법원에서 질서와 법을 유지하는 데 대한 도전도 계속되고 있다. 사실, 후속 설명에서 다루겠지만, 인터넷 규제에 대한 전통적인 법과 질서의 이분법적 접근은 여기서 의도적으로 뒤집어져 문제들을 별개로 다루고 있다. 앞서 다룬 내용은 인터넷을 통제하고 질서를 유지하며 법을 집행하기 위한 경찰활동을 정당화하는 주제적이고 설명적인 근거를 제공한다. 네트워크 컴퓨팅파워가 범죄자가 범죄기회를 활용하는 범위와 전체적인 능력을 증가시켜 고수익의 투자 수익률을 가능하게 한 상황에서, 법과 질서에 대한 우려가 오랫동안 인터넷에 대한 논의에서 지배적인 이유는 놀랍지 않다. 이러한 우려는 사회가 네트워크 기술에 점점 더 의존하고, 사용자들에게는 필요한 급격한 학습 곡선이 요구되며, 대중이 인터넷 남용을 통제할 수 없다는 오해가 결합되어 발생하는 미래의 충격(공공의 무력감이나 불안감)으로 인해 심화된다. 실제로 매년 수십만 건의 사이버범죄 사건이 보고되는 것에 비해 기소는 극히 적다는 사실은 인터넷 행동을 통제하려는 시도가 실패하고 있다는 두려움을 뒷받침하는 것처럼 보인다. 앞서의 장에서 우리는 예를 들어, 1990년 영국에서 컴퓨터오용법(Computer Misuse Act 1990)이 도입된 첫 번째 10년 동안 해커에 대한 기소가 약 600건에 불과하고, 유죄판결은 그보다 더 적었다는 사실을 보았다. 이러한 불균형은 영국뿐만 아니라 세계 다른 지역에서도 나타난다(Smith et al., 2004 참조). 영국과 다른 법적 관할구역에서 법을 개혁하려는 시도가 여러 차례 있었으며, 2023년 2월, 영국정부는 법개정에 대한 공개적인 의견 수렴을 시작하여 "현재의 범죄로는 다루어지지 않는 CMA가 다루는 영역에서 피해를 일으키는 활동이 있는지 확인하고 이해"하기 위한 목표를 설정했다

(Home Office, 2023).

컴퓨터 남용에 대한 기소 건수가 적다는 것은 법률이 실패했다는 것을 의미하는 것일까요? 아니면 사이버범죄가 전통적인 사법절차를 전복시킬 정도로 특별한 성격을 가지고 있다는 의미일까? 그렇다면 인터넷이 그렇게 범죄 발생을 조장하는 환경이라면, 왜 더 많은 사이버범죄가 경찰이나 다른 응답 기관에 신고되지 않을까? 왜 피해사례에 대한 개인적인 이야기(사기 제외)가 우정, 친족, 전문 네트워크와 같은 전통적인 소통 경로(구두, 이메일, 편지 등)에서 거의 들리지 않을까? 그리고 사이버범죄가 그렇게 널리 퍼져 있다면, 어떻게 온라인 생활은 계속 번영할 수 있을까? 혹시 이러한 피해사례 중 다수가 영향이 적은 위반 행위로 무시되거나, 기술적으로 해결되어 피해로 이어지지 않거나, 다른 법률에 따라 기소된 경우는 아닐까요? 범죄행위가 기술에 의해 매개되고 사회적 상호작용에서 멀어질수록, 같은 기술에 의해 더 효과적으로 통제될 수 있으며, 결과적으로 법 자체에 의해 덜 통제될 수 있다는 가설이 제기된다. 이 가설은 정보화시대에서 법의 역할을 재검토하게 하며, 코드 자체가 법이 되었다는 초기 사이버법 논의 주제를 떠올리게 한다(Lessig, 2006). 혹시 인터넷에서 발생하는 대부분의 피해들이 다른 방식의 행동통제 방법에 의해 '단속'되고 있는 것일까? 이 논의의 핵심은 사이버공간에서 경찰의 역할을 이해할 필요성에 있다.

이 장에서는 위에서 제시된 몇 가지 질문을 다루고자 한다. 인터넷에서 질서를 유지하고 법을 집행하는 데 초점을 맞추며, 온라인행위 단속과 사이버범죄 예방은 단순히 법적 규칙과 규제, 또는 기술적 해결책에 관한 논의로 축소될 수 없다고 주장한다. 이는 물리적 세계에서처럼 온라인범죄 단속 역시 더 넓은 행동 거버넌스 프레임워크 내에서 이해되어야 하기 때문이다. 따라서 사이버공간의 경찰활동은 온라인에서 행동을 형성하는 보안네크워크와 노드의 다층적 질서유지 조합으로 구성된 (규정)준수 프레임워크 내에서 가장 잘 분석된다.

이 장의 첫 번째 섹션에서는 유해한 온라인 행동을 단속하는 데 기여하는 보안네크워크 관점에서 인터넷 단속의 네트워크 및 노드 구조를 정리하고, 경찰이 그 안에서 어떤 위치에 있는지 탐구한다. 두 번째 섹션에서는 인터넷 단속에서 경찰이 그 역할을 유지하기 위해 직면하는 도전과제를 식별한다. 세 번째 섹션에서는 사이버공간 단속에서 공공경찰의 역할을 논의하며, '경찰'이 직면한 몇 가지 모순이 글로벌 차원에서 새로운 필리안(neo-Peelian) 단속 의제를 재구성함으로써 해결되었음을 주장한다. 이는 사이버범죄 단속에 경찰(경찰기관)의 역할을 (재)배치 할 수 있지만, 그럼에도 불구하고 다양한 새로운 도구적 및 규범적 과제를 만들어낸다.

사이버공간에서 질서유지: 사이버공간의 보안네크워크와 노드 내에서 경찰의 위상

경찰의 역할은 인터넷 폴리싱의 더 넓고 대체로 비공식적인 구조 내에서 이해되어야 하며, 이는 규범, 규칙, 법률을 집행할 뿐만 아니라 매우 다양한 방식으로 질서를 유지한다. 또한, 경찰은 인터넷에서 범죄를 예방하는 유일한 '수호자'가 아니다. 이러한 위치를 이해하면 경찰의 역할과 그들에 대한 기대를 보다 현실적으로 이해할 수 있다. 이는 또한 경찰이 인터넷 폴리싱에 참여하기 위해 수용해야 하는 광범위한 관할권 간 및 부문 간 네트워크 문제를 식별하는데 도움을 준다. 경찰은 새로운 기술이 보안 자원의 네트워킹 경향을 가속화했기 때문에(Johnston and Shearing, 2003; Dupont, 2004), 그리고 인터넷 자체의 주요 특성 중 하나가 글로벌화 특성이기 때문에 '네트워크화된' 접근방식을 취해야 한다. 표 8.1은 또한 '보호자' 역할을 수행하고 네트워크화된 인터넷 거버넌스의 노드를 구성하는 주요 이익그룹을 간략하게 설명한다. 구체적인 경험적 주장을 하지 않고 거버넌스의 '보호(auspices)'와 그것을 제공하는 사람들 사이에 구별이 이루어진다. '보호'는 법과 도덕적, 윤리적 가치와 같은 거버넌스를 승인하는 실체이다 (Shearing, 2004: 6). 이는 여기서 '집합체(assemblage)'로 개념화되며(Deleuze and Guattari, 1987), Haggerty와 Ericson(2000: 605)은 노드를 구성하는 사람들(제공자)이 네트워크 전반에서 기능적 개체로서 함께 '작업'하는 방식 때문에 반드시 단일성을 갖지는 않는다는 것이다.

표 8.1 인터넷 질서유지 집합체

거버넌스 제공자/보호자	서비스 수혜자	제재(거버넌스의 의심)
인터넷 사용자 및 사용자그룹	모든 인터넷 사용자 (소셜미디어 네트워크 포함)	사회적 및 도덕적 비난, 취소, 보고, 핵티비즘, 이중성
온라인 가상환경 관리자 및 보안	온라인 환경/포럼 회원	환경에서 배제되거나 실제로 배제될 수 있는 위협
네트워크 기반시설 제공업체/인터넷 서비스 제공업체	사용자 또는 클라이언트 구독하기	계약 거버넌스 - 서비스 삭제
기업조직 및 기업보안	기업 및 기업 고객의 사적 이익	계약/기업 거버넌스 - 서비스 삭제/시민 회복/기소
비정부, 비경찰조직 및 기관	모든 인터넷 사용자	금융 제재 / 서비스 삭제 / 형사기소를 위한 신고
정부 비경찰조직 및 기관	모든 인터넷 사용자 및 조직	금융 제재 또는 형사/민사 기소
공공경찰조직 및 기관	모든 시민	범죄수사 및 기소

인터넷 사용자 및 사용자그룹

인터넷 사용자 및 사용자그룹은 온라인 행동에 대해 매우 강력한 영향을 미친다. 이는 주로 범죄나 비도덕적 행동과 관련된 '사회적으로 주목받는(signal event)' 사건이 발생한 후 비난을 통해 이루어진다. 앞서 언급했듯이, '사회적으로 주목받는(signal event)' 사건은 언론과 대중의 상상력을 사로잡아 공공의 믿음과 태도에 영향을 미친다(Innes, 2004: 151). 더 극단적인 행동은 (영국에서는) 관련 기관(예: 불법 성적 자료의 경우 IWF)이나 무역 표준기관(사기 및 사기 사건), 또는 직접 경찰에 신고될 수 있다. 이는 방문 신고나 다양한 범죄 신고 웹사이트를 통해 이루어진다. 또한, 개별 인터넷 사용자는 온라인 명예훼손 사건(예: Keith-Smith 대 Williams 사건(2006); Gibson, 2006; Sturcke, 2006 참고)과 같이 개별적인 행동을 취하거나 방화벽 및 암호화와 같은 보안 소프트웨어를 사용하여 자신이 사이버범죄의 피해자가 되는 것을 방지할 수 있다. 이러한 소프트웨어는 개인공간을 보호하는 것에서부터 스팸필터와 바이러스 검사기까지 다양하다. 스스로 임명한 위임에 따라 일하는 인터넷 사용자는 동시에 보호자이자 거버넌스 제공자이다. 많은 유형의 인터넷 그룹이 존재하지만 세 가지 중요한 문제가 이를 통합하는 데 도움이 된다. 첫 번째는 '취소' 문화이다. 두 번째는 '디지털랜티즘'이다. 세 번째는 평판 관리 시스템이다. 최상의 경우, 이들은 동료 경찰과 일종의 거버넌스를 제공하지만 최악의 경우, 동시에 이에 대한 위협이 된다.

민간의 온라인 감시활동 1: '취소' 문화 '취소' 문화는 사실상 도덕적 다수의 목소리를 대변한다. 다양한 소셜미디어 네트워크가 등장하면서, 기존 규범에 반하거나 공분을 일으키는 의견을 표현하거나 행동을 취하는 사람들은 다른 사용자들로부터 비난을 받게 되었다. 소셜미디어 네트워크는 이러한 문화를 형성하는 데 필수적인 역할을 했는데, 이는 단순히 발언할 수 있는 플랫폼을 제공할 뿐만 아니라 사용자가 다른 사람의 게시물에 대해 '좋아요' 또는 '싫어요'를 표현하거나 댓글을 통해 의견을 나타낼 수 있는 기능을 제공하기 때문이다. 극단적인 상황에서는 다수가 연합하여 비난받는 사용자를 사실상 '취소'(즉, 그들의 목소리를 차단)함으로써 그 사용자를 온라인 커뮤니티에서 배제한다.

민간의 온라인 감시활동 2: '디질랜티즘'(디지털 자경주의) '디질랜티즘'은 온라인에서 이루어지는 일종의 자경주의를 말한다. 인터넷 사용자 중에는 특정하고 종종 논란이 되는 문제를 중심으로 결성된 여러 관심 그룹이 있다. 이들은 자신들에게 위협을 가하거나 불쾌감을 주는 웹사이트와 사용자를 '감시'한다. 이러한 온라인 자경단, 또는 '디질랜트'(digilantes)로 알려진 사람들은 인터넷 통치(governance)에서 흥미로운 위치를 차지한다. 한편으로, 이들은 현지 지식을 바탕으로 '현장에서의 눈' 역할을 하거나 단순히 정보를 수집함으로써 경찰이 사건을 해결하는 데 도움을 줄 수 있다. 그러나 다른 한편으로는 경찰수사를 방해하거나, 증거의 법적 효력을 손상시키거나, 이후의 기소를 망칠 수 있다. 예를 들어, 보스턴 폭탄테러 사건에서는 인터넷 탐정들이 정보를 제공하는 데 중요한 역할을 했으나, 엉뚱한 사람이 용의자로 몰리면서 경찰이 실제 범인을 추적하는 데 낭비되는 문제가 발생했다(Nhan et al., 2015 참조). 이들은 주로 지역적으로 활동하지만, 회원 구성과 기능적 범위 면에서는 초국

가적인 특징을 가진다. 대개 자발적으로 결성되며 광범위한 공공의 위임이나 법적 근거를 갖고 있지 않다. 따라서 이들의 행동에 대한 공식적인 책임 메커니즘이 부족하며, 그 행동 자체가 침해적이거나 불법적일 수 있다. 그럼에도 불구하고, 이들은 상당히 강력한 영향력을 가지고 있는 것으로 보이다. 이미 존재하는 여러 '가상 커뮤니티 경찰활동(virtual community policing)' 사례들이 있다. 각종 불만 신고 핫라인뿐만 아니라 바람직하지 않은 의사소통을 '차단'하기 위한 소프트웨어의 개발(Uhlig, 1996), 특정 문제를 중심으로 인터넷 사용자를 조직하려는 몇몇 네티즌 그룹의 노력 등이 그 예이다. 아동 성적 학대/이미지를 반대하는 사이트들의 이름만 보아도 그들의 특정 임무를 알 수 있다. 예를 들어, CyberAngels는 일반적으로 아동을 온라인에서 보호하는 데 중점을 두며, 'Ethical Hackers Against Pedophilia', 'Pedowatch', 'Se7en', 'Internet Combat Group', 'Morkhoven'은 아동 성적 착취를 근절하는 데 헌신하고 있다(Hughes, 1999; Gainford, 2023 참조). 마지막으로, ASACP(원래 이름은 Adult Sites Against Child Pornography)는 아동 성적 자료를 인터넷에서 제거하는 데 전념하며 신고 핫라인을 운영하고 있다(AIN, 2005). 이 외에도 스팸 및 피싱 등 다양한 문제를 해결하기 위해 활동하는 사용자그룹들이 존재한다.

민간의 온라인 감시활동 3: 온라인 평판 관리시스템 인터넷 사용자의 동료 경찰활동 원칙은 이제 전자상거래에서도 자리 잡았다. 그 중 가장 잘 알려진 것은 eBay의 온라인경매 거래 파트너 프로필 평점 시스템이다. 각 eBay 판매자 회원은 과거 판매 실적에 대한 고객 피드백에 따라 프로필이 결정된다. 이 평점 시스템은 잠재 구매자가 신뢰하기 어려운 판매자를 식별할 수 있도록 함으로써 해당 포럼 내의 바람직하지 않은 행동을 단속한다. "커뮤니티 구성원을 신뢰하는 법은 과거 고객이나 판매자의 평가에 크게 좌우된다!"

온라인 가상환경 관리자와 보안

가상환경이 점점 더 인기를 얻으면서, 그 안에서 질서를 유지해야 할 필요성도 더 커지고 있다. 이를 위해 대부분의 가상환경에서는 이제 온라인 커뮤니티의 행동을 '감시'하기 위해 관리자를 두거나 온라인 보안 관리자를 고용하고 있다. 이 관리자들은 커뮤니티 구성원이 허용 가능한 행동 정책을 준수하도록 보장하고, 논의가 방해받거나 명예를 훼손하거나 탈취되지 않도록 방지한다. 이러한 온라인 보안 관리자들은 점차 새로운 계층의 행동 관리자로 부상하고 있다. 온라인 관리의 유용한 사례는 가상 세계 'Habbo Hotel'에서 찾아볼 수 있다. 이곳은 스스로를 '청소년들이 모여서 대화할 수 있는 가상 호텔'로 설명한다. 이 가상환경은 훈련받고 경찰 신원 조회를 통과한 관리자들과 온라인 커뮤니티에서 선발된 '호텔 가이드'에 의해 지속적으로 모니터링된다. 관리자들이 유지하는 가치와 규범(위임)은 다른 환경에서와 마찬가지로 특정 온라인 커뮤니티의 관심사와 규범을 가상환경 '소유자'의 법적 및 기업적 책임과 결합한 것이다. 관리자들이 커뮤니티 규범이나 규칙 위반 시 취할 수 있는 제재로는 경미한 경우 접근권한을 일시적으로 제거하는 '타임아웃' 또는 심각한 경우 환경에서 영구적으로 제외하는 처벌이 있다. 이러한 '감시' 관행은 일반적으로 커뮤니티 규범을 유지하는 데 효과적이지만, 그 범위는 제한적이다. 특히, 위반행동이 더 심각한 범죄로 발전하는 경우 문제가 된다. 이때 중요한 점은 적절한 조치가 취해졌는지 여부이다.

네트워크 기반시설 제공업체 / 인터넷 서비스 제공업체

네트워크 기반시설 제공업체, 일반적으로 인터넷 서비스 제공업체(ISPs)는 '계약적 거버넌스(contractual governance)'를 통해 온라인행동에 영향을 미친다(Vincent-Jones, 2000; Crawford, 2003). 이러한 기능은 인터넷 사용자와의 계약에 명시된 약관(위임)을 통해 이루어진다. 이 약관은 주로 시장, 법률 및 ISP의 상업적 이익에 따라 결정된다. ISPs는 또한 통신 제공업체와의 계약에 따른 약관을 통해 계약적 거버넌스의 대상이 된다. ISPs는 통신 네트워크에서의 전략적 위치 덕분에 온라인 범죄를 줄이기 위해 다양한 소프트웨어 솔루션을 사용할 수 있다. 가장 일반적인 사례로는 정교한 스팸필터가 포함된 강력한 보안시스템이 있다.

ISPs는 특정 관할지역에 물리적으로 위치하고 있음에도 불구하고, 초국가적으로 기능하는 경향이 있어 다소 유동적인 지위를 가지고 있다(Walker et al.,

2000: 6). ISPs의 법적 책임은 다양한 법체계에 따라 다르며 아직 완전히 확립되지 않았다(Rowland and Macdonald, 1997; Edwards and Wealde, 2000; Lloyd, 2000). 그러나 Godfrey v. Demon Internet Ltd.(1999), LICRA(인종차별 및 반유대주의 반대연맹)와 UEJF(프랑스 유대학생연합)가 Yahoo Inc. 및 Yahoo France를 상대로 제기한 사건(2000), 그리고 In Re: Verizon Internet Services, Inc.(2003)(Wired, 2003)와 같은 사례들은 ISPs의 행동에 '위축 효과'를 일으켰고, 이들을 매우 신중하게 만들었다. 민사적 제재에 대한 두려움은 ISPs가 경찰 및 기타 국가기관이 요구하는 규제에 상당히 순응하도록 만든다. 따라서 ISPs는 신중하게 행동하며 경찰의 협력요청에 비교적 응답을 잘하는 경향이 있다. 잠재적 법적 책임뿐만 아니라, ISPs는 책임감 있게 행동하지 않는 것으로 비춰질 경우 발생할 수 있는 부정적인 언론보도도 두려워한다. 많은 관할권에서 일반적으로 채택된 원칙은 불쾌하거나 외설적이거나 명예를 훼손하는 자료를 제거하라는 요청을 받은 후에도 이를 처리하지 않으면 책임이 발생한다는 것이다(예: People v. Somm(1998); Godfrey v. Demon Internet Ltd.(1999); Center for Democracy and Technology, 1998: 3; Leong, 1998: 25). ISPs는 특정 관할권 내에서 그리고 이를 넘어선 초국가적 조직으로 자신을 조직하는 경향이 있다. 예로는 Commercial Internet eXchange, Pan-European Internet Service Providers' Association(EuroISPA), Internet Service Providers' Consortium (주로 미국)등이 있다. 이러한 초국가적 조직은 주로 ISPs와 관련된 기술적/실질적 및 상업적 문제에 초점을 맞춘다. ISPs 외에도 ICANN(Internet Corporation for Assigned Names and Numbers)의 감독하에 도메인 네임을 할당하는 (지역/국가별) 도메인 네임 등록기관이 있다. ICANN은 인터넷 프로토콜(IP) 주소 공간 할당, 프로토콜 매개 변수 지정, 도메인 네임 시스템 관리 및 루트 서버 시스템 관리 기능을 담당하기 위해 설립된 국제 비영리조직이다. 또한, ICANN은 도메인 네임 등록에 대한 분쟁을 해결하는 역할도 한다.

기업조직과 기업보안

기업조직은 계약적 거버넌스를 통해 회원(직원 및 고객)과 외부인들의 권리와

의무를 관리하여 기업의 이익을 보호한다. 또한, 기업보안 조직은 자신을 보호할 뿐만 아니라 비정상적인 고객 행동패턴을 식별하고 조사하기 위해 다양한 소프트웨어 솔루션을 사용할 수 있다. 계약조건은 사소한 위반에 대해 특권박탈 또는 더 심각한 위반에 대해서는 민사적 또는 형사적 처벌을 위협할 수 있다. 기업이 계약적 거버넌스를 행사하는 대표적인 사례는 JenniCAM .com의 붕괴에서 찾을 수 있다. JenniCAM은 원래 가장 인기 있던 카메라 걸 사이트 중 하나였으나, 온라인 결제 서비스인 PayPal의 사용정책 변경으로 인해 운영에 차질을 빚었다. 이 변경은 온라인 도박에도 영향을 미쳤다. 마찬가지로, 자선단체와 카드 발급기관은 영국정부에 아동 성적 자료를 구매하는 데 사용되는 신용카드를 취소할 수 있도록 데이터 보호법 변경을 요청하였다. 그 이유는 이것이 카드 발급사의 사용조건을 위반하기 때문이다(BBC, 2006f). 유사한 사례로는 Yahoo! 또는 Hotmail에서 운영하는 온라인 상점들이 웹메일 계정을 쉽게 설정할 수 있는 판매자와 구매자-판매자 계약을 체결하지 않기로 한 결정이 있다(Leyden, 2006c). 2006년 3월, 아동 포르노그래피에 대한 금융연합이 결성되어 아동 성착취를 목적으로 하는 인터넷상의 웹사이트에서 이익을 얻는 것을 불가능하게 만들었다. 이 연합은 웹사이트 서비스 제공업체와 온라인 결제 시스템에 관련된 다양한 조직들이 아동 포르노를 판매하는 웹사이트에 대한 정보를 공유하고 결제가 그들에게 전달되지 않도록 하는 것을 목표로 하였다(BBC, 2006a). 그러나 '수용 가능한 사용전략'을 통해 행동을 변화시키는 것의 효과에 대해서는 다양한 의견이 존재하며, 일부에게는 더 효과적일 수 있다. 예를 들어, 성적 콘텐츠를 배포하는 사이트에 대해서는 JenniCAM의 붕괴와 같은 명확한 전술적 효과가 있다. 그러나 인터넷에서 성적 자료에 대한 시장 수요의 규모는 규제에 대한 회복력을 시사한다.

1980년대부터 대부분의 조직 구조에 IT가 대규모로 통합되었고, 특히 1990년대 후반 전자상거래의 성장에 따라 상업적, 통신 및 기타 관련 조직들의 보안 부서가 강화되어 자사 이익을 보호하게 되었다. 전자상거래가 성장함에 따라 기업보안 조직은 인터넷의 단속에서 중요한 역할을 할 것으로 예상된다. 그러나 이들의 주요 기능은 자사 '사적' 이익을 보호하는 것이기 때문에, 그들의 전체적인 인터넷 단속에 대한 영향력을 평가하기는 어렵다. 또한, 이들은 형사사법시스템에서 원하는 공공사법 (public justice)를 실현하는 모델을 제공하지 않고 '민간사법(private justice) 모델'을 추구하는 경향이 있다(Wall, 2001b: 174). 결과적으로, 경찰과의 관계는 종종 최소화되지만, 경찰은 이 관계에 대해 조직적으로 애매모호한 입장을 취한다. 왜냐하면 중요한 범죄정보의 손실을 불만스럽게 여기면서도, 동시에 관리적 관점에서는 비용이 많이 드는 수사를 피하려는 모습을 보이기 때문이다.

비정부적, 비경찰조직 및 기관

비정부, 비경찰조직은 공공과 민간의 하이브리드 형태로 성장하고 있는 조직들로, 다른 수준의 거버넌스로 가는 게이트키퍼 역할을 하면서 질서유지에 기여하고, (사이버)범죄예방에도 기여한다. 예를 들어, IWF(인터넷 감시 재단)는 영국 ISP(인터넷 서비스 제공업체)와 영국정부의 임무 하에 거버넌스를 제공한다. 이 재단의 주요 기능 중 하나는 자사의 핫라인에 신고된 불법자료, 특히 아동 성적 자료를 ISP에게 알리는 것이다. 이러한 자료의 제거는 재단의 주요 목표 중 하나이다. 만약 훈련된 직원의 기준에 따라 불법성이 판단되면, IWF는 적절한 조치를 취하여 범죄자의 ISP에게 알리거나, 범죄자의 관할 내 유사한 핫라인에 경고하거나, 심각한 경우에는 영국 내 경찰에게 웹사이트 정보를 전달한다. IWF는 또한 사이버범죄예방 및 대중의 인식 향상에 기여하고 있다. IWF는 1996년 12월에 런던 경찰, DTI(산업통상부), 내무부 및 ISP 협회, 예를 들어 인터넷 서비스 제공업체 협회와 런던 인터넷 거래소(London Internet Exchange)의 승인으로 설립되었다(Uhlig, 1996). 이후 IWF의 입지는 강화되었으며, 2000년 재출범 이후에는 영국의 인터넷규제의 준공공적(quasi-public) 상징 기관이 되었다.

또 다른 비정부적, 비경찰조직의 예는 카네기 멜론 대학에 기반을 둔 CERT(컴퓨터 긴급 대응 팀)이다. CERT는 1988년에 발생한 모리스 웜(Morris Worm) 공격의 후속 조치로 설립되었다. 이 공격은 인터넷의 취약성을 드러내며 대부분의 인터넷을 마비시켰다. 카네기 멜론 대학의 소프트웨어 공학 연구소에 위치한 CERT의 목적은 인터넷에 대한 무단 접근을 방지하는 것이었다. CERT의 프로그래머들은 보고된 해킹 사건을 기록하고 초기 조사를 진행했다.

만약 보안위반이 내부에서 처리하기 어려운 복잡한 문제라면, 해당 사건은 비공식적인 '브레인 트러스트'와 공공경찰조직으로 넘겨졌다(Adams, 1996). 2003년, CERT는 국토안보부(DHS)의 일환으로 국가 기반시설 보호 프로그램의 일부로 Arlington에 위치한 US-CERT 팀과 협력하게 되었다. CERT(카네기 멜론)는 이 파트너십 전에도 전 세계에서 유사한 컴퓨터 보안 조직들의 모델이 되었다. CERT는 비정부적 공공기관 내에 기반을 두고 있지만, 초기에는 민간과 정부자금을 지원받았다.

비정부적, 비경찰조직은 주로 민간기관이지만 공공기능을 수행하는 경우가 많다. 그러나 이러한 조직은 공공기관과 관련된 공식적인 책임구조를 갖추지 못한 경우가 많으며, 때로는 대중의 우려 대상이 되기도 한다.

정부 비경찰조직 및 기관

정부의 비경찰조직은 규제, 규칙, 법률을 통해 거버넌스를 제공하며, 세금(징수), 벌금 및 기소의 위협을 통해 이를 수행한다. 일반적으로 '경찰'로 인식되지 않지만, 세관, 우편서비스 및 무역표준기구와 같은 기관들이 포함된다. 이러한 기관들은 자신을 보호하고 수사를 지원하기 위해 다양한 소프트웨어 솔루션을 사용할 수 있다. 또한, 국가 인터넷 기반시설 보호정책의 시행 및 집행을 감독하는 고위 기관들이 포함된다. 싱가포르, 중국, 한국, 베트남과 같은 일부 국가들은 어느 시점에, 그리고 다양한 정도로 성공적으로 자국민의 인터넷 사용을 통제하려고 시도했다. 이들은 사용자에게 정부의 모니터링 기관에 등록을 요구하거나, 정부가 운영하는 ISP를 통해 자국 내 인터넷 트래픽을 직접 통제하려고 했다(Caden and Lucas, 1996; Center for Democracy and Technology, 1998; Standage, 1998).

국가 차원에서는 전자 기반시설 보호를 위해 적극적인 개입을 하거나 국제 차원에서 기관들의 활동을 조정하는 다수의 기관들이나 포럼이 있다. 예를 들어, 영국의 NISCC(National Infrastructure Security Coordination Centre)는 중요한 국가 기반시설 보호를 감독하며, 통신, 에너지, 중앙 정부, 금융, 교통, 긴급 서비스, 수자원 및 하수, 보건 서비스 등의 부문을 다룬다. NISCC는 1999년 12월에 발표되었으며, 정부 부서 및 기관, 민간부문 내 기존 작업을 조정하고 개발하여 전자 공격으로부터 중요한 국가 기반시설을 방어하는 역할을 한다. NISCC는 또한 UNIRAS(통합 사건보고 및 경고체계)를 담당하는데, 이는 정부 부서와 기관에서 발생한 IT 보안사건에 대한 정보를 수집하는 UK CERT에 해당한다. 대부분의 EU 회원국에는 NISCC와 유사한 기능을 수행하는 기반시설 보호기관이 있으며, ENISA(유럽네트워크 및 정보보안기관)와 같은 EU 전역의 기관들도 등장하고 있다. ENISA의 역할은 '네트워크 및 정보보안에 관한 협력 및 정보교환을 촉진하고 지원하는 것'이다.

미국의 DHS(국토안보부)는 2001년 9·11 사건 이후 설립되었다. DHS는 미국 본토에 대한 위협으로부터 국가를 보호하기 위해 이전에는 분리되어 있던 22개의 국내 기관을 하나의 부서로 통합했다. 이들 기관 중에는 1998년부터 인터넷을 포함한 국가 기반시설 보호 계획을 제시해 온 국가 기반시설 보호 센터(NIPC)가 있었다. NIPC는 미국정부기관, 주 및 지방 정부, 민간부문 파트너십을 통해 국가의 중요한 기반시설을 보호하도록 했다(PDD, 1998). NIPC 내에는 많은 주 정부가 운영하는 비경찰조직들이 특정 문제를 해결하기 위해 인터넷을 감시하는 데 참여하고 있다. 예를 들어, 미국 우편서비스 (US Postal Service)는 포르노그래피의 국경을 넘는 거래에 대해 책임이 있으며, 미국 증권거래위원회는 증권사기범죄를 다루고 있다.

마지막으로 매우 중요하고 영향력 있는 정부 비경찰조직들은 규제정책(종종 2차 법률)을 설정하는 역할을 한다. 이들은 무역을 담당하는 정부 부서로, 따라서 인터넷을 포함한 전자상거래 포트폴리오를 다루는 경향이 있다. 영국에서는 비즈니스 및 무역부(DBT, 구 DTI), 미국에서는 연방거래위원회(FTC)가 이에 해당한다.

경찰조직 및 기관

경찰기관은 정부의 민주적 권한을 바탕으로 질서를 유지하고 법을 집행함으로써 거버넌스를 제공한다. 이들은 온라인에서 범죄 처벌을 집행하는 데 비교적 작은 역할을 하지만 여전히 중요한 역할을 한다. 경찰은 국가 내에서 위치하며 각 국가의 법에 의해 범죄 정의가 내려지지만, EUROPOL과 INTERPOL과 같은 초국가적 경찰조직에 의해 네트워크화되기도 한다. 이들 조직의 회원이 되려면 공식적인 경찰로서의 자격이 요구된다(Sheptycki, 2002). 대부분의 서구 국가에서는 경찰이 지역별로 조직되지만, 국가차원에서 정보수집과 조직범죄 수사를 담당하는 별도의 경찰조직도 존재한다. 지역경찰에서는 인터넷 관련 민원에 대응할 수 있도록 훈련받은 경찰관들이나 경찰 그룹들이 있으며, 일부 경찰서는 자체적으로 이러한 부서를 두기도 하고, 다른 경찰서와 전략적 제휴를 맺고 서비스를 제공하기도 한다(Wall, 2007b).

미국에서는 약 17,000개의 독립적인 지역자치 경찰서가 경찰업무를 수행하고 있다(실제 숫자는 '경찰'의 정의에 따라 달라질 수 있음). 국가 및 주 경계를 넘어서는 범죄는 FBI(연방수사국)가 관할권을 가진다. 그러나 2003년 3월부터 DHS(국토안보부)의 일부로 편입된 미 재무부의 일부였던 미국 비밀경찰(Secret Service)도 '미국의 증권, 주화, 기타 정부 발행물, 신용 및 직불 카드 사기, 전자 자금 이체 사기'를 조사할 책임이 있다(미국 비밀경찰, 직무 및 기능). 영국에서는 경찰이 43개의 지역경찰서와 스코틀랜드 경찰, 북아일랜드 경찰, 그리고 NCA(국가범죄청)와 영국교통경찰(British Transport Police)과 같은 여러 국가차원의 독립된 경찰기관에 의해 제공된다(군, 원자력 산업 및 항만 보호를 담당하는 경찰기관들도 있다). 각 경찰서는 이제 지역 인터넷 범죄에 대응할 수 있는 능력을 갖추고 있지만, 그 능력은 경찰서마다 다르며 일부는 더 발전한 부서를 갖추고 있거나 이웃 경찰서와 전략적 제휴를 맺기도 한다. 국가 차원에서는, 2006년까지 NCIS(국가범죄정보청)가 경찰서나 국제 경계를 넘어서는 심각한 범죄에 대한 정보를 제공하는 책임을 맡고 있었다. 1998년 4월부터 이러한 범죄에 대한 수사는 NCS(국가범죄수사대)가 맡았으며, 이는 이전에 여러 지역 범죄수사대가 맡았던 역할이었다. NCIS와 NCS는 각각 1997년 경찰법 1부와 2부(Part1, Part2)에 의해 정의되었다. 2001년 4월에는 NCS의 일부인 NHTCU(국가 하이테크 범죄 부서)가 운영을 시작하여 아동 성착취, 인터넷 사기 및 기타 국가 차원의 범죄로부터 영국의 중요한 기반시설을 보호했다. 2006년 4월, 중대 조직범죄 및 경찰법 2005는 NCS, NCIS, 세관의 마약 밀매 수사 및 정보 부서, 이민국의 출입국범죄 부서를 통합하여 SOCA(중대조직범죄수사청)를 출범했다. NHTCU는 SOCA의 e-Crime Unit로 편입되었다. 2013년 SOCA는 NCA(국가범죄청)로 대체되었으며, NCA는 SOCA와 국경수비대 및 CEOP(아동 착취 및 온라인 보호)수사대 일부를 결합한 기관이다. NCA의 사이버범죄 책임은 NCCU(국가 사이버범죄 부서)가 맡고 있으며, 이는 GCHQ(정부통신본부) 산하의 NCSC(국가 사이버안보센터)와 긴밀히 협력한다.

인터넷 거버넌스를 이러한 질서유지 집합체/(규정)준수 프레임워크로 제시하는 것은 그 출발점이 무질서와 불법 저항이 아닌 질서와 준수라는 점에서 중요하다. 앞서 언급했듯이, '질서'와 '법'이라는 용어는 1970년대 후반부터 두 개념을 점차적으로 결합시키는 개념적 연결을 끊기 위해 의도적으로 반전되었다(Fowles, 1983: 116; Wall, 2000). 유해한 행동으로 나타나는 저항은 그것을 정의하는 (규정)준수 프레임워크 내에서 이해되어야 하며, 그 외부에서 이해되어서는 안 된다(Hermer and Hunt, 1996: 477). 또한 집합체 모델은 정책 프레이밍에도 큰 영향을 미친다. 인터넷의 분산된 특성상 정부는 인터넷이나 사용자 행동에 대한 독점적인 통제 권한을 가질 수 없다. 인터넷 거버넌스 집합체의 일부 또는 전체가 국제정책의 대상이 될 수 있지만, 유럽연합의 1997년 인터넷 안전 사용 촉진을 위한 행동 계획(European Commission, 1997a)과 같은 정책들은 보다 효과적이고 민주적인 거버넌스 구조를 위한 토대를 마련하는 데 도움을 줄 수 있다. 이 전략을 실현하려면 법적, 규제적, 규범적, 기술적 조치들이 상호 연관된 복잡한 네트워크를 결합하는 다원적인 접근방식이 필요하다.

보안기술과 인터넷 기반시설

더 넓은 논의로 진행하기 전에, 온라인에서 존재하는 비교적 보이지 않는 여러 층의 보안기술에 대해 언급하는 것이 매우 중요하다. 이러한 보안기술들은 사이버범죄를 예방하고, 시민들이 인터넷에서 제공되는 다양한 서비스를 사용하면서 자신의 데이터를 보호할 수 있도록 돕기 위해 사용된다. 이들은 주로 사이버보안전문가들에 의해 구상되고, 기업구조에서 생산 및 판매되기 때문에 이 체계에서 그 위치를 정확히 찾기 어렵다. 이 책의 주요 초점은 아니지만, 그 존재와 기능은 인식될 필요가 있다. 아이러니하게도 이 보안 기술들은 사이버범죄과정과 유사하게 작동하며, 위에서 언급한 보안의 각 노드(인터넷 사용자, 보안 책임자, 인터넷 서비스 제공자, 기업보안, 비정부 및 정부기관, 경찰 등)의 작업을 지원한다. 물론, 이러한 보안 기술들은 독립적으로 존재하지 않으며, 그 매개변수는 국제적, 국가적 수준과 조직적 및 개인적 수준에서 서로 다른 법률, 보안정책, 규범들에 의해 설정된다. Alharti(2003)가 언급했듯이, 이러한 보안 기술들은 인터넷의 긍정적인 거버넌스를 촉진하는 데 도움을 준다.

사이버공간에서 법 유지: 사이버범죄 단속의 도전

공공경찰과 기술간의 관계는 오래되고 복잡하며, 근대 사회의 공공경찰 위치에 대해 많은 것을 설명한다. 한편, 서구 산업사회에서 경찰은 원래 산업 혁명을 가져온 기술로 인해 발생한 사회적 무질서에 대한 대응으로 만들어졌다. 다른 한편, 그들의 반응적이고 지역화된 성격과 피해자에 대한 대응은 경찰이 기술에 대한 접근과 사용에서 항상 뒤처졌다는 것을 의미했다. 실제로 경찰관과 법집행기관이 오랫동안 제기해 온 불만은 특히 Brodeur가 '높은 경찰 대응(high policing response)'이라고 부르는 범죄와 관련하여 범죄자를 따라잡을 기술이 없다는 것이다(Brodeur, 1983; Sheptycki, 2000: 11). 1세기가 넘게 Police Review지와 다른 경찰저널의 독자들은 경찰관들이 범죄자들을 잡는 데 도움을 줄 최신 기술을 얻을 자원이 부족하다고 주장했다. 그 당시 경찰은 새로운 교통수단(자전거, 자동차, 그 후 헬리콥터)과 새로운 통신수단(전화, 라디오)을 원했다. 최근에는 현대적인 IT 기술과 장비, 최신 소프트웨어 및 고급 브로드밴드 연결을 확보해야 한다는 불만이 제기되었다. 이러한 불만은 종종 반작용을 일으켜 경찰의 비효율성을 지적하는 기사로 이어지고, 결국 경찰이 범죄자들보다 뒤처진다는 것을 인정하는 결과를 초래했다. 그러나 역사적인 관점에서 보면, 현대의 논의에서 중요한 점은 단순히 최신 기술과 기술세트를 얻는 것이 아니라, 네트워크된 경찰활동을 촉진하는 국가적 및 국제적 절차와 기술에 대한 접근이 있다는 점이다. 경찰의 주요 문제는 운영적 및 조직적으로 지역적인 특성 때문에 사이버범죄는 글로벌화되어 있다는 딜레마를 해결하는 것이다.

사이버범죄를 단속할 수 있는 모든 기술적 역량을 갖추는 것과 그것을 효과적으로 활용하는 것은 다른 문제이다. 이를 달성하는 데는 여러 제도적인 장애물이 존재한다. 경찰은 다른 형사사법기관들처럼 반응적이다. 즉, 피해자가 범죄를 신고하기를 기다려야만 대응할 수 있다. 범죄예방은 비교적 최근에 등장한 부차적인 목표이다. 이러한 대응적 특성은 그들이 오랜 전통에 의해 형성된 심하게 보수적인 기관이 되었다는 것을 의미하며, 따라서 그들은 급격한 변화에 쉽게 대응하지 않는다. 이러한 본질적인 보수주의의 일부는 경찰이 국가주권의 상징적 표현이기 때문에 비롯된다. 따라서 경찰업무에 대한 현대적 논쟁은 대중의 자유를 빼앗지 않으면서 대중의 요구에 더 잘 대응할 수 있도록 만드는 것에 초점을 맞추었다.

경찰이 새로운 범죄행위에 대응하는 한 가지 방법은 특수부서를 구성하여 적절한 전문성을 가진 경찰관들을 배치하는 것이다. 이 전략은 실제로 가시적인 대응을 제공한다. 그러나 이는 해결하려는 문제를 주변화시킬 위험이 있고, 해당 문제를 처리하는 과정에서 경찰조직 전반의 경험이 축적되는 것을 방해할 수 있다. 결국 경찰조직 내에서 관련된 전문지식과 경험이 존재하는지, 그리고 다른 경찰관들이 이를 알고 있는지가 새로운 공공의 우려에 대한 조직적이고 직업적인 대응의 성공을 결정할 수 있다.

사이버범죄는 경찰, 기술, 그리고 공공 간의 관계에 새로운 글로벌차원을 추가한다. 사이버범죄는 전통적인 지역적 – 심지어 국가적 – 경찰의 운영 범위를 벗어나기 때문이다. 그들의 글로벌하고 국제적인 범위와 새로운 형태의 기술적 범죄조직은 일상적인 경찰 범죄와 확연히 다르다. 이에 따라 사이버범죄는 전통적인 필리안(Peelian) 경찰 패러다임에 도전하거나 그것을 모순되게 만들 수 있다. 이는 경찰이 원래 필리안에 의해 "위험한 계층을 거리에서 제거하는" 역할을 했다는 점에서, 현재의 질서를 관리하고 과거의 사건들을 조사하여 법을 집행하고 필요할 경우 형사사법 과정을 활성화하는 것이 주요한 기능으로 남아있음을 상기시켜준다(Critchley, 1978; Manning, 1978; Wall, 1998: 23; Reiner, 2000: ch 2). 현대의 경찰기관들은 여전히 공공의 신고에 반응하는 방식으로 운영되며, 일반적으로 일상적인 사건들을 처리하고 제한된 예산으로 새로운 문제에 자원을 즉시 배분하는 데 제한을 받는다. 따라서 그들의 대응능력이 제한된다. 사이버범죄의 문제는 미디어에서 다루는 것처럼 극적이지만, 결국 사이버범죄는 "소리치지 않고, 피를 흘리지 않으며, 탕탕 소리를 내지 않는다" (BBC, 2019) 는 점에서 정치적 의제를 충분히 끌어들이지 못하여 자금을 확보하기 어렵다는 점이다.

전통적인 지역적 필리안 패러다임과 초국가적 범죄가 맞닥뜨리는 제한점은 오래전부터 이해되어 왔으며, 이를 해결하기 위해 여러 전략이 사용되었다. 절차적인 측면에서, CoE 사이버범죄 협약처럼 경찰 수사 절차와 상호 지원 체제를 조정하는 국제적인 조화를 이뤄내는 '소프트 법' (Trubek and Trubek, 2005) 방식이 사용되었다. 조직적 측면에서는 EUROPOL, INTERPOL과 같은 여러 국가/연방 및 국제경찰조직들이 존재하여 대부분의 서구 자유 사회에서 공공경찰의 표준인 지역적으로 조직된 경찰력을 보완한다. 이들은 관할구역을 넘나드는 범죄수사를 조정하고, 정보를 수집하며, 조직범죄를 수사한다. 이러한 절차적 및 조직적 대응에도 불구하고 사이버범죄는 여전히 경찰에게 여러 가지 방식으로 도전과제가 된다.

사이버범죄는 개별적으로는 너무 작아서 처리하기 어렵다: '디 미니미즘'

첫 번째 경찰 과제는 최소주의 함정을 극복하는 것이다. 즉, '법은 사소한 일을 다루지 않는다'는 원칙(de minimis non curat lex)이다. 많은 사이버범죄의 공통적인 특징은 개별적 영향이 적고 대량 피해를 입힌다는 것이다. 개별적으로는 규모가 작지만, 전세계적으로 확산되면 큰 손실을 초래한다. 잠재적으로 모든 알려진 관할권에 걸쳐 있다. 결과적으로 위험 인구를 통제하는 전통적인 필리안 패러다임에서 벗어나 경찰-대중의 임무를 규정한다. 지역경찰 전략은 종종 지역 수준에서 유한한 자원의 가장 효율적인 지출에 대한 결정에 따라 달라지기 때문에(Goodman, 1997: 486), 개별 사이버범죄 피해를 조사하기 위해 경찰자원을 배치하는 '공익' 기준을 정당화하기 어렵다.

법률이 없으면 - 범죄도 없다(nullum crimen) 불일치

두 번째 도전은 일부 국제적 관할권 사례에서 법이 달라 발생하는 법적 불일치이다. 법률이 존재하지 않으면 범죄도 존재하지 않는다(nullum crimen sine lege). 이는 암호화폐 채굴과 같은 새로운 형태의 사이버범죄가 등장할 때 자주 발생하며, 법 시스템은 이에 맞춰 법을 적용하는 데 시간이 걸린다. 유럽의회 사이버범죄협약과 다기관 협력 및 포럼 등의 프로토콜은 국제적 협력을 촉진하는 데 도움을 주지만, 이는 각 관할권에서 해당 범죄가 유사한 우선순위를 부여받을 때만 효과적이다. 예를 들어, 온라인 아동 성학대 수사처럼 명백히 범죄로 간주되는 사건은 대개 공공의 강력한 요구가 있기 때문에 경찰 관점에서 자원을 배분하는 데 큰 문제가 없다. 그러나 아동성착취 외의 범죄와 같은 경우, 범죄에 대한 명시적 요구가 없을 때 자원 배분이 더 문제가 될 수 있다. 특히 어떤 범죄는 하나의 관할권에서는 범죄로 간주되지만 다른 관할권에서는 그렇지 않은 경우가 있다. 예를 들어, 미국에서는 영업비밀절도는 형사범죄로 간주되지만, 영국에서는 민사법으로 다뤄진다. 영국에서는 영업비밀 절도행위가 범죄 관련 법에 해당하는 경우는 있지만, 그 수법에 대해서만 법이 적용된다(Law Commission, 1997).

관할권 불일치

세 번째 도전은 관할권이나 증거 불일치가 드러날 때 발생한다. 경찰이나 검사들은 일종의 경찰 중재를 하며, '포럼 쇼핑'(Braithwaite and Drahos, 2000)을 통해 유죄판결을 얻을 가능성을 극대화하려고 한다(Wall, 2002b). 이 과정은 미국 대 로버트 A. 토마스와 칼린 토마스 사건(1996)에서 매우 뚜렷하게 나타났다. 검사들은 유죄판결을 얻을 가능성이 가장 높은 사법적 장소를 찾기 위해 '포럼 쇼핑'을 했다. 그들은 캘리포니아 대신 테네시를 선택했으며, 그 이유는 테네시에서 유죄판결을 받을 가능성이 더 높다고 판단했기 때문이다. R. v. Fellows; R. v. Arnold (1997) 사건에서는 수사가 미국에서 영국경찰로 이관되었다. 이는 미국경찰보다 영국경찰이 더 유리하게 판결을 얻을 가능성이 크다고 판단했기 때문이다. 이 사건들은 국제적 협력의 성공적인 사례를 보여주며, 두 사건 모두 극단적인 포르노와 관련되어 있었기 때문에 상대적으로 문제가 없었다. 그러나 협력이 잘 이루어지지 않는 경우는 비정기적이고 논란의 여지가 있는 범죄에서 발생한다. 어떤 범죄는 한 관할권에서는 심각한 범죄로 인정되지만 다른 관할권에서는 그렇지 않을 수 있으며, 경찰이 사건을 넘기지 않고 자신들이 처리하려 할 수도 있다.

비정기적 활동과 경찰문화

네 번째 도전은 일상화이다. 이는 사이버범죄와 같은 '비정기적' 범죄활동에 경찰이 대응하는 능력에 영향을 미친다. 공공경찰은 일반적으로 지역적이고 '일상화된' 관행을 기반으로 하여 경찰 직업문화, 근무패턴, 기술 및 경험, 궁극적으로는 전문경찰의 범위를 정의한다. 따라서 비정기적인 사건이 발생하면 어려움이 생길 수 있다(Wall, 1997: 223; Reiner, 2000). 인터넷과 관련된 비정기적 사건에는 국경을 넘는 수사나 경찰이 범죄로 간주하지 않는 형태의 비정상적인 행동이 포함된다.

일상적인 사건들은 경찰 직업문화를 구성하는 데 중요한 역할을 한다. 왜냐하면 그것들이 다른 사람들에게 이야기되는 이야기들을 만들어내기 때문이다. 이 '형상적 행동'은 결국 경찰이 사건을 해석하는 방식을 구조화하게 된다(Shearing and Ericson, 1991: 481). 경찰 직업문화는 경찰관들이 쌓아온 집합적인 '일상적인' 경험으로, 경찰업무의 중요한 구성요소이다. 부패와 법의 부당한 적용을 방지할 적절한 장치가 마련되었을 때, 그것은 경찰관들이 그들이 다뤄야 할 세상을 이해하고 법을 적절하게 적용하는 데 도움을 준다(McBarnet, 1979).

이 문화적 인지도를 없으면 경찰관들은 그들이 다뤄야 할 환경에 대한 직업적인 이해가 부족하다. 그러나 사이버범죄는 대부분의 경찰관에게는 독특한 사건이기 때문에 경찰 직업문화는 이를 돕지 않는다. 사실, 경찰 직업문화는 이를 명확히 하기보다는 혼동을 일으킬 수 있다. 경찰관들은 종종 '냉소적인' 방식으로 기존의 지혜를 적용하려고 하며(Reiner, 2000), 범죄를 막기 위해 더 많은 기술적 자원을 요구했던 오래된 불만을 되새긴다.

따라서 거리에서 공공과 밀접하게 접촉하는 경찰관들이 인터넷을 지식 민주화와 적극적 시민권의 성장 또는 민족, 사회적, 문화적 경계를 넘는 잠재력의 관점에서 보지 않는 것은 이해할 수 있다(Walker and Akdeniz, 1998). 오히려 그들은 이를 위험이 따르는 영역으로 보고(Shearing and Ericson, 1991: 500), 범죄자들이 활동하는 곳으로 인식할 가능성이 더 크다(Garland, 2001). 인터넷은 범죄자들, 특히 가장 나쁜 범죄자들인 아동 성추행범, 러시아 갱단, 사기범 등과 관련이 있는 장소로 이해될 수 있다. 경찰은 지난 30년 동안 기술에 대한 인식에서 많은 발전을 이루었지만, 전통적인 직업문화와 인터넷이 요구하는 변화 사이에는 여전히 문화적 불협화음이 존재하며, 이는 많은 경찰관들 사이에서 '사이버공간은 경찰서가 없는 동네와 같다'는 관점을 지속시키고 있다(Sussman, 1995: 59).

피해자의 낮은 신고율

다섯 번째이자 가장 중요한 도전과제는 사이버범죄에 대한 피해자들의 신고가 부족하다는 것이다. 개인과 조직은 사이버범죄 피해를 경찰에 신고하는 것을 꺼린다. 개인은 당황스러워하거나 은행 등 다른 기관이 문제를 더 효과적으로 해결할 수 있다고 생각해서 신고를 하지 않으며, 기업은 명성에 손상이 갈까 봐 두려워하거나 빠르게 복구하기를 원하기 때문에 신고를 기피한다. 이 문제는 2장에서 간략히 다루어졌으며, 연구 결과 기업은 피해가 클수록, 그리고 사이버보안에 대한 가치를 인정할 경우 신고를 더 많이 하는 경향이 있다고 밝혀졌다. 또한 사이버보안이 외부에 아웃소싱된 경우에는 공공당국에 신고할 가능성이 낮고, 내부 보안팀은 경찰에 신고할 가능성이 더 높다는 연구 결과도 있다(Kemp et al., 2021).

피해자 신고 관행은 경찰에 대한 수요를 창출하고, 경찰의 서비스 제공 및 운영 방식을 정의하는 데 기여한다. 신고 관행, 경찰 기록 절차 및 기소에 관한 비교 연구는 여러 해석할 만한 정보 부족을 드러냈다(Wall, 2002b). 앞서 언급한 여러 기관의 사이버범죄조사(Experian, CSI/FBI, (영국) DCMS(구 DTI 조사) 등)는 모두 신뢰할 수 있는 방법론을 사용하며, 많은 피해사례를 보여준다. 이는 2002년 영국 내무부의 실증연구에서 인터넷 관련 범죄가 경찰에 신고되는 경우가 상대적으로 적다는 결과와 뚜렷한 대비를 이룬다(Wall, 2005). 이 결과는 이후 British Crime Survey의 인터넷 관련 범죄 질문에 대한 답변 분석에서도 확인되었으며, 오늘날까지도 여전히 유효하다. 저자가 수행한 한 경찰서의 범죄 데이터베이스에 대한 심층연구와 신고센터 직원과의 인터뷰를 통해 알아본 결과, 1년 동안 기록된 범죄 100만 건당 약 120~150건의 인터넷 관련 범죄가 경찰에 신고되었으며 대부분이 비교적 사소한 사기, 주로 신용카드 관련 사기였으며 추가 조치가 취해지지 않았다. 이를 전국 단위로 추정하면, 영국과 웨일스에서 매년 약 2,000~3,000건의 인터넷 관련 범죄가 경찰에 신고된 것으로 나타났다(Wall, 2003: 132). 오늘날 신고율은 많이 증가했지만, 영국 Action Fraud 신고 시스템에 대한 비판에도 불구하고, 여전히 그 기본적인 동향은 크게 달라지지 않았다. 신고율이 5배, 10배, 혹은 100배 이상 증가했다 하더라도, 피해 추정치에 비해 신고율은 여전히 상대적으로 적다.

이러한 명백한 신고 누락은 경찰의 인터넷 관련 범죄를 해결할 수 있는 능력에 대한 대중의 낮은 기대의 표현이라고 해석할 수 있다. 그러나 지난 수십 년 동안 대중의 경찰에 대한 신뢰가 점차 약화되었음에도 불구하고, 영국, 미국, 캐나다에서는 여전히 경찰업무가 주로 합의적으로 받아들여, 대중은 여전히 경찰을 주요 긴급 서비스로 간주하고 있다. 또한, 2001년 9월 11일 사건 이후 강화된 보안 조치에 따라, 테러 범죄 외에 사이버범죄를 다루는 국제 및 국가 경찰조직들이 만들어졌다. 또한 '국가정보' 모델이 존재하는데, 예를 들어 영국의 국가정보 모델(NIM)(NCIS, 2000: 8; Keningale, 2022)은 낮은 수준의 손실을 포함한 모든 범죄에 대한 정보수집을 구조화하여 국가적 또는 국제적 범죄활동을 감시한다.

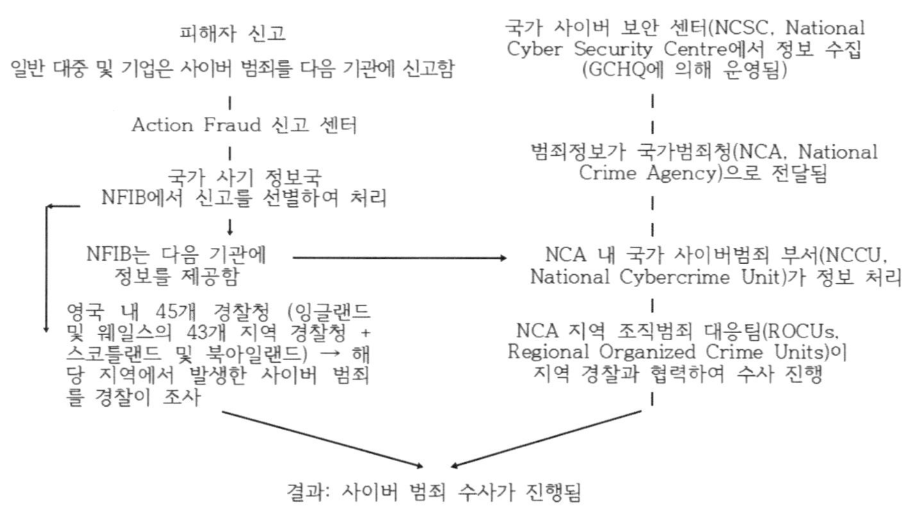

그림 8.1 영국 사이버범죄 정보흐름 및 지방경찰과 국가경찰 간의 관계

NIM이 아주 미미한 수준의 사이버범죄를 감지할지 여부는 논란의 여지가 있지만, 핵심적인 문제는 현재 영국에 범죄정보 모델이 존재하여 지역과 국가

및 국제를 연결한다는 점이다. 이전에는 이러한 모델이 존재하지 않았다. 또한, 많은 지역경찰력/서비스는 공공의 인터넷 관련 불만에 대응할 수 있는 능력을 보유하고 있다. 일부는 컴퓨터 범죄를 조사하고 범죄자의 동기나 행적을 확인하기 위해 컴퓨터를 포렌식 조사하는 지역시설도 보유하고 있다. 이 증거는 대부분 컴퓨터, 인터넷 트래픽 데이터, 그리고 모바일전화에서 추출한다. 마지막으로, 오늘날 전 세계 대부분의 주요 경찰기관은 사이버범죄 피해를 경험한 일반대중이 신고할 수 있도록 웹포털을 제공하고 있다.

영국에서 기업과 개인에게 주어지는 조언은 모든 사이버범죄 및 (사기) 피해를 Action Fraud에 신고하는 것이다. Action Fraud는 영국의 사기 및 사이버범죄 신고 시스템으로, 런던 경찰과 국가사기정보국(NFIB)이 운영하는 서비스이다(그림 8.1 참조). Action Fraud에 접수된 사이버범죄신고는 NFIB 센터에서 분류된다. 만약 조사 진행에 충분한 증거나 정보가 있다면, 사건은 해당 지역경찰서로 넘겨진다. 국가범죄수사청(NCA)의 국가 사이버범죄 유닛(NCCU)은 국가 차원의 리더십을 제공한다. NCCU의 9개 지역 사이버범죄 유닛은 영국의 43개 경찰서의 지역 사이버범죄 유닛뿐만 아니라 스코틀랜드 경찰과 북아일랜드 경찰(PSNI)의 사이버범죄 유닛을 지원한다(HM 정부, 2022: 44).

NCCU는 또한 국경을 넘는 사이버범죄와 국제 사이버범죄에 대응한다. 더 넓은 지역에서는, 미국의 사이버범죄 신고를 담당하는 국가 허브는 FBI가 운영하는 IC3이며, 사이버범죄에 대한 국가 차원의 리더십을 제공한다. 또한, 많은 주 경찰서들은 그들의 관할구역 내 사이버범죄 피해자로부터 신고를 받는다. 마찬가지로 캐나다에서는 캐나다 사이버보안센터가 개인, 기업 및 기타 조직으로부터 사이버범죄 피해신고를 접수한다. 유럽 국가들에서는 27개 회원국의 거의 모든 경찰서가 시민들이 자신에게 발생한 사이버범죄를 신고할 수 있는 웹 포털을 운영하고 있으며, EU의 법집행기관인 EUROPOL은 27개 회원국의 사이트를 나열하고 영국 사이트도 포함하고 있다.

미디어의 과장

여섯 번째 도전과제는 앞서 설명한 이유로 일부 사이버범죄가 신고되지 않는 반면, 혼란스럽게도 미디어는 사이버범죄를 과도하게 과장하는 경향이 있다는 점이다. 2장에서 언급한 것처럼, 사이버범죄에 대한 서사는 그 사실보다 훨씬 강하게 전달되며, 이는 보도편향을 초래하여 대중의 눈에 사이버범죄 문제가 과도하게 부각되는 결과를 낳는다. 사실 사이버범죄는 꽤 평범하고 '지루한' 문제에 불과하다(Colllier et al., 2021). 사이버범죄의 과도한 과장은 대중의 인식을 왜곡시키고 두려움을 증대시켜 경찰의 추가적인 대응을 요구하게 만든다(후에 다루어질 재보장에 관한 논의 참조).

여기서 우리는 경찰에 대한 신고 부족과 사이버범죄 피해에 대한 과장된 보도가 동시에 일어나는 여러 가지 요인들이 결합된 상황을 볼 수 있다.

박스 8.1은 2010년대 중반에 해킹과 데이터 탈취 사건 이후 미디어의 광란적인 보도가 패닉을 일으켰고, 이는 조사과정에 영향을 미쳤으며 피해 기업에 상당한 재정적 손실을 초래한 상황을 보여준다.

박스 8.1 2015년 TalkTalk 해킹 사건

해킹과 그로 인한 데이터 절도는 언론의 큰 관심을 끌었고, 전문가들은 잠재적인 테러리스트 관련성, 막대한 재정적 손실, 다가오는 사이버범죄의 파도를 과장하여 추측했다. 이에 따라 기업 커뮤니티에서는 파멸적인 경고가 이어졌고, 정부는 조사 절차를 발표했다. 또한, 언론에서는 고객들이 금전적 손실을 입을 가능성에 대한 보도를 확산시켰으며, 사이버범죄에 대한 공포 문화는 극에 달했다(Wall, 2015b 참조).

사회의 반응과 정부의 압박을 받은 런던 메트로폴리탄 경찰 사이버범죄 부서(FALCON)는 범죄자가 데이터를 공개하거나 판매하기 전에 그를 추적하여 체포했다. FALCON은 또한 일부 개인정보가 도난 당했을 수 있지만, 신용카드와 직불카드 번호는 탈취되지 않았다고 확인했다.

테러리스트나 조직범죄와의 연관성에 대한 초기 과장된 추측은 북아일랜드 출신의 15세 소년이 체포되면서 헛된 것으로 판명되었다. 그 후 16세 두 명과 20세 한 명이 추가로 체포되었다. 이 15세 소년은 그의 침실에서 이 국제적인 범죄를 계획한 혐의를 받았고, 그 후 보석으로 풀려났다. 그는 DDoS 공격을 위장으로 사용한 후 SQL 삽입 공격을 통해 400만 명의 TalkTalk 고객의 개인정보를 포함한 데이터 세트를 훔친 것으로 알려졌다.

이 사건에서 법은 명확했다. DDoS 공격은 2006년 경찰 및 사법법 제36(3)조에 해당하며, 데이터절도 방식은 1990년 컴퓨터 남용법 제1(1)조 및 제1(3)조를 위반한 것이다. 또한, 소년은 데이터를 반환해주는 대가로 TalkTalk에게 약 8만 파운드의 몸값을 요구한 것으로 전해졌다.

초기 언론의 과장된 추측은 사실이 아니었고, 사건은 점차 아마추어적인 모습으로 변해갔다. 이에 따라 더 많은 조사가 발표되었고, TalkTalk의 보안 직원들이 그 당시 무엇을 하고 있었는지, 그리고 TalkTalk가 이전 두 차례의 해킹 공격에서 무엇을 배웠는지에 대한 민감한 질문들이 제기되었다. 고객들에게 공정하게 대우했는지에 대한 의문도 제기되었다. 그러나 가장 큰 문제는 15세 소년과 그의 동료들이 어떻게 자신의 침실에서 이런 심각한 범죄를 저지르고 막대한 피해를 줄 수 있었는지에 대한 질문이었다. 더 중요한 것은, 그가 공격의 동기에 대한 과장된 추측에도 불구하고 공정한 재판을 받을 수 있을지에 대한 의문이었다.

언론의 과장된 보도가 경찰업무에 미치는 영향은 모순적이다. 한편으로, 대중은 경찰이 사이버범죄와 같은 해악으로부터 자신들을 보호해 주기를 기대하며, 이는 경찰에 대한 대중의 기대를 형성하는 필리안(Peelian) 패러다임에 해당한다. 다른 한편으로, 경찰은 사이버범죄가 실제로 경찰이 하는 일에 대한 대중의 넓은 인식에 맞지 않기 때문에 어려움을 겪는다.

이러한 인식의 차이는 경찰과 미디어의 문제와 'signal'(Innes, 2004: 151)을 어떻게 인식하는지에 대한 '안심' 격차의 발생에 의해 더욱 악화된다. signal event는 미디어와 대중의 상상력을 사로잡는 범죄로, 그 '객관적인' 결과에 비해 대중의 믿음과 태도에 불균형적인 영향을 미친다(Innes, 2005: 5). 이러한 signal event는 대중의 인식을 왜곡하고 사이버범죄에 대한 두려움을 증가시킬 수 있다. 그러나 그것들이 반드시 형사법의 중대한 위반을 구성하는 것은 아니며, 때로는 미미한 범죄일 수 있지만, 그럼에도 불구하고 사회적 질서에 대한 감각을 방해한다(Innes, 2004: 151). 따라서 미디어의 사이버범죄 과장 보도가 미치는 불균형적인 영향이다. 아이러니하게도(온라인 사기를 제외하고), 이러한 '사건'은 대중에게 즉각적인 영향을 미치지 않는 경우가 많으며, 대개 일시적으로 인터넷 사용을 방해하는 정도에 그친다. 그럼에도 불구하고, 이는 관련된 조직에 파괴적인 영향을 미칠 수 있고, 개인 데이터가 도난당해 악용될 수 있는 경우 개인에게 장기적인 영향을 미칠 수 있다. 이러한 '사건'에 대한 개인적인 경험이 미디어에서 유래한 더 심각하지만 훨씬 덜 발생하는 피해 형태에 대한 지식과 결합될 때, 인터넷의 위험성에 대한 인식이 증가한다.

따라서 경찰의 시선은 온라인에서 더 심각한 범죄에 집중되는 경향이 있다. 예를 들어, 아동 성추행범이나 악명 높은 해커들이 그 대상이 된다. 후자의 경우는 앞서 4장에서 논의된 것처럼 그 위험성에 대한 논란이 있을 수 있다. 사이버범죄의 경찰 보고가 적은 이유는 이러한 범죄들이 매우 다양하게 발생하기 때문이라는 점에서 점차 분명해지고 있다. 간단히 말해, 상대적으로 적은 수의 인터넷 관련 범죄가 경찰에 보고되는 이유는 대부분 피해자가 스스로 해결하거나 사이버공간에서 행동규제를 담당하는 다른 조직이나 집단들이 개입하여 해결하기 때문이다. 다양한 피해자 조사에 따르면, 사이버범죄에 대한 높은 두려움 수준과 실제 피해 수준 간에 차이가 있음을 보여준다(National Statistics, 2012; Levi and Williams, 2012; Wall, 2013: 16-17).

사이버범죄에 대한 두려움 문화 속 안심 격차를 관리하다

일곱 번째 도전은 과장된 언론 보도와 사이버범죄의 낮은 신고가 결합된 결과에서 발생한다. 이는 잠재적인 사이버보안 위험과 위협을 실제 사이버 범죄피해와 혼동하게 만들고, 사이버범죄에 대한 디스토피아적 개념들이 이미 존재하는 배경에서 '사이버범죄에 대한 두려움의 문화'를 형성하게 만든다(see Wall 2008). 그 결과, 이러한 '두려움의 문화'는 경찰기관과 정부가 단독으로는 현실적으로 제공할 수 없는 수준의 보안에 대한 요구를 이끌어냈다고 주장될 수 있다(Wall 2008). 그로 인해 경찰과 정부는 보안과 안전에 대한 요구와 실제 제공하는 서비스간의 격차를 해소하기 위한 "안심(시키는) 경찰활동(reassurance policing)"을 시작하게 되었다. 그러나 그 결과는 엇갈렸다. 일부 전술은 경찰활동의 중요한 발전을 나타내는 반면(예: 방해적인 경찰 모델), 다른 일부는 대중을 달래기 위한 홍보활동에 불과한 것으로 보이다. 현재 사이버범죄의 정치화 속에서 경찰기관은 종종 개인 피해자의 정의적 요구보다는 상황의 미시 정치, 특히 '우려의 목소리'에 대응하는 경향이 있다. 여기서 주장하는 바는, 가장 큰 목소리가 우선시되며, 경찰기관이 정의를 실현하기 위한 사이버범죄 수사보다는 안심 경찰활동을 통해 경찰의 격차를 메우는 압박을 받는다는 점이다. 이 현상은 지역경찰 데이터분석을 통해 확인할 수 있으며, 이는 컴퓨터 남용법보다 오히려 통신법 제127조에 의한 인터넷 불법행위 단속에 더 많은 비중을 두고 있음을 보여준다. 이는 앞서 상자 6.4('스냅챗과 '섹스팅'), 상자 6.6('페이스북, 농담과 살해 협박') 및 상자 8.1('TalkTalk 해킹')에서 설명된 세 가지 사례에 대한 다양한 반응에서 더 넓게 확인할 수 있다.

사이버범죄에 대한 두려움의 문화와 보안에 대한 기대와 실제 제공 간의 불일치에서 발생하는 안심 격차는 경찰 및 관련 기관들이 경찰과 정부가 제공할 수 있는 보안 수준과 유형에 대해 대중과 기업의 기대를 관리하기 위해 노력해야 함을 의미한다. 예를 들어, 대중의 첫 번째 연락 지점인 경찰 콜센터는 이 문제를 해결하는 가장 논리적인 시작점이다. 현재 많은 경찰서 콜센터에서는 사기 및 사이버범죄 신고에 대해 신고자들에게 이를 Action Fraud(영국의 국가경제 및 사이버범죄 신고센터)로 보고하라고 안내하는 것으로 보인다. 다른 곳에서 주장된 바에 따르면, 영국 전역의 콜센터 직원들이 각 신고자에게 2-3분 정도의 시간을 할애하여 조언과 안심을 제공하고, 피해자에게 그들의 정보가 매우 중요하다는 점을 설명한다면, 비록 덜 심각한 사례가 경찰수사로 이어지지 않더라도 대중이 사이버범죄를 더 많이 신고할 가능성이 높아질 것이라고 한다(Wall, 2017). 만약 그렇게 한다면, 중요한 전략적 정보가 수집될 수 있으며, 이는 많은 시도된 사기 및 관련 미완성 범죄에 관한 중요한 정보를 포함하고, 이를 통해 국가사기정보국(National Fraud Intelligence Bureau)이 영국의 사기전략을 개발하고, 온라인 범죄수사를 위한 전술정보를 식별하는 데 활용될 수 있다(Wall, 2013: 18, 그리고 뒷부분의 참고문헌).

사이버공간에서 경찰의 역할

이전에 제기된 경찰이 사이버공간에서의 역할에 대한 질문에 대한 답은 간단하다. 그들은 인터넷의 전체적인 치안을 유지하는 데 매우 작은 역할만을 한다. 그러나 이는 사이버공간이 경찰의 관리 하에 놓이지 않는다는 의미는 아니다. Robert Reiner는 '모든 경찰활동이 경찰에 의한 것만은 아니다'라고 언급한 바 있다(2000). 마찬가지로, Stenning과 Shearing은 경찰이 범죄의 거버넌스를 주도하거나 반드시 중심에 있는 것이 아니라 많은 다른 행위자들이 관여한다고 주장했다(2005: 167). 또한, 전통적인 경찰 성과지표는 온라인 질서를 측정하는 데 있어 가시성이 부족한 반면, 첨단 경찰 과학은 감시기술을 사용하여 범법자를 적발할 수 있다는 점을 염두에 두어야 한다. 이 논의는 다음 장에서 다뤄질 것이다.

온라인 행동의 거버넌스는 앞서 설명한 네트워크화된 보안 노드들이 구성하는 복잡한 질서유지 체계에서 비롯된 질서의 감각으로 특징지어진다. 이러한 네트워크는 준수를 시행할 뿐만 아니라 가상 행동을 지속적으로 형성한다(Wall, 1997, 2001b: 171, 2002a: 192; Walker and Akdeniz, 1998: 8; Newman and Clarke, 2003: 160). 이와 같은 방식으로, 이들은 '국가/비국가 이분법'(Dupont, 2004: 76)과 국가의 주권을 초월한다(Shearing, 2004: 6). '어셈블리지(assemblage)'라는 용어는 이 문맥에서 네트워크 간의 관계와 그 안에서의 관계를 탐구하는 데 특히 유용하다. 이러한 네트워크 관계 중 일부는 경찰 과정에 대한 합의가 있을 수 있으며, 다른 일부는 성취된 결과나 목표에 대한 합의가 있을 수 있다. 결과적으로, 온라인에서의 질서유지와 법집행 사이에서 발생하는 두 가지 주요 요소를 분리함으로써 인터넷 경찰의 논의에서 나오는 다소 모순되는 메시지를 해석할 수 있다. 예를 들어, 네트워크 보안은 네트워크 기술에 내재된 '자연스러운 감시'를 활용하여 주요 및 부차적인 사회적 통제 기능이 작동할 수 있도록 한다. 또한 이는 국가 또는 관할권에서의 법적 정의 차이에 따라 발생하는 세계적인 불균형을 어느 정도 중재하는 경향이 있다.

더욱이 인터넷 경찰을 이와 같은 방식으로 바라보면 반대되는 긴장감을 드러내며 공공경찰의 역할이 다소 복잡하다는 것을 이해할 수 있다. 한편으로, 공공경찰의 역할은 비교적 작으며, 다른 네트워크들이 온라인 행동의 경찰 및 규제에서 더 큰 역할을 한다. 위에서 언급했듯이, 많은 사이버범죄가 전통적으로 경찰이 다루는 범죄의 범위를 벗어나기 때문에 경찰자원 배정 관점에서 문제가 되지 않았다. 단순히 자원이 배정되지 않기 때문이다. 그러나 다른 한편으로, 공공경찰은 사이버공간에서 경찰의 역할을 '실제로 소유하지는 않지만' 문화적으로(조직적 및 직업적 측면에서) 그 소유권을 주장하는 경향이 있으며, 무엇보다도 그들은 전통적인 공공-국가 관계 때문에 공공에게 그렇게 해야 한다는 기대를 받는다. 대부분의 영미법 국가에서 공공은 여전히 경찰을 긴급 서비스로 보고 있다. 따라서 경찰이 실제로 사이버공간의 일부를 감시하지 않더라도, 그들의 필리안(Peelian) 유산의 여파는 그들이 공공을 위험으로부터 보호해야 한다는 상징적인 의무를 상기시킨다.

우리는 사이버공간에서의 경찰 논의에서 육상에서의 경찰활동 안심(policing reassurance) 같은 논의가 반복되는 것을 본다(Crawford and Lister, 2004). 다만 약간의 변형이 있다. 재보장 경찰 논의는 '경찰만으로는 범죄와 무질서에 대한 싸움을 이길 수 없으며, 공공의 끊임없는 가시적인 경찰 존재에 대한 수요를 충족시킬 수 없다는 인식의 증가'에서 비롯된 반면(Crawford and Lister, 2004: 413), 사이버공간으로 옮겨지면 경찰만으로는 범죄와 싸울 수 없다는 사실을 전제로 하되, 그럼에도 불구하고 더 가시적인 경찰 존재를 요구한다. 이는 경찰이 이러한 도전과제를 어떻게 다룰 것인지에 대한 중요한 질문을 제기한다.

신 필리안 의제: 사이버공간에서의 경찰 역할 재고

앞서 논의된 내용에서는 경찰이 사이버공간의 치안을 구성하는 보안네크워크에서 상대적으로 작은 역할을 하지만 중요한 역할을 한다고 규정했다. 온라인에서의 글로벌화된 범죄에 관한 지역경찰이 직면한 다양한 도전과제를 설명하면서, 경찰은 실제로 이를 다룰 수 있는 조직적, 직업적, 문화적 준비가 부족하다는 분석을 제시했다. 그러나 이것은 이야기의 일부에 불과하다. Crawford와 Lister(2004: 414)가 언급한 바와 같이, 지난 10년 동안 우리는 지상 경찰의 점점 더 다양한 기능을 가진 조직과 기관들이 모인 복잡한 형태로 다원화되는 모습을 목격했다. '경찰은 이제 다양한 조직과 기관들의 일부가 되어 서로 다른 경찰 기능을 수행하고, 통제와 규제의 다양한 과정들이 더 확산되고 있다'(Crawford and Lister, 2004: 414)고 한다. 그들은 '많은 경찰 활동이 이제 공공경찰의 지원을 넘어 이루어지고 있지만'(p. 426) 다수의 경찰 활동을 형성하는 파트너십을 '네트워크 거버넌스'의 한 형태를 촉진하는 것으로 보는 것은 시기상조라고 한다. 영국의 지상경찰 상황에서 '현재의 현실은 적어도 범죄와 무질서 파트너십이 여전히 국가 주도의 기관들로 남아 있다는 것'(p. 426)이다. 그러나 이러한 관찰은 네트워크화 되고 노드 중심의 구조를 가진 사이버공간에서의 경찰 역할을 이해하는 데 유용할 수 있다. 앞서 경찰의 사이버범죄와 관련된 위상 토론은 사이버공간에서의 경찰활동에 상당한 다원주의가 존재함을 보여주었다. 하지만 경찰의 새로운 역할은 디지털정보 브로커

(Ericson and Haggerty, 1997)로 부각되었고, 이에 따라 지난 10년 동안 공공경찰은 원래의 필리안(Peelian) 원칙과 가치를 촉진하는 신필리안 역할을 하게 되었다. 이 역할은 다기관 교차 부문 파트너십, 포럼, 연합 네트워크 내에서 이루어진다. 범죄에 대한 개념이 글로벌화 되었듯이, 경찰에 대한 개념도 글로벌화 되었다.

다기관 교차 부문 파트너십

앞서 설명된 질서유지 '집합체(assemblage)'에서는 공공경찰이 다른 기관들과 협력 관계를 맺으면서 해결해야 할 세 가지 주요 긴장이 있다. 첫째는 경찰-경찰 긴장이다. 이는 지역, 국가 및 국제 수준에서 공공경찰과 기관들 간의 협력 관계를 촉진하기 위해 해결해야 한다. 둘째는 경찰-민간 간의 긴장이다. 이는 경찰과 민간조직 간의 관계에서 발생하며, 셋째는 민간-민간 긴장이다. 민간조직 간의 관계에서 공공경찰이 사실상 배제되는 경우이다(참고: McKenzie, 2006).

다기관 교차 부문 파트너십과 포럼은 민간보안업체와 경찰 간의 갈등을 해결하는 데 도움을 주며, 경찰기관 간의 '영토 전쟁'을 중재하여 조직 간 협력 노력이나 개인 간의 협력 수준을 방해하는 일을 감소시킨다. 전통적으로 민간/상업부문과 공공부문 간의 긴장은 민간/상업부문의 주요 기능이 '사적 이익'을 보호하는 데 있기 때문에 발생한다. 이를 통해 민간/상업 부문은 자사의 조직적 약점을 공개하지 않고 시장의 신뢰를 유지하는 '민간 모델'을 추구한다. 반면, 형사사법모델은 공개적으로 범죄자를 기소하며 '공공의 이익'을 위해서 이루어진다. 이러한 모델은 많은 기업들이 원하지 않는 형태이다(Wall, 2001b: 174). 공공부문 내에서도 경찰기관 간에 파괴적인 긴장이 존재한다. 국가경찰과 지역경찰 간의 사건 소유권을 놓고 벌어지는 '영토 전쟁'은 물론, 법집행기관과 경찰기관 간의 조직적, 직업적 차이에 따라 집단적 노력이 방해받을 수 있다. 이러한 차이는 Gorman(2003)의 9/11 테러대응 분석에서 강조된다. Gorman은 'FBI는 화성에서, CIA는 금성에서 왔다... FBI 요원과 CIA 요원은 서로 싫어하는 것이 아니라... 그들은 정말 다른 사람들이고... 소통하는 데 어려움을 겪는다'(2003: paras. 1, 4)고 말한다.

사실상 '평화구축'(J. Wood, 2004: 41)의 한 형태를 통해, 다기관 간 및 다분야 간 협력 파트너십의 목적은 정보공유에 대한 의지를 불러일으키는 네트워크 기반의 신뢰관계를 구축하는 데 있다. 이러한 파트너십은 주로 인터넷 보안 및 법집행 이니셔티브에 의해 추진되는 경향이 있지만, 단순히 공식 정책의 산물이라고 가정하거나 반드시 "국가 법집행 요구"에 의해 지배된다고 보는 것은 잘못된 접근이다. 북미에서 진행된 다음 세 가지 사례는 유사한 여러 이니셔티브를 포함하고 있으며, 이러한 파트너십, 포럼 및 이해관계 연합체가 다기관 협력 또는 다분야 협력, 혹은 둘 모두를 기반으로 하면서도 그 경계가 어떻게 겹칠 수 있는지를 보여준다. 예를 들어, POLCYB(Policing of Cyberspace Society)는 다기관 협력 및 다분야 협력의 성격을 모두 갖춘 조직으로, 신뢰할 수 있는 개인 및 기관 간의 소규모 네트워크를 통해 정보를 공유하고, 부문 간 협력을 촉진하며, 법집행기관, 기업 및 이해관계 그룹의 국제적 참여를 적극적으로 유도한다. 반면, High-Tech Crime Consortium (HTCC) 는 다기관 협력의 성격이 더 강한 조직으로, 주로 인터넷 기반의 폐쇄형 포럼을 제공하여 북미지역을 중심으로 하지만 이에 국한되지 않는 법집행 및 보안 담당자들이 안전한 환경에서 문제를 논의할 수 있도록 한다. POLCYB가 정책 차원의 문제를 대면 회의를 통해 논의하는 경향이 있는 반면, HTCC는 정보공유, 일상적인 문제해결, 솔루션 제공 및 새로운 문제 식별에 초점을 맞춘다. 이외에도 일부 포럼은 법집행 및 보안전문가들이 느슨한 연합체 또는 우호적 협력 관계를 형성하는 방식으로 운영된다. 예를 들어, AGORA 보안그룹은 비공식적인 다분야 협력을 장려하며, 회원 및 협력자들이 인터넷 보안 관련 문제를 논의할 수 있는 대면 환경을 제공한다. POLCYB와 유사하게, AGORA에서도 정보공유 논의는 정책 또는 절차적 수준에서 이루어지며, 구체적인 기밀정보를 직접 공유하기보다는 보안문제 및 모범사례에 대한 아이디어를 개발하고, 경제 거래 및 인터넷 트래픽 데이터저장에 대한 허용 가능한 한도를 사전 논의(정책수립 이전)하며, 데이터저장 및 제공 요청에 대응하는 기준을 설정하는 등의 활동을 수행한다. 그러나 이러한 포럼에서 구축된 네트워크 기반의 신뢰관계는 이후 지능정보공유를 더욱 용이하게 하며, 여기에는 기업범죄 피해사례 및 관련 범죄정보공유도 포함된다. 특히, 구성원들의 개인적 및 직업적 이해관계를 고려

했을 때, 세 협력체 간에는 상당한 수준의 중복된 회원구성이 존재한다는 점이 중요한 요소로 작용한다.

9월11일 이후 보안강화는 특정 국가정책이나 법률에 의해 주도된 다기관 파트너십을 만들어내었으며, 정부기관과 비정부기관의 관련 측면을 조정기관의 감독하에 결집시켰다. Appel(2003)은 미국에서 법무부 및 DHS와 관련된 많은 민간-공공 사이버범죄 관련 다부문 파트너십을 상세히 제시하고 있으며, EU 전역을 감시하는 조직은 European Network and Information Security Agency(ENISA)이다. 영국에서는 주요 조정기관이 NISCC로, 주요 기관들을 조정하고 있다. Appel은 미국에서 공공-민간 협력 관계가 현재 주, 카운티, 지역 및 도시에서 운영되고 있으며, 법집행, 비즈니스, 민간보안, 정부 및 학계가 참여하는 다양한 접근방식을 통한 효과적인 해결책의 예시를 제공한다(2003).

특정 신흥 문제들은 정부의 일부 입력을 통해 다양한 조직들이 참여하는 전문가 연합체 구성을 자극하기도 했다. 그 중 하나가 EU 안티 스팸지침에 따른 CNSA(스팸당국 연락망)이다. 이는 EU 내에서 발생하는 크로스보더 스팸에 대한 불만을 조사하기 위해 13개 유럽국가가 협력하는 조직으로, 대부분의 스팸이 EU 외부에서 발생하므로 국제적으로 협력할 계획이 있다. 또한, 2004년에는 미국, 영국, 호주 간에 안티스팸 노력 조정을 위한 협정이 체결되었다(electricnews, 2005). APWG는 2,000명 이상의 회원을 보유하고 있는 또 다른 예시이다.

이러한 파트너십과 포럼이 각자의 과업을 얼마나 효과적으로 수행하는지를 평가하는 것은 매우 어렵다. 이는 가시적인 성과지표가 거의 없기 때문이며, 보안네크워크 내 여러 노드 간에 생성되는 다양한 정보흐름이 시점에 따라 서로 다른 상황을 보여줄 수 있기 때문이다. 그러나 신뢰구축을 통해 개방적인 환경을 조성함으로써, 이러한 파트너십, 포럼 및 연합체가 형성하는 네트워크는 필수적인 정보가 각 노드로 원활하게 전달될 수 있도록 돕는다. 신뢰 구축의 중심에는 '경찰'이라는 연결 고리가 자리하고 있는 것으로 보인다. 다수의 파트너십 운영위원회의 구성원을 간략히 살펴보면, 법집행기관과 기타 조직이 혼합되어 있음을 알 수 있다. 또한, 이들이 개최하는 주요 활동인 컨퍼런스, 워크숍 및 회의에서도 유사한 균형이 나타난다. 이들의 활동을 대략적으로 살펴보면, 전·현직 경찰관들이 이러한 다기관 및 다분야 협력 포럼에서 중요한 역할을 수행하고 있음을 분명히 알 수 있다. 물론, 이들이 반드시 주도적인 역할을 하는 것은 아니지만, 그 영향력은 상당하다. 그러나 이들의 역할이 실제로 어떤 성격을 띠고 있는지에 대해서는 아직 여러 가지 미해결된 질문이 남아있다. 이는 파트너십의 운영방식이 종종 명확한 감시와 투명성을 결여하고 있기 때문인데, 물론 어느 정도의 재량권이 보장되는 것이야말로 이러한 파트너십이 효과적으로 작동하는 주요 이유이기도 하다. 또한, 이러한 신뢰 네트워크 내에서 경찰이 아닌 접점들이 과연 어느 정도까지 전직 경찰관들로 구성되어 있는지도 상대적으로 잘 알려져 있지 않다. 그러나 이들 기관의 운영위원회 및 실무 그룹의 구성을 간략히 살펴보면, 전직 경찰관의 비율이 상당히 높다는 점을 알 수 있다. 결국, 신뢰 구축의 핵심동력은 유사한 세계관(Weltanschauung)을 가진 사람들 간의 공감대 형성에 있는 것으로 보이며, 이것이야말로 네트워크가 실제로 작동하는 주된 이유일 것이다(이 자체도 별도의 연구 주제가 될 수 있다). 또한, 공유된 직업적 가치관이 경찰 업무의 문화적 재생산을 지속시키며, 사이버범죄 대응의 환경이 변화했음에도 불구하고 공공경찰의 기본적인 임무는 여전히 유지되고 있음을 시사한다.

결론: 사이버범죄가 경찰-공공 임무에 미치는 도전

이 장에서는 사이버범죄가 경찰과 공공으로부터 부여받은 그들의 임무에 제기하는 도전에 대해 탐구하였다. 또한, 인터넷 거버넌스의 광범위한 구조와 질서유지/규범 준수 프레임워크 내에서 공공경찰이 인터넷을 어떻게 단속하는지 그 역할을 살펴보았다.

이 장은 인터넷과 그로 인해 변화하는 범죄행위가 질서유지 및 법집행 과정을 어떻게 어렵게 만드는지를 설명하였다. 인터넷 관련 범죄는 글로벌한 맥락에서 발생하는 반면, 범죄는 대개 국가별로 정의되며, 공공경찰의 임무는 일부 범죄를 다른 범죄보다 우선시한다. 특히 아동 성착취 이미지 제작과 같이 '위험한 타자'가 개입된 범죄에 더욱 집중된다. 더 나아가, 인터넷 단속은 본질적으로 네트워크화되고 다중 노드로 구성된 경찰 및 보안시스템의 특성상 매우 복잡한 과정이다. 또한, 이러한 프레임워크 내에서 공공경찰은 전체 치안유지 과정에서 상대적으로 작은 역할만을 담당하지만, 경찰과 국가 및 대중 간의 관계를 오랫동안 정의해 온 필리안(Peelian) 전통으로 인해 경찰은 본능적으로 치안유지 기능에 대한 주도권을 주장하려 한다는 점에서 복잡성이 더욱 심화된다.

따라서 사이버공간은 공공경찰을 모순적인 위치에 놓이게 만든다. 한편으로 사이버범죄의 특성은 경찰업무의 기본적인 필리안 원칙에 반하지만, 바로 그 원칙들 때문에 공공은 경찰에게 보호를 의존하게 된다. 이 모순은 경찰이 동의를 바탕으로 활동하는 대부분의 법적 영역에서, 심지어 동의가 불분명한 일부 지역에서도 관찰할 수 있다. 사이버범죄는 공공경찰의 문화적 유산과 전통적인 헌법적 위치가 실제로 사이버공간의 경찰업무에 적합한지에 대한 많은 질문을 제기한다. 그러나 '경찰'이 직면한 모순, 특히 범죄를 경험한 것과 느낀 것 사이의 '안심 차이'(Innes, 2004: 151)는 공공이 '사이버범죄'에 대한 두려움을 만들었고, 이는 경찰에게 안심시켜달라는 요구로 이어졌다. 이러한 요구는 필리안 원칙의 재구성 및 전 세계적으로 나타나는 신필리안(neo-Peelian) 의제에 의해 조정되었다. 이는 경찰을 보안네크워크 내에서 권위자로 재배치하지만, 동시에 여러 가지 실용적이고 규범적인 도전을 경찰에 부여한다. 그 중 하나는 '편재하는 법집행'(Vinge, 2000)으로의 위험한 전환을 완화하고 여러 반대의견을 자극하는 것이다. 그러나 이러한 기술이 경찰개혁을 위한 중요한 기회를 제공할 잠재력에 대한 낙관도 존재한다(Chan et al., 2001). 기술의 감시적 특성은 기술이 강력한 경찰 도구가 되는 이유이기도 하지만, 경찰의 활동을 감독하고 더 넓은 조직적 및 공공의 책임을 증대시키는 자연스러운 도구가 되기도 한다(Newburn and Hayman, 2001의 논의 참조).

인터넷을 감시하는 경찰의 미래 역할은 단순히 새로운 전문지식과 역량을 획득하는 것 이상이다. 그것은 인터넷 보안네크워크 내 다른 노드들과 새로운 형태의 협력관계를 구축하는 것이다. 이러한 관계는 노드 구조의 효과성과 정당성을 향상시키기 위해 새로운 변화가 필요하다. 예를 들어, 경찰구조의 평탄화, 경계 간 법적 정의의 평등화, 공공에 대한 책임 프레임워크의 광범위한 수용, 공유된 가치, 다기관 및 교차부문 대화 등이 필요하다. 또한 경찰관들의 사고방식을 '전사(warrior)'(좋은 사람/나쁜 사람 이분법) 사고방식에서 '수호자

(guardian)' 역할 사고방식으로 전환하는 것도 필요하다. 이러한 새로운 관계가 없다면, '편재하는 법집행'과 '편재하는 범죄예방'의 위험한 전환을 막을 수 있는 점검이 하나 사라질 것이다.

인터넷은 법과 질서가 없는 환경이라는 오래된 신화는 여전히 존재하지만, 이는 전적으로 잘못된 것이다. 오히려 증거는 그 반대임을 보여준다. 이 장에서는 인터넷에서의 행동을 여러 가지 방식과 이유로 개입하는 질서유지 체계를 보여주었다. 여기서 법은 중요한 참조점이지만, 유일한 행동의 동기는 아니며, 사이버범죄예방 정책의 기초가 될 수 없다. 모든 정책은 법뿐만 아니라 사회적 가치, 시장의 힘, 특히 기술에 의해 매개된 행동의 정도도 인식해야 한다. 이 점이 중요한 이유는 현재 '사이버범죄'라고 불리는 많은 범죄가 사실 전통적인 (혹은 비매개된) 범죄이기 때문이다. 진정한 사이버범죄는 이제 막 나타나기 시작하고 있다. 이 장에서는 현재와 과거에 중점을 두었지만, 다음 장에서는 미래를 다루며 사이버범죄 규제 및 예방의 구조에 대해 집중할 것이다.

이 장을 기반으로 한 몇 가지 토론 질문

사이버범죄를 누가, 어떻게 단속하고 있는가?
사이버범죄가 경찰과 형사사법시스템에 제기하는 주요 과제들은 무엇인요?
경찰이 사이버범죄 피해자들에게 대응하기에 가장 적합한 기관일까? 그렇지 않다면, 어떤 대응 방식을 제안하겠는가?

추가 참고도서 사이버범죄에 대한 적절한 경찰 대응을 책임지는 기관들이 이를 수립하는 것은 수년간 반복되는 문제였다. 다양한 예방, 완화 및 조사 대응이 개선됨에 따라, 경찰은 더 무자비한 기법을 사용하는 더 적응력 있는 범죄자들에게 빠르게 뒤처지게 된다. 이 분야를 경찰하는 데 전통적인 경찰기관이 최적의 장비를 갖추었는지, 아니면 다른 기관들의 지원을 받아야 하거나, 심지어 이 역할에서 대체되어야 하는지에 대한 중요한 질문들이 제기된다. 이 연구 분야를 더 깊이 연구하고자 하는 학생들과 연구자들에게는 다음의 자료들을 시작으로 참고할 것을 권장한다: Wall and Williams (2014); Holt et al. (2015); PNLD and Staniforth (2017); Saunders (2017).

9 사이버범죄 통제, 예방 및 규제

사이버범죄는 어떻게 통제되고, 규제되며, 예방되어야 하나요?

주요내용 및 핵심포인트

법과 법적 조치

- 법 제정 사례: 스팸을 사이버범죄로 규제하기

기술적 통제: 기술을 이용한 사이버범죄 통제 및 예방

사회적 통제: 사회적 가치

경제적 통제: 시장의 힘

코드와 공공 vs. 사적 이익

통제의 기술 또는 기술의 통제

개요 *이 장에서는 사이버범죄를 통제하고 감소시키며 일반적으로 규제하는 문제들을 다룬다. 법과 법적 조치의 공식적인 역할뿐만 아니라, 사이버범죄를 예방하고 완화하며 조사하고 기소하는 다양한 방식들을 줄이는 데 기여하는 기술적, 사회적, 경제적(시장) 통제들을 살펴본다.*

서론

이전 장에서는 사이버범죄가 어떻게 통제되고 있는지 논의했으며, 국가에서 임명한 경찰이 인터넷 경찰활동에서 상대적으로 작은 (하지만 중요한) 역할을 한다는 것을 보여주었다. 이번 장은 사이버범죄가 발생하는 환경으로서 사이버공간(인터넷)을 규제하는 더 넓은 관점으로 거버넌스를 확장한다. 법, 기술적 구조, 사회적 가치, 시장이 인터넷에서 질서와 법을 유지하는 데 어떤 역할을 하는지 탐구한다. 결국, 이상적으로는 좋은 규제시스템이 나쁜 행동을 억제하는 것뿐만 아니라 좋은 행동을 촉진할 수 있어야 하며, 긍정적이고 부정적인 거버넌스를 모두 증진시켜야 한다(Alharthi, 2023).

이 책에서 앞서 언급한 바와 같이, 사이버범죄의 '디지털' 현실은 법이 가상사회를 포함한 사회에서 허용되는 행동과 허용되지 않는 행동의 경계를 정의하지만, 사이버범죄는 법적, 기술적, 사회적, 경제적 '기회' 또는 가능성의 산물이라는 것이다. 다시 말해, 법적 기회는 범죄자들이 비교적 낮은 탐지 위험 때문에 사이버범죄를 저지르는 데 편안함을 느끼게 만든다는 것이다. 이는 불충분하거나 부적합한 법 때문일 수도 있고, 사이버범죄가 형사사법시스템의 우선순위 목록에서 낮게 설정되어 있기 때문일 수도 있다. 기술적 기회는 기술이 사이버범죄를 가능하게 하는 '기회'(Gibson, 1979) 또는 촉진제를 제공하기 때문이다. 사회적 기회는 사이버범죄가 범죄자에게 사회적으로 보상한다는 점에서 발생한다. 사이버범죄는 범죄자들에게 만족감과 '은밀한 스릴'(Katz, 1988)을 제공하고, 그들의 공동체 내에서 일정한 사회적 지위를 부여한다. 마지막으로, 경제적 기회는 범죄자들에게 그들의 노력에 대한 금전적 보상을 제공한다. 따라서 이러한 '기회'들이 범죄를 가능하게 하는 요소라면, 이를 뒤집어 사이버범죄를 규제하고 감시하며 예방하는 지점으로 활용할 수 있다. 이상적인 세상에서는 법과 그 집행을 강화하고, 기술을 더 안전하게 만들며, 사회적 및 경제적 보상을 줄이는 것이 해결책이다. 그러나 현실 세계는 더 복잡하며, 이러한 기회 중 특히 기술을 활용할 수 있는 여러 측면이 있다. 더 구체적으로, 사이버범죄를 가능하게 하는 네트워크 기술의 감시이고 '데이터 감시'(Clarke, 1994)이다. 파놉티콘과 시놉티콘(Mathieson, 1997: 215) 특성은 인터넷을 감시하고 기소와 유죄판결을 확보하기 위한 새로운 증거출처를 수집하는 데 잠재적으로 강력한 도구를 제공한다. 또한 사이버범죄 통제 및 예방을 촉진할 수 있는 '훈육적' 도구를 제공한다. 그러나 이러한 기술적 '도구'가 '편재하는 법집행'의 가장자리를 넘나들고, '편재하는 범죄예방'과 심지어 의도를 예측하여 범죄를 예방하는 '프리크라임(policing pre-crime)'까지 이르게 될 수 있다는 점에서 자유지상주의적 상상력을 자극하지 않는 것은 아니다. 놀랍지 않게, 이러한 기술은 정보화시대에서의 프라이버시와 자유의 본질에 대해 여러 반대의견을 불러일으킨다. 현재의 프라이버시와 자유에 대한 기대는 이제 죽은 것일까? 정보화시대에서 감시의 시선을 피하기는 거의 불가능한 상황에서 우리는 오늘날에 맞춰 프라이버시 개념을 수정해야 할까(Sprenger, 1999)? 아니면 기존의 가치를 보호하거나 완전히 재고해야 할까? 이러한 질문들은 또 다른 책에서 다뤄야 할 문제이다. 이번 장은 사이버 지원, 사이버 가능 및 사이버 의존적 수준에서 사이버범죄를 어떻게 규제하고 예방할지에 관한 것이다. 네 가지 기회 요소의 균형을 동일하게 적용해야 할까요, 아니면 범죄유형에 비례하여 적용해야 할까? 예를 들어, 사이버 지원 범죄는 주로 커뮤니케이션 문제로 다뤄야 할까요? 사이버 가능 범죄는 오프라인 범죄처럼 다뤄야 할까? 기술에 의해 완전히 매개된 사이버 의존 범죄는 주로 과학적 기술 문제로 보고, 이를 해결하기 위한 기술적 해결책(법으로 승인된)을 적용해야 할까요, 아니면 기존법에 의해 고려되는 악화 요소로 간주해야 할까? 예를 들어, '완벽한 통제'(Post, 2000: 1450)의 실행이 법, 사회적 가치, 시장의 힘을 능가하여 과학적 또는 상업적 고려에 기반할 가능성이 있을까요? 완벽한 통제가 가능한가요? 이러한 질문들에 대한 답은 사이버범죄의 규모가 커지고, 사이버범죄가 점점 더 자동화됨에 따라 점차적으로 중요해질 것이다.

이 장의 첫 번째 부분은 인터넷 규제에서 법과 법적 조치의 역할을 간략히 살펴본다. 두 번째 부분은 사이버범죄 통제 및 예방에 사용되는 기술적 통제와 기술의 현황을 탐구한다. 세 번째 부분은 사회적(사회적) 통제를 살펴보며, 네 번째 부분은 인터넷 활동을 규제하는 데 사용할 수 있는 시장 또는 경제적 통제를 다룬다. 마지막 부분은 법과 정책을 컴퓨터 코드에 내재화하는 문제를 탐구한다.

법과 법적 조치

경성법(hard law)은 허용되는 행동과 허용되지 않는 행동 사이의 경계를 종종 매우 자세하게 규정한다. 사이버범죄의 각기 다른 유형이나 수준에 대응하는 여러 법률이 존재한다(주로 영국 법). 예를 들어, 1990년 컴퓨터오용법(Computer Misuse Act 1990, ss. 1-3)과 그 여러 개정안은 사이버 의존적 범죄, 즉 기계에 대해 발생하는 사이버범죄에 대응한다(4장 참고). 여기에는 시스템 해킹, 서비스 거부 공격, 악성 소프트웨어 등이 포함된다. 사이버 가능 범죄(기계를 이용하는 범죄, 5장 참고)에는 2006년 사기법(Fraud Act 2006)으로 다루는 사기, 1998년 절도법(Theft Act 1998)으로 다루는 절도, 1968년 절도법과 1916년 절도법 제29조와 제30조에 의한 협박 또는 갈취가 포함된다. 마지막으로 기계 내 사이버범죄(6장 참고)는 그 유형에 따라 1959년 음란출판물법(Obscene Publications Act 1959)과 2008년 형사사법 및 이민법(Criminal Justice and Immigration Act 2008, 제5부)으로 극단적인 포르노에 대한 규제가 2000년 수사권한법(Regulation of Investigatory Powers Act 2000)으로 테러 자료에 대한 규제가 2006년 사기법으로 속이는 내용에 대한 규제가 1988년 저작권, 디자인 및 특허법(Copyright Designs and Patents Act 1988)으로 지적 재산에 대한 규제가 다뤄진다. 다른 관할지역에도 유사한 법적 기관이나 법 종류가 존재한다.

경성법 외에도 중요한 권한의 원천인 연성법(soft law)이 존재한다. 소프트법은 합의된 규칙, 권고사항 또는 지침으로 구성된다. 이는 국제법에서 등장했으며(Boyle, 1999; Trubek and Trubek, 2005), 아마도 여러 유엔협약에서 가장 잘 표현된다. 사이버공간에서 책임 있는 국가행동에 대한 유엔규범은 국가가 정보통신기술(ICT) 사용시 안정성과 보안을 강화하고 국제 평화와 안보에 해롭거나 위협이 되는 것으로 인정되는 관행을 방지하는 조치를 도입하도록 지침을 제공하는 하나의 소프트 법률이다(ASPI, 2022: 13). 박스 9.1에 재생산된 바와 같이, 이 규범은 간단히 말해, 국가들이 ICT 사고에 책임감 있게 접근하고, 협력적으로 작업하며, 인권을 보호하고, 기반시설을 보호하며, 공급망의 무결성을 보장하고, 정보와 좋은 관행을 공유할 것을 권장한다. 마지막으로, 국가들은 자국의 영역이 불법적인 ICT 행위에 사용되지 않도록 하거나 다른 국가의 ICT 시스템을 해치는 것을 지원하지 않아야 한다고 권고한다.

박스 9.1 유엔 사이버 규범 전문

a. 국제 평화와 안전을 유지하는 것을 포함한 유엔의 목적에 부합하여, 각 국가는 정보통신기술(ICT)의 사용에서 안정성과 보안을 증대시키고, ICT 관행 중 해롭거나 국제 평화와 안전에 위협이 될 수 있는 것들을 예방하기 위한 조치를 개발하고 적용하는 데 협력해야 한다.
b. ICT 사건이 발생한 경우, 각 국가는 사건의 더 큰 맥락, ICT 환경에서의 귀속 문제, 그리고 그로 인한 결과의 성격과 정도를 포함한 모든 관련 정보를 고려해야 한다.
c. 각 국가는 자국의 영토가 ICT를 사용한 국제적으로 잘못된 행위에 사용되는 것을 고의로 허용해서는 안 된다.
d. 각 국가는 ICT의 테러 및 범죄적 사용을 기소하고, 이러한 위협을 다루기 위해 서로 협력하는 방법을 고려해야 한다. 국가들은 이러한 면에서 새로운 조치를 개발할 필요가 있는지 여부를 고려해야 할 수도 있다.
e. 각 국가는 ICT의 안전한 사용을 보장함에 있어, 인터넷에서의 인권 증진, 보호 및 향유에 관한 인권 이사회 결의 20/8과 26/13, 그리고 디지털 시대의 개인정보보호에 관한 총회 결의 68/167과 69/166을 존중해야 하며, 표현의 자유를 포함한 인권을 완전히 존중해야 한다.
f. 각 국가는 국제법에 따른 의무를 위반하여 중요한 기반시설을 의도적으로 손상시키거나, 중요한 기반시설의 사용과 운영을 방해하여 공공 서비스 제공에 지장을 주는 ICT 활동을 수행하거나 고의로 지원해서는 안 된다.
g. 각 국가는 ICT 위협으로부터 중요한 기반시설을 보호하기 위한 적절한 조치를 취해야 하며, 이는 총회 결의 58/199에 따른 사이버보안의 글로벌 문화 창출과 중요한 정보 기반시설 보호 및 기타 관련 결의를 고려해야 한다.
h. 각 국가는 악의적인 ICT 행위로 인해 중요한 기반시설이 위협을 받을 경우, 다른 국가의 요청에 적절히 응답해야 한다. 또한, 자국 영토에서 발생하는 다른 국가의 중요한 기반시설을 목표로 하는 악의적인 ICT 활동을 완화하기 위한 요청에 대해서도 응답해야 하며, 이는 주권을 적절히 존중하는 범위 내에서 이루어져야 한다.
i. 각 국가는 ICT 제품의 보안에 대한 최종 사용자의 신뢰를 보장할 수 있도록 공급망의 무결성을 확보하기 위한 합리적인 조치를 취해야 한다. 또한, 악의적인 ICT 도구와 기법의 확산을 방지하고, 유해한 숨겨진 기능의 사용을 방지하기 위해 노력해야 한다.
j. 각 국가는 ICT 취약점에 대한 책임 있는 보고를 장려하고, 이러한 취약점에 대한 해결책과 관련된 정보를 공유하여 ICT와 ICT 의존 기반시설에 대한 잠재적 위협을 제한하고 가능하면 제거해야 한다.
k. 각 국가는 다른 국가의 승인된 비상 대응팀(일반적으로 컴퓨터 비상 대응팀 또는 사이버보안 사고대응팀이라고도 함)의 정보시스템을 해치는 활동을 수행하거나 고의로 지원해서는 안 된다. 또한, 국가의 승인된 비상대응팀을 이용해 악의적인 국제 활동에 참여해서는 안 된다.

EU(유럽연합)의회에서 제정한 조정지침은 법을 현지에서 구현하는 방법에 대한 소프트법 가이드를 제공한다. 2022년에 EU의 네트워크 및 정보보안지침(NIS2)은 EU 회원국들에서 사이버보안 수준을 높이기 위해 설계된 새로운 규칙을 도입했다. 이 규칙은 또한 주요 분야에서 기반시설 서비스를 제공하는 중대형 조직에 대한 사이버보안 요구사항을 강화한다(EU, 2023). 이 법률은 CoE(유럽평의회) 사이버범죄(부다페스트) 협약(ETS No. 185)과 추가 프로토콜을 보완하는 것으로, 유럽평의회 회원국 및 추가 서명국의 실무자들이 사이버범죄 치안협력 및 경험공유를 촉진할 수 있는 프레임워크를 생성한다. 예를 들어, 사이버범죄 및 전자증거 확보와 관련된 국제협력을 촉진하기 위해 법집행기관을 위한 24/7 네트워크를 지원한다. 이러한 국제 법률, 협약, 협약은 개별 국가의 법률 위에 존재한다.

그러나 법은 또한 형사기소보다 낮은 수준에서 의도적으로 수행될 수 있는 법적 전략을 위한 권위를 제공한다. 이 전략은 주로 잘못된 행동에 대한 경고나 공식적인 '제재'를 통해 행동에 '위축 효과(chilling effect)'를 주는 것이다. 예를 들어, 사이버범죄자에게 부과된 미국정부의 제재를 살펴보면, 행정명령 13694(2015)는 '국가안보, 외교정책, 경제안정 또는 재정 안정성을 위협하거나 해를 끼치는 악의적인 사이버 범죄활동'에 대해 책임이 있거나 연루된 개인 및 그룹에 제재를 부과한다. 여기에는 선거 과정도 포함된다(USDOS, 2023). 행정명령 13757(2016)은 악의적인 사이버 기반 활동의 피해를 포함하도록 수정되었으며, 국무장관 및 재무장관은 (법무장관 및 국무장관과 협의 후) 해로운 사이버활동에 책임이 있거나 연루된 개인에 대해 제재를 부과하도록 지시한다. 이러한 개인(및 그룹)은 재무부의 특정국민 및 차단된 인물 목록에 포함되며, 송환절차를 받을 수 있다. 예를 들어, 2023년 5월에는 러시아 국적자가 미국의 주요 기반시설을 대상으로 랜섬웨어 공격을 벌인 혐의로 기소되었다: '러시아 본거지에서 Matveev는 여러 가지 랜섬웨어 변종을 사용하여 전 세계의 주요 기반시설을 공격했으며, 이에는 병원, 정부기관 및 다른 부문의 피해자들이 포함된다'(USDOJ, 2023a).

Matveev는 Lockbit, Hive, Babuk 랜섬웨어 그룹의 제휴자로 활동한 것으로 알려져 있으며, 세 차례의 전 세계 랜섬웨어 캠페인에서 법집행기관과 기타 정부기관, 병원, 학교를 공격한 혐의를 받고 있다. 랜섬요구액은 4억 달러에 달하며, 총 지불액은 2억 달러에 이르다(USDOJ, 2023a). Matveev가 러시아에 거주하며 러시아 당국과 협조하지 않기 때문에, 미국 FBI와의 협력은 어려운 상황이다. 그러나 기소장에서는 잘못된 행동을 하는 사람들에게 그들이 미국의 감시를 받고 있으며, 그들의 안전한 피난처가 영원히 지속되지 않을 것이라는 강력한 메시지를 전달하려는 의도가 있음을 분명히 했다.

> 우리는 미하일 마트베예프에 대한 기소, 제재 및 보상이 전 세계 사이버범죄자들에게 경고음을 울리기를 원한다. FBI와 우리의 법집행 파트너들, 그리고 국제 파트너들이 여러분을 추적하고 있다. 이러한 악의적인 행위자들은 자신들이 처벌받지 않고 활동할 수 있다고 믿고 있으며, 자신들이 안전하고 보호받고 있다고 느끼는 국가에 있기 때문에 잡히지 않을 것이라고 생각한다. 현재는 그럴 수 있지만, 이 안전한 피난처가 영원히 존재하지 않을 수 있다. 우리가 기회를 가질 때마다, 우리는 마트베예프와 그의 동료들을 정의의 심판대에 세우기 위해 할 수 있는 모든 일을 다할 것이다. (USDOJ, 2023b)

제재의 영향에 대한 증거는 Darkside 랜섬웨어 그룹의 Colonial Pipeline 공격 사례에서 찾을 수 있다. 이 공격은 미국 동부 해안의 연료공급 중단을 초래했다. 미국 국무부는 Darkside의 지도자들을 식별하는 데 도움이 되는 정보에 대해 1천만 달러의 보상금을 제공했으며, 그들의 체포와 유죄판결을 이끄는 정보에는 추가로 500만 달러의 보상금을 제시했다(USDOS, 2021). 보상금에 대한 반응으로 Darkside 운영자들은 웹사이트를 폐쇄하고 랜섬웨어 서비스를 중단했으며, 웹사이트에 "우리의 목표는 돈을 버는 것이지 사회에 문제를 일으키는 것이 아니다"라고 명시했다(Russon, 2021).

하지만 법은 단순히 법전의 글자들 그 이상이며, 다양한 방식으로 작동한다. 법과 규칙에는 국가적·국제적 차원의 경성법(hard law)과 연성법(soft law)이 존재할 뿐만 아니라, 이러한 법과 규칙은 여러 '수호자(guardians)'들에 의해 시행되고 집행되며, 이들은 법 적용과정에서 재량권을 행사한다. 8장에서 살펴본 바와 같이, 경찰기관은 범죄자를 수사하고 기소하는 주체이지만, 법집행을 담당하는 조직 중 하나일 뿐이다. 사실 경찰은 치안유지 업무 전체를 수행하기에 최적의 위치에 있지도 않으며, 독립적으로 활동할 수도 없다. 따라서 사회

내 다양한 '수호자'들이 전체적인 치안유지 기능에 기여한다. 앞서 논의했듯이, 인터넷 사용자 및 사용자그룹, 온라인 가상환경 관리자 및 보안 담당자, 네트워크 기반시설 제공업체, 기업 및 기업보안 부서, 비정부 비경찰조직, 정부 비경찰조직 등이 공공경찰조직과 더불어 온라인 행위를 단속하고 법과 규칙을 집행하는 데 각각 다른 역할을 수행한다. 이들은 종종 사용자와 서비스 제공자 간의 계약 관계를 바탕으로 다양한 형태의 거버넌스를 적용한다. 또한, '수호자'의 범위는 지속적으로 확대되고 있으며, 시민들의 적극적인 치안유지 참여를 장려하는 논의도 활발히 이루어지고 있다. 이에 따라 경찰, 산업계 및 기타 조직을 결합하는 다양한 협력체(cross-sector partnerships)도 증가하고 있다.

그러나 법은 법전에 쓰여진 글자 이상이며, 다양한 방식으로 작용한다. 국가 및 국제적 경성법과 연성법 규정이 있을 뿐만 아니라, 이러한 법과 규칙은 여러 '수호자'들에 의해 시행되고 적용되며, 각 수호자는 법의 적용에 있어 재량을 행사한다. 8장에서 보았듯이 경찰기관은 주로 범죄자를 조사하고 기소하는 책임을 지고 있지만, 법을 집행하는 그룹 중 하나일 뿐이다. 사실 경찰은 전체 치안 업무를 혼자서 수행할 수 없으며, 다양한 '수호자'들이 치안업무에 기여한다. 인터넷 사용자와 사용자그룹, 온라인 가상환경 관리자 및 보안, 네트워크 기반시설 제공자, 기업조직과 기업보안, 비정부 기구, 정부의 비경찰 기구 등은 모두 공공경찰조직 외에도 온라인 행동을 감시하고 법과 규칙을 시행하는 데 각기 다른 역할을 한다. 이들은 각기 다른 형태의 거버넌스를 행사하며, 종종 사용자와 서비스 제공자 간의 계약과 관련이 있다. 수호자 목록은 계속해서 증가하고 있으며, 공공의 적극적인 참여를 장려하는 논의가 확산되고 있으며, 경찰, 산업 및 기타 조직들이 함께하는 다양한 분야 간 파트너십이 형성되고 있다.

경성법(hard law)의 집행 아래에는 다양한 형태의 법적 조치가 존재하며, 여기에는 '중지 및 금지(cease and desist)' 전술(영국에서는 소송 전 경고 서한)부터 형사소송까지 포함된다. '중지 및 금지' 조치는 공식적인 법적 절차(일반적으로 민사소송)가 시작되기 전에 가해자에게 특정행위를 중단하도록 경고하는 역할을 한다. 또한 이는 위축 효과(chilling effect)를 유발하며, 음악 및 영화 산업(자세한 내용은 Wall, 2015a 참고)뿐만 아니라 경찰에서도 다양한 효과를 거두며 사용되어 왔다. 예를 들어, 영국 국가범죄수사청(NCA)의 Cyber

Choices 프로그램은 잠재적인 사이버범죄자가 될 가능성이 있는 개인을 대상으로 운영된다. 이 프로그램은 참가자들에게 합법적 사이버활동과 불법적 사이버활동의 차이를 설명할 뿐만 아니라, 보안 산업과 같은 합법적인 분야에서 자신의 기술을 활용할 수 있는 다양한 선택지를 제시하는 역할을 한다.

위축 효과는 또한 분노한 대중을 동원함으로써 만들어질 수 있다. 2000년대 초, ISIPP(Institute for Spam and Internet Public Policy)는 '1000개의 종이 자르기' 전략을 통해 스팸 행위를 억제하려는 대규모 민간 법적 행동을 제안했다. ISIPP는 스팸의 피해자들, 주로 도메인 네임 소유자들에게 '스푸핑을 한 사람을 고소하라'고 권장한다. ISIPP는 도메인 소유자들이 "우리는 더 이상 이를 받아들이지 않는다"라고 외치며 맞서 싸워야 한다고 주장한다. 스팸을 전면적으로 중단하지 않더라도, 스푸핑을 중단하게 만들 수 있을 것이라고 주장한다(ISIPP 웹사이트). 소비자들이 스팸에 맞서 행동한다는 아이디어를 발전시켜, 나이젤 로버츠(Nigel Roberts)는 계약 렌터카와 팩스 방송서비스에 대한 원치 않는 이메일을 보낸 이메일 마케팅 회사를 상대로 300파운드의 손해배상 청구소송을 제기하여 승소했다(Roberts v. Media Logistics (UK) Ltd, 2006). 그의 성공에 힘입어, Roberts는 '스팸 법적 행동' 단체를 결성하여 스팸 피해자들이 자신들만의 행동을 취할 수 있도록 촉구한다. 이를 돕기 위해 그는 스팸 고소키트 (suing kit)를 제공하며, 샘플 문서를 Spam Legal Action 웹사이트를 통해 배포한다. 이런 면에서 법은 권위이며, 법적 조치는 새로운 종류의 활동에 대한 사회적 가치를 형성함으로써 시장 수요를 형성할 수 있다.

Roberts의 행동과 같은 것들은 디질랜티즘(digilantism: 인터넷 자경단)의 초기 형태였으며, 2000년대에 소셜미디어의 등장과 함께 인터넷 사용자들이 경찰의 미비한 행동에 실망하여 직접 정의를 구현하려는 큰 운동으로 발전했다. 그들은 자신들이 사회에 위험이 된다고 생각하는 사람들을 공개적으로 망신 주거나 비난하기 위해 해킹하거나 미끼를 던진다. 한편, 자경단 행동은 올바르게 진행되면 민주적으로 작용하고, 경찰이 필요한 공동체 기반 정보를 제공하여 그들의 행동을 촉진할 수 있다. 반면에, 잘못된 방향으로 가면, 자경단원들은 보통 자청하며 그들의 열정이 옳고 그름의 경계를 흐리게 하고, 종종 자신의 괴롭히는 행동을 숨긴다(Trottier et al., 2020; Gainford, 2023).

스팸규제 사례 연구: 사이버범죄로서의 스팸규제

스팸은 종종 사소한 것으로 여겨지지만, 사이버범죄자들에게는 중요한 도구이다. 스팸을 통해 피싱 메시지를 전달하고 개인정보를 훔치며, BEC(Business Email Compromisement) 범죄를 발생시키고, 사이버범죄를 촉진시키기 때문이다(5장 참조). 따라서 스팸규제는 법이 없었던 상황에서 법을 도입했을 때의 영향을 보여주는 유용한 사례이자, '코드'에 법을 도입하는 가능성을 보여주는 사례로 활용될 수 있다.

앞서 언급한 바와 같이, 스팸은 현재 온라인 범죄자들이 피해자와 접촉하기 위해 사용하는 자동화된 전술이다. 스팸메일과 문자메시지를 통해 스팸발송자는 피해자에게 직접 반응을 유도하고, 이를 통해 피해자로부터 개인정보를 얻거나 감염된 첨부파일을 열거나, 감염된 웹 링크를 클릭하게 만든다. 스팸 전송 자체는 2000년대 초부터 많은 국가에서 범죄행위로 간주되었으며, 매일 수십억 통의 스팸 메시지가 사용자에게 쏟아지고 있다. 그림 9.1은 2023년 1월 기준으로 국가별 일일 스팸메일의 수(단위: 십억 개)를 보여준다. 미국과 인도가 주요 발송국이며, 또한 주요 수신국이기도 한다. 이 통계는 스팸의 양을 나타내는 지표일 뿐, 악성서버가 당국에 의해 합법적으로 차단되거나 범죄자에 의해 새로운 서버가 불법적으로 설정됨에 따라 일일 스팸 양은 달라질 수 있다는 점을 유의할 필요가 있다.

스팸에 대한 논의에서는 현재 두 가지 주요한 생각의 흐름이 있다: 법적 결정론자들과 기술적 결정론자들(범죄과학이라고 할 수 있다).

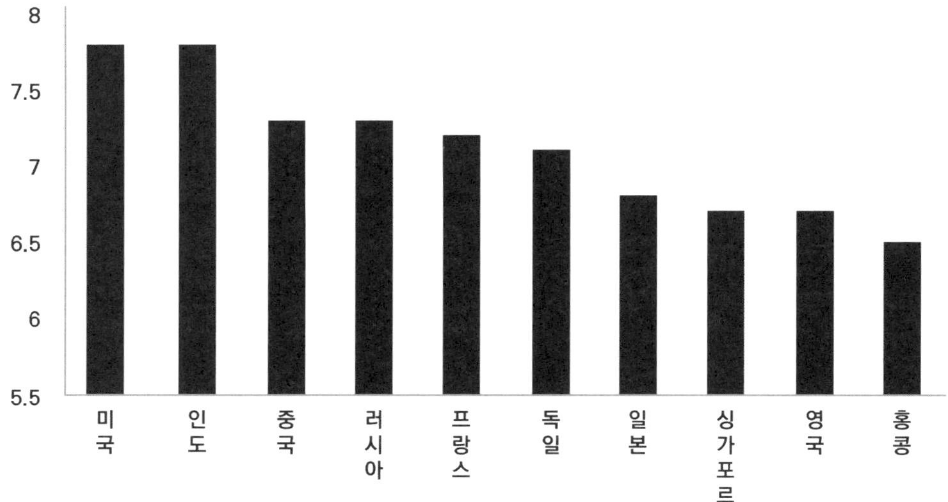

그림 9.1 전 세계적으로 보내진 일일 스팸메일 수, 2023년 1월 (단위: 십억 개).
출처: Statista7에서 제공된 데이터, Cisco Talos Intelligence Group; 2023년 1월 16일.

법적 결정론자는 법에 내포된 규범이 사회변화를 조건 짓는다고 믿는 반면, 기술적 결정론자는 기술이 이러한 역할을 할 수 있다고 본다. 법적 결정론자들은 원치 않는 행동 문제에 대한 해결책으로 새로운 법을 제정하여 이를 억제하려고 하며, 스팸에 대응하는 법은 이미 많이 제정되었다. 예를 들어, 2003년 12월 11일, 영국은 'Privacy and Electronic Communications (EC Directive) Regulations 2003'(SI/2003/2426)을 통해 필수 opt-in(동의) 법을 도입했다. 이 규정은 EU 지침 2002/58/EC의 13조를 발효시킨 것으로, 이는 2002년 7월에 통과되었다. 2003년 12월 이전, 영국은 자율규제 모델을 채택하여 스팸발송자들이 수신자에게 opt-out(수신 거부) 기능을 제공하도록 했다. 하지만 2003년 EU 지침은 수신자의 동의가 없으면 스팸을 불법으로 규정했다. 예를 들어, 영국의 주요 문제는 대부분의 스팸이 영국 외부에서 발생하며, 주로 미국과 동아시아에서 온다는 것이다.

미국에서는 2003년 12월 초, 'Controlling the Assault of Non-Solicited Pornography and Marketing Act of 2003' 또는 'CAN-SPAM Act of 2003' (s. 877)라는 연방법이 통과되었고 2004년 1월 1일부터 시행되었다. 이 법은 '인터넷을 통한 원치 않는 상업적 전자메일의 전송에 대한 제한 및 처

벌'을 규정했다. 미국의 법은 캘리포니아와 같이 강력한 주 법과 일부 약하거나 존재하지 않는 주 법들이 섞여 있는 법적 환경에서 적용된다. EU 법률이 수신자가 스팸리스트에 미리 opt-in해야 한다고 요구하는 반면, CAN-SPAM Act는 스팸발송자가 opt-out 기능을 제공해야 한다고 의무화했다. 하지만 EU/영국과 미국의 스팸에 대한 접근법 간에는 차이가 있었고, 각 법의 부족함에 대한 비판이 있었지만, 두 법안은 2004년 초부터 시행되었다.

이 법안들이 제정된 시점은 '봇넷'의 수가 급증한 시기와 맞물렸다. Symantec의 2004년 Global Internet Security Threat Report에 따르면 2004년 1월과 6월 사이에 좀비 PC가 급증했으며, 2004년 6월에는 하루에 75,000대에 달했다고 보고했다. 2000년대 초반부터 봇넷의 명령 및 제어 서버 수는 100배 증가했다. 2021년 전 세계에서 주요 봇넷은 Trickbot (29%), Qbot (14%), Emotet (13%), Dridex (12%), Clupteba (10%), Phorpiex (10%) 등이었다. 이들은 단지 스팸을 보내는 기능 외에도 개인정보를 훔치는 등의 다양한 기능을 수행한다. 2020년 ENISA의 Botnet Report에 따르면, Emotet은 봇넷 소스로 트래픽의 10%를 차지하며, 하루에 1,100만 개의 이메일을 보냈다고 한다. Spamhaus는 봇넷 명령 및 제어 서버가 193개국에 존재한다고 밝혔으며, 국가별로는 러시아(4,712), 미국(4,007), 네덜란드(1,441)가 가장 많았다.

그림 9.1이 시사하는 바와 같이, 일일 스팸메일의 총 수는 십억 단위에 달한다. 다행히도 대부분의 스팸은 수신지에 도달하지 않으며, 이는 궁극적으로 법에 의해 강화된 필터링 시스템 덕분이다. 2000년대 초, 저는 연구용 이메일 계정에 받은 스팸메일을 수집한 적이 있다. 2000년 1월부터 2004년 7월까지 이 이메일 계정에 수신된 월별 스팸 총 수는 그림 9.2에 나타나 있다. 이를 통해 법이 스팸을 줄이는 긍정적인 영향을 미친 사례를 쉽게 만들 수 있을 것이다 (혹은 냉소적인 관점에서 보면 증가한 사례로도 볼 수 있겠지만). 그러나 사실 그 이야기는 조금 다르다.

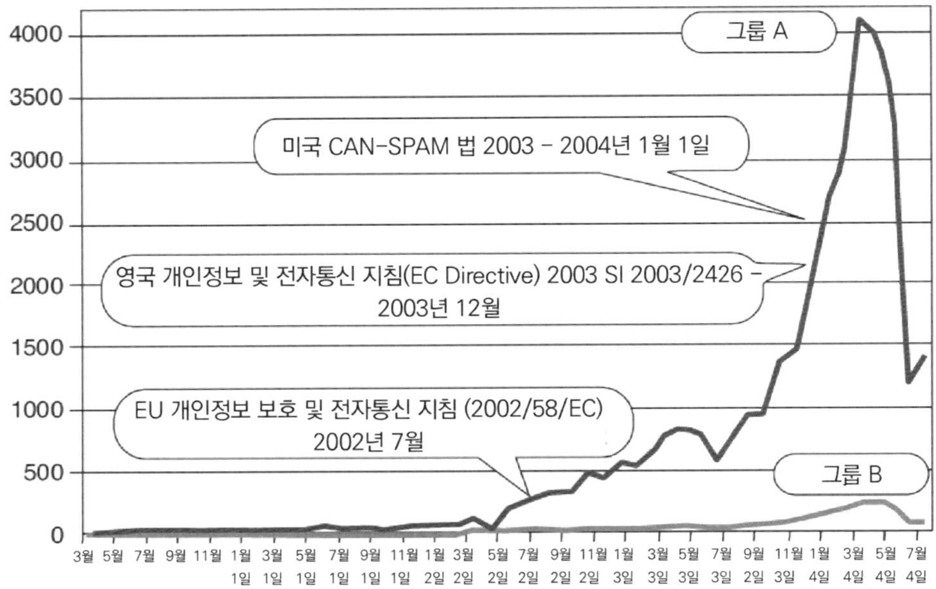

그림 9.2 연구용 이메일 계정으로 2000년부터 2004년까지 수신된 이메일 월별 수신 현황과 규제의 영향 (그래프 A는 스팸메일, 그래프 B는 '합법적인' 이메일을 나타냄).

스팸메일 수는 2002년경, 봇넷이 더 확립되면서 기하급수적으로 증가하기 시작했다. 또한 스팸규제의 타임라인도 주목할 만하다. 2004년 4월/5월 이후, 그래프 A는 같은 시기의 스팸전송에 대한 데이터(여기서는 표시되지 않음)와는 다르게, 계정에서 수신된 스팸메일의 수가 크게 감소했음을 보여준다. Race(2005)는 예를 들어, 2004년 4월/5월 이후 스팸의 순환 수가 거의 일정하게 유지됨을 보여주었다. 2004년 4월/5월 이후 그래프 A(및 그래프 B)에서 나타나는 스팸 수 감소의 설명은, 스팸규제 이후 이메일 계정을 보유한 ISP가 서비스제공 방식을 재구성하고 해당 계정을 다른 서버로 이동시켜 모든 수신 이메일에 대해 자동으로 스팸차단 소프트웨어를 실행하게 되었기 때문이다. 이에 따라 많은 스팸메일이 수신자의 메일박스에 도달하기 전에 전송 중에 차단되었다. 이전에는 소프트웨어가 잠재적인 스팸메일을 표시한 후 메일박스에 넣기만 했기 때문에, 계정 소유자가 해당 메일을 어떻게 처리할지 스스로 선택할 수 있었다.

따라서 2004년 4월 이후 발생한 이러한 '기술적' 사건이, 새로운 법의 등장보다는 연구계정에서 수신된 스팸의 급격한 감소를 설명하며, 기술 결정론적 주장이 제기되는 이유는 기술이 범죄기회를 줄이는 데 사용될 수 있다는 점이다. 만약 2004년 4월의 스팸 차단기술이 도입되지 않았다면, 스팸 수신 수는 4월에 최고점을 찍었던 수준에서 계속 유지되었을 것이다. 그러나 앞서 언급한 바와 같이, 법은 기술도입을 가능하게 했다. 그렇지 않으면 ISP가 이메일 트래픽을 제한하고 표현의 자유를 침해할 수 있다는 혐의를 받을 수 있었을 것이다.

이러한 관찰은 코드가 법을 능가할 수 있음을 보여준다(Edwards, 2004). 이들은 코드가 정보흐름을 방해할 수 있는 힘을 지니고 있으며, 이 맥락에서 법보다 기술이 온라인 행동에 더 큰 영향을 미칠 수 있다는 점을 나타낸다. 또한 Room의 주장이 일부 지지되는 것처럼 보이는데, 그는 스팸에 대한 실제 무기가 2002/58 지침이나 SI 2003/2426, CAN-SPAM 법에서 찾을 수 있는 법적 내용이 아니라, 스팸차단 기술형태의 '코드'에 있을 수 있다고 주장했다(Room, 2003: 1780). 마찬가지로 Starr는 스팸에 대한 해결책으로 법의 사용에 의문을 제기한다. 그는 "스팸을 억제하려는 법적 시도가 이메일 사용자에게 불이익을 주고, 스팸에는 미미한 영향을 미칠 수 있다면, 아마도 그런 기대가 잘못된 곳에 투자되고 있다는 것"이라고 말한다(Starr, 2004a: para. 25). Starr는 기술에 투자해야 한다고 주장했으며, "스팸은 단지 골치 아픈 실제 문제에 불과하므로, 문제를 해결할 수 있는 기술을 개발할 때가 되었다"고 언급했다(Starr, 2004b: para. 22). 이는 인공지능(AI)이 현대적인 정교한 스팸 탐지시스템에 적용된 이후 현재까지 이어지는 방향이다.

스팸은 도덕적이고 심지어 희극적인 문제로 여겨지기도 했다. 스팸을 보내거나 그것에 대해 사과하는 사람들은 자동적으로 악당으로 취급되고, 그것을 반대하는 사람들은 도덕적 우위를 점한 것으로 여겨진다. 이러한 상황은 스팸을 효과적으로 처리하는 데 필요한 관점을 부족하게 만들었다. 우리는 스팸이 단지 골치 아픈 실제 문제일 뿐임을 인식할 때, 문제를 해결할 수 있는 기술을 더 빨리 개발할 수 있을 것이다(Starr, 2004b: para. 22).

그러나 범죄 과학/기술 결정론적 입장의 문제는, 기술 형태의 '코드'가 분명히 스팸의 흐름을 방해하지만, 스팸은 단순히 기술적인 사건이 아니라 여러 가지 변수의 결합된 효과라는 점이다. 기술적 해결책을 단순히 적용하는 것만으로 초기 문제를 해결할 수는 없으며, 그 효과를 다룰 뿐이다. 실제로 일어나고 있는 일은 스팸 행동과 그것에 따른 위험들이 반드시 억제되는 것이 아니라, 스팸이 수신자에게 도달하기 전에 식별되고 삭제되는 것이다. 비록 이 차단이 인터넷 사용자들에게 스팸의 끝없는 폭풍에서 잠시 휴식을 줄 수는 있지만, 순수한 '기술적' 해결책만으로는 스팸 행동을 억제할 수 없다는 이유이다. 해결책은 기술적인 고치기보다 훨씬 더 복잡한다. 더 우려되는 것은 스팸 차단 정책을 시행하기 위한 결정들이 과학적 고려, 종종 개인적인 이익을 위한 결정에 기반하고 있으며, 그 과정에서 비판적인 논의가 결여되었다는 점이다. 행동이 발생하는 구조에서 기술을 사용하여 변경하려는 시도는 스패머들이 동질적이지 않으며, 합리적이고 의도적으로 행동한다고 잘못 가정하는 것이며, 이는 인터넷의 개방성과 네트워크 중립성의 원칙에 위배된다.

또한, 앞서 설명한 이유들로 인해 법은 불완전한 도구이며, 법집행도 마찬가지이다. 이를 통해 창의적인 개인들이 돈을 벌거나 범죄를 저지를 기회를 잡을 수 있다는 점에서, 서구에서 5년 이상 전에 발생한 것과 유사한 방식으로 기회를 선도하게 된다. 다만, 유럽에서 스팸이 10% 이상 증가한 현상은 설명하기 더 어렵다. 이 지역은 opt-in 법이 강하고 시행 가능한 미국의 opt-out 방식과 비교되는데, 이는 아마도 EU 신생 국가들의 더 많은 불안정한 컴퓨터들이 좀비로 사용될 가능성이 커졌기 때문일 수 있다. 또한 (비록 증거가 확실하지 않지만) 미국에서의 스팸과 관련된 일부 전환이 있었을 가능성도 존재한다. 스팸하우스 ROKSO(Register of Known Spam Operations) 데이터베이스에 따르면, '북미와 유럽에서 받은 스팸의 80%는 별칭, 주소, 리디렉션, 서버 위치, 도메인 및 DNS 설정을 통해 약 100개의 알려진 스팸 운영에서 추적할 수 있다'고 한다(Spamhaus, 2020). 실제로, 봇넷을 사용하는 활성 스팸 활동의 일일 수는 훨씬 적다. 예를 들어, 2023년 5월 18일 ROKSO에는 21명의 활성 스패머가 등록되어 있었다.

수신된 스팸의 감소는 법에 의해 강화된 보안강화와 사용자가 더 많은 보안의식을 가지게 된 것, 그리고 미국에서 스팸과 관련된 주요 스팸운영자들에 대한 제재가 일부 스팸운영자를 파산시키고 다른 운영자들을 억제한 결과로 보이다. 따라서 우리는 법의 영향을 다른 변수, 즉 기술적 통제, 사회적 가치, 그리고 시장과 연계하여 살펴보겠다.

기술적 통제: 기술을 이용한 사이버범죄 통제 및 예방

기술을 이용한 범죄통제 및 예방의 사용은 오래된 역사를 가지고 있으며, 앞서 피라미드를 도굴범들로부터 보호하는 예시(1장)나, 일상적인 수준에서 자물쇠와 열쇠의 발명처럼 주어진 사례에서 알 수 있다. 그러나 오늘날의 차이점은, 접근하려는 사람들이 물리적으로 현장에 있을 필요가 없으며, 물리적 제약 없이 전체 내용을 제거할 수도 있다는 점이다.

범죄통제 및 예방 활동은 대개 두 가지 뚜렷한 전략으로 나뉜다: 시스템에서 범죄를 제거하는 것(designing crime out of systems) 또는 시스템에 범죄통제를 설계하는 것(designing crime control into systems). 각 전략은 범죄예방에 관한 더 넓은 문헌에서 공명한다(Clarke와 Mayhew, 1980; Newman과 Clarke, 2003; Clarke, 2004 등). 주로 '상황적 범죄예방(situational crime prevention)'이라고 알려진 이 전략은 일상적인 삶의 범죄학을 기반으로, 범죄를 저지르는 데 필요한 노력을 증가시키거나 범죄자에게 위험을 증가시키거나 범죄의 보상을 줄여 기회를 줄이는 데 초점을 맞춘다. 핵심은 '옛 시카고 학파(Old Chicago School)'의 주장으로, '법 밖의 세력이 규제하고, 법보다 더 잘 규제한다면, 법이 물러나야 한다는 결론을 내린다'(Mitchell, 1995; Lessig, 1998b: 661)는 것이다.

범죄통제 정책의 성공에 중요한 것은 기술 및 그 지원 시스템의 설계 과정을 통제할 수 있을 뿐만 아니라 취약점을 식별하고 생산 전에 이를 수정할 수 있는 능력이다. 이는 네트워크 기술(인터넷)에서는 더욱 실현 가능할 수 있는데, 기술을 작동시키는 코드가 쉽게 조작될 수 있기 때문이다. 이는 범죄 과학자들이 범죄자보다는 범죄 자체에 집중하며 다학제적 접근법을 사용해 범죄를 이해하고 예방하며 탐지하려는 데 매우 매력적이다(Pease, 2001: 18 참조). 또한 이는 상거래 개발을 보호하는 더 넓은 정부 의제의 일환으로 정부들에게도 매력적이다. 예를 들어, 영국에서는 다른 관할권에서도 유사한 예가 존재하지만, DTI의 'Foresight' 및 'Cyber-Trust' 이니셔티브가 새로운 기술의 취약점을 식별하여 산업계가 설계를 수정하고 범죄기회를 줄일 수 있도록 장려했다

(DTI, 2000; OST, 2004; Pease, 2001).

온라인 결제시스템에서 범죄를 예방하기 위한 설계(designing out crime)의 유용한 예로, 일부 온라인 소매업체가 신용카드 직접결제를 일반적으로 허용하지 않고, 에스크로 결제서비스(PayPal 등)만 이용하도록 정책적으로 결정한 사례를 들 수 있다. 이러한 결정은 비대면 카드사기(card-not-present frauds)의 일부 유형을 효과적으로 줄이는 역할을 했다. 이러한 정책결정은 웹사이트의 금융거래를 운영하는 소프트웨어 코드를 변경하는 방식으로 구현될 수 있다. 특히 범죄예방설계의 중요한 예로는 컴퓨터 운영체제에 보안 기능을 포함하여 제조업체가 시스템을 자동으로 업데이트할 수 있도록 한 것이 있다. 또 다른 예는 운영체제의 보안기본 설정(default position)을 '꺼짐(off)'에서 '켜짐(on)'으로 변경한 정책을 시행한 것이다. 그러나 기술이나 시스템에서 범죄를 예방하도록 설계하는 과정에는 여러 가지 문제가 따른다. 설계단계에서 개입조치가 얼마나 효과적인지 파악하기 어렵기 때문이다. 이는 특히 성과를 측정할 방법 자체가 설계에서 배제된 경우 더욱 두드러지며, 이는 예산관리자들이 중요하게 여기는 요소이기도 하다. 이 문제는 네트워크화된 가상환경에서 더욱 두드러지는데, 여기서는 기능성이 하드웨어가 아니라 소프트웨어 및 관련 절차에 의해 결정되기 때문이다. 또한, 이러한 전략은 원치 않는 부작용(knock-on effects)을 초래할 가능성도 있어 신중히 고려해야 한다. 예를 들어, 보안수준과 제품의 사용 편의성 사이에는 끊임없는 갈등이 존재한다. 보안조치가 지나치게 복잡하면 사용자는 이를 비활성화할 가능성이 크다. 마찬가지로, 시스템이 너무 안전할 경우, 사용자는 보안이 덜 엄격한 시스템으로 이동하거나 시스템 내 다른 부분에서 취약점이 발생할 가능성이 있다. 제5장에서 살펴본 것처럼, 결제시스템이 더 안전해지면서 범죄자들은 거래 프로세스의 입력 또는 출력단계(input/output stages)로 관심을 돌리게 되었다. 즉, 한 부분에서 보안을 강화하면, 범죄가 다른 부분으로 이동(displacement)할 가능성이 있음을 고려해야 한다.

범죄통제를 시스템에 설계하는 것은 보다 가시적인 전략이다. 아마도 가장 흔하고 보편적인 범죄통제 경험은 사용자명(ID)과 비밀번호를 사용하여 보안네트워크에 접근하는 것이다. 이러한 신뢰의 상징(symbols of trust) 없이는 시스템이 개인의 접근을 허용하지 않는다. 추가적인 범죄통제는 인터넷 거래 기록의 검색 및 분석을 통해 이루어진다. 비록 원래 네트워크 설계에서는 부차적인 요소였지만, 네트워크화된 기술의 감시적(surveillant) 특성은 개인에 대한 범죄통제를 효과적으로 수행하는 데 활용될 수 있다. 데이터 마이닝(data mining)은 수집 및 보관된 인터넷 트래픽 데이터를 분석하는 과정으로, 모든 인터넷 거래를 기록하는 기술이다. 인터넷의 세밀한 분산시스템(fine-grained distributed systems)은 사회생활의 모든 부분과 연결되어 있으며(Lessig, 2006: 1), 이를 통해 온라인 감시 및 네트워크 트래픽 데이터베이스의 마이닝이 가능해진다. 데이터 마이닝은 사실상 실시간(real-time)에 가까운 속도로 특정한 일탈행위(deviant activities)나 행동패턴(patterns of behaviour)을 식별할 수 있으며(Gandy, 2003: 26), 이는 네트워크화된 기술의 '규율적(disciplinary)' 가능성을 실현하는 핵심도구로 작용한다. 인터넷에 대한 대중의 가장 큰 오해 중 하나는 익명성의 신화(myth of anonymity)이다. 실제로 네트워크 기술은 오히려 반대방향으로 작용하여, 오늘날 우리는 '소멸의 소멸(disappearance of disappearance)' (Haggerty & Ericson, 2000: 619)이라는 현상을 경험할 위험에 처해 있다. 이는 Ericson & Haggerty(1997)가 제시한 '위험사회(risk society)'에서의 치안(policing)은 점점 정보중개(information brokering) 역할을 하게 되며, 치안 기관 간 관계는 주로 정보교환의 협상을 중심으로 형성된다는 주장을 더욱 뒷받침한다. 이러한 정보교환의 대상이 되는 것은 인터넷 트래픽 데이터(internet traffic data)이며, 이는 일탈 네트워크(deviant networks) 및 테러조직에 대한 정보를 수집하거나(Walker & Akdeniz, 2003), 범죄행위의 결정적 증거를 확보하는 데 광범위하게 활용될 수 있다. 이러한 협상과정에서 공식적·비공식적 관계가 형성되며, 이는 보안네크워크(security networks)의 기반을 제공한다. 이러한 정보중개가 가장 두드러지는 사례가 바로 드래그넷(Dragnet) 정보시스템과 같은 프로그램이다. 드래그넷은 데이터 마이닝을 활용하여 융합된 디지털기술(converged digital technologies)로부터 생성된 다양한 데이터베이스를 통합 · 분석하여 다양한 유형의 범죄 및 유해한 의도를 식별하는 시스템이다. 예를 들어, 미국에서는 9·11 테러 이후 '테러정보인식(이전 명칭: Total)

(Terrorism Information Awareness) 시스템'이 제안되었으며, 이는 국가 주요 데이터베이스를 통합하여 '늪을 비어서 뱀을 잡는다(drain the swamp to catch the snake)'는 전략을 추진하는 것이었다(Evans-Pritchard, 2001; Levi & Wall, 2004: 207). 또 다른 예로는 2000년대에 등장한 '나이스(Nice)' 시스템이 있다. 이 시스템은 AI를 이용해 멀티미디어 정보원을 분석하고, 비정상적인 행동패턴을 감지하여 불법행위의 가능성을 예측한다고 광고되었다. 제조업체는 나이스(Nice)가 공공장소에서 경찰이 추적하고자 하는 행동을 자동 감지할 수 있다고 주장했다. 예를 들어, 배회(loitering), 군중형성(crowd gathering), 뛰어야 할 상황이 아님에도 달리는 행위(people running when they should be walking), 불법주차(unauthorized parking), 무단침입(unauthorized entry) 등. 그러나 당시에는 이러한 기술이 실제로 가능할지에 대한 우려가 제기되었다(Ballard, 2006). 20년이 지난 지금, 논의는 AI 및 첨단 감시기술을 활용한 '예측 경찰활동(predictive policing)' 시스템의 장단점으로 확대되었다. 즉, 경찰이 범죄발생 가능성이 높은 지역(crime hot spots)을 사전에 예측하여 자원을 보다 효과적으로 배치하는 방식이다. 미국에서는 빅데이터(big data)와 AI를 분석하여 총기사건 발생률을 낮추는 데 성공했다는 주장이 있으며, 영국 맨체스터에서는 강도, 절도, 차량절도 범죄율을 감소시키는 데 일부 효과가 있었다는 보고가 있다(Isafiade, 2022). 그러나 이러한 시스템이 노동 집약적인 수작업 절차를 대체하고, 경찰을 보다 효과적인 위치에 배치하는 데는 유용할 수 있지만, 개인의 범죄 의도를 성공적으로 예측할 수 있는지는 현대 개인정보보호법을 준수하는 방식으로 증명되지 않았다(Kaufmann et al., 2018; Moses & Chan, 2018). 게다가, 영국 왕립합동군사연구소(Royal United Services Institute, RUSI) 연구에 따르면, 기계학습 알고리즘(machine-learning algorithms)은 인종, 성적 지향, 연령에 대한 편향을 그대로 학습하고 강화할 가능성이 높다는 점도 문제로 지적되었다(Grierson, 2019).

두 번째 범죄통제 방식은 네트워크화된 기술을 제어하는 '코드(code)'를 활용하여 보안을 설계하고 범죄예방 기능을 추가하는 것이다. 이는 하드웨어를 변경하지 않고도 가능하다. Katyal(2003: 2268)은 사이버범죄 해결책은 인터넷의 개방성(openness)이라는 근본적인 디자인 혁신을 훼손하지 않으면서, 자연적 감시(natural surveillance), 영역성(territoriality, 가상공간의 관리), 온라인 커뮤니티 구축능력 등의 특성을 활용해야 한다고 주장한다. 이러한 특성을 기반으로 자동화된 능동적(policing) 도구를 개발할 수 있으며, 그 대표적인 예가 '허니팟(honeypots)'이다. 허니팟은 보통 웹사이트 형태로 운영되는 컴퓨터 프로그램(Honeynet)으로, 범죄자를 유인하고 그들의 의도를 차단하도록 설계된 시스템이다. 허니넷은 실제 웹사이트처럼 보이지만 사실은 가짜이며, 범죄자들이 불법이미지를 검색할 때 사용하는 '키워드'를 표시하도록 설계되어 있다(Honeynet Project, 2002). 전 세계경찰조직들은 허니팟 작전을 활용하여 극단적인 포르노 이미지에 관심을 갖는 사람들을 억제하는 데 일부 성공을 거두었다(자세한 내용은 6장에서 다룸).

불법콘텐츠를 검색하거나 보려는 사용자는 '허니넷(honeynet)' 사이트로 유도되며, 검색을 세분화하려고 시도하면 다시 경찰이 운영하는 다른 사이트로 리디렉션된다. 이 사이트에서는 사용자의 행동이 불법임을 경고하며, 불법콘텐츠를 다시 시도하여 찾을 경우 범죄로 간주되어 기소될 수 있음을 알린다. 허니넷은 불법이미지를 열람하려는 범죄자를 식별하기 위해 법집행기관에서 활용되어 왔다. 사용자는 여러 단계의 보안절차를 의도적으로 통과하며, 각 단계에서 콘텐츠에 대한 인식을 확인하고 자신의 의도를 명확히 밝히는 과정을 거친다. 결국, 최종적으로는 법집행기관의 경고 메시지(gotcha: '딱 걸렸어!')를 마주하게 되며, 사용자의 정보가 기록되거나, 의도가 명확한 경우 수사대상이 된다. 허니넷은 전통적으로 해커를 대상으로 사용되었지만, Scanlan et al.(2022)은 이를 사회 네트워크를 통해 조직하여 아동착취 자료에 대한 관심을 예방하는 교육적 도구로 활용했다. 연구진은 11개월 동안 947명의 참가자를 모집하고 관찰하여, "기존 방법으로는 효과적으로 분리하기 어려운 집단을 식별하고 교육할 수 있음을 입증"했다.

허니넷(Honeynets)은 푸코(Foucault, 1983: 206)가 제시한 파놉티콘(Panopticon) 개념을 활용하여, '전자적'(Gordon, 1986: 483), '가상적'(Engberg, 1996) 혹은 '초(超)파놉티콘'(Poster, 1995)으로 기능한다. 그 목적은 범죄와 관련된 정보를 수집하는 것뿐만 아니라, '감시당하고 있다'는 인식을 통해 범죄예방 효과('위축 효과')를 동시에 유도하는 데 있다. 이를 통해 아동 성착취물 소비자, 금융사기범, 스팸발송자 및 해커 등의 행위를 억제하는 역할을 한다.

범죄통제를 디자인하는 것, 즉 범죄를 예방하는 디자인을 하는 것은 문제와 비판이 많다. 범죄예방 목표를 달성하기 위해 기술적 해결책을 사용하는 단점은 보안제공과 개인정보보호와 같은 기본적인 권리를 유지하는 사이에서 적절한 균형을 찾아야 한다는 점이다. 범죄통제 정책에는 종종 '상식적인' 보안논리가 있는 것처럼 보이지만, 이러한 정책이 항상 바람직한 것은 아니며, 특히 정보의 자유로운 흐름을 방해하거나 개인 프라이버시를 침해할 때 공공의 이익과 충돌할 수 있다. 바로 이러한 우려가 1990년대 중반 미국정부가 '미국산업의 이익을 보호'하기 위해 컴퓨터설계에 장치를 도입하려는 시도를 약화시킨 이유였다(Reno, 1996). V-chip 기술은 폭력과 포르노를 필터링하는 방식으로 설계되었고, '클리퍼 칩'은 정부가 암호화된 파일을 해독할 수 있도록 암호화 시스템을 에스크로 처리하는 방식이었다(Post, 1995; Akdeniz, 1996: 235). 9/11 사건 이후 미국에서 도입된 대규모 자동감시시스템에 대한 드래그넷(Dragnet) 정보수집 제안도 비슷한 운명을 겪었다. TIA(테러 정보 인식) 시스템은 목표의 합법성과 효과성에 대한 도전으로 인한 정치적 및 상업적 반발과 함께 자금 부족으로 실패했다. 이러한 시스템이 의도한 대로 완전히 기능했을지 여부는 다른 문제이지만, 중요한 점은 법적 및 정치적 과정이 광범위한 공공의 이익을 보호하기 위해 개입했다는 것이다.

상황적 범죄예방과 범죄과학에 대한 더 강경한 비판자들은 그 주요 결함이, 범죄행동이 비교적 적은 수의 개인들에 의해 일어나지만, 모든 사용자들이 '일상생활의 반사회적 범죄학'(Hughes et al., 2001)이라고 불리는 방식으로 부당하게 영향을 받는다는 점이라고 주장한다. 실용주의적 주장은 물리적 세계에서는 어느 정도 타당성을 찾을 수 있을지 모르지만, 온라인 세계에서는 그것이 성립되지 않는다. 그 이유는 소프트웨어 코드의 조작이 사용자가 합리적 선택을 행사할 수 있는 능력에 절대적인 영향을 미칠 수 있기 때문에, 인터넷의 논리, 즉 사용자가 자유롭게 소통할 수 있게 하는 기능을 약화시키기 때문이다. 더 이상 사이버공간은 '모든 사용자가 웹에 동일하게 접근하고, 웹을 통해 이동하는 모든 데이터가 평등하게 취급되는 환경'(Berners-Lee, Fildes, 2006)이 아니다. 'end to end까지(end-to-end)' 구조가 자유로운 소통을 중요시하면서 사용자가 받을 것과 받지 않을 것을 선택하는 권한을 부여할 것이라는 희망은 빠르게 약화되고 있다(Saltzer et al., 1984). 레식(Lessig, 1998b)은 '새로운 시카고 학파' 주장에서, 인터넷의 특별한 특성상 기술과 같은 대체 규제 형태가 강하더라도 법을 거부하는 것이 불가능하거나 실행 가능하지 않다고 주장했다; 또한, 국가의 개입은 피할 수 없으며, 실제로 더 많은 역할을 할 수 있다고 주장했다(1998b: 661). 가장 큰 질문은 대체 규제 형태와 관련하여 '어떻게'이며, 국가의 역할과 관련하여 '어떻게'인지를 묻는 것이다.

통제: 사회적 가치

개인이 지닌 사회적 가치는 그들의 세계관(Weltanschauung)을 구성하며, 이는 개인의 생각을 사회적 행동으로 전환하는 데 중요한 역할을 하고, 행동을 할지 말지 또는 어떻게 행동할지에 대한 결정을 내리는 데 영향을 미친다. 스팸을 줄이기 위해 사회적 가치를 형성하는 데 사용된 두 가지 매우 다른 전략이 있다. 두 예시 모두 법이 참조점과 권한부여 수단을 제공한다. 첫 번째는 온라인 사용자 커뮤니티를 구축하거나 활성화하여 스팸 행위를 저지하려는 노력이다. 이미 존재하는 여러 안티 스팸 커뮤니티에서는 사람들이 자신의 주소를 기존의 스팸 목록에서 제거할 수 있는 방법을 알 수 있다. 예를 들어, Spamhaus.org, Junkbusters.com, Spambusters.com 등이 있다. 물론 이러한 활동적인 그룹들은 또한 교육적인 성격을 가진 수동적인 정보도 제공한다. 반면, 스팸그룹들은 정치적 변화를 촉구하기 위해 더 나아가 정치과정에 적극적으로 참여할 수도 있다. 예를 들어, 정치인들에게 더 잘 조직된 국제적 대응을 촉구하는 로비활동을 벌일 수 있다. 의회 내 APIG(apig.org.uk)와 CAUCE(미국 상업용 이메일 반대 연합)는 이 노력에서 매우 활발히 활동하고 있으며, 그 결과 EU 의회와 미국의회에서 법적 대응이 이루어졌다.

두 번째 사회적 가치를 형성하는 방식은 스팸을 보내는 사람들과 사용자들에게 무엇이 허용되는 행동인지(즉, 무엇이 스팸이고 무엇이 아닌지)와 그 위험이 무엇인지를 알리는 정보를 제공하는 것이다. 교육은 또한 사용자가 자신의 경험과 이해관계자 연합, NGO 및 정부기관들이 제공하는 정보를 연결하여 스스로 결정을 내리고 선택을 표현할 수 있도록 도와준다. 특히 유익한 정보원으로는 Spamhaus.org, CAUCE(cauce.org), 그리고 David Sorkin의 spamlaws.com 사이트가 있다. 사용자의 인식이 증가함에 따라 사용자들은 스팸을 처리하기 시작하는데, 그러나 현실적인 인식을 가지고 있다. "기술이 이러한 문제를 완전히 해결할 수 있을 것이라고 생각하지 말아야 한다. 왜냐하면 인간적인 측면이 있기 때문이다. 행동을 바꾸려면 많은 교육이 필요하다." (Timo Skytta, Clarke, 2005 인용) 다양한 교육적 출처로 인해 사용자들의 인식이 높아짐에 따라, 이는 ISP에 대한 무차별 대량 이메일에 대한 불만이 전체적으로 감소하는 데 기여하는 요인 중 하나이다(Wall, 2002b, 2003).

경제적 통제: 시장의 힘

기술적 보호와 법적 조치로 인한 시장의 경제적 유인 감소, 그리고 법이 형성하는 사회적 가치 외에도 시장은 행동의 바람직함을 결정할 수 있다. 분명히, 7장에서 보여준 높은 투자 수익률은 스팸의 주요 동인이다. 반대로, 스팸이 상업에 미치는 부정적인 영향은 인터넷 서비스 제공업체(ISP)와 네트워크 서비스를 제공하는 다른 조직들로 하여금 스팸에 대한 점점 더 강력한 정책을 도입하도록 압박을 가하고 있다. 기술적 및 법적 조치 외에도, 이러한 정책의 예로는 이메일 수신자가 첨부파일을 수락할지 말지를 선택할 수 있게 하여 감염위험을 줄이는 방법이 있다. 또는, 이메일 거래당 아주 작은 요금을 부과하여 배급의 누적 비용을 비싸게 만들고 투자수익을 줄여 스팸을 감소시키자는 제안도 있었다(BBC, 2006d, 2006e).

위 분석이 보여주는 것은, 기술이 거의 '완벽한 통제'를 실현할 수 있지만, 법과 법적 조치, 사회적 가치, 그리고 시장의 수요 역시 행동을 형성한다는 점이다. 이는 법이 스팸(및 사이버범죄)의 거버넌스에서 특히 중요한 역할을 하며, 물리적이고 정신적인 아키텍처를 간접적으로 형성한다는 것을 보여준다. '법의 그림자' 아래에서, 기술은 스팸이 목적지에 도달하지 않도록 스팸의 아키텍처를 형성하는 데 효과적이다. 그러나 법의 그림자는 또한 스팸이 잘못되었다고 선언함으로써 스팸에 대한 사회적 가치를 강화한다. 또한 시장을 압박하여 투자수익을 줄이고 ISP들이 고객을 보호하도록 한다. 그러나 선택을 마주했을 때, 대부분은 기술적 해결책을 선택할 것이다. 스팸을 받은 메일박스의 수가 95%까지 감소할 수 있다는 사실은 분명 좋은 소식이다(Leyden, 2004a), 하지만 문제는 기술적 개입이 모든 함의를 고려한 일관된 정책형성 과정의 결과물이 아니었다는 점이다. 기술적 개입은 앞서 설명한 '네트워크 중립성('end-to-end')' 원칙에서 벗어나, 통신을 촉진하는 코드 자체에 필터링과 접근 정책을 내장하는 방향으로 크게 변화한 것을 나타낸다. 따라서 우리는 온라인 행동의 거버넌스를 다학제적으로 탐구할 필요가 있으며, 동시에 사이버범죄의 디지털 현실을 존중해야 한다.

코드와 공공 vs. 사적 이익

앞서 스팸규제에 대한 논의를 언급하면서, 인터넷 사용자들이 실제로 스팸을 더 많이 받고 싶어할 가능성은 거의 없다는 점을 상기해야 한다(스팸을 보내는 사람들 외에는). 그러나 기술적 개입의 비판 없는 채택은 인터넷을 통한 정보흐름에 대해 훨씬 더 광범위한 함의를 지닌다. 이러한 개입이 직관적이고 논리적인 것처럼 보이지만, 사실 그것은 '코드'에 내장된 정책 결정이다. 이에 따라 사용자들은 더 이상 자신의 커뮤니케이션을 자유롭게 중재할 선택을 행사할 수 없게 되며, 중요한 질문은: 자유 선택의 제한은 어디서 끝나는가? 이는 레식에게로 돌아가며, 사이버범죄예방 정책의 기원과 적용의 맥락에서 정부와 법률의 역할에 대한 그의 생각이다. Lessig은 규제자로서의 코드와 아키텍처 정의자로서의 코드의 합류가 허용 가능한 감시메커니즘의 부족으로 인해 인터넷을 취약하게 만든다는 것을 보여준다. Lessig의 주요 관심사는 상업기술과 법의 지배로 점점 더 통제되는 인터넷에서 '자유의 세계'를 구축하는 것이었지만, 또한 중앙집중화된 권위가 아닌 분산된 권위의 통제하에 있다는 점에서 불안감을 느끼고 있었다(Lessig, 2006: x).

우리 세대의 도전은 이 두 가지 힘을 조화시키는 것이다. 정부와 민간부문 모두가 통제를 관리하는 아키텍처 속에서 어떻게 자유를 보호할 수 있을까요? 어떻게 계속해서 감시하는 '에테르' 속에서 개인정보를 보장할 수 있을까요? 어떻게 모든 아이디어를 재산화하려는 압력이 있을 때 자유로운 사고를 보장할 수 있을까요? 통제의 아키텍처물이 항상 다른 곳에서 결정되는 상황에서 어떻게 자

율성을 보장할 수 있을까요? (Lessig, 2006: x-xi)

Lessig과 마찬가지로, 월드 와이드 웹(world wide web)의 창시자인 Sir Tim Berners-Lee는 인터넷이 두 계층으로 나뉘는 위험에 대해 경고했다. 이 경우, 광대역 제공업체들이 웹 콘텐츠의 게이트키퍼가 되고, 비용을 지불할 수 있는 회사나 기관은 그렇지 않은 곳보다 우선권을 갖게 될 것이다. 그러나 Berners-Lee와 넷-자유주의자들이 인터넷이 이를 저항할 것이라고 낙관하는 반면 (Fildes, 2006), 다른 사람들 (Lessig을 포함해)은 공공의 이익이 사적인 이익보다 우선시될 수 있도록 제3자의 개입을 지지하는 설득력 있는 주장을 펼친다. 여기서 중요한 질문은 '누가 개입해야 하는가?'이다.

Katyal(2003)은 Lessig의 디지털 아키텍처 개념과 실제 공간의 아키텍처를 조작하는 범죄예방 아이디어를 실용적으로 조화시키려 시도했다. 그는 사이버범죄를 예방하기 위해 자연적 감시, 영토성, 공동체 구축, 목표 보호라는 네 가지 디지털 디자인 원칙을 적용할 수 있다고 보여주었다. 앞서 언급한 바와 같이, Katyal은 사이버범죄에 대한 해결책이 인터넷의 개방성을 해치지 않으면서 통제에 인터넷의 독특한 특성을 활용해야 한다고 주장했다(2003: 2268). 그러나 그는 이러한 '개방성'이 '축복일 수도, 저주일 수도 있다'는 점에서 장점과 단점을 균형 있게 고려할 필요성을 지적한다. 한편으로는 소프트웨어, 특히 오픈소스 코드가 취약점이 발견되면 적응할 수 있게 돕지만, 반대로 '아키텍처물이 바뀌는 용이함은 퇴출과 네트워크 단절을 촉진할 수 있다'고 말한다(Katyal, 2003: 2267). 또한, 민간부문이 소유한 폐쇄적이거나 숨겨진 코드는 특히 고급 구조적 인터넷 아키텍처물을 만드는 데 있어 비슷한 단절을 초래할 수 있다. Lessig 자신은 오래 전부터 사적 주문이 '국가가 부과하는 위험만큼 심각한 위험을 초래할 수 있다'고 주장해왔다(Katyal, 2003: 2283; Lessig, 2006: 208). 그는 투명성 부족 때문에 이러한 위험을 우려한다. 그러나 Katyal은 아키텍처가 통제의 중요한 도구이기 때문에 정부가 '아키텍처를 규제해야 한다'고 주장하며, 그러한 규제가 Lessig가 말한 것처럼 심각한 해결책이 아니라는 점을 강조한다(Katyal, 2003: 2283). Katyal에게 있어 정부규제는 두 악 중 더 나은 선택으로, 투명한 책임 프레임워크 내에서 작동하기 때문이다. 이 견해는 Zittrain이 지지하는 바와 같으며, Zittrain은 정부가 지정된 목적지 기반 개입을 통해 '현재 주권자들이 인터넷 외부에서 불법콘텐츠를 제재하는 법적 및 실용적 프레임워크에 가장 근접할 수 있을 것'이라고 주장한다(Zittrain, 2003: 688). 실제로, 이 개입주의적 입장은 Lessig의 입장과 크게 다르지 않으며, Lessig 또한 Katyal과 마찬가지로 '사이버공간의 보이지 않는 손이 사이버공간의 아키텍처물을 그 시작 때와는 정반대의 방향으로 구축하고 있다'고 인정한다(Lessig, 2006: 5). 그는 정부가 직접적으로 행동을 규제할 수 없다면 '사이버공간의 규제 가능성'을 규제할 것이라고 우려하고 있다(Post, 2000: 1450; Lessig, 2006: 198). 더 나쁜 것은 상업의 힘이 '완벽한 통제'를 위해 정체성의 구조를 구축함으로써 그들을 위해 그것을 할 수밖에 없다는 것이다(Lessig, 2006: 30).

위의 논의는 스팸방지 기술의 무비판적인 적용 문제로 다시 돌아간다. 'Realtime Blackhole Listing' 스팸필터링, 즉 스팸으로 의심되는 이메일을 식별하는 과정에 대해 Lessig는 그것을 도입하기로 한 결정이 '이성적이고, 심의적이고, 정치적이지 않았다'고 주장한다. 그것은 '집단적 가치를 표현할 수 있는 집단적 과정으로 만들어진 정책'이 아니었다고 한다(Post, 2000: 1456). 여기서의 주장은 '보이지 않는 손'인 시장의 힘이 공공의 이익보다는 사적인 이익에 의해 이끌린다는 점이다. Katyal과 Lessig 간의 논쟁은 공공의 이익을 대표하는 주체가 정부여야 하는지, 아니면 더 큰 국제기구 같은 조직이어야 하는지에 관한 것이다. 비록 정부가 1990년대 후반 Lessig가 쓴 이후 스팸에 개입했지만, 그 개입은 기술적 해결책의 적용에 대해 충분히 고려하지 않았다. 사실, 기술적 개입에 대한 입장은 지금 더 불분명해졌다. 왜냐하면 공공을 위한 법이 사실상 사적 이익을 위한 스팸필터의 도입을 정당화하는 데 사용되고 있기 때문이다.

결론: 통제의 기술 혹은 기술의 통제

기술의 그림자 속에서 법은 온라인 행동에 대한 직접적인 영향이 제한적이다. 왜냐하면 궁극적으로 소프트웨어 코드가 무엇을 할 수 있고 무엇을 할 수 없는지를 결정하기 때문이다. Lessig와 Greenleaf(1998)와 같은 학자들은 디지털 현실주의적 주장을 통해 법이 사이버공간의 구조를 형성하는 코드의 형성에 영향을 미치는 환경뿐만 아니라, 인터넷 사용자가 온라인에서 갖고 가는 사회적 규범과 시장에서 창출된 인센티브와 억제 요소들에도 영향을 미칠 수 있다는 점을 언급했다. 특히 Lessig가 부른 이 네 가지 구별되지만 상호 의존적인 제약 방식들이 범죄적 또는 일탈적 행동을 긍정적 또는 부정적으로 형성하는 능력에 관심을 가질 만하다(1998a, 2006). 처음에는, 더 넓은 주제들이 범죄기회의 물리적 환경을 변화시키기 위해 기술적 수단을 사용하는 상황적 범죄예방 이론과 그다지 다르지 않아 보인다. 실제로, 여기에는 벤탐의 파놉티콘 교도소 설계에 대한 푸코의 분석과도 일맥상통하는 부분이 있다. 이 설계는 교도소의 물리적, 정신적 구조를 형성하고, 그 안에서의 관계들, 특히 관찰자(경비원)와 관찰된 자(죄수) 사이의 권력관계를 형성한다(Foucault, 1983: 223). 디지털 현실주의 주장이 더 전통적인 범죄예방 이론들과 다른 점은 인터넷의 구조를 '코드'로 간주하여 온라인 환경을 반응적으로 창조하고, 그것이 작동하는 도덕적이고 경제적인 틀까지 고려한다는 점이다. 다음 단락에서는 스팸과 같은 새로운 형태의 자동화된 범죄자-피해자 상호작용에 대한 규제와 관련하여 법, 구조, 사회적 구조, 경제의 역할과 그 상호작용을 살펴본다.

칼 마르크스(Karl Marx)부터 게리 마르크스(Gary Marx)(2015)에 이르기까지 많은 연구들은 기술적 통제수단만을 적용하는 것이 종종 불신을 초래한다. 이를 통해 신뢰를 재확립하려는 노력이 실패하고, 새로운 형태의 신뢰에 대한 요구를 만들어내며, 결국 그것을 제도화하게 된다(Crawford, 2000을 인용). 사실 역사적으로 제어기술은 종종 해결하려고 했던 문제를 더욱 악화시키는 경향이 있으며, 특히 스팸의 경우, 그것들이 스팸발송자의 결의를 강화시키는 결과를 초래할 수 있다는 가능성도 존재한다. 이미 스팸차단 조치를 우회하는 방법이 점점 더 정교해지고 있다는 증거가 있으며(BBC, 2003a; McCusker, 2005: 3), 해킹, 서비스 거부 공격(DDoS) 및 다양한 형태의 윤리적, 비윤리적 해킹 등의 저항의 징후들이 나타나고 있다. 이와 함께 사기꾼, 해커, 바이러스 작성자, 스팸발송자들이 소유한 사이버범죄 기술세트의 융합이 증가하고 있으며, 이는 봇넷(botnet)의 확산으로 이어지고 있다.

법은 실패한 것이 아니라, 다양한 방식과 여러 차원에서 그 목표를 달성할 수 있음을 이전의 분석이 보여준다. 만약 법이 직접적으로 행동을 변화시킬 수 없다면, 행동을 형성하는 요인들을 규제할 수 있다. 스팸에 대한 논의는 대체로 무난하게 진행될 수 있는 주제이지만, 이 논의가 드러낸 중요한 점은 법적 권한이 있어야 하며, 그 권한은 투명성을 제공하고, 불공정이 발생했을 때 구제를 받을 수 있어야 한다는 것이다. '온라인 질서'를 무엇으로 정의할 것인가에 대한 합의가 부족하기 때문에, 이를 간단하게 기술적 명령이나 알고리즘으로 해결하려는 접근은 비판적 논의와 법적 권위에 기반한 확인이 필요하다.

'end to end' 원칙의 위반과 관련하여, 대규모 기술적 개입을 사용하는 논의로 전환될 때, 법의 중요성이 드러난다. 이 원칙에 대한 어느 정도의 법적 지지는 흥미롭게도 미국의 Metro-Goldwyn-Mayer Studios, Inc. v. Grokster, Ltd.(2004) 사건에서 찾을 수 있다. 이 사건에서 음악 산업의 여러 측면은 MP3 배급을 위한 peer to peer 기술의 사용을 제한하려 했다. 제9연방순회항소법원은 (첫 번째 항소에서 유지됨) MGM 등 원고들에게 불리한 판결을 내렸으며, 그 이유는 '상당한 비침해적 사용'이 불편을 겪을 것이라고 판단했기 때문이다. 이 판결은 기술적 개입이 기술의 합법적인 사용자도 포함시킨다는 이유로 일반적으로 'end to end' 원칙을 지지하는 방향으로 나아간다. 향후 스팸필터 설계나 기타 형태의 개입에 대해 유사한 주장이 제기될지 여부가 흥미로울 것이다.

모든 징후는 스팸과 새로운 방식의 범죄자-피해자 상호작용이 어떤 형태로든 계속될 것임을 시사한다. 스팸의 양은 계속해서 증가할 뿐만 아니라, 스패머와 그 후계자들은 보안조치를 넘어서기 위해 더욱 창의적이고 반응적으로 변할 것이다(P. Wood, 2004: 31-2). 불행히도, 이러한 지속적인 반응성은 우리가 현재의 인터넷 자유와 개방성을 유지하면서 보안에 의해 억제되지 않도록 하기 위해 어려운 결정을 내려야 한다는 것을 의미한다. 우리는 과학적인 근거를 바탕으로 결정을 내리고, 현재의 9·11 이후 보안 의식이 고조되는 가운데 발생하는 '통제력 확장(control creep)'을 계속 허용할 것인지(Levi and Wall, 2004), 아니면 기술뿐만 아니라 사회적 가치와 시장 가치를 포함한 다양한 고려 사항을 활용해 유해한 온라인 행동을 줄이는 법에 기반한 실행 가능한 틀을 개발할 것인지에 대한 결정을 내려야 한다. 여기에는 중요한 메시지가 있다: 우리는 훨씬 더 포괄적인 접근방식을 취해야 한다는 것이다. 정부만으로는 사이버범죄를 해결할 수 없으며, 그렇다고 정부가 전적으로 해야 할 일도 아니다. 다각적인 접근방식을 취해야 한다(McCusker, 2005). 그러나 정부는 다양한 개입을 위한 틀을 수립하는 데 선도적인 역할을 할 수 있다.

정부나 민주적 방향성을 주장한 바, 우리는 과도한 규제 경향에 대응해야 하며, 대안에 대해서도 고려해야 한다. 예를 들어, 행동의 관리에 대한 자유방임주의나 규제완화 접근법에서 무엇을 배울 수 있을까? 혹시 '위험을 통한 안전'이라는 개념에서 교훈을 얻을 수 있을까? 이는 현재 평가되고 있는 도로 안전 정책이다. 도로안전을 개선하기 위해 도입된 이 개념(Hamilton-Baillie, 2004)은 환경에서 모든 규칙과 그 명확한 표현을 제거하여 사회활동이 이루어지는 공간을 예측 불가능하게 만든다. 참여자들은 더 이상 서로에 대해 가정할 수 없게 되는데, 이는 규칙이 없기 때문에 다른 사람들의 행동이나 그들이 처한 물리적 환경과의 관계에 대한 어떤 징후도 없기 때문이다. 그 결과, 참여자들은 계속해서 상호작용하여 환경을 안전하게 통과할 방법을 협상하고, 자신의 안전을 보장해야 한다. 그들은 자신의 행동에 대해 어려운 결정을 내려야 하고, 그렇게 함으로써 자신의 행동에 대한 책임을 더 많이 지게 된다. 결국, 규칙은 환경을 더 예측 가능하게 만들고, 그 규칙이 만들어내는 권리는 거래에 참여하는 사람들 간의 상호작용을 실제로 줄이며, 동시에 개인의 의사결정 능력을 감소시킨다. 하지만 이 자유방임 접근법이 원래 'end to end' 원칙에서 제안된 것이었는지, 그리고 더 강력한 이익에 의해 이 입장이 유지될 수 없는 것인지가 문제다. 확실한 것은, 개인의 책임과 온라인 통제를 유지하는 것이 매우 중요하다는 점이다. 이는 끊임없는 검열의 위협과 진실을 판별할 수 있는 능력을 유지할 필요성 때문이다.

> 시민들은 정치적 목적을 위한 정부의 검열에 맞서 최선을 다해 보호해야 한다. 동시에, 그들은 유용하고 진실된 정보를 나쁜 품질의 정보와 구별하려고 노력

> 해야 하며, 따라서 자신이 보고 듣는 것에 대해 비판적 사고를 해야 할 책임이 있다. 이 책임은 인터넷뿐만 아니라 모든 매체에 해당된다. 또한, 잘못된 정보나 허위정보가 존재할 경우, 사려 깊은 시민들은 문제를 지적할 책임이 있으며, 나쁜 데이터를 반박할 정보를 제공할 수도 있다 (Cerf, 2003: 9).

이것은 이 장의 시작에서 제기된 중요한 질문을 다시 한번 상기시킨다. 즉, 진정한 사이버범죄를 단순히 과학적 문제로 보고 기술적 해결책을 적용해야 하는지에 대한 질문이다. 답은, 만약 이를 기술적 문제로만 본다면 우리는 과정에서 너무 많은 정보를 잃게 된다는 것이다. 과학이나 시장에 개입 여부나 방법을 맡기는 것에는 너무 강력한 반대의견이 있다. 그러나 그 결정은 공공의 이익을 위한 것이어야 하며, 따라서 정부(Katyal)나 책임 있는 민주적으로 선출된 기관(Lessig)에게 맡겨져야 한다. 이는 중요한 고려 사항이지만, 현실에서는 이상이 타협의 정치에 의해 형성되는 것이 불가피한다. 만약 이것이 인터넷에서 좋은 것들을 보존하기 위해 스팸과 다른 불쾌한 요소들을 어느 정도 용납해야 한다는 것을 의미한다면, 그것은 아마도 작은 대가일 것이다. 앞서 설명한 이유들로 순수한 기술적 해결책이 문제를 일으킬 수 있기 때문에, 디지털 현실주의적 접근은 (사회적) 정책형성에 있어 가장 실용적이고 효과적인 방법을 제시할 수 있다. Nate Silver(2012)를 알기 쉽게 말하자면, 우리는 신호와 잡음을 구분하고 여러 출처에서 오는 실제 메시지에 집중해야 하며, 복잡한 질문을 단순하고 문맥을 무시한 통계적 테스트로 줄이려는 시도를 피해야 한다.

이 장을 기반으로 한 몇 가지 토론 질문

스팸을 규제하는 것이 왜 그렇게 중요한가?

일반적으로 법은 사이버범죄를 통제하는 데 효과적인 수단일까요? 그렇다고 생각하는 이유 또는 그렇지 않다고 생각하는 이유를 설명해 보세요.

사이버범죄 규제에 있어 법의 효과를 어떻게 측정할 수 있을까요? 사이버범죄를 규제하기 위해 활용할 수 있는 다른 통제 방법에는 무엇이 있을까요?

추가 참고도서 사이버범죄의 단속과 마찬가지로, 사이버범죄를 통제, 예방 및 규제하기 위해 도입된 조치들은 정기적으로 업데이트되어야 하며, 완전히 재고할 필요도 있다. 분명히, 법만으로는 충분하지 않으며 다른 통제 방법들로 보완되어야 하므로, 이 연구분야는 법적 차원을 넘어 사회법적(socio-legal) 측면으로 확장된다. 이 분야의 연구를 더 깊이 파고자 하는 학생들과 연구자들은 다음의 자료들을 참고하는 것을 권장한다: Lessig (2006); Clough (2015); Walden (2016); Gillespie (2019).

10 결론: 정보화시대의 범죄 변형

주요내용 및 핵심포인트

사이버범죄가 디지털 및 네트워크 기술을 활용하는 방식의 차별화
사이버범죄의 다양한 범행수법(modi operandi) 구분
다양한 피해자 그룹 간의 차이점 구분
사이버범죄에 대응하는 과정에서 법, 법집행, 공공안전을 구별하는 것. 경찰은 사이버범죄에 단독으로 대응할 수 없다!
결론: 정보화시대에서 끊임없이 변화하는 범죄 행태와 함께 살아가며 이에 대응하기

개요 *이 장은 각 장의 주제를 종합하여, 정보화시대의 범죄 변화에 대한 이해에 있어 각 장에서 제시된 질문들의 답변이 왜 그렇게 중요한지를 설명하며 책의 결론을 맺는다.*

서론

이 책이 따라온 여정을 통해, 사이버범죄가 사람마다 다른 의미를 가지며, 그 의미가 지속적으로 변화하고 있다는 점이 분명해졌다. 특히 DDoS, 해킹, 랜섬웨어, 데이터 절도 등과 같은 사이버범죄가 최근 들어 전쟁에서 물리적 전쟁 전술을 지원하는 고정된 요소로 자리 잡았다는 점에서 그 변화는 더욱 뚜렷하다. 중요한 것은 현대의 논의가 법적, 행정적, 정치적, 기술적, 사이버보안전문가, 학문적, 사회적, 경제적 담론을 아우르며, 사이버범죄에 대해 매우 다른 인식론적 구성을 낳았다는 점이다. 법적 및 행정적(규칙 생성) 담론은 허용 가능한 행동과 허용되지 않는 행동의 경계를 규정하고 명확히 하는 법률과 규칙을 수립함으로써 "무엇이 이루어져야 하는가"를 정의한다. 정치적(및 국제관계) 담론은 더 넓은 정치적 무대에서 어떤 결과를 원하는지를 가설로 제시한다. 기술적(컴퓨터 과학 포함) 담론은 기술적 개념 증명을 통해 "무엇이 가능할 수 있는

가"를 보여준다. 사이버보안전문가 커뮤니티는 전술적 해결책이 무엇인지 제안한다. 학문적 담론(범죄학 포함)은 "무엇이 일어났고, 왜 그렇게 되었는가"에 대한 정보에 근거한 분석을 제공한다. 사회적 또는 일반대중의 담론은 거리의 사람들이 상황을 어떻게 인식하고 있는지를 반영한다. 게다가 사이버보안에 대한 요구는 종종 사이버범죄에 대응해야 한다는 요구와 혼합되거나 혼동되기도 한다. 따라서 사이버범죄에 대한 우려는 다양한 목소리로 표현되지만, 종종 동일한 대상을 다른 관점에서 바라보며, 반드시 공통된 이해를 명확히 전달하지는 않는다. 더욱 건설적인 수준에서, 이러한 관찰은 위에 언급된 각 관점을 존중하는 보다 포괄적인 접근방식이 필요하다는 점을 시사한다. 그러나 이러한 접근이 이루어지기 전까지는, 현재의 경험으로는 다양한 경험들이 혼란스러운 언론보도를 초래하며, 요즘에는 컴퓨터와 관련된 거의 모든 범죄가 '사이버범죄'로 간주되는 경향이 있다. 이에 따라 인터넷을 사용하는 범죄와 인터넷에 의해 생성된 범죄를 혼동하는 경향이 나타난다. 이 책은 전자가 후자로 어떻게 구분되는지, 그리고 네트워크 기술에 의해 범죄가 어떻게 변화하고 있는지를 다루고자 했다. 이 짧은 결론 장의 첫 번째 부분은 책이 지나온 여정을 간략히 되짚어보며, 사이버범죄에 대한 정책 및 실천적 대응을 개발할 책임이 있는 사람들에게 중요한 메시지를 전달한다. 두 번째 부분은 주요 주제와 관찰에서 더 폭넓은 결론과 메시지를 도출한다.

사이버범죄가 디지털 및 네트워크 기술을 활용하는 방식의 차별화

'사이버범죄'라는 용어는 그 장단점과 관계없이 이미 대중의 언어에 자리 잡았으며, 이제 우리는 이를 받아들여야 한다. 이 용어는 범죄행위 자체를 포괄적으로 나열하기보다는, 디지털 및 네트워크 기술에 대한 의존도가 범죄나 유해한 행동을 어떻게 변화시키는지에 따라 이해할 때 더 큰 의미를 가진다. 만약 인터넷과 사이버공간의 특징이 정보화, 네트워크화, 글로벌화라면, 이러한 특징은 사이버범죄에도 적용되어야 한다. 따라서 인터넷이 해당 활동에서 제거되었을 때 어떤 일이 발생하는지를 생각해보는 간단한 '변형테스트(transformation test)'를 통해, 인터넷의 정보화, 네트워크화, 글로벌화적 속성이 실질적인 사이버범죄 행동에 가져오는 기술적 변환의 다양한 수준을 식별할 수 있다.

*사이버 지원 범죄*는 컴퓨터를 사용하는 전통적 또는 일반적인 범죄를 의미하며, 주로 커뮤니케이션 수단으로 사용되거나 범죄조직을 돕기 위한 사전 정보를 수집하는 데 활용된다. 인터넷이 사라지더라도 이러한 행동은 계속되며, 범죄자는 다른 형태의 커뮤니케이션 수단으로 전환할 것이다. 사이버 가능 범죄(Cyber-enabled crimes)는 법적으로는 '전통적' 범죄에 해당하지만, 네트워크 기술이 완전히 새로운 글로벌 기회를 창출한 범죄이다. 인터넷이 사라지더라도 이러한 행동은 다른 수단으로 지속될 수 있지만, 그렇게 광범위하거나 다양한 관할구역과 문화에 걸치는 글로벌 규모는 유지되지 않을 것이다. 사이버 의존 범죄(Cyber-dependent crimes)는 인터넷의 산물로만 존재하는 '진정한' 사이버범죄를 의미한다. 인터넷이 사라지면 이러한 범죄도 사라지며, 문제 자체가 없어진다. 이 범주에는 스팸, 피싱(phishing), 파밍(pharming), 암호화폐 탈취(crypto-jacking), 온라인 지적재산권 침해의 변형 및 여러 신종 사이버범죄가 포함된다.

사이버범죄의 실질적인 현실은 사이버범죄의 실행이 종종 하나 이상의 수준을 포함한다는 것이다. 특히 사이버범죄 생태계가 범죄자의 야망을 촉진할 때 그렇다. 범죄자는 인터넷을 사용하여 소통하며, 주로 범죄 포럼(사이버 지원)을 통해 커뮤니케이션을 한다. 그들은 기술세트나 코드를 사고파는 거래(사이버 가능)를 할 수 있으며, 이를 이용해 범죄를 실행(사이버 의존)할 수 있다. 이러한 다양한 수준과 유형의 구분은 분석적 및 정책적 이유에서 중요하다. 이들은 사이버범죄에 대한 법적용, 자원 배분, 법집행 실무에 유용한 정보를 제공할 수 있기 때문이다. 따라서 발생하는 법적 문제는 실질적인 법률보다는 법적 절차와 더 관련이 깊다. 더 큰 도전과제는 빠르게 등장하여 사회에 큰 영향을 미치는 사이버 의존 범죄이다. 그러나 이러한 변환의 다양한 수준은 범죄자가 사이버범죄를 어떻게 실행하는지(범행수법, modus operandi)에 대해서는 많은 정보를 제공하지 않는다.

사이버범죄의 다양한 범행수법 (modi operandi) 구분

4장, 5장, 6장은 사이버범죄의 다양한 범행수법을 순차적으로 탐구했다: *기계에 대한 사이버범죄, 기계를 사용하는 사이버범죄, 기계 내에서 발생하는 사이버범죄*. 첫 번째 유형인 기계에 대한 사이버범죄는 네트워크 접근 메커니즘의 무결성을 공격하는 것으로, 해킹과 크래킹, 사이버 파괴, 스파이 활동, DDoS(분산 서비스 거부 공격), 바이러스 등을 포함한다. 이러한 범죄는 종종 다른 더 심각한 범죄로 이어지는 전조가 된다. 예를 들어, 컴퓨터에서 발생한 신원도용은 정보가 소유자에게 불리하게 사용될 때에만 심각해진다. 마찬가지로, '좀비컴퓨터'(원격관리 트로이목마 악성 소프트웨어인 RATware에 감염된 컴퓨터)는 나중에 'bot herders'가 피싱공격을 하거나 다른 컴퓨터를 감염시키는 데 사용될 수 있다. 기계를 사용하는 사이버범죄는 네트워크에 연결된 컴퓨터를 이용하여 피해자와 접촉하고, 현금이나 물건, 서비스 등을 부정하게 획득할 의도로 이루어진다('피싱', 선불사기 등). 또한 사기범들이 스패머와 결탁하여 실행하는 인터넷 사기와 관련이 있는데, 이는 개별적으로는 상대적으로 작은 결과를 낳지만, 그 총량이 엄청나기 때문에 본질적으로 심각하다. 기계 내에서 발생하는 사이버범죄는 네트워크에 연결된 컴퓨터 시스템에서 불법적인 콘텐츠와 관련이 있으며, 포르노 자료의 거래 및 배급, 증오범죄 자료의 유포 등을 포함한다. 이러한 범죄는 정보와 관련이 있으며, 직접적으로 불법적이지 않은 경우라도 매우 개인적이거나 정치적으로 불쾌감을 주는 내용을 포함할 수 있으며, 폭력이나 다른 사람들에 대한 차별적인 행동을 유발할 수 있다.

국가 및 국제법의 적용범위가 존재함에도 불구하고, 사이버범죄와 범죄자들은 종종 전통적인 수사 과정을 방해하려 한다. 특히 중요한 점은 이들이 실제로, 또는 잠재적 혹은 실제 피해자들에게 미치는 위험이 항상 즉시 명확하게 드러나지 않는다는 것이다. 이들은 개별적으로는 심각하게 여겨지지 않거나 실제로 심각하지 않을 수 있지만, 집합적으로 나타나는 위험이나 더 심각한 범죄로 이어지는 전조로서 잠재적인 위험을 가질 수 있다. 각각의 실질적인 범죄행동(주요 범죄 외에도)은 이러한 잠재성을 보여준다.

따라서 사이버범죄에 대한 진화하는 모습이 나타나고 있으며, 이는 사이버범죄의 정보화, 네트워크화, 글로벌화된 특성을 더 전통적이고 일상적인 범죄 패턴의 물리적이고 지역적인 특성과 대조한다. 이러한 전통적 범죄는 여전히 법과 형사사법절차, 그리고 범죄 논의에 의해 정의되며, 이는 형사사법 패러다임을 지탱하고 기대를 형성하는 데 영향을 미친다. 문헌 내에서 사이버범죄는 화이트칼라 범죄연구와 어느 정도의 공감을 얻을 수 있다. 왜냐하면 사이버범죄도 일반적으로 '소프트범죄' 또는 '암수범죄'로 간주되기 때문이다. 그러나 사이버범죄는 권력자들이 저지르는 범죄로 간주되는 화이트칼라 범죄와는 다르다. 사이버범죄는 오히려 새로운 '지식계층'에 의해 저질러지는 범죄이다.

다양한 피해자 그룹 구분

위에서 언급한 사이버범죄의 구분은 기술수준과 수법을 나누었지만, 피해자에 대한 정보는 거의 제공하지 않는다. 따라서 피해자 그룹을 개인, 조직, 국가로 구분하는 것도 중요하다. 각 그룹은 부, 권력, 지위가 다르며, 이는 범죄자를 유인하는 요소가 될 수 있기 때문이다. 피해자 그룹은 범죄자가 개인 시민, 조직 및 기업을 대상으로 하는지, 아니면 더 큰 정치적 목적을 가지고 국가의 경제나 기반시설을 대상으로 하는지에 따라 다르다. 개인 시민은 일반적으로 사기, 스캠, 강탈, 정치적, 성적, 종교적 증오발언 등에 영향을 받는다. 조직과 기업은 대규모 사기, 강탈, 데이터 도용의 피해를 입는 경향이 있다. 이러한 범죄는 종종 경제적 이득뿐만 아니라 간접적 이득도 얻기 위해 대중적으로 알려지기도 한다. 예를 들어, 경쟁자가 명예훼손으로 인해 이점을 얻을 수 있도록 한다. 국가는 정치적 현상유지에 변화를 주기 위해 전략적으로 설계된 공격의 피해를 입는다. 이러한 공격은 시민들에게 불편을 초래하거나 정부가 중요한 서비스를 제공하지 못하게 만드는 기반시설에 대한 직접적인 공격일 수 있으며, 또는 시민들의 견해를 특정 방향으로 바꾸기 위해 조직된 허위정보(가짜 뉴스) 캠페인과 같은 간접적인 공격일 수 있다.

이 세 가지 차원(기술 의존성, 수법, 의도된 피해자)은 사이버범죄와 그 변형을 보다 정확하게 설명하는 개념적 언어적 틀을 제공한다. 특히 사이버범죄가 어떻게 사이버 지원, 사이버 가능, 사이버 의존으로 구분되는지뿐만 아니라, 범죄자의 의도가 무엇인지, 예를 들어 '기계에 대한 공격', '기계를 이용한 범죄', '기계 내에서의 범죄'와 같은 구체적인 수법과, 피해자가 개인, 조직 또는 국가

인지를 구분하는 데 도움이 된다. 물론 현실은 이론에 도전한다. 이전 장에서 언급된 것처럼, 심각한 범죄자는 개인을 대상으로 하여 국가의 기반시설과 연결된 조직에 접근할 수 있다. 그러나 이 차원들은 분석과 위험평가의 중요한 출발점을 제공한다.

사이버범죄 대응방안을 개발할 때 법, 법집행, 공공안전을 구분하기 경찰은 단독으로 사이버범죄를 대응할 수 없다!

일반 대중은 뉴스 미디어와 사이버보안 분야에서 묘사된 '사이버범죄'의 물결과, 이른바 사이버범죄자들의 체포 및 기소가 상대적으로 적다는 점을 이해하지 못하는 것은 이해할 만하다. 이러한 부족함은 부분적으로는 지역경찰이 제한된 예산 내에서 활동하고 있어서 글로벌화된 전자 네트워크에서 발생하는 범죄를 조사하는 요구를 감당할 수 없기 때문이다. 그러나 부족함의 주된 원인은 기대와 현실 사이의 차이에서 발생한다. 공공경찰은 사이버공간 거버넌스의 전체 경찰 및 연결된 네트워크에서 아주 작은 역할만 하기 때문이다. 앞서 설명된 여러 이유로, 사이버보안에 대한 수요는 정부가 제공할 수 있는 것보다 더 크다.

21세기에서 경찰은 여전히 170년된 필리안(Peelian) 공공의 요구에 따라 ; '위험한 계층'을 규제하는 방식으로 활동하고 있다. 따라서 아동 성착취, 사기범, 그리고 기반시설을 위협하는 사람들(예: 테러리스트)에 대한 집중적인 경찰활동은 이해할 만하다. 그러나 사이버공간이 무방비 상태로 두어지는 것은 아니며, 경찰활동이 비효율적이거나 비효과적이라는 것도 아니다. 오히려 경찰의 역할은 그들의 임무와, 인터넷 사용자와 사용자그룹, 네트워크 기반시설 제공자, 기업보안 조직, 비정부기구, 정부의 비경찰기구 및 공공경찰조직으로 구성된 인터넷 경찰의 넓고 비공식적인 네트워크 및 노달 구조 내에서 이해되어야 한다. 이들 네트워크는 법을 집행하는 것뿐만 아니라 매우 다른 방식으로 질서를 유지한다(추가적으로, Wall, 2007a 참조).

네트워크들을 연결하는 것은 그들의 거버넌스 기능을 보다 효과적으로 만들기 위한 다양한 이니셔티브이다. 이는 국제적 조직 연합, 다기관 및 부문 간 파트너십 및 연합, 그리고 국제적인 조정정책을 포함한다. 공공경찰의 적극적인 참여는 여러 가지 기능을 수행한다. 이를 통해 '경찰'은 글로벌 범위에서 필리안 경찰원칙을 재구성함으로써 자국의 범위를 상징적이고 규범적인 차원에서 확장할 수 있으며, 이로써 그들이 직면한 모순을 해결할 수 있다. 실용적인 차원에서는, 경찰이 정보중개자로서의 역할을 수행할 수 있게 한다. 이 정보는 인터넷 트래픽 데이터와 그 지능적 및 증거적 가치를 의미한다.

신필리안 접근법은 경찰이 더 넓은 보안네트워크 내에서 합법적이고 정당한 권위로 자신을 재정립할 수 있게 하지만, 그럼에도 불구하고 여러 가지 도구적이고 규범적인 도전과제를 제기한다. 주요 도전과제는 민간부문과 효과적으로 협력하여 후자가 범죄자를 잡고 범죄를 예방하기 위해 감시기술을 일상적으로 사용하는 무분별한 경향을 완화하는 것이다. 사이버공간의 '디지털' 현실은 사이버범죄를 일으키는 기술이 또한 해결책의 일부가 될 잠재력을 가진다는 점이지만, 이는 부분적일 뿐이다. 해결책은 또한 수용된 법적, 사회적, 경제적, 기술적 틀 안에서 설정되어야 하며, 이는 디지털 현실주의적 입장을 구성한다. 만약 이 경향이 억제되지 않으면, 'hard wiring of society'를 따른 '편재적 경찰활동'(Haggerty와 Gazso, 2005)은 현재 대부분의 사회를 묶고 있는 민주적 자유가치를 파괴하는 데 기여할 수 있다. 그러나 당분간 이 부정적인 잠재력은 헌법의 개입, 부정확한 데이터 입력과 침해에 대한 저항, 그리고 사이버범죄와 그 관련된 위험에 대한 부적절한 개념화와 이해로 인한 범죄예방 이론 실패로 인해 완화되고 있다. 그러나 이 경향이 지원적인 사회법적 맥락 내에서 억제될 수 있다면, 여전히 경찰개혁의 과정을 돕는 기술이 될 수 있을 것이다. 이는 네트워크 기술이 강력한 경찰도구로서의 감시 특성을 가지고 있을 뿐만 아니라, 경찰 및 규제 관행을 감독하고 더 넓은 조직적 및 공적 책임을 창출하는 자연스러운 도구가 되기 때문이다.

결론: 정보화시대에서 끊임없이 변화하는 범죄행위에 대응하며 살아가기

정보화시대에서 범죄의 변형은 사이버범죄에 대한 사회의 대응이 크게 개선되고 있지만, 사이버범죄자들이 추격자들보다 앞서기 위해 더 적응하고 있다는 특징이 있다. 좋은 소식은 우리가 네트워크 기술이 범죄행동에 미치는 영향을 점점 더 많이 배우고 있고, 그에 따라 이를 다루는 더 효과적이고 수용 가능한 방법을 배우고 있다는 점이다. 현재 인터넷 피해화의 다양한 측면에 대한 점점 더 엄격한 실증적 연구가 다양한 기관, 특히 학술재정지원 위원회에서 수행되고 있다. 이 연구의 결과는 사이버범죄의 높은 발생률에 이해관계가 있는 기관들이 홍보하는 내러티브에 도전하고 있다. 또한, 미국의 국가 범죄피해조사(NCVS)와 영국의 범죄조사(2003-2005년 시험) 및 후속 조사인 잉글랜드와 웨일즈 범죄조사(2017년부터)의 관련 질문이 포함되어, 피해화에 관한 유용한 실증적 데이터를 제공하고, 지난 몇 십 년 동안 축적된 일부 사이버보안 내러티브에 반하는 정보를 제공한다. 영국 경찰조직 내에서 첨단기술 범죄수사 능력은 NCA 사이버범죄 부서(NCCU)가 지역경찰력과 협력하여 지역 사무소(ROCU)를 통해 성숙해졌다. 중요한 점은 이것이 또한 GCHQ의 일부분인 국가사이버안보센터와 긴밀히 협력하며, Get Safe Online과 Cyber Aware와 함께, EUROPOL, FBI, 미 비밀 서비스와 같은 국제 법집행기관들과 협력하여 정보공유와 조치를 조정한다는 점이다. 이와 같은 경찰업무의 확장은 범죄수사 역할을 넘어서는 것이며, 이 분야에서 광범위한 지식과 수사경험이 축적될 수 있도록 했다. 이는 미국 및 다른 관할지역에서도 마찬가지이다. 법률은 다양한 방법으로 수정되고 조화를 이루고 있으며, 이는 국가적인 논의에서 공공 및 정치적 우려의 차이에 따라 발생한 것이다. 예를 들어, 영국에서는 1990년 컴퓨터오용법이 APIG(2004)에 의해 검토되었고, 경찰 및 정의법 2006의 35-38조에 의해 DDoS 공격과 해킹도구 배포를 불법으로 만드는 방식으로 범위가 확장되었다. 이후 2023년에도 검토가 이루어졌으며, 보고서가 대기 중이다. 이러한 새로운 권한은 2001년 9월 11일의 사건 이후 테러 방지 및 국내 보안 법률에 의해 영국, 미국 및 그 밖의 국가에서 생성된 수많은 새로운 국가권한에 추가된 것이다. 물론, 일반법 관할지역에서는 법률이 판례에 의해 지속적으로 명확히 되고 있다.

그러나 우려스러운 점은, 공공경찰관의 행동은 법률과 업무 규정에 의해 규제되지만, 인터넷을 수사하는 다른 파트너들은 법에서 규정된 좁은 범위 외에는 명확히 규제되지 않는 경우가 많다는 점이다. 모든 정보공유 파트너십이 진정으로 공유되는 것은 아니며, 데이터 공유 프로토콜이나 어떤 데이터를 공유할지에 대한 합의가 이루어지지 않은 경우도 많다. 또한, 사이버보안산업의 영향으로 기술적 결정론에 의한 자동화된 수사 활동으로의 뚜렷한 전환에 대한 견제와 균형의 부족도 우려스러운 점이다. 예를 들어, '허니팟'과 '허니넷'을 사용할 때 발생하는 높은 정도의 유인에 대한 도덕적, 윤리적, 법적 우려가 있으며, 이는 이 형태의 수사가 실제로 범죄자를 잡기위해 설계되었는지 아니면 기술적으로 '감시'를 강요하여 범죄를 억제하려는 것인지에 따라 증거의 유효성과 강도에 영향을 미칠 수 있다. 또한 경찰의 범죄예측 기술의 적용과 일부 범죄 전 행동에 대한 주장에 관한 윤리적 우려도 존재한다.

경찰업무를 넘어, 스팸과 같은 한때 무해해 보였던 것에 대한 기술적 개입이 있었다. 이는 사이버 의존적 사이버범죄로, 여러 가지 면에서 새로운 네트워크 범죄군의 일원으로 추가적인 사이버범죄를 생성한다. 많은 인터넷 서비스 제공업체(ISP)는 전달과정에 스팸필터 소프트웨어를 도입했으며, 이는 인터넷의 오랜 end to end principle을 위반하는 것이다. end to end principle은 네트워크를 통한 자유로운 이동을 보장하고, 수신방식과 선택을 최종 사용자에게 맡기는 원칙이다. 그러나 지난 몇 십 년 간 스팸의 수가 백 배나 증가하면서 이러한 조치가 필요하게 되었다. 누구도 스팸을 원하지 않으며, 대부분은 그것이 사라지기를 바라는 사람들일 것이다. 그러나 스팸필터를 전달 메커니즘에 삽입하는 것에 대해 비판적인 논의는 거의 없었다. 스팸필터는 여러 기술적 해결책 중 하나이다. 또한 다른 진정한 사이버범죄를 다루기 위해, 점점 더 효율적인 방식으로 전자적으로 전달된 지적재산권의 적절한 사용을 식별하고 추적하는 소프트웨어 장치들이 등장하고 있다. 그러나 진정한 사이버범죄가 일반적으로 '기술적 문제'로 간주 될 위험이 있으며, 그 결과 중요한 결정들이 주로 과학적 근거에 의해 이루어지고 있다. 이는 주로 필터가 만들어질 수 있기 때문이다. 스팸의 경우에는 이의 적용에 거의 이의가 없지만, 기술적 해결책이 확실히 효과가 있기 때문에 무엇이 이를 막을 수 있을까요? 필터링 소프트웨어를 이미지나 특정 단어나 단어 조합에 적용하여 개인의 이익에 반하는 모든 것을 걸러내는 것이 가능해질 수 있다. 우리는 법에 대한 개인적인 해석이 코드로, 즉 기술적 해결책으로 서서히 내장되는 과정을 목격하고 있는 것일까?

우리는 모든 사용자가 소수의 잘못으로 영향을 받지 않기를 원하며, 표현의 자유, 사용의 프라이버시 및 간섭으로부터의 자유는 반드시 유지해야 할 중요한 가치이다. 따라서 '경찰 소프트웨어'를 적용하여 모든 불쾌한 것을 제외하는 것은 매우 문제가 된다. Cerf가 관찰한 것처럼, '[전자 필터에는 진실과 허구를 구분할 수 있는 것이 없다]'(Cerf, 2003: 10)고 했다. 그러나 기술적 해결책은 점점 더 쉬워지고 논란이 적어지고 있으며, 특히 그것이 우리를 대신하여 자동으로 수행될 때 더욱 그렇다. 우리의 우려가 조지 오웰의 1984년에 묘사된 디스토피아적 히스테리를 초래하지 않더라도, 우리는 호르크하이머(Horkheimer)와 아도르노(Adorno)가 그들의 '계몽의 변증법'에서 기술을 사용해 문제를 해결하는 것에 대해 경고한 것을 잘 새겨야 한다. '한 번 우리가 과학적 방법론이 모든 지적 문제를 해결할 수 있다고 가정하게 되면, 과학은 신화가 되고, 모든 것을 알지만 자신과 그 자체의 맹점과 편향을 알지 못하게 된다. 이는 권위주의를 초래하며, 특히 과학이 산업시대의 기술에 결합되고 자연이 인간 종족을 위한 순수한 유용성으로 개념화될 때 더욱 그렇다'(Agger, 2004: 147).

따라서 질서를 유지하고 법을 집행할 필요성 사이에서 미세한 균형을 맞춰야 하며, 이는 법의 욕구와 그가 제공하는 절차적 보호, 그리고 법집행이 범죄자를 잡으려는 욕구 사이의 균형을 제공하기 위함이다. Adams(1998: 194)의 말처럼 위험은 '새로운 기술이 경찰이 모든 범죄를 100% 해결할 수 있게 할 것이라는 점이다. 나쁜 소식은, 모든 인구가 범죄자라는 사실을 깨닫게 될 것이라는 점이다. 경찰까지 포함해서'라는 것이다. 이러한 균형이 없으면, 우리는 사실상 엄격한 책임과 역증명 부담의 세계로 내려가게 될 것이다. 더 나아가, 투명한 사회의 현실이 바로 반대의 효과를 낳을 수도 있다(Brin, 1998). 그리고 '인터넷이 계속해서 더 투명해질수록, 위험은 21세기 마녀사냥의 무대가 준비되는 것일 수도 있다'(Campbell, 2005b)고 경고한다. 우리가 바라는 것은 균형이 달성되고, 이러한 어두운 예측들이 근거 없는 것이며 기술의 미래충격에 대한 사회적 반응의 일부일 뿐이기를 희망하는 것이다.

마지막으로, 인터넷이 우리의 삶의 일부가 된 지 30년이 넘었으며, 이는 우리의 삶뿐만 아니라 범죄를 사이버범죄로 변형시켰다. 인터넷이 공개된 후 첫 15년 동안, 인터넷은 여전히 자리를 잡고 있었고 범죄자들도 마찬가지였다. 이 기간에 가장 중요한 변화는 디지털기술이 범죄의 기술적 기능을 간소화하고 재구성할 수 있게 해주었다는 점이다. 이는 범죄를 민주화하여 누구나(컴퓨터 지식이 있다면) 이전에는 조직범죄집단이나 권력 있는 사람들의 전유물이었던 범죄를 저지를 수 있게 했다. 인터넷출현 이후, 사람은 전체 범죄과정을 수행할 수 있었다. 왜 위험한 5천만 달러 강도를 저지르겠습니까? 집에서 편안히 50만 개의 1달러 강도를 저지를 수 있는데 말이죠. 이론상으로는 그렇지만 실제로는 매우 달랐다. 2000년대 후반까지만 해도 멀리 떨어진 곳에서 소규모에서 대규모 절도를 저지르는 것은 비현실적이었다. 범죄자들은 법정화폐를 사용해야 했기 때문이다. 대체 교환 메커니즘이 없었기 때문이다. 그러나 앞으로 15~20년은 지난 15~20년만큼이나 중요한 변화가 있을 것이다. 암호화폐, 봇넷, 클라우드 컴퓨팅, 소셜미디어의 도입은 범죄의 야망을 더 가능하게 만들었으며, 사이버범죄를 촉진하는 생태계의 출현은 이러한 야망을 예상보다 훨씬 더 가능하게 했다. 사이버범죄는 이전에는 예측되지 않았던 규모로 산업화 되었으며, 앞으로도 계속 그렇게 될 것이다. 다음은 무엇일까?

이 결론 장을 바탕으로 몇 가지 최종 토론 질문
(앞서 다룬 내용과 중복될 위험이 있음)

사이버범죄가 디지털 및 네트워크 기술을 사용하는 방식의 차이를 구별하는 것이 왜 중요한가?

사이버범죄의 다양한 범행수법(modus operandi)을 구별하는 것이 왜 중요한가?

다양한 피해자 그룹을 구별하는 것이 왜 중요한가?

사이버범죄에 대응하는 과정에서 법, 법집행, 공공안전을 구별하는 것이 왜 중요한가? 경찰 단독으로는 사이버범죄를 해결할 수 없다!

정보화시대에서 끊임없이 변화하는 범죄행동에 어떻게 살아가고 대응할 수 있을까?

부록: 사이버범죄 커리큘럼

아래는 책의 장 구조와 앞서 요약된 장별 개요를 바탕으로 한 사이버범죄 모듈의 세부 분해이다. 각 장 끝에는 과제 질문이나 세미나를 조직하기 위한 주제로 아이디어를 제공할 수 있는 토론 질문이 나열되어 있다. 참고: 많은 법률과 절차의 예가 영국 법률 시스템을 참조하고 있으므로, 영국 외 지역의 교수들은 자신이 속한 법적 관할구역에 맞게 이 자료와 참조를 조정해야 한다.

1. 사이버범죄 모듈 소개

첫 번째 세션은 이 모듈의 목표, 대상, 그리고 이 모듈을 통해 답변할 주요 질문들을 설명한다. 세션은 이어서 학생들에게 다음과 같은 질문들을 간략히 소개하고, 비판적인 이해를 발전시킬 수 있도록 유도한다: (a) 사이버범죄란 무엇인가? (b) 우리는 사이버범죄에 대해 무엇을 알고 있으며, 어떻게 알게 되었는가? (c) 네트워크 기술이 범죄활동의 기회를 어떻게 변화시켰는가? (d) 그 범죄적 기회는 무엇인가? (e) 정보화시대에서 범죄활동이 어떻게 계속 변화하고 있는가? (f) 사이버공간은 어떻게 경찰이 감독하고 있으며, 누가 이를 담당하는가? (g) 사이버범죄는 어떻게 규제되고 예방되어야 하는가? (h) 마지막으로, 이 질문들에 대한 답이 왜 그렇게 중요한가?

2. 사이버범죄에 대한 지식은 어떻게 생산되는가? 온라인에서 범죄행동이 어떻게 변화했는지에 대해 우리가 어떻게 알게 되었는지 되돌아보며

두 번째 세션은 사이버범죄가 무엇인지 아는 방법과, 중요하게는 그것에 대한 지식생산을 구성하는 경쟁적인(학제 간) 관점에서 발생하는 문제와 긴장의 본질을 비판적으로 탐구하고자 한다. 이 세션은 또한 사이버범죄 내러티브를 구성하는 내러티브와 사건들의 다양한 버전을 조화시킨다. 따라서 첫 번째 부분은 '사이버범죄'라는 용어의 문화적 기원을 살펴보고, 정보화시대의 범죄에 대한 이해를 형성하는 다양한 지식의 출처를 개요로 설명하며, 특히 문헌 내에서 존재하는 다양한 '목소리'를 식별한다. 두 번째 부분은 사이버범죄에 대한 지식생산에서의 다양한 긴장과 경쟁적인 견해를 식별하고, 사이버범죄에 대한 이해를 형성할 수 있는 두려움의 문화를 다룬다. 보다 구체적으로:

a) 사이버범죄에 대한 지식생산하기?

- 사이버펑크와 사이버공간의 개념적 기원
- 그렇다면, 사이버범죄란 무엇인가?
- 사회과학적 공상과학에서 '사이버공간'과 '사이버범죄'라는 용어의 기원
- 해커와 핵스플로이테이션 영화
- 학술문헌
- 통계적 출처: 국가와 사이버보안산업

b) 사이버범죄에 대한 지식생산에서의 긴장?

- 사이버범죄 과잉 문제화: 보도 편향과 미디어 구성
- 뉴스 과정의 변화: 저널리즘 기계화
- 신뢰할 수 있는 통계의 부족
- 사이버범죄의 낮은 신고율
- 사이버공간에 대한 통제권을 둘러싼 권력투쟁
- 경쟁하는 전문가 주장
- 공공과 민간부문 이해관계 간의 갈등과 혼란
- 수사적 표현과 현실의 혼동 위험
- 범죄학 이론과 사이버범죄

c) 그렇다면, 사이버범죄란 무엇이며, 우리는 그에 대해 무엇을 알고 있는가?

3. 사이버공간에서 범죄활동은 어떻게 변했는가? 네트워크 기술이 범죄활동의 기회를 어떻게 변화시켰는가?

이 세션은 사이버공간의 기술이 범죄활동을 어떻게 변화시켰는지 설명하고, 이어서 온라인에서 범죄행동의 조직 변화에 대해 살펴본다. 그런 다음 온라인에서 범죄행동의 범행수법(modus operandi) 변화와 범죄활동의 조직, 범위,

유형 및 초점의 변화를 설명한다.

보다 구체적으로, 이 세션은 다음을 다룬다:

a) **인터넷과 정보사회**

b) **사이버공간이 범죄활동에 미친 변화적 영향**
- 네트워킹과 디지털 및 네트워크 기술의 융합
- 정보전달과 가치
- 글로벌화

c) **범죄조직의 변화와 범죄노동의 분업**
- 개인에 의한 범죄과정에 대한 더 큰 통제
- 다양한 기술세트를 가진 사람들 간의 협력을 통한 새로운 형태의 범죄조직
- 온라인에서 범죄노동의 기능 감소
- 온라인에서 범죄노동의 재기술화: 자동화 및 촉진 – 생태계로 향해

d) **온라인 범죄기회의 범위 변화**
- 사이버 지원 – 전통적인 범죄를 돕기 위한 컴퓨터 사용
- 사이버 가능 – 글로벌 네트워크 범위에서의 범죄기회
- 사이버 의존 – 기술에 의해 중개되는 사이버범죄

e) **온라인 범죄기회의 유형 변화**
- 기계에 대한 사이버범죄(컴퓨터 무결성 범죄)
- 기계를 사용하는 사이버범죄(컴퓨터 활용(또는 컴퓨터 관련) 범죄)
- 기계 내에서의 사이버범죄(컴퓨터 콘텐츠 범죄)

f) **온라인 범죄기회의 피해자 초점 변화**
- 개인, 조직 및 국가 피해자

4. 기계에 대한 사이버범죄: 해킹, 크래킹 및 서비스 거부 – 정보화시대에서 기계에 대한 범죄가 어떻게 변화했는가?

이 세션은 해킹, 크래킹 및 서비스 거부 공격과 같은 기계에 대한 사이버범죄를 탐구한다. 이는 컴퓨터 시스템과 네트워크를 공격하려는 사이버범죄들이다.

이러한 범죄들은 때때로 그 자체로 범죄로 간주되며, 예를 들어 사용자가 접근하지 못하게 막는 것이 목적일 수 있다. 다른 경우에는 시스템에 침입하여 콘텐츠를 훔치거나 이를 인질로 삼는 것이 목적일 수 있다. 첫 번째 부분에서는 해커의 다양한 유형과 변종을 살펴본다. 두 번째 부분에서는 해커들이 기계를 공격하기 위해 사용하는 전술을 논의한다. 세 번째 부분에서는 이러한 유형의 사이버범죄를 저지르는 동기와 매력에 대해 탐구한다. 보다 구체적으로, 이 세션은 다음을 다룬다:

a) **해킹과 해커의 다양한 유형**
- 윤리적 해커
- 비윤리적 해커
- 사이버 충돌 및 스파이 행위자들
- 사이버 테러리스트 및 정보 전쟁

b) **네트워크화된 컴퓨터의 무결성을 훼손하기 위한 해커 전술**
- 사회공학(Social engineering)
- 악성 소프트웨어 및 코드 삽입
- 스파이웨어 및 감시 소프트웨어 사용
- 피해자가 사용하는 서비스 공격

c) **범죄를 저지르고 온라인에서 범죄 지식을 재생산하는 동기**
- 범죄적 이득 또는 상업적 이점
- 복수
- 자기만족
- 동료들의 존경을 얻기 위해서
- 은밀한 스릴
- 잠재적인 고용주에게 좋은 인상 주기
- 피해자와의 거리감
- 정치적 동기에 의한 항의, 충돌

5. 기계를 이용한 사이버범죄: 가상강도, 사기 및 절도, 소셜미디어 네트워크 범죄, 폭력적이고 공격적인 커뮤니케이션, 대규모 개인정보 침해 – 정보화 시대에서 기계를 이용한 범죄가 어떻게 변화했는가?

이 세션은 범죄자가 '기계'(컴퓨터 장치)를 사용하여 인터넷의 확장 가능하고 글로벌화되는 특성을 이용해 가상강도, 사기 및 절도를 저지르는 사이버범죄를 탐구한다. 이러한 사이버범죄는 해킹(4세션 참조)과 같은 기계에 대한 범죄나, 기계 내의 콘텐츠 범죄(6세션 참조)와는 다르다. 이 점을 설명하기 위해, 이 세션에서는 가상은행강도(온라인 금융 및 청구시스템에 대한 사이버범죄), 가상스팅(속임수, 사기 및 강탈), 가상사기(주로 속임수), 그리고 가상절도 및 디지털 도둑질(사이버 해적질 및 '정보적 무형 자산 훔치기')을 다룬다. 보다 구체적으로는:

a) 가상은행강도: 온라인 금융 및 청구시스템을 악용한 신원도용

- 전자 입력사기
- 입력사기(신원도용)
- 피싱을 통한 신원도용
- DNS 캐시 오염(파밍)을 통한 신원도용
- 감시 소프트웨어(스파이웨어)를 통한 신원도용
- 출력사기
- 카드 없는 거래 및 기타 결제사기 (출력사기)

b) 가상스팅, 온라인 속임수, 사기 및 강탈

- 비즈니스 이메일 손상(BEC)
- 승인된 푸시 결제(APP) 사기
- 온라인 도박 사기
- 인터넷 광고 사기
- 프리미엄 라인 전환 사기
- '단기 회사' 사기
- 랜섬웨어 및 데이터 강탈

c) 가상사기: 전자상거래를 이용한 개인 속이기

- 스케어웨어 사기
- 차익 거래 / 그레이 마켓 악용
- 온라인 피라미드 판매 사기
- 직접투자 사기
- 대출, 신용옵션 또는 신용평가 회복
- 웹사이트 도메인 네임 사기
- 제품 및 서비스에 대한 속이는 광고
- 함정마케팅 사기
- 인터넷 경매 사기
- 선불사기(419 사기 및 로맨스 스캠)
- 온라인 티켓 사기
- 약품판매 / 건강 치료 / 가짜약품 치료
- 암호화폐 사기

d) 가상절도 및 디지털 도둑질: 정보적 무형 자산 훔치기 및 사이버 해적질

- 정보서비스
- 스트리밍
- 지적재산권 해적질과 인터넷
- 지적재산권 해적질: 음악
- 지적재산권 해적질: 비디오 (영화 및 TV)
- 지적재산권 해적질: 소프트웨어
- 가상 유물 훔치기

6. 기계 내의 사이버범죄: 극단적인 성적학대 자료, 증오 및 폭력적 발언 - 정보화시대에서 기계 내 범죄가 어떻게 변화했는가?

이 세션은 기계 내 사이버범죄, 즉 콘텐츠 범죄를 탐구한다. 이러한 범죄는 일반적으로 컴퓨터나 장치에 저장된 정보 자료나 데이터와 관련이 있으며, 이는 소지하는 것이 불법이거나, 범죄의 증거를 구성하거나, 사이버범죄의 대상이 되는 내용을 포함하고 있다. 이 세션의 구조는 기계 내 사이버범죄의 이러한 측면들을 나타낸다.

보다 구체적으로는:

a) **불법적인 컴퓨터 콘텐츠**
- 온라인 음란물
- 성적 명시적인 자료
- 극단적인 성적학대자료(극단적인 포르노)
- 아동 성학대 자료와 인터넷
- 폭력적 또는 유해한 콘텐츠
- 테러 자료
- 폭력적 이미지 / 살인비디오 나스티
- 증오발언, 인종차별 및 급진적 정치 포함
- 유해한 활동 조직에 사용되는 정보를 배포하는 웹사이트
- 마약 및 무기 제조에 관한 정보유포

b) **잘못된 행동을 초래하는 콘텐츠 – 공격적이거나 유해한 콘텐츠 이메일, 채팅룸 및 블로깅**
- 온라인 허위정보 유포
- 채팅룸 및 토론 그룹 커뮤니케이션(스텍킹 및 그루밍)
- 블로깅 및 블로그 사이트
- 사이버 괴롭힘

c) **사이버범죄의 대상이 되는 콘텐츠**
- 데이터 절도
- 컴퓨터 콘텐츠
- 지적재산권

d) **콘텐츠 (단어와 이미지)가 실제로 행동으로 변환되는 생각을 유발하여 해를 끼칠 수 있는가?**
- 해로운 콘텐츠가 행동에 미치는 영향(사회적 행동)
- 해로운 생각과 해로운 행동의 경계

- 단어와 행동의 경계
- 공격적인 콘텐츠와 표현의 자유 사이의 긴장

7. 정보화시대에서 범죄활동이 계속 변화하는 방식 – 사이버범죄의 미래 – 사이버범죄 공급망의 (재)조직화 및 생태계로서의 변화

이 세션은 정보화시대에서 온라인 범죄활동이 어떻게 계속 변화하고 있는지를 탐구한다. 이는 범죄자들이 어떻게 사이버범죄의 수준을 확장하고 지속 가능성을 높이기 위해 필수적인 전문 기술세트를 갖춘 공급망을 발전시켜 결국 사이버범죄 생태계를 만들어 갔는지에 대해 살펴본다. 랜섬웨어와 DDoS(분산 서비스 거부 공격)를 예로 들면서, 기계에 대한, 기계 사용 및 기계 내에서 발생하는 사이버범죄의 탐구를 통해 각 종류의 사이버범죄가 새로운 공격 벡터, 기술 절차 및 이를 지원하는 기술세트의 조합으로 점점 더 자동화되고 있다는 사실이 명확해진다. 사이버범죄 '문제'는 더 이상 단순한 사이버범죄가 아니라, 사이버범죄가 발생할 수 있도록 하는 과정까지 포함하게 되었다.

보다 구체적으로는:

a) **사이버범죄를 변화시키는 새로운 기술적 촉진 요소들**
   - 클라우드 기술; 사물인터넷 (IoT); 소셜미디어 네트워크;
   - 암호화폐; 데이터화

b) **랜섬웨어 예시를 통한 사이버범죄 생태계의 실제 사례**

c) **랜섬웨어 공격의 다양한 단계, 각기 다른 기능과 역할들 보여주기**

d) **사이버범죄의 (재)조직화 및 온라인에서 조직범죄의 새로운 얼굴 – 사이버범죄 생태계의 촉진자와 지원자들**
   - 침투 브로커(초기 접근 및 피싱공격자들); 다크마켓 운영자들; 포럼 브로커들; 데이터 브로커들; 범죄 소프트웨어 서비스; 불법호스팅 제공자들; 범죄 IT 서비스 브로커들; 수익 창출자들; 사이버범죄 컨설턴트(예: 랜섬 협상자)

8. 사이버범죄 단속: 사이버 비트에서 질서와 법 유지 - 사이버공간은 어떻게 규제되고 단속되며, 누구에 의해 이루어지는가?

이 세션은 사이버공간에서 질서와 법을 유지하는 방법을 탐구한다. 이 세션은 경찰은 인터넷에서 질서를 유지하는 데 다양한 방식으로 활동하는 보안 담당자들의 광범위한 네트워크 중 작은 부분이지만 중요한 역할을 한다고 주장한다. 또한 법 자체가 사이버범죄의 특성뿐만 아니라 형사사법시스템에 여러 방식으로 도전하고 있다는 점을 관찰하며, 이는 추가적인 설명을 요구한다고 한다. 이 세션은 경찰만으로는 사이버공간을 단속할 수 없으며, 다른 기관들과 협력해야 한다는 결론을 내린다.

구체적으로, 세션은 다음을 다룬다:

a) 사이버공간에서 질서유지 - 사이버공간 내 보안네크워크와 노드들 중 경찰의 위치

- 인터넷 사용자 및 사용자그룹
- 온라인 가상환경 관리자와 보안
- 네트워크 기반시설 제공자
- 기업조직과 기업보안
- 비정부 기구, 비경찰조직
- 정부의 비경찰조직
- 경찰조직

b) 사이버공간에서 법 유지 - 경찰의 사이버범죄 도전

- 경찰이 다루기에 너무 작은 범죄 - ‘De minimis’ 범죄
- 법률이 없으면 범죄도 없다(nullum crimen) 불일치
- 관할권 불일치
- 비일상적인 활동과 경찰문화
- 피해자의 신고 부족
- 미디어의 과장

c) 사이버공간에서 경찰의 역할

- 신-필리안 의제: 경찰의 재협상
- 사이버공간에서 경찰의 역할
- 다기관 교차 부문 파트너십

d) 경찰의 사이버범죄에 대한 도전 - 공공의 의무와 경찰의 역할

9. 사이버범죄 통제 및 예방 - 사이버범죄는 어떻게 규제되고 예방되어야 하는가?

이 세션은 사이버범죄를 통제하고, 감소시키며, 일반적으로 규제하는 문제들을 다룬다. 이 세션은 법과 법적 조치의 공식적인 역할뿐만 아니라, 사이버범죄를 예방하고, 완화하며, 조사하고, 기소하는 다양한 기술적, 사회적, 경제적(시장) 통제방식들을 탐구한다.

더 구체적으로:

a) 법과 법적 조치
b) 기술적 통제 - 기술을 활용한 사이버범죄 통제 및 예방
c) 사회적 통제 - 사회적 가치
d) 시장의 힘 - 경제적 통제
e) 코드와 공공 vs. 민간의 이익
f) 통제기술 또는 기술의 통제

10. 결론: 정보화시대에서 범죄의 변혁 - 사이버범죄가 디지털 및 네트워크 기술을 사용하는 방식의 차이를 구분하는 것이 중요하다.

이 마지막 세션은 각 세션에서 다룬 주제를 종합하여, 정보화시대에서 범죄의 변화를 이해하는 데 있어 각 세션에서 제시된 질문들의 답변이 왜 중요한지 설명한다. 더 구체적으로:

a) 기술이 범죄에 미친 영향을 이해하는 것이 중요하다.
b) 사이버범죄 범행수법(modus operandi)을 구분하는 것이 중요하다.
c) 다양한 피해자 집단을 구분하는 것이 중요하다.

d) 우리는 정보화시대에 끊임없이 변하는 온라인 범죄 환경과 함께 살아가야 하며, 그것이 우리에게 제시하는 새로운 도전에 계속해서 적응해야 한다.

커리큘럼 확장에 대한 추가 노트

어떤 교사들이 다른 학문 분야에서처럼 일부 문제를 더 깊이 다루고자 할 경우, 저는 또한 그들이 유엔 마약범죄사무소(UNODC)의 사이버범죄 모듈을 탐구할 것을 권장한다. 이는 도하(Doha)선언 이행을 위한 글로벌 프로그램의 일환으로, 교육을 위한 정의(E4J) 대학 모듈 시리즈의 일부이다. UNODC 사이버범죄 모듈에는 사이버범죄와 관련된 추가 주제와 추가 참고 자료도 포함되어 있다. UNODC E4J 대학 모듈 교수 가이드는 www.unodc.org/documents/e4j/Cybercrime/Cybercrime_Teaching_Guide_final.pdf에서 찾을 수 있으며, 사이버범죄 모듈은 [www.un dc.org/e4j/en/tertiary/cybercrime.html](www.unodc.org/e4j/en/tertiary/cybercrime.html)에서 확인할 수 있다.

Notes

Preface and Acknowledgements to the Second Edition

1 See later discussion about 'affordances' – in this case, technologies which 'afford' opportunities (here, cybercrime).

1 Introduction

1 These include the UK Home Office, Department of Trade and Industry (Foresight Initiative), European Commission, AHRC (Arts and Humanities Research Council), ESRC (Economic and Social Research Council) and EPSRC (Engineering and Physical Sciences Research Council), and also agencies such as CEPOL and thinktanks such as GI-TOC.

2 Producing Knowledge about Crime in Cyberspace

1 Not to be confused with Gibson's 1986 book of short stories called Burning Chrome, though the short story is reproduced in this collection at p. 176.
2 There are a few exceptions, such as in Australia, where a Cybercrime Act was introduced in 2001, and in Nigeria, where a Draft Cybercrime Act has been proposed.
3 Writer Bruce Bethke is credited with coining the word 'Cyberpunk' in his 1980 story 'Cyberpunk'. See Jamneck (2005).
4 A very popular make of Russian automobile.
5 Earlier versions of this section appeared in the first edition, and Wall, 2008 and 2012.
6 As Bruce Sterling once accused me of arguing in his Wired magazine blog (Sterling, 2008).
7 I use the word 'factional' because there is some science behind the

ideas used. The early social science fiction authors – for example, William Gibson, Bruce Sterling and others – often consulted scientists and built their ideas on contemporary scientific ideas and theories.

8 H. G. Wells's better-known science fiction novels are The Time Machine (1895), The Island of Dr Moreau (1896), The Invisible Man (1897), The War of the Worlds (1898) and The First Men in the Moon (1901).

9 Hackmageddon (aka Paolo Passeri – www.hackmageddon.com).

10 www.cambridgecybercrime.uk/process.html.

11 Mainly the EPSRC (Engineering, Physics and Science Research Council) CRITiCAL/EMPHASIS projects Cybercrime Db and Ransomware Db.

12 Original statistics at CERT/CC Statistics 1988–2005 () are no longer available, but information can be found at www.cert.org/stats/cert_stats.htmlwww.sei.cmu.edu/about/divisions/cert.

13 A separate debate exists about the methodological rigour of automated data collection systems, which I am not addressing here.

14 See, for example, the Software Engineering Institute Cybercrime Survey Collection 2006ß2015: https://resources.sei.cmu.edu/library/asset-view.cfm?assetid=484019.

15 NB: please note that this is not conducted annually.

16 NB: there have been a number of studies of specific types of cybercrime, such as sexual offending online, not included here.

3 Cyberspace and the Transformation of Criminal Activity

1 Please note that I am using the phrases 'information society' and 'information age', also 'inter\-net' and 'digital and networked technologies' rather interchangeably and loosely here. They are meant to be indicative rather than prescriptive.

2 I am extending Braverman's (1976) deskilling hypothesis to social skills and the construction of virtual social life.

3 In previous literature, I have referred to this as the 'elimination test'. Upon reflection, 'transfor\-mation' is a more useful concept.

4 The terms peer-to-peer and grid technologies are often used interchangeably.

5 See later comment upon crackers.

6 NISCC was an inter-departmental centre of UK government, formed to minimize risk to national infrastructure. In 2007 it was merged with NSAC, the National Security Advice Centre, to form CPNI, the Centre for the Protection of National Infrastructure.

7 NB: please do not confuse the generations of cybercrime with generations of hackers mentioned in the previous chapter.

8 To paraphrase one of the anonymous reviewers of an early draft of this book to whom I am very grateful for pointing this issue out.

9 'Deepweb' and 'dark web' tend to refer to activities on the ToR, or onion, router. 'Deepweb' iden\-tifies the more legal uses of ToR, and 'dark web' the illegal spaces used to trade.

10 For a very useful overview of the UK law in these three areas of behaviour, see Walden (2003: 295; 2016).

4 Cybercrimes against the Machine (Computer Integrity Crime)

1 Please note that in the previous edition 'cybercrimes against the machine' were referred to as 'computer integrity crimes'. The term 'machine' is a euphemism for hardware and also computer systems and networks.

2 The Department of Culture, Media & Sport now conducts the Cyber Security Breaches Survey.

3 NB: the data for prosecutions in more recent years was not available at the time of writing.

4 Two cases involved malware and 12 unauthorized access to personal information.

5 These issues were (are being) discussed by the UK government's Review of the Computer Misuse Act 1990: www.gov.uk/government/consultations/review-of-the-computer-misuse-act-1990.

6 An example of computer spying was illustrated by the case of the Hanover Group (Hafner and Markoff, 1995; Young, 1995: 11).

7 'Guest' being a default username as well as the password.

8 A brute-force attack is usually carried out by using a 'bot' which runs a massive range of number and letter combinations against a username. Credential stuffing uses bots to bombard login portals with

usernames and previously used passwords.

9 A 'bot' is an automated software program that follows a set of instructions to achieve a pre-determined goal. Some bots may incorporate applications of artificial intelligence.

10 'All about PC, W97m/Michael-B' (ww.all-about-pc.de/english/Virus%20Corner/Michael -B.asp) [no longer available].

5 Cybercrimes Using the Machine (Computer-Enabled Crime)

1 In the previous edition, the title of this chapter was 'Computer-Assisted Crime'. This earlier title conflicted with the descriptor of the basic level of technology employed in cybercrime and was changed.

2 Sutton's law is used in medical schools and teaches doctors to look for the most obvious cause when making a diagnosis.

3 Micro-robberies or micro-frauds are individually too small to investigate by law enforcement, but become significant when the proceeds from all are aggregated (Wall, 2010a).

4 For further information about identity theft, see Finch (2002); also see UK Finance (2022a).

5 See, further, Action Fraud: www.actionfraud.police.uk/a-z-of-fraud/identity-fraud-and-identity -theft.

6 The statistics for input frauds are sent by the banks to CIFAS, the UK's Fraud Prevention Community (www.cifas.org.uk).

7 These marketplaces are mentioned by name only because they are the most popular retail outlets; there are many others. They also provide levels of protection and information for clients – see, for example, eBay's Rules & Safety Overview (SafeHarbor) for concerned clients athttps://pages.ebay.com/services/tsindex.html?mkevt=1&mkcid=1&mkrid =711-53200-19255-0&campid=5337 590774&customid=&toolid=10001.

8 From (one of many) phishing emails received by the author.

9 'RWdb' stands for 'Ransomware Database', which contains open-source data on ransomware attacks collated for the EPSRC Critical Project.

10 These are the five most popular platforms, but many others exist. For

more useful details on social media phishing, see, further, TrendMicro,
'What is social media phishing?',
www.trendmicro.com/en_us/what-is/phishing/social-media-phishing.html.

11 Ofcom, '45 million people targeted by scam calls and texts this summer',Ofcom News, 20 October 2021, www.ofcom.org.uk/news-centre/2021/45-million-people-targeted-by-scams.

12 Zeus malware is a Windows-based trojan horse package that can be used to carry out a number of criminal and otherwise malicious tasks. Zeus can be used to steal personal banking information as well install malicious software such as ransomware.

13 Please note that the man-in-the-middle attack is a different technical process to pharming, but the similarity is that both alter the communications process to deceive victims into thinking they are in a familiar and safe place, where they will reveal and give personal information freely.

14 Interview conducted with convicted offender for this book. Note that credit card issuers now require more information about the billing address and that CVC2 information and additional-factor authorization are now often required for card payments.

15 See, further, 'business email compromise (BEC)' defined: www.microsoft.com/en-us/security /business/security-101/what-is-business-email-compromise-bec.

16 See further PayPal's acceptable use policy with regard to gambling at www.paypal.com.

17 eBay, Security Center, https://pages.ebay.com/securitycenter/?mkevt=1&mkcid=1&mkrid=711-53200-19255-0&campid=5337590774&customid=&toolid=10001.

18 The drop in percentage was due to an overall increase in other forms of internet-related frauds.

19 In Q4 2022, the average advance fee fraud loss was £2,813, and was converted to dollars for the comparison.

20 See Action Fraud, Ticket scams, www.actionfraud.police.uk/a-z-of-fraud/ticket-scams.

21 For a philosophical discussion about virtual theft, see Wildman and

McDonnell (2020).

22 Section 1, Theft Act 1968.

23 'Dilution' is a term frequently used in intellectual property law to describe the reduction in value through unrestricted use, but also to justify sustaining intellectual property rights.

24 Akdeniz (1997) describes the case of the Jet Report (on satanic abuse and witchcraft) which was released into the public domain on ethical grounds.

25 Although this is not to understate the resources required for research and development.

26 See 'Quick Reference Sheet of Felony Charges to Consider and Relevant Issues to Consider in Typical Intellectual Property Cases' at www.usdoj.gov/criminal/cybercrime/ipmanual/chart .htm.

27 It must be pointed out that various organizations now exist to police such marketplaces, along\-side the markets' own quality control. Most Trading Standards Authorities have an internet unit, and a number of police forces also have intellectual property units, for example PIPCU (Police Intellectual Property Crime Unit), which is a department of the City of London Police.

6 Cybercrimes in the Machine (Computer Content Crime)

1 JenniCAM was formed in 1996 and was the first 'cam-girl' site. The original Jennicam pages at have now been removed, along with a history of the site and archives. But a brief history can be found in Reynolds (2015) and a more detailed analysis of the cam-girl phenom\-JenniCAM.com enon at Jimroglou (1999).

2 The word 'porn' is used colloquially here to mean sexually explicit materials performed by consenting adults. The term 'pornography' is contentious because it is sometimes used too broadly by regulators to include morally rather than legally outlawed imagery. There is also an argument that the subjects are unwillingly trafficked into taking part even though they appear to have given their consent.

3 Pornhub, according to Wikipedia, 'is a pornographic video sharing website and the largest pornography site on the Internet': https://simple.wikipedia.org/wiki/Pornhub.

4 Criminal Justice and Immigration Act 2008, Part 5, www.legislation.gov.uk/ukpga/2008/4/part/5.

5 The Audiovisual Media Services Regulations 2014 (UK SI 2014 No. 2916): www.legislation.gov.uk /uksi/2014/2916/contents/made.

6 See the IWF's 'Our vision & mission', www.iwf.org.uk/about-us/why-we-exist/our-vision-and -mission.

7 See the Chart of Signatures and Ratifications of Treaty 201: www.coe.int/en/web/conventions /full-list?module=signatures-by-treaty&treatynum=201.

8 See the Status of Ratification, Optional Protocol to the Convention on the Rights of the Child on the sale of children, child prostitution and child pornography, OHCHR (Office of the High Commissioner for Human Rights): www.ohchr.org/en/instruments-mechanisms/instruments /convention-rights-child.

9 The legal arrangements are slightly different in Scotland and are covered by section 51 (Obscene Material), section 52 (Indecent Photographs of Children) and section 52a (Possession of Indecent Photographs of Children) of the Civic Government (Scotland) Act 1982.

10 Statistics from the 'Operation Ore' pages of Survivors Swindon, at www.survivorsswindon.com /ore.htm.

11 Comprises sexual exploitation of children through photographs (making, distributing, showing, advertising) (75%), Possession of an indecent photograph (22%) or prohibited image of a child (3%).

12 Statistics obtained through Freedom of Information requests.

13 For example, the Commission's recommendation on measures to effectively tackle illegal content online of March 2018.

14 It must be noted here that there is some contention about Harding's claims. He states that 'snuff movies' are hard to find on the internet but a 'user comment' from 2006 states that he/she had no problem in finding such sites.

15 http://protest.net/activists_handbook/economist_article.html.

16 DrinkOrDie was a renowned underground software piracy and trading group in the 1990s. It was forced to close following a major law enforcement raid called Operation Buccaneer. See Jamez (1997).

17 Also see the 'Gangs or Us' pages on gangs and the internet at www.gang-sorus.com/Internet .html.

18 See Mann and Sutton (1998) for a very useful description of the use of news groups for the distri\-bution of information about the technologies used for committing offences.

19 See Schneier on 'Security', a weblog covering security and security technology at www.schneier .com/blog/archives/2005/08/london_bombing_1. html.

20 In the USA by the First Amendment to the US Constitution, and in Canada by the Canadian Charter of Rights, section 2.

21 Doxing is a practice of publishing personally identifiable information about an individual or organization, usually on the internet, to expose irregularities, extract revenge, create fear to extort money or otherwise intimidate them.

22 For a useful overview of the legislation applying to offensive emails, see Angus Hamilton's 'Awkward Customers' at www.hamiltons-solicitors.co.uk/archive-docs/awkward-customers1 .htm; also Neil Addison's web pages at www.harassment-law.co.uk.

23 See www.hamiltons-solicitors.co.uk/archive-docs/awkward-customers1.htm.

24 In the Twitter Joke Trial, Chambers sent a tweet saying that he would destroy Doncaster Airport, while in a fit of pique, and was subsequently prosecuted under s. 127 of the Communications Act 2003. The conviction was quashed after a third appeal, as it was deemed that 'a message which does not create fear or apprehension in those to whom it is communicated, or who may reason\-ably be expected to see it, falls outside this provision'Paul Chambers [2012] EWHC 2157: (of the Communications Act 2003). See DPP v. www.judiciary.gov.uk/wp-content/uploads/JCO/Docu ments/Judg ments/chambers-v-dpp.pdf.

25 This is based upon a real case told to the author; see Wall (2017).

26 All now defunct for various reasons.

7 The Cybercrime Ecosystem

1 'Ecosystem' is used here to describe a socio-technological environment in which the various components continually organize themselves by interacting and adapting to each other in order to manage scalability and sustainability (see, further, Briscoe and De Wilde, 2009).

2 A zero-day exploit is a software vulnerability that has previously been undetected by those writing, selling or operating it. Until the vulnerability is resolved, then hackers can exploit it, and regularly do. Many software providers seek to reduce the number of zero-day exploits by offering rewards known as 'bug bounties' to hackers who identify them and bring them to their attention.

3 The sizes of the organizations are as follows: Micro (rev<$2m-staff>1<10); Small (rev>$2m<$10m-staff>10<50); Medium (rev>$10m<$50m-staff>50<250; Large a (rev>$50m<$250m-staff>250<1.5k); Large b (rev>$250m<$1b -staff>1.5k<5k); V. large a (rev>$1b<$10b-staff>5k<20k); V. Large b (rev>$10b<$50b-staff>20k<150k); Massive (rev>$50b+-staff>150k).

4 Included are prices for credit card data, payment processing services (e.g. Paypal, etc.), crypto\-currency accounts, social media, hacked services, forged documents – scans, forged documents – physical, email database dumps, DDoS attacks.

5 For the EU Horizon 2020 project 'TAKEDOWN 700688'.

8 Policing Cybercrime

1 Sir Robert Peel, the founder of the Metropolitan Police, is alleged to have set out nine fundamental principles of democratic policing which outline the ethics of policing. There exists some contro\-versy over whether or not he actually wrote these principles down (see Lentz and Chaires, 2007) – rather, they are thought to be a romantic aggregation of his and other luminaries' thoughts on policing by police historians, not least Charles Reith in his 1948 Short History of the British Police. Regardless of authorship, they have come to encapsulate the principle of democratic policing in Western common-law countries and also farther afield.

2 See, further, the 'Resolving Feedback Disputes' pages at http://pages. . Note that the eBay system operates very differently to Amazon's book ebay.com/help/feedback /feedback-disputes.htmlrating system.

3 I must thank Sophie Wall for enlightening me on the intricacies of the Habbo world.

4 See PayPal acceptable-use policy with regard to gambling (18 May 2006) at www.paypal.com.

5 Conducted in 2005.

6 Internet Crime Complaint Center (IC3): www.ic3.gov.

7 Canadian Centre for Cyber Security (the Cyber Centre): www.cyber.gc.ca/en.

8 EUROPOL: www.europol.europa.eu/report-a-crime/report-cybercrime-online.

9 At the time of writing, many UK police forces have reviewed their call-centre advice to the public with regard to cybercrimes. There has also been a review of the Action Fraud system.

10 This is a hypothesis based upon observations and requires further research.

11 Although related more to positioning the police approach, see the debates in McLean et al. (2020).

9 Controlling, Preventing and Regulating Cybercrime

1 Affordance theory originated in psychology to explain how animals adapt to their environment. It is used here in a context that helps to explain how offenders adapt to their environments, espe\-cially cyberspace and cybercrime (see, further, Goldsmith and Wall, 2022).

2 This is a deliberate reference to the Stephen Spielberg film Minority Report in which a special police unit working with psychics sought to arrest murderers before they killed their victims. This pre-crime meme is often misquoted in relation to artificial intelligence when in fact the murder visions were from psychic humans and the examples of applied artificial intelligence failed, yet the term is frequently used as an AI meme.

3 Please note that this spread of law is intended to be illustrative and there are many other applica\-ble laws.

4 Note that the US both imposes the most sanctions and has the strongest set available.

5 Note from chapters 4 and 7 that the ransomware operators make the malware available to affili\-ates for a fee.

6 Individuals who are offered a place on the programme are identified by police through informa\-tion from concerned parents, carers or guardians, or teachers or safeguarding staff. This is my interpretation because the entry criteria do not seem to be published. See Cyber

Choices: www .nationalcrimeagency.gov.uk/cyber-choices.

7 Data published by Statista:
www.statista.com/statistics/1270488/spam-emails-sent-daily-by-co untry.

8 See paragraphs 40, 41, 42, 43, 44, 45. The full text of the EU Directive on Privacy and Electronic Communications (concerning the processing of personal data and the protection of privacy in the electronic communications sector) is available at europa.eu.in t/eur-lex/pri/en/oj/dat/2002/ l_201/l_20120020731en003700 47.pdf.

9 Data published by Statista, see www.statista.com/statistics/1270488/top-botnets-worldwide (drawn from Checkpoint's ThreatMap).

10 See, further, the Register of Known Spam Operations database at www.spamhaus.org/rokso.

11 Originally known as Neptune Intelligence Computer Engineering: www.nice.com.

12 I am referring here only to nuisance and minor infringements.

13 My interpretation of Silver.

10 Conclusions

1 In the first edition, I referred to these as computer integrity crimes, computer-assisted crimes and computer content crimes (Wall, 2007a).

2 Hard-wiring is a metaphor that signifies the construction of permanent structures of surveillance. Of course, the future structures will in fact be soft-wired through ambient technologies.

3 Its predecessors were the NHTCU, formed as part of the NCS, which was then absorbed into SOCA, which then became part of the NCA, which succeeded SOCA and parts of other agencies.

4 Get Safe Online provides general information and advice on how to keep safe online; Cyber Aware provides alerts about threats and provides advice.

5 NCA, 'Cyber crime':
https://nationalcrimeagency.gov.uk/what-we-do/crime-threats/cyber-cri me %20.

Glossary

advance-fee frauds are fraudulent tactics that deceive victims into paying fees in advance to facilitate a transaction which purportedly benefits them. Nigerian, or 419, frauds (after the Nigerian penal code which criminalizes them) deceive recipients into allowing the use of their bank account to help fraudsters to supposedly remove money out of their country. Once involved in the scam, the victim is required to pay a series of advance fees to facilitate the transaction, which never takes place. Variations use internet auctions or online dating forums to obtain advance fees.

arbitrage is the exploitation of pricing differentials between different markets.

article spinning is an unethical practice of hashing and rehashing published articles and blog entries to appear as new and discrete writing for dissemination to various online media sources. By using careful editing techniques, article spinners avoid infringing copyright laws. Some automated applications are now available for use by article spinners that exchange parts of sentences and change words for alternatives. 'Spun' articles are usually for sale, but the practice can also assist search engine optimization because interesting articles can also be laced with keywords.

assemblage is a concept derived from Deleuze and Guattari (1987) which explains that phenomena may have an association with each other and even work together as a functional entity, but do not necessarily have any other unity.

asymmetry literally means the absence of symmetry. It is used in this book to describe the way that one individual can interact with many others simultaneously. Asymmetric relationships lead to viral information flows.

asynchronicity describes communications that take place outside conventional time-frames, for example in 'chosen-time': chosen by the end users in an email communication stream.

attack vectors describes the ways in which (usually unauthorized) access to a system can be obtained to exploit vulnerabilities within it.

auction frauds are the use of internet auction sites to commit fraudulent acts, usually luring bidders into a transaction outside the auction site, or by selling fake or poor-quality goods. Alternatively, the bank cheque clearance processes may be exploited.

avatars are graphical depictions of a computer user that express their alter ego through the depiction of real or imaginary characteristics or qualities. They can vary in type and form depending upon the context in which they are being used. They can be graphical (animated) depictions of the self in virtual worlds, or they can be (typically) a 100 × 100 pixel (postage stamp size) graphical represen\-tation on posts to internet forums.

big data is the transactional and content-viewing data generated by our interactions with the inter\-net; to be used further it must be analysed, or refined by using data analytics to make it into infor\-mational products.

big game hunting is the practice of aiming cybercrime attacks specifically at wealthy individuals and organizations (usually businesses). See whale and spear phishing.

Bitcoin is a cryptocurrency begun in 2009 following a paper by a person using the name Satoshi Nakamoto, and the releasing of open-source software supporting the cryptocurrency. Bitcoin differs from fiat currency (government-supported) because there is no central authority and trans\-actions are validated by a decentralized blockchain which records them in a public ledger.

black hat – see *hacker*.

Black hat SEO – see *search engine optimization*.

black swan events (after Taleb, 2007) are rarely occurring situations which, like *signal events*, have a disproportionately high impact on society, are 'beyond the realm of normal expectations in history, science, finance and technology' and are hard, if not impossible, to predict.

blended threats are a type of malicious software that employs simultaneously, through multiple infection, a combination of attack techniques that make the viruses and worms even more potent and also much harder to detect.

blogs or **blogsites** are internet diaries or personal online journals shared with an online audience. They tend to be interlinked and the network of blogs forms an interconnected blog environment, a 'blogosphere', in which information and debate can escalate rapidly and virally, creating a frenzy of, sometimes heated, discussion known as a blogstorm.

bot herders – see *botnets.*

botnets comprise lists of the *internet protocol (IP) addresses* of 'zombie' computers that have been infected by *RATware / remote administration tools* and which can subsequently be controlled remotely. Botnets are valuable commodities because of the power they can place in the hands of the remote administrators (bot herders) to deliver a range of harmful malicious software (*malware or malcode*). For this purpose, they can be hired out, sold or traded.

browser-in-the-middle attack (sometimes called a 'man in the middle' or 'man in the browser' attack) is an information-gathering scam technique. Usually, some malicious software (malware or malcode) impersonates a browser that the user wishes to log on to, in order to steal their login credentials and other personal information. The browser looks the same as the intended log-on frontpage, but it may seek additional personal information 'for verification'. Once the user has logged on, then they are redirected seamlessly to the intended site to do their business.

bulletproof hosting services are provided by some web or domain hosters which: (a) host services or materials often prohibited by jurisdictions by exploiting differences in national laws; or (b) have loose terms and conditions that allow clients to bypass regulations. They are popular with those providing illegal content services, but also spammers and online gambling hosts.

cam-girls – see *webcams.*

chat rooms are online forums that allow individuals to chat to fellow members in real time. They evolved from the usenet *newsgroups* (prefixed by 'alt.') into *internet relay chat (IRC).* The main difference between the two is that chat rooms operate in real time, whereas newsgroups work in chosen time through the posting of messages and responses to those messages.

child sexual imagery or child sexual exploitation is the use of 'obscene' images of children by view\-ers to elicit sexual arousal.

chilling effect describes the way that a fear of legal or economic action encourages self-censorship.

churnalism is a term coined by BBC journalist Waseem Zakir. It is a form of instant journalism that has emerged as the impact of the twin pressures of time and money, and which does not follow the traditional journalistic practice of confirming the integrity of a news story by seeking two or more independent sources of information. Instead, churnalists utilize 'information subsidies' in the form of press releases, wire stories and other forms of pre-packaged material to create articles in newspapers and other news media without undertaking further research or checking. Churnalists combine with bloggers to become an important component of *viral information flows. Also see article spinning and clickbait.*

click fraud / bogus click syndrome defrauds the internet advertising billing systems by bulk clicking advertisements, by using either low-wage labour or automated scripts.

cloud computing is a metaphor that refers to a form of on-demand computing that provides intuitive information technology capabilities without the need for the user to gain prior knowledge and skills in order to control the technological infrastructure that supports the services. In recent years, the term has been used to refer to data centres which control the storage data 'in the cloud'. Cloud technologies enable those facilities.

code can have two meanings. The first is with regard to codes that grant owners access to a secure environment. The second is a more colloquial term for software programming language.

computer is an electronic device that executes pre-determined instructions in the form of a program to manipulate data and, when networked, it becomes the platform from which networked activity takes place.

cookies trade data that authenticate visitors' access to www sites and can be used to track their sessions. Whilst these functions can assist the user, tracking cookies also help to maintain specific information about users' choices of www sites and their purchasing preferences (from their shop\-ping carts). Tracking cookies are not *spyware* as such because they merely trade data; however, the fact that they allow users to be tracked from site to site does raise concerns and lead to them being regarded as intrusive and therefore treated by some anti-virus packages in the same manner as they treat spyware.

copyright trolling or speculative Invoicing is the practice of obtaining information about down\-loaded copyright materials from an ISP (usually by a court order) and sending invoices for the materials to alleged downloaders, with warnings that legal action will be taken if they do not pay the invoice. The practice brought bad press to the music industry and it shifted to pornographic materials.

counterfeits are imitations of an object or virtual artefact constructed intentionally to deceive users into thinking that they possess the qualities and characteristics of the original.

cracker – see *hacker*.

credential stuffing is an automated method of attack on businesses to achieve a type of account takeover. It uses email addresses and passwords purchased as credential databases on the *dark web* to target many user accounts via *botnets*. Financial services and retailers are the main targets. It relies upon users employing the same email and password address across multiple accounts and sites. Not to be confused with *credential cracking*.

crimeware differs from malicious software (viruses, worms, trojans) in that it is not normally self-reproducing. It results from the injection of malicious code via a flaw in existing software. It can exploit vulnerabilities in web browsers, reach its target via emails or be disseminated via peer-to-peer networks. Once installed, the malicious code steals information which it returns to its sender.

crimeware-as-a-service (CaaS) is, as the name suggestions, a criminal variant of 'software as a service' (SAAS) which, upon payment of a fee, provides users with access to a suite of software which can then be downloaded without further payment. In the CaaS variant, offenders pay a fee to gain access to a range of *crimeware* (malicious software) and other custom exploits. Also see *crimeware*, *wizards*.

cryptocrime refers to criminal behaviours that involve the use of encryption in the modus operandi for the crime. Encryption can be used in different ways, for example in a *ransomware* crime to make a computer system unusable and leverage a ransom, or more simply in the use of value exchange (using cryptocurrency).

cryptocurrencies secure virtual monetary schemes that are based upon encryption to allow exchange; their anonymity, ease of use and novelty enable offenders to use them in criminal activities.

crypto-wallets (cryptocurrency wallets) are a safe space where *cryptocurrencies* can be kept; they can be provided either as a service or as a program.

culture of fear describes the exaggeration of fear, whether through an intentional policy or as a knock-on effect of media sensationalized reporting, and its normalization to the point that the fear of *cybercrimes* is not only accepted as a normal part of everyday life, but also anticipated. This 'culture of fear' is, according to many commentators, used by modern governments as a tool of governance – a political tool that justifies increased governmental power and control over society.

cybercrimes are criminal or harmful activities that are informational, global and networked, and are to be distinguished from crimes that simply use computers. They are the product of digital and networked technologies that have transformed the division of criminal labour to provide entirely new opportunities for, and new forms of, crime, which typically involve the acquisition or manipulation of information and its value across global networks for gain. They can be broken down into crimes which are related to the integrity of the system, crimes in which networked computers are used to assist the perpetration of crime, and crimes which relate to the content of computers. They tend to be individually small in impact, though their harms are caused by their sheer volume.

cybercrime wave describes the very quick and almost 'viral' proliferation of *cybercrimes* across globalized networks. They have sometimes been referred to as cyber-tsunamis, although the term has been used less following the 2004 and 2011 tsunamis.

cyberpunk authors joined the concept of cybernetics with the sensibilities of the late 1970s punk movement to form a genre of science fiction that thematically combined ideas about dystopic advances in science and information technology with their potential capability to break down the social order.

cyberspace is the mentally constructed *virtual environment* within which networked computer social activity takes place. The term was first used by novelist William Gibson in the early 1980s, then developed conceptually by John Perry Barlow. It is a place that is not inside the *computer* or inside the technology of communication, but in the imaginations of those individuals who are being connected. Although imaginary, it is nevertheless real in the sense that the things that happen in that space have real consequences for those who are participating.

cyber-terrorism uses computers to attack the physical infrastructure, to generate mass fear and anxi\-ety and, in theory, manipulate the political agenda.

cyberworlds – see *virtual environment*.

dark web is a hidden part of the deep web where criminal activity takes place. The deep web exists below the surface web and enables many different legitimate surface web functions to take place, such as social media. The deep web and the dark web are accessible via the anonymous ToR router and are not indexed, so not searchable by a normal search engine.

data doubling refers to the comparing of an individual's access codes (personal information) with data already held by the computer system to verify his or her access rights and identity.

data mining – see *dataveillance*.

data theft (hack) is the theft of bulk data by *hackers* who have, to date, tended to perform a DDoS attack as a decoy to confuse the computer security before breaching the system (via an SQL injec\-tion) to steal the data.

data trails are left by the informational transactions required to secure access to, and navigation around, the *internet*. They are also sometimes known as 'mouse droppings'.

dataveillance is the use of *data trails*, usually by mining databases, to provide evidence of transac\-tions or to identify abnormal patterns of behaviour.

de minimism is from *de minimis non curat lex*, which means 'the law does not deal with trifles'. It is used in this book to describe the attitude of the law to low-impact, bulk victimizations that are individually too small to investigate because it would not be in the public interest. Yet these bulk offences which are unique to the internet cause great losses when globally aggregated across the network.

deskilling describes the process of rationalizing and 'degrading' labour by breaking it down into essential tasks which are then automated to increase the efficiency and economy of the operation. The deskilling process is accompanied by a reskilling process, whereby fewer people gain control over the whole automated process.

digital natives is a term that describes those individuals who grew up with the *internet*. The implica\-tion is that digital natives find the technologies intuitive and are predisposed towards it.

digital realism is a term used in this book to emphasize that the more a behaviour is mediated (shaped) by the architecture of networked technology, the more it can be governed by that same technology. The potential concerns arising from this *ubiquitous law enforcement* invoke debates about the role of technology and other forms of control (law, social values, market control) in tempering or legitimizing the use of technology as a means of governing online behaviour.

distributed denial of service (DDoS) attacks prevent legitimate users from gaining access to their web space (networks and computer systems) by bombarding access gateways with a barrage of data.

DMS (domain name systems) servers translate domain names into *internet protocol (IP) addresses* that facilitate access to, and navigation around, the World Wide Web.

drive-by downloads are a method of infection by malicious software disguised as images or software that are downloaded during the course of browsing the web.

end-to-end describes the internet's original principle of free communications online while leaving the end users the choice over what to, and what not to, receive.

entrapment marketing is a form of extreme 'lock-in' marketing that is designed to trap victims into buying products or services that they do not want. Internet variations of entrapment marketing typically entice (some would say mislead) the victim into buying software (see *scareware*) and/or entrap them into making (usually) small repeat payments for services that they either: (a) origi\-nally understood were free; or (b) signed up to on trial but (i) forgot to terminate, or (ii) subse\-quently found too complicated to terminate (e.g. written notice required), or (iii) are embarrassed to terminate or complain about.

escrow is an arrangement whereby two sides involved in a transaction supply a trusted third party with finance, objects or access codes that are released once the conditions of the transaction have been fulfilled.

fraud is a deception perpetrated by one individual in order to obtain an advantage over another. The object of the fraud may be purely financial or informational. See *advance-fee frauds, click fraud, input fraud, output fraud, payment fraud, salami fraud, scams, short-firm fraud.*

gambling scams – see *scams.*

Gemeinschaft*/*Gesellschaft are sociological terms used by Ferdinand Tönnies in 1887 to describe the transition from (*Gemeinschaft*) organic communities based upon neighbourhood and familial bonds to (*Gesellschaft*) communities of association defined by a common instrumental goal.

globalization is a social process that configures and reconfigures the relationships that exist between multiple entities, from individuals to international agencies, which are widely distributed in space.

glocalization describes the impact of globalized ideas upon a locality.

google bombing is a form of *search engine optimization* which uses various techniques to deliber\-ately influence the ranking of web pages in the Google search engine (the most popular search engine) in order to increase the traffic onto those pages. See *search engine optimization.*

graphics user interface (GUI) uses graphical images in the form of pictures and words to represent information. GUI is associated with the advent of Windows and replaced the older text-based displays.

grey hat hackers – see *hacker.*

grid computing/technology – see *peer-to-peer networks.*

gullibility viruses use *social engineering* to trick individuals into deleting part of their computer's operating system.

gurus are expert 'white hat' *hackers.*

hacker is a term that has a history in the experimentation of often illicit access to communications systems. Computer hackers evolved to explore the boundaries of informational access and also the integrity of secure systems. Hacker actions basically fall into ethical and unethical activities. They meet online in chat forums to discuss their actions. See *darkside hackers, gurus, samurai, script kiddies* and *wizards.*

hacktivism is a fusion of ethical hacking and the use of computer technique to effect political protest.

hate speech seeks intentionally to degrade, exclude, intimidate, or incite violence or prejudicial action against someone based on their race, ethnicity, national origin, religion, sexual orientation or disability.

haxploitation is the deliberate exploitation of the public fear of *hackers* for entertainment purposes. The imagery that haxploitation generates becomes more powerful when the boundaries between the individual hacker and the state – as hacker – merge (as in, for example, movies like *Die Hard 4.0*) to redress the imaginary power imbalance (state impotence in the face of the hacker) created by the earlier hacker movies.

honeynets are fake websites constructed to socially engineer offenders into accessing them and showing intent by wilfully passing through various levels of security, agreeing at each stage that they are aware of the content and indicating their intent. Offenders eventually find themselves facing a law enforcement message (a 'gotcha') and a notice that their details will be recorded or that they will become subject to investigation in cases where intent is clear.

hotspot paranoia is the fear that free public *wi-fi* hotspots will create new opportunities for *cybercrime.*

identity theft / ID theft is the fraudulent acquisition of personal information that can be used to obtain credit facilities or take control of existing accounts online. It is often mistakenly used to describe credit card theft.

informational property is a term that refers to the rights of ownership over information. Although narrower in scope than *intellectual property,* the two are, however, often used interchange\-ably.

information society is a society in which the relationships of production/consumption, power and experience have been transformed by information technology. It is a product of the *network society*.

information warfare is a term commonly used today in a non-militaristic context to describe the use of information, misinformation or disinformation to shape public confidence with regard to patterns of consumption or participation in the democratic process. It is often confused with *cyber-terrorism*. Also see *SCADA* and *Stuxnet*.

input fraud refers to the illegal acquisition of credit facilities, typically credit cards.

intellectual property covers a range of claims and entitlements to the ways that ideas are expressed. The laws that establish and define intellectual property include copyright, trademarks, patents and designs.

internet is a global network of interconnected government, military, corporate, business and domes\-tic computer networks. It is not a network but a network of networks. It is the platform upon which the *World Wide Web* operates.

Internet of Things arises from the convergence of multiple technologies that connect and transfer information to and from everyday devices such as the smart home or medical monitors. The purpose of the data collection is to improve the functionality of devices and also the quality of the lives of the users who own them.

internet protocol (IP) addresses are unique numerical identifiers that networked devices use to identify each other and then communicate once a route has been opened.

internet relay chat (IRC) – see *chat rooms*.

internet service providers (ISPs) are businesses that provide internet users access to internet and related services through a range of media that include dial-up, digital subscriber line (DSL) through telephone wires, Integrated Services Digital Network (ISDN) switched through telephone wires, broadband *wireless*, broadband through cable TV.

internet year: Moore's Law states that hardware evolution is increasing desktop computing power by 2 to the power *n*. Calculations based upon this 1965 formula estimate that the rate of change is such that one internet year equals approximately three months or less in real time.

jailbreaking is a type of hacking that seeks to remove restrictions that manufacturers place upon the use of their devices, in order to modify their purpose.

Java applets are small programs written in the Java programming language that can be included in an HTML web page. They are used to provide interactive features to web applications that cannot be provided by the HTML (HyperText Markup Language), which is the main language used for creat\-ing web pages.

key-stroke loggers are diagnostic tools that record a user's keystrokes. Originally designed to identify errors in systems, they were subsequently put to use measuring employees' work output. More recently, they have been incorporated in *spyware* to keep a log of the victim's keystrokes (includ\-ing passwords, etc.) and return the information to a web address. They have also been used to spy upon offenders.

keyword stuffing (or Randomly Repeated Keywords) is the loading of keywords into the HTML or XHTML metatags that provide hidden information about the Web page that is used by a search engine. Used properly it can be ethical and useful to users as it guides them to relevant web pages. It can also be used unethically to artificially increase internet traffic to web pages. See *search engine optimization*.

link farming is a form of *spamdexing* that uses hyperlinks to cause a group of websites to link to all sites in its particular group. Initially created manually, link farming has become automated via specific software designed to create links.

Local Area Networks (LAN) are local computer networks that serve small defined areas, such as an office, and usually link to WANs (wide area networks). Their advantage is to increase the speed of access in sharing files – plus, they can be configured to suit particular office work practices.

logic bomb is a type of malicious software that activates once predetermined criteria are met, such as a specific date or after a system has been accessed a specified number of times. The best known of these is 'Michelangelo' which only activates on 6 March, Michelangelo's birthday.

lottery scams – see *scams*.

malware or malcode (from 'malicious software') comprises software scripts that seek to disrupt, damage or steal information from computer systems. 'Worms' self-propagate themselves across networks by exploiting security flaws and are distinguished from 'viruses' which tend to infect static files and therefore require the actions of users to assist with their propagation. *Blended threats* are meta-trojans which can embody a combination of worms and viruses depending upon their intended purpose.

man-in-the-middle attack – see *browser-in-the-middle*

micro-frauds are mass frauds that are individually small in impact, but significant in their aggregate. They are mainly online frauds that are deemed to be too small to be acted upon by law enforce\-ment. As a consequence, they tend to be written off by victims, both individuals and corporate, or are deemed not to be sufficiently significant to devote policing resources towards in the public interest. See *de minimism*.

money mule is a third party who is involved in a fraud. In *cybercrimes*, the money mule is typically the person who uses stolen identity information to extract money from a bank. A proportion of the gains will be forwarded to the phishers. The money mules tend to be the ones that get caught in successful policing operations, but are the 'low-hanging fruit' in the fraud operation as they only play a small part (see *phishing*).

MP3 (full name MPEG-1 Audio Layer 3) is an audio compression format, which exploits the fallibility of the human ear by removing inaudible analogue sounds. By saving space, it enables sound files to be efficiently transmitted across the *internet*.

MP4 (MPEG-4) is a computer file compression format like *MP3* which allows video, audio and other information to be stored efficiently on one file and transmitted across the *internet*.

networked technology consists of the various hardware and software technologies plus protocols that enable computing devices to communicate with each other.

network society was coined in 1991 by Van Dijk (see Van Dijk, 1999) and later argued by Manuel Castells (2000a) to be one of the hallmarks of the *information society*/age. It emerged from the historical convergence of three independent processes during the late twentieth century: the information technology revolution in the 1970s; the restructuring of capitalism and of statism in the 1980s; the cultural social movements of the 1960s and their 1970s aftermath. Often attributed to the *internet*, the network society actually predated it by a number of decades; however, while the information technology revolution did not create the network society, the network society as we know it today would arguably not exist without it.

newsgroups – see *chat rooms*.

non-fungible tokens are individual digital assets that carry rights of ownership. They are unique digital identifiers which can be neither copied, substituted nor divided. The asset is recorded on a blockchain which certifies its authenticity and ownership.

obscene materials are ideas and thoughts expressed in words, images and actions which offend the prevailing social morality. Most jurisdictions have laws which define where the boundaries of obscenity lie, but definitions are not always the same. Although the term 'obscene' can be applied broadly, legal and moral debates over 'obscene' materials tend to focus upon the depiction of sexual activities (extreme *pornography*).

output fraud refers to the use of credit facilities to obtain goods, services or money fraudulently.

Panopticon is a term used by Jeremy Bentham to describe a design of prison which allowed prison officers to see their prisoners without being seen. It became an important concept in the formation of Foucault's disciplinary theory (1983: 223). In the panopticon, prisoners never knew when they were being watched and therefore obeyed prison rules of conduct because they feared punish\-ment. After a period of time under the panoptic gaze, prisoners eventually adhered to the regime and modified their behaviour to comply with the rules. The panopticon illustrates how prison architecture shapes the physical and mental architecture of the prison and therefore the relation\-ships within it, especially the power relationship between the observer (guard) and the observed (prisoner). This theory lends itself to internet surveillance and to theorizing about the governance of online behaviour.

payment fraud is fraud that takes place in the payment phase of a transaction.

peer-to-peer networks (P2P) rely upon user participation to create networks to generate new forms of decentralized commercial and informational relationships between individuals. Variations of P2P are business to business (B2B) and business to consumer (B2C) and vice versa. The term is often confused with *grid computing* which connects distributed computers to create a virtual computer architecture that has a computing power that is greater than the sum of its parts.

people hacking – see *social engineering*.

personal digital assistants (PDAs) are small, but powerful, handheld computers that can be connected to the *internet* by *wireless technologies*.

pharming is an automated version of *phishing* that does not rely upon *social engineering* to trick the recipient, because it automatically redirects the recipient to the offending site.

phishing is the use of internet communications, e.g. emails, to *socially engineer* (trick) people out of personal financial information. Variations include *spear phishing*, where specific, rather than blanket, targets are chosen. Also *pharming*, *smishing*, *vishing*. Also *whale phishing* and *big game hunting*. Phishing tends to exploit human emotions such as greed, guilt, pride, compassion, curiosity.

phlooding is a multiple *distributed denial of service (DDoS)* attack caused by a group of simultaneous, though geographically distributed, attacks which target the network login structure of a particular business to overload its central authentication server.

piracy is a term frequently used to describe the unauthorized reproduction and distribution of elec\-tronic and audio-visual media that are protected by *intellectual property* copyright laws. It is most commonly used with regard to the unauthorized distribution of *MP3* and *MP4* files.

policing is a term used broadly within this book to describe the act of regulating the behaviour of a population, usually to maintain order and enforce law. Although this function is commonly performed by the police (public police organizations), they are not the sole actors performing this function – indeed, they arguably perform only a small part of 'policing'.

pornography describes the visual, textual or oral depiction of the human body with the intention of sexually arousing those who experience it. It is often linked to, but is distinguishable from, erotica, which also has artistic merit. While pornography may be morally illicit, pornography is not neces\-sarily illegal unless it is deemed to be *obscene*.

premium line service scams – see *rogue dialler*.

pseudo-photographs use new graphics technologies to 'morph' or graphically blend two photo\-graphic images together to make a new image with new meaning. The various laws relating to *pornographic* 'pseudo photographs' were amended in the early to mid-1990s to make possession of them illegal because they weakened the case for the prosecution, which had long relied upon the fact that an individual (usually a child) had been abused in the construction of the picture.

'pump and dump' scams deceive stock market investors through the circulation of information on the *internet* that misrepresents the value and potential of real stock. This misinformation artificially drives up the price of the stock (the pump), which is then sold off at inflated prices (the dump).

pyramid selling scams (Ponzi frauds) have migrated online and are elaborate confidence tricks that promise a good return on investment. The return on investment is, however, paid from money derived from new investors, rather than profits, and the schemes mathematically eventually run out of investors. The schemes are fuelled by the fact that the very early investors often do get a good return on their money, and their enthusiasm advertises their apparent authenticity.

ransomware (or ransom virus) is malicious software that hijacks a computer system until it is neutralized by a code provided by a blackmailer once a ransom has been paid. The original practice of locking access to *computers* was replaced in the 2010s by crypto-ransomware which encrypts complete data systems. This practice was followed in late 2019 by an aggressive ransom\-ware tactic that targets and enters organizations' systems and moves laterally to identify and exfil\-trate key data before encrypting the data on the system. Victims are named on a 'wall of shame' WWW site and the data is published in segments if the ransom is not paid by the deadline (also known as 'reverse double jeopardy ransomware').

RATware / remote administration trojans (RATs) are a form of malicious software that makes an infected 'zombie' computer become susceptible to remote administration and inclusion in a *botnet*.

reputation management systems: vendors build up profiles based upon customer feedback on their past sales performance, which enables potential purchasers to vet them before making bids. Good reputations are highly valued and maintaining them discourages dishonest behaviour by vendors and bidders. See *'short-firm' frauds*.

reskilling – see *deskilling*.

reverse social engineering – see *social engineering*.

rogue dialler is a type of malicious software that automatically and discreetly transfers users' existing telephone services from the normal domestic rate to a premium line service in order to defraud them.

rogueware is software that has a dark motive. Mostly, but not exclusively criminal, it includes mali\-cious software generally, but also *scareware* and *spyware*.

salami fraud describes the perpetration of many small frauds from different sources, or over a long time span, which are individually minor but large in aggregate.

samurai are *ethical hackers* who hire themselves out to undertake legal 'cracking' tasks and assist those who have legitimate reasons to use an electronic locksmith.

SCADA (Supervisory Control And Data Acquisition) systems are computing systems that are used to monitor and also to control major industrial processes ranging from some manufacturing processes to the utilities (electricity, water, etc.) that comprise the infrastructure. There has been much concern that SCADA systems will become the focus for *cyber-terrorists* or become the target in cyber-warfare and, after many years of prophesizing, proof of concept arrived with the discovery of the Stuxnet. See *Stuxnet* and *information warfare*.

scams are confidence tricks, typically undertaken to engage and defraud a victim. Internet scams commonly originate in *spam* communications and include: (a) healthcare scams which seek to deceive victims by offering the promise of improvements to health – say, through performance-enhancing drugs or surgery, or they may claim to cure ill health through various snake-oil reme\-dies; (b) finance scams, which seek to deceive victims by offering the promise of improvements to their finances, and include *phishing*, *pyramid selling*, *pump and dump*; (c) advertising scams, which lure victims by offering free or discounted products, goods and services; (d) *pornography* scams which lure victims with offers of free access to sexual imagery; (e) others, which include 'lottery scams', in which victims are lured by telling them that they have won a prize which they can claim once advance fees are paid or personal information is provided, and 'gambling scams', which entrap victims with a free line of gambling credit.

scareware (sometimes known as *rogueware or shockware*) is an aggressive sales technique through which 'scare-mongers' inundate computer users with misleading messages that emulate Windows security messages. They are sometimes delivered by Windows messenger, or via Twitter, Facebook and other social networking sites, or else by a spam email message. These messages are often referred to as malverts – a combination of '*malware*' and 'adverts' – that are intended to socially engineer recipients into believing that their computer has been infected or, as in the case of messages alleged to contain important breaking news, into clicking onto a URL in order to gain further information, which then tells them via a pop-up message that their computer is infected. These scare or shock tactics convince recipients that their personal *computer* has been infected by malicious software and therefore requires fixing. Of course, the solution recommended is usually the scare-mongers' own brand of software (see *entrapment marketing*) which downloaders have to pay for and which is usually ineffective, or may give an impression that it is having some impact, or else it may contain malicious software.

script kiddies are inexperienced and unskilled *hackers* who seek peer respect for their audacity by infiltrating or disrupting computer systems by using cracking scripts that they have designed.

search engine optimization (SEO) is a legitimate marketing strategy that increases the relevance and ranking of a www site according to specific keywords. The higher a www site ranks with a search engine, then the more traffic will go its way. The SEO process can take place by editing the content of a www site either to make it relevant to keywords or to remove barriers that exist to the indexing functions of search engines. Search engine optimization can have positive impact by creating incentives to enable more accessible web pages in order to increase web traffic naturally. It can also have its downside because it creates an unethical practice and associated dark econ\-omy, or 'Black hat SEO' as it is often referred to, which encourages the use of devious methods to increase rankings – for example, see *spamdexing, link farming, keyword stuffing, article spinning, google bombing.*

the semantic web refers to a future vision of the evolution of the World Wide Web so that it will become the universal medium for the exchange of data, information and knowledge. Prospective in design, the semantic web envisages the development of the www along the lines of its origi\-nal open flow principles, but incorporating aspects of AI so that users' needs and demands are understood. Some aspects of the semantic web have been developed; others exist as specification only. The success of the semantic web requires, amongst other technological developments, the construction of new formats for data interchange, such as the Ontological Web Language (OWL), Resource Description Frameworks (RDF) and Scheme (RDFS), which describe the operating concepts, relationships and terminology within knowledge domains.

sexting is the sending of sexually explicit materials via SMS messaging. The materials are usually in image and text format and are produced by the sender usually for consumption by the recipient or recipients who are part of the sender's social network.

shockware – see *scareware.*

short-firm fraud is a term used in this book to describe the fraudulent exploitation of online auction reputation management systems. Typically, once a good vendor 'trust' rating has been acquired, then items are sold, usually offline, to runners-up in the bidding war, and the vendor disappears without supplying the goods once the money has been received.

signal events are events – such as, but not exclusively, crime – that capture the media's attention and heighten existing public anxieties. Although not necessarily major, they nevertheless have a signifi\-cant impact upon public beliefs compared with their actual consequences and they can artificially increase levels of fear about *cybercrime*. See *black swan events*.

simulacra (simulacrum in singular) is a term used by Jean Baudrillard (1994) to describe a situa\-tion where one can have copies without originals. It introduces a useful language to describe the construction and dissemination of multi-media materials in computer file format.

simulation captures the essence of a real object in such a way that it can be used to observe and predict how that object may behave when subject to changing inputs.

situational crime prevention focuses upon the reduction of criminal opportunity by increasing the effort needed to commit a crime, increasing the risks to the offender, or reducing the reward of crime. It tends to ignore consideration of intent.

smishing is a form of *phishing* which uses bulk text messaging facilities to target mobile devices such as phones or *personal digital assistants (PDAs)* with urgent text requests for the recipient to call an alleged bank phone number or log onto a website and change their security information, thereby revealing it.

snake-oil scams – see *scams*.

social engineering or 'people hacking' is the use of interpersonal deceptions to trick staff within organizations into giving out personal information such as passwords to secure systems, by build\-ing up trust relationships with them and exploiting their personal weaknesses. 'Reverse social engineering' is where a *hacker* causes a technical problem within a system and then positions himself or herself to be commissioned to fix it, thereby gaining access.

social networking websites offer interactive, user-submitted networks of friends, personal profiles, *blogs*, groups, photos, music and videos. They connect people who possess different types of inter\-ests. Examples include MySpace, LiveJournal.com.

Software Defined Radio – see *wireless technology*.

spam/spamming is the distribution of unsolicited bulk emails that deliver invitations to participate in schemes to earn money; to obtain free products and services; to win prizes; to spy upon others; to obtain improvements to health or well-being; to replace lost hair; to increase one's sexual prow\-ess; or to cure cancer. They choke up bandwidth and present risks to the recipient should they respond.

spamdexing is a technique that specifically uses *spams* containing a range of keywords to increase the ranking of web pages in a search engine's index. The keywords can be hidden in the content of the spammed email in the form of text or a URL link to a www site (see *keyword stuffing*). It is an illicit, or unethical, form of *search engine optimization.*

spear phishing is the deliberate targeting of emails to specific groups in society in order to socially engineer them into giving their personal information, opening attachments, downloading mali\-cious websites or engaging directly in a fraud. The 'spear' phish hooks the target group by using specific information which they can resonate with. See *whale phishing* and *big game hunting.*

spoofing is a term that describes an act where people, through software, falsify information in order to pretend to be someone or something else so as to deceive another to gain an illicit advantage over them.

spyware is software that covertly surveils the user's computer files to obtain and return personal information about the user.

stressers (booter services) are quasi-legal online services that enable *hackers* to launch DDoS attacks. Usage is legitimate if the www site being attacked gives its consent – for example, by penetration testers. Most stresser usage by hackers is, however, illegal.

Stuxnet is a form of *malware* that can be used to sabotage industrial control systems (*SCADA*). It represents a 'paradigm shift' in malware threats and is distinct from other malicious worms because: (a) its primary method of entry into operating systems is (amongst other potential entry means) through USB sticks; (b) like other worms, it establishes a rootkit, as well as a backdoor connection which allows external control; (c) unlike other worms, it aggressively attacks specific types of SCADA systems produced by particular manufacturers; (d) the July 2010 Stuxnet worm had a kill date and limited scope and sought particular system configurations – indicating that it was intended to hit specific targets, but did not find its target this time. In the absence of further information, conspiracy theories quickly evolved which mapped the Stuxnet threat onto contem\-porary political divisions. A particular concern was that the 2010 attack was specifically targeted at Iranian (nuclear) processes. See *information warfare*.

surveillance is the act of monitoring the behaviour of another, either in real time using cameras, audio devices or key-stroke monitoring, or in chosen time by *data mining* records of internet trans\-actions. Surveillance can be overt or covert. User awareness of being surveilled in real or chosen time can shape their online behaviour. See *panopticon*.

tabnapping is a form of *phishing* that overlays browser pages that have been open and unused for some time with a logon panel which informs users that they have to log into their page again in order to gain access to it once more. Once users have logged on, the panel disappears and they can access the page once again. In so doing, users innocently give their valuable login information to identity thieves who can subsequently use the information against them.

TCP/IP (transmission control protocol / internet protocol) are layered protocols that enable inter\-net communications to take place, and form the technical core of the *internet*. They were adopted in 1982 by the US Department of Defense and ratified in 1985 by the Internet Architecture Board.

technology is a term which describes the expression of ideas about methods that rationalize human activity. Usually such expression involves the use of tools – in this book, hardware and software – but it is the ideas and rationale behind the tools that are of primary interest.

tracking (HTTP) cookies trade data that authenticate visitors to www sites and can track their sessions. Whilst these functions can assist the user, tracking cookies also help to maintain specific information about users' choices of www sites and also their purchasing preferences (from their shopping carts). Tracking cookies are not *spyware* as such because they merely trade data; however, the fact that they allow users to be tracked from site to site does raise concerns and lead to them being regarded as intrusive and therefore treated by some anti-virus packages in the same manner as they treat spyware.

trojans – see *malware or malcode*.

ubiquitous law enforcement arises from the *digital realism* that the same technologies which provide opportunities for *cybercrime* also provide opportunities for law enforcement and crime prevention. It creates a new agenda with regard to debate over the appropriate use of technologies in the policing function.

unethical hackers evolved from *script kiddies* and are driven by financial or other types of gain. They used to be called 'crackers' by the cybersecurity media to distance them from ethical hackers, but the term caused offence because it was historically used as a racial slur and so is rarely used today.

URL (uniform resource locator) is simply another name for a web address (begins http://).

viral information flow is a term that describes how information proliferates across distributed networks by word of 'mouse' (rather than mouth). The information flows can be almost viral in the way that they are distributed exponentially from node to node across networks. The term 'viral' is now used colloquially to describe the internet video phenomenon; indeed, they are actually called 'virals'. See *churnalism* and *asymmetry*.

virtual environment is a term often used synonymously with *cyberspace*, but virtual environments, such as Habbo Hotel or Second Life, to name but two, are actually the localities of cyberspace.

virus – see *malware or malcode*.

vishing is another form of *phishing* that uses *VoIP (voice over internet protocol)* to *spam* recorded messages to telephone numbers. The VoIP messages purport to be from banks, other financial institutions, online merchants such as Amazon or internet auction houses such as eBay, and warn that their credit card has been used for fraudulent transactions. As with *phishing* and its variations, recipients are asked to contact a phone number or log on to a website to verify and change their security information. Also referred to as 'robocalling'.

VoIP (voice over internet protocol) is a method of enabling telephone conversations to take place over the *internet* or through any other internet protocol-(IP-)based network.

webcams are cameras linked to networked *computers* via a website whose real-time images can be watched from afar by all who access the particular site. Their use ranges from closed circuit *surveil|-lance* to video-conferencing. They were made popular in the mid-1990s by cam-girls, such as JenniCAM, who broadcast voyeuristic images of themselves for a fee.

webmail is email that can be sent through a web browser, e.g. hotmail or Yahoo, rather than a dedi\-cated email program such as Microsoft Outlook.

whale phishing is the practice of specifically targeting phishing emails at wealthy individuals and business organizations to socially engineer the infection of their *computers* or to directly defraud them. See *big game hunting* and *spear phishing*.

white-collar crime is a term that describes crimes of the powerful and crimes that are normally hidden from 'blue collar' criminologies of street crime. *Cybercrime* shares many of the character\-istics of hidden crimes and can be informed by those debates; however, the fit with white-collar crime is not so easy since informational knowledge is power within *cyberspace*.

white hat – see *hacker*.

wi-fi is the form of *wireless technology* that enables wireless internet connections, but it is increasingly becoming the basis for connecting many other domestic electronic appliances.

wizards are 'white hat' *hackers* who are renowned for their hacking knowledge.

World Wide Web (www) runs on the *internet* and is a network of interlinked and hypertext multimedia documents known as web pages.

worms – see *malware or malcode*.

Zeus is a trojan, a form of malware that is distributed by spammed email. It looks benign, but infects the insecure *computers* of small businesses and individuals in order to steal bank login informa\-tion and has a built-in capacity to evade detection. It has evolved through a number of iterations. Earlier versions sought user names and passwords for *social networking websites* and online services as well as online banking credentials. More sophisticated later versions focus solely on collecting banking information, which is subsequently sent to a collecting database via encrypted communications (see *malware or malcode* and *phishing*).

zombies – see *botnets* and *RATware*.

Cases and References

Cases

ACLU et al. v. Reno (1997), 117 S Ct 2329.

Ashcroft v. Free Speech Coalition (2002) 535 US 234 (2002) 198 F 3d 1083.

DPP v. Paul Chambers (2012) EWHC 2157.

Godfrey v. Demon Internet Ltd. (1999) 4 All ER 342.

In re Doubleclick Inc. (2001) 154 F Supp 2d 497 – SDNY, 28 March.

In re Verizon Internet Services, Inc. (2003); at http://news.findlaw.com/hdocs/docs/verizon/inreveri zon12103opn.pdf.

Keith- Smith v. Williams (2006) EWHC 860.

Lauri Love v. The Government of the USA [2018] EWHC 172 (Admin.).

League Against Racism and Anti- Semitism (LICRA) and The Union of French Jewish Students (UEJF) v. Yahoo Inc. and Yahoo France (2000), Interim Court Order, 20 November, The County Court of Paris, No. RG: 00/05308.

Metro- Goldwyn- Mayer Studios, Inc. v. Grokster, Ltd. (2004) 9th Circuit Court of Appeals, 19 August; at www.eff.org/IP/P2P/MGM_v_Grokster/20040819_mgm_v_grokster_de ci sion.pdf.

Paris Adult Theater I v. Slaton (1973) 413 US 49.

People v. Somm (1998), Amtsgericht Munich [Local Court], File No. 8340.

Planned Parenthood v. ACLA (2001) (Planned Parenthood of the Columbia/Willamette, Inc. v. American Coalition of Life Activists), No. 99??5320, 2001, US App. LEXIS 4974 (9th Cir. 28 Mar. 2001).

R. v. Jonathan Bowden (2000) 1 Cr App Rep 438.

R. v. Brown (1993) 97 Cr App Rep 44, (1994) 1 AC 212. R. v. Fellows; R. v. Arnold (1997) 2 All ER 548.

R. v. Handyside v. United Kingdom (1976) 1 EHRR 737. R. v. Wilson (1996) 2 Cr App Rep 241.

R. v. Zundel (1992) 95 DLR (4th) 202 (1992) and (Can Sup Ct 27훓Aug. 1992, unreported).

Roberts v. Media Logistics (UK) Ltd (2006); http://spamlegalaction.pbwiki.com.

United States v. Alkhabaz (1997); US App LEXIS 9060; (1996) 104 F 3d 1492; (1995) 48 F 3d 1220 and

US App LEXIS 11244.

United States v. Dost (1986) 636 F Supp 828.

United States of America v. Robert A. Thomas and Carleen Thomas (1996) 74 F 3d 701; 1996 US App LEXIS 1069; 1996 Fed App 0032P (6th Cir).

References

Abou- Assaleh, T. and Das, T. (2008) 'Combating spamdexing: incorporating heuristics in link- based ranking'. In W. Aiello, A. Broder, J. Janssen and E., Milios (eds.), Algorithms and Models for the Web-Graph. WAW 2006. Lecture Notes in Computer Science, 4936, Berlin: Springer.

Abrams, L. (2021) 'Another ransomware now uses DDoS attacks to force victims to pay' BleepingComputer, 24 January, www.bleepingcomputer.com/news/security/another- ransom wa re- now- uses- ddos- attacks-to- force- victims- to- pay.

Action Fraud (2023) 'Ticket to nowhere: don't get ticked off with ticket fraud this summer', Action Fraud Press Release, 10 April, www.actionfraud.police.uk/ticketfraud.

Adams, J. A. (1996) 'Controlling cyberspace: applying the computer fraud and abuse act to the inter-net', Santa Clara Computer and High Technology Law Journal, 12: 403–34.

Adams, S. (1998) The Dilbert Future: Thriving on Business Stupidity in the 21st Century, London: Harper Business.

Adler, A. (2001) 'The perverse law of child pornography', Columbia Law Review, 101: 209–73.

Afifi- Sabet, K. (2020) '36 billion personal records exposed by hacks in 2020 so far', ITPro, 29 October, www.itpro.com/security/357578/exposedrecords- top- 36- billion- in- 2020- so- far.

Agger, B. (2004) The Virtual Self: A Contemporary Sociology, Oxford: Blackwell.

AIN (2005) 'ASACP changes name: Association of Sites Advocating Child Protection', Adult Industry News, 2 March, www.ainews.com/story/8557.

Akdeniz, Y. (1996) 'Computer pornography: a comparative study of US and UK obscenity laws and child pornography laws in relation to the internet', International Review of Law, Computers and Technology, 10 (2): 235–61.

Akdeniz, Y. (1997) 'The regulation of pornography and child pornography on the internet', Journal of Information Law and Technology, (1), www2.warwick.ac.uk/fac/soc/law/elj/jilt/1997_1/ak deniz1.

Akdeniz, Y., Walker, C. P. and Wall, D. S. (eds.) (2000) The Internet, Law and Society, London: Longman.

Alharthi, M. (2023) The Positive Governance of the Internet in the Kingdom of Saudi Arabia, PhD thesis, University of Leeds.

Allen, J., Forrest, S., Levi, M., Roy, H. and Sutton, M. (2005) 'Fraud and technology crimes: findings from the 2002/03 British Crime Survey and 2003 Offending, Crime and Justice Survey', Home Office Online Report 34/05, www.homeoffice.gov.uk/rds/pdfs05/rdsolr 3405.pdf.

Anderson, A. (2000) Snake Oil, Hustlers and Hambones: The American Medicine Show, Jefferson, NC: McFarland.

Anderson R., Barton, C., Böhme, R., et al. (2013) 'Measuring the cost of cybercrime', The Economics of Information Security and Privacy, 265: 300.

Andrews, J. (2023) 'Fraud and cyber crime report 2022', Money, 12 January, www.money.co.uk/credit - cards/fraud- report.

APIG (2004) Revision of the Computer Misuse Act: Report of an Inquiry by the All Party Internet Group, June, www.apig.org.uk/CMAReportFinal Version1.pdf.

Appel, E. (2003) 'US cybercrime: model solutions', paper presented to 'Technologies for Public Safety in Critical Incident Response', National Institute of Justice, Office of Science and Technology, 23 September, www.nlectc. org/training/nij2003/Appel.pdf.

APWG (2022) 'APWG phishing activity trends report, 3rd Quarter, 2022',

22 September, https://docs.apwg.org/reports/apwg_trends_report_q3_2022.pdf.

Arthur, C. (2005) 'Interview with a link spammer', The Register, 31 January, www.theregister.co.uk/2005/01/31/link_spamer_interview.

Artosi, A. (2002) 'On the notion of an empowered agent', paper presented to the 2002 Workshop on the Law of Electronic Agents, Bologna, www.cirfid.unibo. it/~lea- 02/pp/Artosi.pdf.

ASPI (2022) The UN Norms of Responsible State Behaviour in Cyberspace, International Cyber Policy Centre, Canberra: Australian Strategic Policy Institute, March.

Austin, J. (1962) How to Do Things with Words, Oxford: Clarendon Press.

Balkin, J. (2004) 'Virtual liberty: freedom to design and freedom to play in virtual worlds', Virginia Law Review, 90 (8): 2044-98, www.yale.edu/law web/jbalkin/articles/virtual_liberty1.pdf. Ballard, M. (2006) 'Police offered robot eye: intelligence gets "intelligent"', The Register, 1 June, www.theregister.co.uk/2006/06/01/ police_eye.

Barlow, J. P. (1994) 'The economy of ideas: a framework for rethinking patents and copyrights in the digital age (everything you know about intellectual property is wrong)', WIRED, 2 (3): 84. Barlow, J. P. (1996) 'A declaration of the independence of cyberspace', John Perry Barlow Library, www.eff.org/Misc/Publications/John_Perry_ Barlow/barlow_0296. declaration.txt.

Baron, L. and Straus, M. (1989) Four Theories of Rape in American Society: A State-Level Analysis, New Haven and London: Yale University Press.

Barone, M. (2004) 'The national interest: absence of evidence is not evidence of absence', US News & World Report, 24 March, www.usnews.com/usnews/opinion/baroneweb/mb_040324.htm. Barrett, L. (2021) Seven and a Half Lessons about the Brain, London: Picador.

Barrett, N. (2004) Traces of Guilt, London: Bantam Press.

Baudrillard, J. (1988) 'Consumer society'. In M. Poster (ed.), Jean Baudrillard: Selected Writings, Oxford: Blackwell, 32-59.

Baudrillard, J. (1994) Simulacra and Simulation, Ann Arbor: University of Michigan Press. Baudrillard, J. (1998) The Consumer Society: Myths and Structures, London: Sage.

Baudrillard J. (2009) 'The precession of simulacra'. In J. Storey (ed.),

Cultural Theory and Popular Culture: A Reader, 4th edn, Harlow: Pearson, 409–15.

Bauman, Z. (1998) Globalization: The Human Consequences, Cambridge: Polity.

BBC (1999a) 'Cyberstalking: pursued in cyber space', BBC News Online, 26 June, http://news.bbc.co.uk/1/hi/uk/378373.stm.

BBC (1999b) 'Internet football hooligan probe', BBC News Online, 8 August, http://news.bbc.co.uk/1/hi/uk/414634.stm.

BBC (2001) 'Briton kidnapped in money scam', BBC News Online, 13 July, http://news.bbc.co.uk/2/hi/uk_news/1438082.stm.

BBC (2002) 'Shoe bomb suspect "did not act alone"', BBC News Online, 25 January, http://news.bbc.co.uk/1/hi/world/americas/1783237.stm.

BBC (2003a) 'Spammers and virus writers unite', BBC News Online, 30 April, http://news.bbc.co.uk/1/hi/technology/2988209.stm.

BBC (2003b) 'Extortionists target technology', BBC News Online, 12 November, http://news.bbc.co.uk/1/hi/business/3265423.stm.

BBC (2003c) 'E- commerce targeted by blackmailers', BBC News Online, 26 November, http://news.bbc.co.uk/1/hi/technology/3238230.stm.

BBC (2004a) 'Hacker threats to bookies probed', BBC News Online, 23 February, http://news.bbc.co.uk/1/hi/technology/3513849.stm.

BBC (2004b) 'Ex- marine jailed for abduction', BBC News Online, 2 April, http://news.bbc.co.uk/1/hi/england/manchester/3594235.stm.

BBC (2004c) 'Iraqis seek a voice via blogs', BBC News Online, 8 September, http://news.bbc.co.uk/1/hi/technology/3632614.stm.

BBC (2004d) 'London "call girl" gives up blog', BBC News Online, 17 September, http://news.bbc.co.uk/1/hi/technology/3665440.stm.

BBC (2005a) 'Rich pickings for hi- tech thieves', BBC News Online, 25 January, http://news.bbc.co.uk/1/hi/technology/4203601.stm.

BBC (2005b) 'Net regulation "still possible"', BBC News Online, 27 January, http://news.bbc.co.uk/1/hi/technology/4211415.stm.

BBC (2005c) 'How eBay fraudsters stole £300k', BBC News Online, 28 October, http://news.bbc.co.uk/1/hi/uk/4386952.stm.

BBC (2005d) 'Internet piracy pair facing jail', BBC News Online, 6 May, http://news.bbc.co.uk/1/hi/technology/4518771.stm.

BBC (2005e) 'Tools drive point- and- click crime', BBC News Online,

15 August, http://news.bbc.co.uk/1/hi/technology/4152626.stm.

BBC (2006a) 'Sites selling child porn targeted', BBC News Online, 16 March, http://news.bbc.co.uk/1/hi/technology/4812962.stm.

BBC (2006b) 'Cyber bullies haunt young online', BBC News Online, 14 March, http://news.bbc.co.uk/1/hi/technology/4805760.stm.

BBC (2006c) 'Extortion virus code gets cracked', BBC News Online, 1 June, http://news.bbc.co.uk/1/hi/technology/5038330.stm.

BBC (2006d) 'E- mail charging plan to beat spam', BBC News Online, 6 February, http://news.bbc.co .uk/1/hi/technology/4684942.stm.

BBC (2006e) 'E- mail delivery "tax" criticised: protests about the plan have come from many non- profit groups', BBC News Online, 6 March, http://news.bbc.co.uk/1/hi/technology/4778136.stm. BBC (2006f) 'Paedophiles face cancelled cards', BBC News Online, 19 July, http://news.bbc.co.uk /1/hi/business/5194150.stm.

BBC (2006g) 'UK hackers condemn McKinnon trial', BBC News Online, 8 May, http://news.bbc.co.uk/1/hi/technology/4984132.stm.

BBC (2006h) 'McKinnon's extradition condemned', BBC News Online, 7 July, http://news.bbc.co.uk/1/hi/technology/5157674.stm.

BBC (2006i) 'Spammers manipulate money markets', BBC News Online, 25 August, http://news.bbc.co.uk/1/hi/technology/5284618.stm.

BBC (2006j) '"Tower of Babel" technology nears', BBC News Online, 27 September, http://news.bbc.co.uk/1/hi/technology/5382086.stm.

BBC (2009) '"Scareware" scams trick searchers', BBC News Online, 23 March, http://news.bbc.co.uk/1/hi/technology/7955358.stm.

BBC (2015) '"Sexting" boy's naked selfie recorded as crime by police', BBC News Online, 3 September, www.bbc.com/news/uk- 34136388.

BBC (2019) 'Fraud victims let down by "inconsistent policing"', BBC News Online, 2 April, www.bbc.com/news/uk- 47781981.

BBC (2020a) 'Hundreds arrested as crime chat network cracked', BBC News Online, 2 July, www.bbc.co.uk/news/uk- 53263310.

BBC (2020b) 'Woman loses £320,000 in "romance fraud" scam', BBC News Online, 20 October, www.bbc.co.uk/news/uk- england- somerset-54613937.

Beck, U. (1992) Risk Society, London: Sage.

Beck, U. (1999) World Risk Society, Cambridge: Polity.

Becker, H. (1963) Outsiders: Studies in the Sociology of Deviance, London: Press of Glencoe.

Bell, D. (2001) An Introduction to Cybercultures, London: Routledge.

Berger, A. (1996) 'The low- tech side of information warfare', Air & Space Power Chronicles – Chronicles Online Journal, www.airpower.maxwell.af.mil/airchronicles/cc/berger.html.

Berinato, S. (2006) 'Attack of the bots', WIRED, 14 (1), www.wired.com/wired/archive/14.11/botnet_pr.html.

Berkowitz, B. and Hahn, R. W. (2003) 'Cybersecurity: who's watching the store?', Issues in Science & Technology, 19 (3): 55–63, www.issues.org/issues/19.3/berkowitz.htm.

Bevan, M. (2001) 'Confessions of a hacker', Sunday Business Post Online, 1 April, www.kujimedia.com/modules.php?op modload&nameNews&file article&sid 60.

Biever. C. (2004) 'How zombie networks fuel cybercrime', New Scientist.Com, 3 November, www.new scientist.com/news/news.jsp?id ns99996616.

Bischoff, P. (2021) 'How to Recognize and Avoid eBay Scams', comparitech, 6 September, www.com paritech.com/identity- theft- protection/ebay-scams.

Bossler, A. and Berenblum, T. (2019) 'Introduction: new directions in cybercrime research', Journal of Crime and Justice, 42 (5): 495–9 (special issue: 'New Directions in Cybercrime Research', www. ta ndfonline.com /toc/rjcj20/42/5).

Bottoms, A. and Wiles, P. (1996) 'Understanding crime prevention in late modern societies'. In T. Bennett (ed.), Preventing Crime and Disorder: Targeting Strategies and Responsibilities, Cambridge: University of Cambridge, Institute of Criminology.

Boyle, A. (1999) 'Some reflections on the relationship of treaties and soft law', International and Comparative Law Quarterly, 48 (4): 901–13.

Boyle, J. (1996) Shamans, Software and Spleens: Law and the Construction of the Information Society, Cambridge, MA: Harvard University Press.

Braithwaite, J. (1992) Crime, Shame and Reintegration, Cambridge:

Cambridge University Press. Braithwaite, J. and Drahos, P. (2000) Global Business Regulation, Cambridge: Cambridge University Press.

Braverman, H. (1976) Labour and Monopoly Capital, New York: Monthly Review Press.

Brenner, S. (2001) 'Is there such a thing as "virtual crime"?', California Criminal Law Review, 4 (1): 11.

Brenner, S. (2002) 'Organized cybercrime? How cyberspace may affect the structure of criminal rela-tionships', North Carolina Journal of Law & Technology, 4 (1): 1–41.

Brewer R., Fox, S. and Miller, C. (2019) 'Applying the techniques of neutralization to the study of cybercrime'. pp. 547–565 In T. Holt and A. Bossler (eds.), The Palgrave Handbook of International Cybercrime and Cyberdeviance, London: Palgrave Macmillan, 547–65.

Brin, D. (1998) The Transparent Society: Will Technology Force Us to Choose between Privacy and Freedom?, London: Addison- Wesley.

Briscoe, G. and De Wilde, P. (2009) 'Digital ecosystems: evolving service-oriented architectures', IEEE First International Conference on BIO Inspired models of NETwork, Information and Computing Systems (BIONETICS) (2006), arXiv, https://doi.org/10.48550/arXiv.0712.4102.

Britz, M. T. (2003) Computer Forensics and Computer Crime, New Jersey: Upper Saddle River, NJ: Pearson Prentice Hall.

Broadhurst, R. and Grabosky, P. (eds.) (2005) Cyber-Crime: The Challenge in Asia, Hong Kong: Hong Kong University Press.

Brodeur, J.-P. (1983) 'High policing and low policing: remarks about the policing of political activi-ties', Social Problems, 30 (5): 507–20.

Broersma, M. (2004) 'Boost UK govt cybercrime resources', ComputerWeekly, 17 May.

Buchanan, T. and Whitty, M. (2014) 'The online dating romance scam: causes and consequences of victimhood', Psychology, Crime & Law, 20 (3): 261–83.

Burrows, R. (1997) 'Cyberpunk as social theory'. In S. Westwood and J. Williams (eds.), Imagining Cities: Scripts, Signs and Memories, London: Routledge, 235–48.

Button, M. and Cross, C. (2017) Cyber Frauds, Scams and Their Victims,

London: Routledge. Button, M., Hock, B. and Shepherd, D. (2022) Economic Crime: From Conception to Response, London: Routledge.

C'T (2004) 'Uncovered: trojans as spam robots', C'T Magazine, 23 February, www.heise.de/english/newsticker/news/44879.

Caden, M. L. and Lucas, S. E. (1996) 'Accidents on the information superhighway: on- line liability and regulation', Richmond Journal of Law & Technology, 2: 1.

Cain, M. (2002) 'International crime and globalisation', Criminal Justice Matters, 46: 34–5. Campbell, D. (1997) 'More Naked Gun than Top Gun', The Guardian, 27 November, 2.

Campbell, D. (2005a) 'A flaw in the child porn witch- hunt', Sunday Times, 26 June, www.timesonline.co.uk/article/0,,2092- 1669131,00.html.

Campbell, D. (2005b) 'Operation Ore exposed', PC Pro, 1 July, www.pcpro.co.uk/features/74690/operation- ore- exposed.html.

Cards International (2003) 'Europe "needs mag- stripe until US adopts chip"', epaynews.com, 28 July, www.epaynews.com/index.cgi? survey &ref browse&f view&id 1059392963622215212&block.

Carey, M. and Wall, D. S. (2001) 'MP3: more beats to the byte', International Review of Law, Computers and Technology, 15 (1): 35–58.

Carr, J. H. (2004) Child Abuse, Child Pornography and the Internet, London: NCH (National Children's Home).

Cashell, B., Jackson, W. D., Jickling, M. and Webel, B. (2004) The Economic Impact of Cyber-Attacks, Order Code RL32331, Government and Finance Division, Congressional Research Service, Library of Congress.

Castells, M. (1997a) 'An introduction to the Information Age', City, 7: 6–16.

Castells, M. (1997b) The Information Age: Economy, Society, and Culture, Volume II: The Power of Identity, Oxford: Blackwell.

Castells, M. (2000a) 'Materials for an explanatory theory of the network society', British Journal of Sociology, 51 (1): 5–24.

Castells, M. (2000b) The Information Age: Economy, Society, and Culture, Volume I: The Rise of the Network Society, 2nd edn, Oxford: Blackwell.

Castells, M. (2000c) The Information Age: Economy, Society, and Culture, Volume III: End of Millennium, 2nd edn, Oxford: Blackwell.

Castells, M. (2013) 'The impact of the internet on society: a global perspective', in Ch@nge: 19 Key Essays on How the Internet Is Changing Our Lives. Madrid: BBVA, 127-41.

Center for Democracy and Technology (1998) Regardless of Frontiers: Protecting the Human Right to Freedom of Expression on the Global Internet, Washington: Global Internet Liberty Campaign.

Cerf, V. (2003) 'The internet under surveillance: obstacles to the free flow of information online', Reporters Without Borders, www.rsf.org/IMG/pdf/doc- 2236.pdf.

Chainalysis (2023) 'Ransomware revenue down as more victims refuse to pay', Chainalysis Blog, 19 January, https://blog.chainalysis.com/reports/crypto- ransomware- revenue- down- as- victims - refuse- to- pay.

Chan, J., Brereton, D., Legosz, M. and Doran, S. (2001) E-Policing: The Impact of Information Technology on Police Practices, Brisbane: Queensland Criminal Justice Commission.

Chandler, A. (1996) 'The changing definition and image of hackers in popular discourse', International Journal of the Sociology of Law, 24: 229–51.

Chatterjee, B. (2001) 'Last of the rainmacs? Thinking about pornography in cyberspace'. In D. S. Wall (ed.), Crime and the Internet, London: Routledge, 74–99.

Chicago Crime Commission (2000) 'Internet gang sites', Chicago Crime Commission Press Release, 28 November, http://ccc.dr- technology.com/gangsites.html.

CIFAS (2021) 'Surge of identity fraud hits the UK as criminals capitalise on recovering economy', CIFAS Press Release, 12 July, www.cifas.org.uk/newsroom/i dentity- fraud- surge- 2021.

CIFAS (2023) 'This is fraudscape 2023', Cifas, https://www.fraudscape.co.uk/old- home- 2#welcome.

Cimpanu, C. (2020) 'A hacker group is selling more than 73 million user records on the dark web', ZDNET, 9 May, www.zdnet.com/article/a-hacker-group-is-selling-more-than-73-million-user-records-on-the-dark-web.

Cimpanu, C. (2021) 'Scam- as- a-service operation made more than $6.5 million in 2020', ZDNet, 14 January, www.zdnet.com/article/scam- as-a-service- operation- made- more- than- 6-5- million - in- 2020.

Claburn, T. (2010) 'Tabnapping attack makes phishing easy', Information Week, 25 May, www.info rmationweek.com/news/storage/security/showArticle.jhtml?articleID=225200157&subSection = News.

Claburn, T. (2022) 'Scanning phones to detect child abuse evidence is harmful, "magical" thinking', The Register, 13 October, www.theregister.com/2022/10/13/clientside_scanning_csam_anderson.

Clarke, G. (2005) 'Liberty goes after phishers', The Register, 15 June, www.theregister.co.uk/2005/06/15/_liberty_phishing.

Clarke, R. (1994) 'Dataveillance: delivering 1984'. In L. Green and R. Guinery (eds.), Framing Technology: Society, Choice and Change, Sydney: Allen & Unwin, 117–30.

Clarke, R. (2004) 'Technology, criminology and crime science', European Journal on Criminal Policy and Research, 10 (1): 55–63.

Clarke, R. and Felson, M. (eds.) (1993) Routine Activity and Rational Choice, London: Transaction Press.

Clarke, R. and Mayhew, P. (eds.) (1980) Designing Out Crime, London: HMSO.

Clough, J. (2015) Principles of Cybercrime, 2nd edn, Cambridge: Cambridge University Press.

CNN (2005) 'Video shows executions, life inside North Korea', CNN.Com, 14 November, www.cnn.com/2005/WORLD/asiapcf/11/13/nkorea.hiddenvideo/index.html.

CoE (2001) Convention on Cybercrime, Council of Europe, Budapest, 23 November (ETS No. 185), http://conventions.coe.int/Treaty/EN/Treaties/Html/185.htm.

CoE (2003) Additional Protocol to the Convention on Cybercrime, Concerning the Criminalisation of Acts of a Racist and Xenophobic Nature Committed through Computer Systems, Council of Europe, Strasbourg, 28 January (ETS No. 189), http://conventions.coe.int/Treaty/en/Treaties/Html/189 .htm.

CoE (2006) Council of Europe Convention on the Protection of Children against Sexual Exploitation and Sexual Abuse (CETS No. 201), Council of Europe, www.coe.int/en/web/conventions/full- list ?module=signatures-by- treaty&treatynum=201.

Cohen, L.. and Felson, M. (1979) 'Social change and crime rate trends: a routine activity approach', American Sociological Review, 44: 588-608.

Collier, B., Clayton, R., Hutchings, A. and Thomas, D. (2021) 'Cybercrime is (often) boring: infrastruc-ture and alienation in a deviant subculture', The British Journal of Criminology, 61 (5): 1407–23. Computing (2005) 'Sentences should deter virus writers', Computing, 13 July, www.computing.co.uk/computing/comment/2139739/sentences- should- deter- virus.

Connolly, A. and Wall, D. S. (2019) 'The rise of crypto- ransomware in a changing cybercrime land-scape: taxonomising countermeasures', Computers and Security, 87 (Nov), available online 10 July, https://doi.org/10.1016/j.cose.2019.101568.

Corera, G. (2021) 'Fraud epidemic "is now national security threat"', BBC News Online, 25 January, www.bbc.co.uk/news/business- 55769991.

Corfield, G. (2019) 'If there were almost a million computer misuse crimes last year, Action Fraud is only passing 2% of cases to cops', The Register, 21 October, www.theregister.com/2019/10/21/ ac tion_fraud_ computer_misuse_crimes_decrease.

Corfield, G. (2020) 'We need to talk about criminal hackers using Cobalt Strike, says Cisco Talos', The Register, 24 September, www.theregister .com/2020/09/24/cobalt_strike_cisco_talos.

Cowan, R. (2005) 'Arrests of internet paedophiles quadruple over two years', The Guardian, 5 March, http://society.guardian.co.uk/children/ story/0,1074,1430881,00.html.

Cowie, H. (2013) 'Cyberbullying and its impact on young people's emotional health and well- being', The Psychiatrist, 37 (5): 167–70.

CPS (2016) Pornography – Child Abuse Images Offences 2009–2016, Crown Prosecution Service, www.cps.gov.uk/underlying- data/pornography- child- abuse- images- offences- 2009- 2016.

CPS (2019) 'Extreme pornography', The Code for Crown Prosecutors, 10 September (updated 15 Nov. 2021), www.cps.gov.uk/legal- guidance/ extreme- pornography.

Crawford, A. (2000) 'Situational crime prevention, urban governance and trust relations'. In A. von Hirsch, D. Garland and A. Wakefield (eds.), Ethical and Social Perspectives on Situational Crime Prevention, Oxford: Hart, 193–213.

Crawford, A. (2003) 'Contractual governance of deviant behaviour', Journal of Law and Society, 30 (4): 479–505.

Crawford, A. and Lister, S. (2004) 'The patchwork future of reassurance policing in England & Wales: integrated local security quilts or frayed, fragmented and fragile tangled webs?', Policing: An International Journal of Police Strategies & Management, 27 (3): 413–30.

Creighton, S. (2003) 'Child pornography: images of the abuse of children', NSPCC Information Briefings, NSPCC Research Department, November, www.nspcc.org.uk/inform/Info_Briefing/ Ch ildPornography.pdf.

Critchley, T. A. (1978) A History of the Police in England and Wales, London: Constable.

Croall, H. (2001) Understanding White Collar Crime, 2nd edn, Buckingham, Open University Press. David, M. (2010) Peer to Peer and the Music Industry: The Criminalization of Sharing, London: Sage. Davies, M., Croall, H. and Tyrer, J. (2015) Criminal Justice, Harlow: Pearson.

Davies, N. (2008) 'Our media have become mass producers of distortion', The Guardian, 4 February, www.theguardian.com/commentisfree/2008/feb/04/comment.pressandpublishing.

Davies, N. (2010) Flat Earth News, London: Chatto.

Davies, P., Francis, P. and Jupp, V. (eds.) (1999) Invisible Crimes: Their Victims and Their Regulation, London: Macmillan.

DCMS (2021) Cyber Security Breaches Survey 2021, Department for Digital, Culture, Media & Sport, www.gov.uk/government/statistics/cyber- security- breaches- survey- 2021/cyber- security- breac hes - survey- 2021.

DCMS (2022) Cyber Security Breaches Survey 2022, 11 July, Department for Digital, Culture, Media & Sport, www.gov.uk/government/statistics/cyber- security- breaches- survey- 2022/cyber- security - breaches- survey- 2022.

Deflem, M. (1997) 'The globalization of heartland terror: reflections on the Oklahoma City bombing', The Critical Criminologist, Newsletter of the ASC Critical Criminology Division, Fall: 5.

Deleuze, G. and Guattari, F. (1987) A Thousand Plateaus: Capitalism and Schizophrenia, Minneapolis: University of Minnesota Press.

Denning, D. (2000) 'Cyberterrorism', Testimony before the Special Oversight Panel of Terrorism Committee on Armed Services, US House of Represen tatives, 23 May, www.cs.georgetown.edu/ ~denning/infosec/ cyberterror.html.

Diamond, M. and Uchiyama, A. (1999) 'Pornography, rape and sex crimes in Japan', International Journal of Law and Psychiatry, 22 (1): 1-22, ww.hawaii.edu/PCSS/online_artcls/pornography/pr ngrphy_rape_jp.html.

Dibbell, J. (1999) My Tiny Life: Crime and Passion in a Virtual World, New York: Henry Holt.

Digital Shadows (2020) From Exposure to Takeover: The 15 Billion Stolen Credentials Allowing Takeovers, Digital Shadows Photon Research Team, www.hackread.com/wp-content/uploads/ 20 20/07/from-exposure-to-takeover-the-15-billion-stolen-credentials-allowing-account-takeover.pdf.

Dodt, C. (2020) 'Top 8 world crises exploited by cybercriminals and lessons learned', Infosec, 10 August, https://resources.infosecinstitute.com/ topic/top- 8-world- crises- exploited- by- cyber cr iminals- lessons-learned.

Dolinar, L. (1998) 'Hackers hit Pentagon system: organised attack highlights flaws', Newsday, 26 February, A03.

Donalds, C. and Osei- Bryson, K. M. (2019) 'Toward a cybercrime classification ontology: a knowledge-based approach', Computers in Human Behavior, 92 (3): 403–18.

Donath, J. (1998) 'Identity and deception in the virtual community'. In P. Kollock and M. Smith (eds.), Communities in Cyberspace, London: Routledge.

Downey R. (2002) 'Victims of wonderland', Community Care, 1412: 30–1.

DTI (2000) Turning the Corner, London: Department of Trade and Industry.

DTI (2002) Information Security Breaches Survey 2002, London: Department of Trade and Industry.

DTI (2004) Information Security Breaches Survey 2004, London: Department of Trade and Industry. Duff, L. and Gardiner, S. (1996) 'Computer crime in the global village: strategies for control and regulation – in defence of the hacker', International Journal of the Sociology of Law, 24: 211–28.

Dumais, E. (2022) 'Counterfeit medications are taking over the internet: here's how to spot them', Vice, 12 September, www.vice.com/en/article/xgyy9k/fake- medications- sold- online.

Dupont, B. (2004) 'Security in the age of networks', Policing and Society, 14 (1): 76–91.

Dupont, B. and Holt, T. (2023) 'Advancing research on the human factor in cybercrime', Computers in Human Behavior, 138.

Edwards, L. (2000) 'Canning the spam: is there a case for the legal control of junk electronic mail?'. In L. Edwards and C. Wealde (eds.), Law and the Internet: A Framework for Electronic Commerce, 2nd edn, Oxford: Hart.

Edwards, L. (2004) 'Code and the law: the next generation', paper presented at the LEFIS workshop 'Lessig's Code: Lessons for Legal Education from the Frontiers of IT law', Queen's University, Belfast.

Edwards, L. and Wealde, C. (eds.) (2000) Law and the Internet: A Framework for Electronic Commerce, 2nd edn, Oxford: Hart.

Edwards, S. (2000) 'Prosecuting "child pornography": possession and taking of indecent photographs of children', The Journal of Social Welfare & Family Law, 22 (1): 1–21.

electricnews (2005) '13 EU countries link up to fight spam', The Register, 7 February, www.theregister.co.uk/2005/02/07/ec_antispam_campaign.

Engberg, D. (1996) 'The virtual panopticon', Impact of New Media Technologies, Fall, http://is.gseis.ucla.edu/impact/f96/Projects/dengberg.

ENISA (2020) Botnet from January 2019 to April 2020, ENISA Threat Landscape, European Union Agency for Cybersecurity, www.enisa.europa. eu/topics/cyber- threats/threats- and- trends/etl- review-folder/etl- 2020- botnet.

Ericson, R. and Haggerty, K. (1997) Policing the Risk Society, Oxford: Oxford University Press.

EU (2023) 'Fighting cybercrime: new EU cybersecurity laws explained', European Parliament News, 16 February, www.europarl.europa.eu/news/en/headlines/security/20221103STO48002/fighting - cybercrime-new- eu- cybersecurity- laws- explained.

European Commission (1996) Green Paper on the Protection of Minors and Human Dignity in Audio-visual and Information Services, European Commission Select Committee, Brussels: European Commission, COM (96) 483.

European Commission (1997a) Action Plan on Promoting Safe Use of the Internet, COM (97) 582 final, 26 November, http:// aei.pitt.edu/5894/ 01/001336_1.pdf.

European Commission (1997b) Green Paper on the Convergence of the Telecommunications, Media and Information Technology Sectors, and the Implications for Regulation: Towards an Information Society Approach, Brussels: European Commission, COM (97) 623, 3 December, http://aei.pitt.edu /archive/00001160/01/telecom_convergence_gp_COM _97_623.pdf.

European Commission (2005) 'European countries launch joint drive to combat "spam"', Press Release, IP/05/146, Brussels, 7 February.

European Commission (2021) Regulation to Address the Dissemination of Terrorist Content Online, EU Commission, https://home- affairs.ec. europa.eu/policies/internal- security/counter- terrorism - and- radicalisation/prevention- radicalisation/terrorist- content- online_en.

Evans- Pritchard, A. (2001) 'US asks Nato for help in "draining the swamp" of global terrorism', The Daily Telegraph, 27 September, www. telegraph.co.uk/news/main.jhtml?xml /news/2001/09/27/wusa27.xml.

Fafinski, S. (2009) Computer Misuse: Response, Regulation and the Law, London: Willan.

Fay, J. (2005) 'WTO rules in online gambling dispute', The Register, 8 April, www.theregister.co.uk/20 05/04/08/wto_online_gambling.

FBI (2019) 'Worldwide sweep targets business email compromise', FBI News, 10 September, www.fbi.gov/news/stories/operation- rewired- bec- takedown- 091019.

FBI (2021) Internet Crime Report 2020, FBI / Internet Crime Complaint Center (IC3), March, www.ic3.gov/Media/PDF/AnnualReport/2020_IC3Report.pdf.

Felson, M. (2000) 'The routine activity approach as a general social theory'. In S. Simpson (ed.), Of Crime and Criminality: The Use of Theory in Everyday Life, Thousand Oaks, CA: Sage.

Fildes, J. (2006) 'Web inventor warns of "dark" net', BBC News Online, 23 May, http://news.bbc.co.uk/1/hi/technology/5009250.stm.

Finch, E. (2001) The Criminalisation of Stalking: Constructing the Problem and Evaluating the Solution. London: Cavendish.

Finch, E. (2002) 'What a tangled web we weave: identify theft and the internet'. In Y. Jewkes (ed.), dot. cons: Crime, Deviance and Identity on the Internet, Cullompton: Willan, 86–104.

Finch, E. and Fafinski, S. (2010) Legal Skills, Oxford: Oxford University Press.

Findlay, M. (1999) The Globalisation of Crime: Understanding Transitional Relationships in Context, Cambridge: Cambridge University Press.

Finnemann, N. (2002) 'Perspectives on the internet and modernity: late modernity, postmodernity or modernity modernized?'. In N. Brügger and H. Bødker (eds.), The Internet and Society?, Centre for Internet Research, University of Aarhus, Denmark, 29–39.

FireEye (2012) FireEye Advanced Threat Report - 2H 2012, FireEye, https://icscsi.org/library/Do cuments/Threat_Intelligence/FireEye%20-%20Advanced%20Threat%20Report%20-%202H- 2012 .pdf.

Foreman, T. (2013) '"Cracker" conveys history of bigotry that still resonates', CNN, 2 July, https:// edition.cnn.com/2013/07/01/us/zimmerman- trial- cracker/index.html.

Foucault, M. (1983) 'Afterword: the subject and power'. In H. Dreyfus and P. Rainbow (eds.), Michel Foucault: Beyond Structuralism and Hermeneutics, 2nd edn, Chicago: University of Chicago Press, 208–26.

Fowles, A. J. (1983) 'Order and the law'. In K. Jones, J. Brown and J. Bradshaw (eds.), Issues in Social Policy, London: Routledge & Keegan Paul.

Francisco, J. (2003) 'Defensive information warfare: a review of selected literature', Eller College Working Paper No. 1004-04, December, http://ssrn.com/abstract 607443.

Frieder, L. and Zittrain, J. (2006) 'Spam works: evidence from stock touts and corresponding market activity', Working Paper, Krannert School of Management and Oxford Internet Institute, 25 July, http://ssrn.com/abstract 920553.

Friedewald, M., Vildjiounaite, E. and Wright, D. (eds.) (2006) The Brave

New World of Ambient Intelligence: A State-Of-The-Art Review, Safeguards in a World of Ambient Intelligence (SWAMI), European Commission, January, http://swami.jrc.es/pages/documents/SWAMI_D1_ Final_ 000. pdf.

Furedi, F. (2002) Culture of Fear, London: Continuum.

Furedi, F. (2006) 'What is distinct about our rules of fear?', Leeds Social Sciences Institute Public Guest Lecture, Leeds, 23 October.

Furnell, S. (2005) Computer Insecurity – Risking the System, London: Springer.

Gainford, A. (2023) The Challenges of Digilantism for Law Enforcement and Public Order, PhD thesis, University of Leeds.

Gambling Commission (2021) Gambling Behaviour in 2020: Findings from the Quarterly Telephone Survey: Statistics on Participation and Problem Gambling, Year to December 2020, Gambling Commission, 23 February, www.gamblingcommission.gov.uk/statistics- and- research/ publication/year- to- december- 2020.

Gandy, O. (1982) Beyond Agenda Setting: Information Subsidies and Public Policy, New York: Ablex Publishers.

Gandy, O. (2003) 'Data mining and surveillance in the post- 9.11 environment'. In F. Webster and K. Ball (eds.), The Intensification of Surveillance: Crime Terrorism and Warfare in the Information Age, London: Pluto Press, 26–41.

Garland, D. (2000) 'The culture of high crime societies: some preconditions of recent "law and order" policies', British Journal of Criminology, 40 (3): 347–75.

Garland, D. (2001) The Culture of Control, Oxford: Oxford University Press.

Garland, D. and Sparks, R. (2000) 'Criminology, social theory and the challenge of our times', British Journal of Criminology, 40 (2): 189–204.

Gaudeul, A. and Peroni, C. (2010) 'Reciprocal attention and norm of reciprocity in blogging networks', Economics Bulletin, 30 (3): 2230–48.

Geer, D. (2004) 'The physics of digital law', Plenary Speech at the 'Digital Cops in a Virtual Environment' Conference, Information Society Project, Yale Law School, 26–28 March 2004.

Geist, M. (2006) 'Video and the net: an explosive mix', BBC News Online, 17 July, http://news.bbc.co.uk/1/hi/technology/5188482.stm.

Gey, S. G. (2000) 'The Nuremberg files and the First Amendment value of threats', Texas Law Review, 78: 541.

Gibson, J. (1966) The Senses Considered as Perceptual Systems, London: Allen and Unwin.

Gibson, J. (1979) The Ecological Approach to Visual Perception, Boulder, CO: Taylor & Francis. Gibson, O. (2006) 'Warning to chatroom users after libel award for man labelled a Nazi', Guardian

Online, 23 March, www.guardian.co.uk/law/ story/0,,1737445,00.html.

Gibson, W. (1982) 'Burning chrome', Omni Magazine, July.

Gibson, W. (1984) Neuromancer, London: HarperCollins.

Gibson, W. (1986) Count Zero, London: Grafton.

Gibson, W. (1988) Mona Lisa Overdrive, London: Grafton.

Giddens, A. (1990) The Consequences of Modernity, Cambridge: Polity.

Gillespie, A. (2015) 'Hate and harm: the law on hate speech'. In A. Savin and J. Trzaskowski (eds.), Research Handbook on EU Internet Law, Cheltenham: Edward Elgar, 488–507.

Gillespie, A. (2019) Cybercrime: Key Issues and Debates, 2nd edn., London: Routledge.

Glaser, B. and Strauss, A. (1967) The Discovery of Grounded Theory: Strategies for Qualitative Research. Chicago: Aldine.

Glenny, M. (2012) DarkMarket, New York: Vintage Books.

Goldsmith, A. and Brewer, R (2015) 'Digital drift and the criminal interaction order', Theoretical Criminology, 19 (1): 112–30.

Goldsmith, A. and Wall, D. S. (2022) 'The seductions of cybercrime: adolescence and the thrills of digital transgression', European Journal of Criminology, 19 (1): 98–117, https://journals.sagepub.com/doi/full/10.1177/1477370819887305.

Goldsmith, A. and Wall, D. S. (unpublished) 'Weaponising ransomware: cybercrime and geopolitical strategy', Vienna: GI-TOC, 2023.

Goodin, D. (2017) 'NSA- leaking Shadow Brokers just dumped its most damaging release yet', Ars Technica, 14 April, https://arstechnica.com/information- technology/2017/04/nsa- leaking- sha dow- brokers- just-dumped- its- most- damaging- release- yet.

Goodman, M. (1997) 'Why the police don't care about computer crime',

Harvard Journal of Law and Technology, 10: 645–94.

Goodman, M. (2016) Future Crimes: Everything Is Connected, Everyone Is Vulnerable and What We Can Do About It, London: Corgi.

Goodman, M. and Brenner, S. (2002) 'The emerging consensus on criminal conduct in cyberspace', UCLA Journal of Law and Technology, 3, www.lawtechjournal.com/articles/2002/03_020625_good manbrenner.pdf.

Goodman, R. (2023) 'Romance fraud losses up 95% in three years', YourMoney.Com, 2 February, www.yourmoney.com/saving- banking/ romance- fraud- losses- up- 95- in- three- years.

Gordon, D. (1986) 'The electronic panopticon: a case study of the development of the National Criminal Records System', Politics and Society, 15: 483–51.

Gordon, D. (2010) 'Forty years of movie hacking: considering the potential implications of the popu-lar media representation of computer hackers from 1968 to 2008', International Journal of Internet Technology and Secured Transactions, 2 (1/2): 59–87.

Gordon, S. and Chess, D. (1999) 'Attitude adjustment: trojans and malware on the internet – an update', Proceedings of the 22nd National Information Systems Security Conference, 18–21 October, Crystal City, Virginia, http://csrc.nist.gov/nissc/1999/proceeding/papers/p6.pdf.

Gorman, S. (2003) 'FBI, CIA remain worlds apart', The National Journal, 1 August, reproduced at http://198.65.138.161/org/news/2003/030801- fbi- cia01.htm.

Goss, A. (2001) 'Jay Cohen's brave new world: the liability of offshore operators of licensed internet casinos for breach of United States' anti-gambling laws', Richmond Journal of Law & Technology, 7 (4): 32, www.richmond.edu/jolt/v7i4/article2.html.

Gostev, A., Shevchenko, A. and Nazarov, D. (2006) Malware Evolution: January–March 2006, Kaspersky Labs, https://securelist.com/malware-evolution- january- march- 2006/36080. Grabosky, P. N. (2016) Cybercrime, Oxford: Oxford University Press.

Grabosky, P. N. and Smith, R. G. (1998) Crime in the Digital Age: Controlling Communications and Cyberspace Illegalities. Piscataway, NJ: Transaction.

Grabosky, P. N., Smith, R. G. and Dempsey, G. (2001) Electronic Theft: Unlawful Acquisition in Cyberspace, Cambridge: Cambridge University Press.

Granovsky, Y. (2002) 'Yevroset tainted by gray imports', The Moscow Times, 9 July: 8, www.themosco wtimes.com/stories/2002/07/09/045.html.

Green, E. (1999) FUD 101 v1.0, November 15, http://badtux.org/home/eric/editorial/fud101- 1.0.0.html.

Greenberg, A. (2012) '3D- printable gun project hits its fundraising goal despite being booted off

Indiegogo', Forbes Magazine, 20 September, www.forbes.com/sites/andygreenberg/2012/09/20 /3d- printed- gun- project- hits- its- fundraising- goal- despite- being- booted- off- indiegogo.

Greenberg, A. (2017) 'The WannaCry ransomware has a link to suspected North Korean hackers', WIRED, 15 May, www.wired.com/2017/05/wannacry- ransomware- link- suspected- north- korean - hackers.

Greenberg, A. (2019) 'Hackers are passing around a megaleak of 2.2 billion records', WIRED, 30 January, www.wired.com/story/collection- leak- usernames- passwords- billions.

Greenberg, S. (1997) 'Threats, harassment and hate on- line: recent developments', The Boston Public Interest Law Journal, 6: 673.

Greenleaf, G. (1998) 'An endnote on regulating cyberspace: architecture vs. law?', University of New South Wales Law Journal, 21 (2). Reproduced in D. S. Wall (ed.), Cyberspace Crime, Aldershot: Dartmouth, 2003, 89–120.

Grierson, J. (2019) 'Predictive policing poses discrimination risk, thinktank warns', The Guardian, 16 September, www.theguardian.com/uk-news/2019/sep/16/predictive- policing- poses- discrimi nation- risk- thinktank- warns.

Grimes, R. (ed.) (2017) Hacking the Hacker: Learn from the Experts Who Take Down Hackers, New York: John Wiley & Sons, Inc.

Group- IB (2021) 'Under the hood. Group- IB threat intelligence. Part 1: Dive into breached DB section, Group-IB Blog, 29 July, www.group-ib.com/blog/gib- tia- db.

Hafner, K. and Markoff, J. (1995) Cyberpunk: Outlaws and Hackers on the Computer Frontier, London: Simon & Schuster.

Haggerty, K. and Ericson, R. (2000) 'The surveillant assemblage', British Journal of Sociology, 51 (4): 605–22.

Haggerty, K. and Gazso, A. (2005) 'Seeing beyond the ruins: surveillance as a response to terrorist threats', The Canadian Journal of Sociology, 30 (2): 169–87.

Hall, C. (2005) 'Internet fuels boom in counterfeit drugs', Sunday Telegraph, 16 August, www.telegra ph.co.uk/news/main.jhtml?xml /news /2005/08/16/ndrugs 16.xml.

Hamilton- Baillie, B. (2004) 'Urban design: why don't we do it in the road? Modifying traffic behaviour through legible urban design', Journal of Urban Technology, 11 (1): 43–62, www.hamilton- baillie .co.uk/papers/ urban_ design.pdf.

Hanoch, Y. and Wood, S. (2021) 'The scams among us: who falls prey and why', Current Directions in Psychological Science, 30 (3): 260–6.

Hansard (2002) 'Answer to the Earl of Northesk's question HL3294 about the number of prosecutions under the provisions of the Computer Misuse Act 1990 in each year since its implementation', Hansard, HL, 26 Mar. 2002, col. WA36, https://publications.parliament.uk/pa/ld200102/ ldhansrd /vo020326/text/20326w02.htm.

Harcup, T. (2008) 'Reporters need to ask what they're not being told', Press Gazette, 18 February, www .pressgazette.co.uk/story.asp?storycode=40268.

Harding, K. (2001) 'Snuff films', Planet Papers, www.planetpapers.com/ Assets/2136.php.

Harvey, B. (1985) 'Computer hacking and ethics', ACM Select Panel on Hacking, www.cs.berkeley.edu/~bh/hacker.html.

Hayes, P. (2005) 'No "sorry" from Love Bug author', The Register, 11 May, www.theregister.co.uk/2005/05/11/love_bug_author.

Hayward, D. (1997) 'Censorship coming to the Continent', TechWeb, 13 March, www.techweb.com/wire/news/mar/0314porn1.html.

Heins, M. (2001a) Not in Front of the Children: Indecency, Censorship and the Innocence of Youth, New York: Hill and Wang.

Heins, M. (2001b) 'Criminalising online speech to "protect" the young: what are the benefits and costs?'. In D. S. Wall (ed.) Crime and the Internet, London: Routledge, 100–12.

Hermer, J. and Hunt, A. (1996) 'Official graffiti of the everyday', Law and Society Review, 30 (3): 455–80.

Hern, A. (2021) 'Streaming was supposed to stop piracy: now it is easier than ever', The Guardian, 2 October, www.theguardian.com/film/2021/oct/02/streaming- was- supposed- to- stop- piracy - now- it- is- easier- than- ever.

Heshmat, S. (2015) 'What is confirmation bias?', Psychology Today, 23 April, www.psychologytoday.com/intl/blog/science- choice/201504/what- is- confirmation- bias.

Hetler, A. (2022) '9 common cryptocurrency scams in 2023', WhatIs.com, 2 November, www.techtar get.com/whatis/feature/Common- cryptocurrency- scams.

Hewson, B. (2003) 'Fetishising images', Spiked Online, 23 January, www.spiked- online.com/Printable/00000006DC06.htm.

HM Government (2022) National Cyber Strategy 2022, Cabinet Office, https://assets.publishing.ser vice.gov.uk/government/uploads/system/uploads /attachment_data/file/1053023/national- cyb er - strategy- amend.pdf.

HOC (2009) Press Standards, Privacy and Libel, Second Report of Session 2009–10, Volume II: Unprinted Evidence, House of Commons: Culture, Media and Sport Committee, HC 362-II, April [Nick Davies's evidence on Tuesday 21 April 2009, Q402–Q495, 125–49], www.publications.parlia ment.uk/pa/cm200910/cmselect/cmcumeds/362/362ii.pdf.

Holt, T. and Bossler, A. (2015) Cybercrime in Progress: Theory and Prevention of Technology-Enabled Offenses, London: Routledge.

Holt, T., Bossler, A. and Seidfried Spellar, K. (2022) Cybercrime and Digital Forensics: An Introduction, 2nd edn, London: Routledge.

Holt, T., Burruss, G. and Bossler, A. (2015) Policing Cybercrime and Cyberterror, Durham, NC: Carolina Academic Press.

Home Office (2005) 'Crackdown on violent pornography', Home Office Press Release, Ref: 125/2005, 31 August, http://press. homeoffice.gov.uk/press-releases/Crackdown_On_Violent_Por nography? version 1.

Home Office (2006) Consultation on the Possession of Extreme Pornographic Material: Summary of Responses and Next Steps, Home Office, August, www.homeoffice.gov.uk/documents/cons- ext remeporn-

3008051/Gvt- response- extreme- porn2.pdf?view Binary.

Home Office (2015) Indecent and Obscene Materials, Guidance, 14 October, https://assets.publishing.service.gov.uk/government/uploads/system/uploads/attachment_data/file/468768/Indecent _and_obscene_materials_v_1_0.pdf.

Home Office (2023) Review of the Computer Misuse Act 1990, Open Consultation, 7 February, www.gov.uk/government/consultations/review-of- the- computer- misuse- act- 1990.

Honeynet Project (2002) Know Your Enemy: Revealing the Security Tools, Tactics, and Motives of the Blackhat Community, Essex: Addison Wesley.

Howie, M. (2006) 'Accused in child porn inquiry to sue police', The Scotsman, 15 September, http://news.scotsman.com/uk.cfm?id1362272006.

Hughes, D. (1999) Pimps and Predators on the Internet Globalizing the Sexual Exploitation of Women and Children, University of Rhode Island, January, www.researchgate.net/profile/Donna- Hughes - 2/publication/237531290_Pimps_and_Predators_on_the_Internet_Globalizing_the_Sexua l_Exp loitation_of_Women_and_Children/links/00b4952c713e600830000000/Pimps- and- Predators- on - the- Internet- Globalizing- the- Sexual-Exploitation- of- Women- and- Children.pdf.

Hughes, G., McLaughlin, E. and Muncie, J. (2001) 'Teetering on the edge: the futures of crime control and community safety'. In G. Hughes, E. McLaughlin and J. Muncie (eds.), Crime Prevention and Community Safety: Future Directions, London: Sage, 318–34.

Humble, C. (2005) 'Inside the fake Viagra factory', Sunday Telegraph, 21 August, www.telegraph.co.uk/news/main.jhtml?xml /news/2005/08/21/nviag21.xml.

Hutchings, A. and Holt, T. J. (2015) 'A crime script analysis of the online stolen data market', British Journal of Criminology, 55: 596–614.

Hutchings, A. and Holt, T. J. (2018) 'Interviewing cybercrime offenders', Journal of Qualitative Criminal Justice & Criminology, 7 (1): 75–94.

IC3 (2022) Federal Bureau of Investigation, Internet Crime Report 2022, Internet Crime Complaint Center, www.ic3.gov/Media/PDF/AnnualReport/2022_IC3Report.pdf.

ICMEC (2019) 'Child sexual abuse material: model legislation & global review (9th Review)', International Centre for Missing and Exploited Children, February, www.icmec.org/wp- content/up loads/2019/02/One-Pager- 9th- Edition.pdf.

IFAW (2005) Born to Be Wild: Primates Are Not Pets, London: International Fund for Animal Welfare, www.ifaw.org/ifaw/dfiles/file_553.pdf.

Ilascu, I. (2020) 'Ryuk ransomware deployed two weeks after Trickbot infection', BleepingComputer, 23 June, www.bleepingcomputer.com/news/security/ryuk- ransomware- deployed- two- weeks- af ter-trickbot- infection.

Ilascu, I. (2021) 'Ransomware is a multi- billion industry and it keeps growing', Bleeping Computer, 4 March, www.bleeping.computer.com/news/security/ransomware- is- a-multi- billion- industry - and- it-keeps- growing.

Illuminati News (2004) 'What's wrong with the "execution videos"?', Illuminati News, 10 October, www.illuminati- news.com/execution videos.htm.

Innes, M. (2001) 'Control creep', Sociological Research Online, 6 (3), www.socresonline.org.uk/6/3/innes.html.

Innes, M. (2004) 'Reinventing tradition? Reassurance, neighbourhood security and policing', Criminal Justice, 4 (2): 151–71.

Innes, M. (2005) 'Why disorder matters? Antisocial behaviour and incivility as signals of risk', paper presented to the Social Contexts and Responses to Risk (SCARR) Conference, Kent, UK, 28–29 January, www.kent.ac.uk/scarr/papers/papers.htm.

Intel 471 (2020) 'Steal, then strike: access merchants are first clues to future ransomware attacks', Intel 471 Blog, 1 December, https://intel471.com/blog/ransomware- attack- access- merchants- in fostealer- escrow- service.

IPTS (2003) Security and Privacy for the Citizen in the Post-September 11 Digital Age: A Prospective Overview. Report by the Institute for Prospective Technological Studies, Joint Research Committee, Seville, to the European Parliament Committee on Citizens' Freedoms and Rights, Justice and Home Affairs, European Commission, July (EUR 20823 EN-ISBN: 92- 894- 6133- 0).

Isafiade, O. (2022) 'Artificial intelligence is used for predictive policing in the US and UK – South Africa should embrace it, too', The Conversation, 24 October, https://theconversation.com/artifi c ial-intelligence- is- used- for- predictive- policing- in- the- us- and- uk-south- africa- should- embrace - it- too- 191266.

ITRC (2023) 2022 Annual Data Breach Report, Identity Theft Resource Center, 25 January, www.idth eftcenter.org/post/2022- annual- data-breach- report- reveals- near- record- number- compromises.

ITV (2023) 'Police target 1,000 homes for illegally watching sport streams without a subscription', ITV.Com, 11 January, www.itv.com/news/2023-01- 11/police- to- visit- 1000- homes- for- illegally- watch ing- sport-streams.

IWF (2023) The Annual Report 2022, Internet Watch Foundation, April, https://annualreport2022.iwf.org.uk/wp- content/uploads/2023/04/IWF-Annual- Report- 2022_FINAL.pdf.

Jackson, W. (2005) 'Is a new ID theft scam in the wings?', Government Computer News, 14 January, www.gcn.com/vol1_no1/security/34815- 1.html.

Jamez, J. (1997) 'DRINK OR DIE HISTORY: Warez bears from Russia & beyond 1993–1997', The Evil Advisor, 1 April, https://web.archive.org /web/19970611213535/http://www.drinkordie.com:80 /history.html.

Jamneck, L. (2005) 'Interview: Bruce Bethke', Strange Horizons, 11 July, www.strangehorizons.com /2005/20050711/bethke- int- a.shtml.

Jareth (2019) 'Is ransomware driving up the price of Bitcoin?', EMISOFT Blog, 3 September, https://blog.emsisoft.com/en/33977/is- ransomware-driving- up- the- price- of- bitcoin.

Javelin (2009) 2009 Identity Fraud Survey Report: Consumer Version. Pleasanton, CA: Javelin Strategy and Research.

Jewkes, Y. (ed.) (2003) Dot.Cons: Crime, Deviance and Identity on the Internet, Cullompton: Willan. Jewkes, Y. (ed.) (2006) Crime Online, Cullompton: Willan.

Jewkes, Y. and Andrews, C. (2005) 'Policing the filth: the problems of investigating online child pornography in England and Wales', Policing & Society, 15 (1): 42–62.

Jewkes, Y. and Yar, M. (eds.) (2009) Handbook of Internet Crime,

Cullompton: Willan.

Jimroglou, K. (1999) 'A camera with a view: JenniCAM, visual representation, and cyborg subjectiv-
ity', Information, Communication & Society, 2 (4): 439–53.

Johnson, P. (1996) 'Pornography drives technology: why not to censor the internet', Federal Communications Law Journal, 49 (1): 217–26.

Johnston, L. and Shearing, C. (2003) Governing Security: Explorations in Policing and Justice, London: Routledge.

Jones, R. (2003) 'Review of "Crime in The Digital Age" by P. Grabosky and R. Smith', International Journal of Law and Information Technology, 11: 98.

Jones, T. and Newburn, T. (2002) 'The transformation of policing? Understanding current trends in policing systems', British Journal of Criminology, 42: 129–46.

Jordan, T. (1999) Cyberpower: The Culture and Politics of Cyberspace and the Internet, London: Routledge.

Jurgenson, N. (2011) 'Digital dualism versus augmented reality', The Society Pages, 24 February, https://thesocietypages.org/cyborgology/2011/02/24/digital- dualism- versus- augmented- reality.

Kabay, M. E. (2002) 'Salami fraud', Network World Security Newsletter, 24 July, www.networkworld.com/newsletters/sec/2002/01467137.html.

Kaonga, G. (2023) 'Donald Trump's trading cards collapse in value', Newsweek, 19 April, www.newsweek.com/donald- trump- trading- cards- value- collapse- cryptocurrency- nft- 1795229.

Katyal, N. K. (2001) 'Criminal law in cyberspace', University of Pennsylvania Law Review, 149: 1003. Katyal, N. K. (2003) 'Digital architecture as crime control', Yale Law Journal, 112: 2261–89.

Katz, J. (1988) The Seductions of Crime, New York: Basic Books.

Kaufmann, M., Egbert, S. and Leese, M. (2018) 'Predictive policing and the politics of patterns', The British Journal of Criminology, 59 (3): 674–92, https://doi.org/10.1093/bjc/azy060.

Kemp, S., Buil- Gil, D., Miró- Llinares, F. and Lord, N. (2021) 'When do businesses report cybercrime? Findings from a UK study', Criminology & Criminal Justice, online first, https://doi.org/10.1177/17 488958211062359.

Keningale, P. (2022) 'The National Intelligence model: the barriers to its success', BSC Policing Network, 31 May, https://bscpolicingnetwork.wordpress.com/2022/05/31/the- national- intelligen ce- model- the- barriers- to- its- success.

Kerr, Orin S. (2003) 'Cybercrime's scope: interpreting "access" and "authorization" in computer misuse statutes', New York University Law Review, 78 (5): 1596–668.

Kewney, G, (2005) 'Hotspot paranoia: try to stay calm', The Register, 24 January, www.theregister.co.uk/2005/01/24/wi_fi_hotspot_security.

Kitsuse, J. (1962) 'Societal reaction to deviant behavior: problems of theory and method', Social Problems, 9: 247–56.

Kivilevich, V. (2021) 'The secret life of an initial access broker', KELA, 6 August, https://ke- la.com/the - secret- life- of- an- initial- access- broker.

Knight, P. (2000) Conspiracy Culture: From Kennedy to the X-Files, London: Routledge.

Koops, B. J., Lüthy, C., Nelis, A., Sieburgh, C., Jansen, J. and Schmid, M. (2013) Engineering the Human: Human Enhancement between Fiction and Fascination, New York: Springer.

Kozlovski, N. (2004) 'Designing accountable online policing', paper presented to the 'Digital Cops in a Virtual Environment' Conference, Information Society Project, Yale Law School, 26–28 March.

Kravetz, A. (2002) 'Qatari national taken into federal custody in wake of terrorist attacks allegedly committed credit card fraud', Peoria Journal Star, 29 January, www.collegefreedom.org/AMpsj02 .htm.

Krone, T. (2004) 'A typology of online child pornography offending', Trends and Issues in Crime and Criminal Justice, 279, Canberra: Australian Institute of Criminology, www.aic.gov.au/publications /tandi2/tandi279.pdf.

Krupp, J., Backes, M. and Rossow, C. (2016) 'Identifying the scan and attack infrastructures behind amplification DDoS attacks', Proceedings of the 2016 ACM SIGSAC Conference on Computer and Communications Security, ACM: 1426–37.

Kshetri, N. (2019) 'How cryptocurrency scams work', The Conversation, 13 May, https://theconversation.com/how- cryptocurrency- scams- work- 114706.

Landau, M. (2002) 'The First Amendment and "virtual" child pornography', Gigalaw, www.gigalaw.com/articles/2002- all/landau- 2002- 07- all.html.

Lane, A. (2022) 'Crypto theft is on the rise. Here's how the crimes are committed, and how you can protect yourself', The Conversation, 3 February, https://theconversation.com/crypto- theft- is- on - the- rise- heres- how- the- crimes- are- committed- and- how- you- can- protect- yourself- 176027.

Langdon, R. (1993) 'Speech acts and unspeakable acts', Philosophy and Public Affairs, 22 (4): 293–330.

Lastowka, G. and Hunter, D. (2005) 'Virtual crime', New York Law School Law Review, 49 (1), 293–316.

Lavorgna, A. (2020) Cybercrimes: Critical Issues in a Global Context, London: Bloomsbury Academic.

Lavorgna, A. and Holt, T. (eds.) (2021) Researching Cybercrimes: Methodologies, Ethics, and Critical Approaches, London: Palgrave Macmillan.

Law Commission (1997) Legislating the Criminal Code: Misuse of Trade Secrets, Consultation Paper 150, www.lawcom.gov.uk/library/lccp 150/ summary.htm.

Legal Betting Online (2023) 'State- by- state legal US gambling guide for 2022', Legal Betting Online, www.legalbettingonline.com/states.

Lemert, E. (1951) Social Pathology, New York: McGraw- Hill.

Lemos, R. (2000) 'Script kiddies: the Net's cybergangs', ZDNet, 13 July, www.zdnet.com/article/script - kiddies- the- nets- cybergangs.

Lemos, R. (2005) 'Phishers look to net small fry', The Register, 20 June, www.theregister.co.uk/2005/06 /20/phishers_target_us_credit_unions/.

Lentz, S. and Chaires, R. (2007) 'The invention of Peel's principles: a study of policing "textbook" history', Journal of Criminal Justice, 35 (1): 69–79, https://doi.org/10.1016/j.jcrimjus.2006.11.016.

Leong, G. (1998) 'Computer child pornography – the liability of distributors?', Criminal Law Review(December), special edition: 'Crime, Criminal Justice, and the Internet', 19–28.

Leppard, D. (2005) 'Child porn suspects set to be cleared in evidence "shambles"', Sunday Times, 3 July, www.timesonline.co.uk/printFriendly/

0,,1- 523- 1678810- 523,00.html.

Lessig, L. (1998a) 'The laws of cyberspace', paper presented at the Taiwan Net '98 Conference, Taipei, March.

Lessig, L. (1998b) 'The New Chicago School', Journal of Legal Studies, 27 (2): 661–91.

Lessig, L. (2006) Code and Other Laws of Cyberspace, Version 2.0, New York: Basic Books.

Leukfeldt, R. (2016) Cybercriminal Networks: Origin, Growth and Criminal Capabilities, The Hague: Eleven International Publishing.

Leukfeldt, R. and Holt, T. (eds.) (2021) Human Factor of Cybercrime, 2nd Edition, London: Taylor & Francis.

Levi, M. (2001) '"Between the risk and the reality falls the shadow": evidence and urban legends in computer fraud'. In D. S. Wall (ed.), Crime and the Internet, London: Routledge, 44–58.

Levi, M. and Maguire, M. (2004) 'Reducing and preventing organised crime: an evidence- based critique', Crime, Law and Social Change, 41: 397–469.

Levi, M. and Wall, D. S. (2004) 'Technologies, security and privacy in the post- 9/11 European infor-mation society', Journal of Law and Society, 31 (2): 194–220.

Levi, M. and Williams, M. (2012) eCrime Reduction Partnership Mapping Study, Cardiff: NOMINET/Cardiff University.

Levi, M., Doig, A., Gundur, R., Wall, D. and Williams, M. (2017) 'Cyberfraud and the implications for effective risk- based responses: themes from UK research', Crime, Law and Social Change, 67 (1): 77–96.

Lewis, J., Williams, A. and Franklin, R. (2008) 'Four rumours and an explanation: a political economic account of journalists' changing newsgathering and reporting practices', Journalism Practice, 2 (1): 27–45.

Leyden, J. (2002) 'Online gambling tops internet card fraud league', The Register, 28 March, www.theregister.co.uk/content/23/24633.html.

Leyden, J. (2004a) 'IBM dissects the DNA of spam', The Register, 23 August, www.theregister.co.uk/2004/08/23/spam_or_ham.

Leyden, J. (2004b) 'The rise of the white collar hacker', The Register, 30 March, www.theregister.co.uk/content/55/36663.html.

Leyden, J. (2004c) 'WTO rules against US gambling laws', The Register,

11 November, www.theregister.co.uk/2004/11/11/us_gambling_wto_rumble.

Leyden, J. (2004d) 'Gizza job, virus writers ask AV industry', The Register, 10 September, www.theregister.co.uk/2004/09/10/mydoom_job_plea.

Leyden, J. (2004e) 'Rise of the botnets', The Register, 20 September, www.theregister.co.uk/2004/09/20/rise_of_the_botnets.

Leyden, J. (2005a) 'Phishing morphs into pharming', The Register, 31 January, www.theregister.co.uk/2005/01/31/pharming.

Leyden, J. (2005b) 'Fight fraud not ID theft', The Register, 28 April, www.theregister.co.uk/2005/04/28/id_fraud.

Leyden, J. (2005c) 'UK under cyber blitz', The Register, 16 June, www.theregister.co.uk/2005/06/16/uk_cyber- blitz.

Leyden, J. (2005d) 'Hacker magazine shuts up shop', The Register, 11 July, www.theregister.co.uk/2005/07/11/phrack_shuts.

Leyden, J. (2005e) 'Webroot guesstimates inflate UK spyware problem', The Register, 20 October, www.theregister.co.uk/2005/10/20/webroot_uk_spyware_guesstimates.

Leyden, J. (2005f) 'Victims coughing up to online extortionists', The Register, 6 October, www.theregister.co.uk/2005/10/06/ibm_botnet_vb.

Leyden, J. (2006a) 'Spear phishers target eBay', The Register, 5 January, www.theregister.co.uk/2006 /01/05/ebay_spear_phishing.

Leyden, J. (2006b) 'Phishing fraudsters offer cash reward', The Register, 14 March, www.theregister.co.uk/2006/03/14/chase_phishing_scam.

Leyden, J. (2006c) 'Online fraudsters love webmail – true: easier to block accounts linked to spamming than fraud', The Register, 19 July, www.theregister.co.uk/2006/07/19/online_fraud_ survey.

Leyden, J. (2006d) 'MySpace adware attack hits hard', The Register, 21 July, www.theregister.co.uk/2006/07/21/myspace_adware_attack.

Leyden, J. (2012) 'If you see "URGENT tax rebate download" in an in박스, kill it with fire', The Register, 26 September, www.theregister.co.uk/2012/09/26/spear_phishing_hooks.

Leyden, J. (2013) 'Trying to kill undead Pushdo zombies? Hard luck, Trojan is EVOLVING', 17 May, www.theregister.com/2013/05/17/pushdo_extra_stealth.

Libbenga, J. (2004) 'Trojans as spam robots: the evidence', The Register,

22 February, www.theregister.co.uk/2004/02/22/trojans_as_spam_robots.

Licklider, J. and Taylor, R. (1990[1968]) 'The computer as a communication device'. In R. Taylor (ed.), In Memoriam: J. C. R. Licklider 1915–1990, Palo Alto, CA: Digital Research Center, 21–41 (reprinted from Science and Technology, April 1968).

Liedtke, M. (2005) '"Click fraud" threatens online advertising boom', Legal Technology, 14 February, www.law.com/jsp/ltn/pubArticleLTN.jsp? id 1107783347883.

Lindsay, J. (2017) 'Restrained by design: the political economy of cybersecurity', Digital Policy, Regulation and Governance, 19 (6): 493–514.

Lindsey, N. (2019) 'Cyber insurance payouts are only encouraging more ransomware attacks', CPO Magazine, 1 October, www.cpomagazine.com/ cyber- security/cyber- insurance- payouts- are- only - encouraging- more- ransomware- attacks.

Littman, J. (1997) The Watchman: The Twisted Life and Crimes of Serial Hacker Kevin Poulsen, Boston, MA: Little, Brown and Company.

Lloyd, I. J. (2000) Information Technology Law, London: Butterworths.

Loader, B. and Thomas, D. (eds.) (2000) Cybercrime: Security and Surveillance in the Information Age, London: Routledge.

Loader, I. and Walker, N. (2001) 'Policing as a public good: reconstituting the connections between policing and the state', Theoretical Criminology, 5 (1): 9–35.

Longworth, K. (2007) 'Jean Baudrillard and American popular culture', International Journal of Baudrillard Studies, 4 (3), www.ubishops.ca/baudrillardstudies/vol4_3/v4- 3-article58- longworth .html.

Lueck, M. (2005) 'UK in grip of hi- tech crime wave', BBC News Online, 17 June.

Lusthaus, J. (2018) Industry of Anonymity: Inside the Business of Cybercrime, Cambridge, MA: Harvard University Press

Lusthaus, J. (2019) 'Beneath the dark web: excavating the layers of cybercrime's underground econ-omy', Proceedings of the 2019 IEEE European Symposium on Security and Privacy Workshops, DOI 10.1109/EuroSPW.2019.00059.

Lyon, D. (1994) The Electronic Eye: The Rise of Surveillance Society,

Minneapolis: University of Minnesota Press.

Mac, R. (2018) 'Bitcoin Scammers Are Using This App to Fleece People', BuzzFeed.News, 25 January, www.buzzfeednews.com/article/ryanmac/cryptocurrency- scammers- are- running- wild- on- tele g ram.

MacColl, J., Nurse, J. and Sullivan, J. (2021) Cyber Insurance and the Cyber Security Challenge, Royal United Services Institute (RUSI Occasional Paper), June, https://kar.kent.ac.uk/89041/1/RUSI- Ke nt- OP- Cyber-insurance.pdf.

MacKinnon, C. (1993) Only Words, Cambridge, MA: Harvard University Press.

MacKinnon, R. (1997) 'Virtual rape', Journal of Computer Mediated Communication, 2 (4), www.ascusc.org/jcmc/vol2/issue4/mackinnon. html.

Madow, M. (1993) 'Private ownership of public image: popular culture and publicity rights', California Law Review, 81: 125–240.

Mann, D. and Sutton, M. (1998) 'Netcrime: more change in the organisation of thieving', British Journal of Criminology, 38 (2): 210–29.

Manning, P. (1978) 'The police: mandate, strategies, and appearances'. In P. Manning and J. VanMaanen (eds.), Policing: A View from the Street, New York: Random House, 7–32.

Maras, M.-H. (2016) Cybercriminology, Oxford: Oxford University Press.

Marshall, L. (2002) 'Metallica and morality: the rhetorical battleground of the Napster Wars', Entertainment Law, 1 (1): 1.

Martin, J. and Barratt, M. (2020) 'Dark web, not dark alley: why drug sellers see the internet as a lucrative safe haven', The Conversation, 4 March, https://theconversation.com/dark- web- not- da rk- alley- why- drug-sellers- see- the- internet- as- a-lucrative- safe- haven- 132579.

Marx, G. (2001) 'Technology and social control: the search for the illusive silver bullet', International Encyclopaedia of the Social and Behavioral Sciences, Amsterdam: Elsevier, 15506–12.

Marx, G. (2015) 'Technology and social control'. In International Encyclopedia of the Social & Behavioral Sciences, 2nd edn, New York: Elsevier, 117–24.

Masnick, M. (2010a) 'Extortion- like mass automated copyright lawsuits come to the US: 20,000 filed, 30,000 more on the way', techdirt, 30

March, www. techdirt.com/articles/20100330/1132478790 .shtml.

Masnick, M. (2010b) 'ACS: law now using dubious legal theories to threaten Slyck.com', techdirt, 22 May, www.techdirt.com/articles/20100321/2136068650.shtml.

Matamoros- Fernández, A. and Farkas, J. (2022) 'Racism, hate speech, and social media: a systematic review and critique', Television & New Media, 22 (2), online first.

Mathieson, T. (1997) 'The viewer society: Foucault's Panopticon revisited', Theoretical Criminology, 1: 215–34.

Matsuda, M. J., Lawrence, C. R., Delgado, R. and Crenshaw, K. W. (1993) Words that Wound: Critical Race Theory, Assaultive Speech, and the First Amendment, Boulder, CO: Westview Press.

Matza, D. (1964) Delinquency and Drift, New York: John Wiley & Sons.

Maynard, D. (2001) 'Circuit Court case notes: violence in the media', Communications Lawyer, Spring: 41–2.

McBarnet, D. (1979) 'Arrest: the legal context of policing'. In S. Holdaway (ed.), The British Police, London: Arnold.

McConnell International (2000) Cyber Crime . . . and Punishment? Archaic Laws Threaten Global Information, Washington, DC: McConnell International, www.witsa.org/papers/McConnell- cybercrime.pdf.

McCusker, R. (2005) 'Spam: nuisance or menace, prevention or cure?', Trends and Issues in Criminal Justice, 294 (Canberra: Australian Institute of Criminology), March, www.aic.gov.au/publications /tandi2/tandi294.pdf.

McDonald, O. (2023) Cryptocurrencies: Money, Trust and Regulation, 2nd edn, Northwood: Agenda Publishing.

McDowell, R. (1994) 'Do snuff films really exist, or are they merely popular myth?', San Francisco Chronicle, 7 August.

McGoogan, C. (2016) 'British hacker Lauri Love to be extradited to the US for "accessing government computers"', The Daily Telegraph, 16 September, www.telegraph.co.uk/technology/2016/09/16 /british- hacker- lauri- love- to- be- extradited- to- the- us- for- access.

McGuire, M. (2007) Hypercrime: The New Geometry of Harm, London: Routledge- Cavendish. McKenzie, S. (2006) Partnership Policing of Electronic Crime: an Evaluation of Public and Private Police

Investigative Relationships, PhD thesis, University of Melbourne.

McLean, K., Wolfe, S., Rojek, J., Alpert, G. and Smith, M. (2020) 'Police officers as warriors or guard-ians: empirical reality or intriguing rhetoric?', Justice Quarterly, 37: 1096–1118.

McLemee, S. (2007) 'Remember Baudrillard', Inside Higher Ed, 14 March, www.insidehighered.com/views/mclemee/mclemee135.

McQuade, S. (2006a) 'Technology- enabled crime, policing and security', Journal of Technology Studies, 32 (1): 32–42.

McQuade, S. (2006b) Understanding and Managing Cybercrime, Boston, MA: Allyn & Bacon. Mead, N., Hough, E. and Stehney, T. (2005) Security Quality Requirements Engineering (SQUARE) Methodology Report, 31 October, Carnegie Mellon University.

Melossi, D. (1994) 'Normal crimes, élites and social control'. In D. Nelken (ed.), The Futures of Criminology, London: Sage, 202–19.

Mendelson, H. and Pillai, R. (1999) 'Information Age organisation, dynamics and performance', Journal of Economic Behaviour and Organization, 38 (3): 253–81.

Menn, J. (2010) Fatal System Error: The Hunt for the New Crime Lords Who Are Bringing Down the Internet, New York: PublicAffairs.

Miller, P. and Rose, N. (1990) 'Governing economic life', Economy and Society, 1 (1): 1.

Milmo, D. (2022) 'Risky online behaviour "almost normalised" among young people, says study', The Guardian, www.theguardian.com/technology/2022/dec/05/risky- online- behaviour- almost- nor malised- among- young- people- says- study.

Mitchell, W. (1995) City of Bits: Space, Place, and the Infobahn, Cambridge, MA: MIT Press.

Mitnick, K. and Simon, W. L. (2002) The Art of Deception: Controlling the Human Element of Security, New York: John Wiley and Sons.

Mitnick, K. and Simon, W. L. (2012) Ghost in the Wires: My Adventures as the World's Most Wanted Hacker, Boston, MA: Back Bay.

Modine, A. (2009) 'Sports site sues Facebook for click fraud', The Register, 14 July, www.theregister.com/2009/07/14/rootzoo_sues_facebook_for_click_fraud.

Moitra, S. (2003) Analysis and Modelling of Cybercrime: Prospects and Potential, Freiburg: Max- Planck Institute for Foreign and International Criminal Law.

Moore, G. E. (1965) 'Cramming more components onto integrated circuits', Electronics, 38 (8): 114–17.

Morales, C. (2018) 'NETSCOUT Arbor confirms 1.7 Tbps DDoS attack; the terabit attack era is upon us', Arbor Networks, 5 March, www.arbornetworks.com/blog/asert/netscout- arbor- confirms- 1-7 - tbps- ddos- attack- terabit- attack- era- upon- us.

Moreno, M. (2014) 'Cyberbullying', JAMA Pediatrics, 168 (5): 500, doi:10.1001/jamapediatrics.2013.3343. PMID 24791741.

Morris, M. and Ogan, C. (1996) 'The Internet as mass medium', Journal of Communication, 46 (1): 39–49.

Morris, S. (2004) 'The future of netcrime now: part1 – threats and challenges', Home Office Online Report 62/04, www.homeoffice.gov.uk/rds/pdfs04/rdsolr 6204.pdf.

Moses, L. and Chan, J. (2018) 'Algorithmic prediction in policing: assumptions, evaluation, and accountability', Policing and Society, 28 (7): 806–22.

Muncaster, P. (2021) 'BEC costs UK firms £140M over past year', InfoSecurity Magazine, 26 October, www.infosecurity- magazine.com/news/bec- costs- uk- firms- 140m- past- year.

Murphy, H. (2021) 'The negotiators taking on the ransomware hackers', Financial Times, 17 February, www.ft.com/content/c0def43a- 6949- 44ca- 86ff- f28daa3818be.

Musotto, R. and Wall, D. S. (2022) 'More Amazon than Mafia: analysing a DDoS stresser service as organised cybercrime', Trends in Organized Crime, 25: 173–91.

Naraine, R. (2005) 'Triple- barrelled trojan attack builds botnets', eweek.com, 4 June, www.eweek.com/article2/0,1759,1823690,00.asp.

National Statistics (2012) '2010/11 Scottish Crime and Justice Survey: Main Findings', National Statistics/Scottish Government, https://lx.iriss.org.uk/sites/default/files/resources/0122316.pdf.

NCA (2017) Pathways into Cyber Crime, Intelligence Assessment, January, www.nationalcrimeagency.gov.uk/who- we- are/publications/6- pathways- into- cyber- crime- 1/file.

NCIS (2000) The National Intelligence Model, London: National Criminal Intelligence Service.

NCIS (2003) United Kingdom Threat Assessment of Serious and Organised Crime 2003, London: National Criminal Intelligence Service.

Newburn, T. and Hayman, S. (2001) Policing, CCTV and Social Control: Police Surveillance of Suspects in Custody, Cullompton: Willan.

Newcomb, A. (2016) 'Study reveals the age, nationality, and motivation of hackers', NBCNews.com, 13 September, www.nbcnews.com/tech/security/study- reveals- age- nationality- motivation- hac kers- n647171.

Newman, G. R. and Clarke, R. V. (2003) Superhighway Robbery: Preventing e-Commerce Crime, Cullompton: Willan.

Newman, L. (2017a) 'The ransomware meltdown experts warned about is here', WIRED, 12 May, www.wired.com/2017/05/ransomware- meltdown- experts- warned.

Newman, L. (2017b) 'How an accidental "kill switch" slowed Friday's massive ransomware attack', WIRED, 13 May, www.wired.com/2017/05/accidental- kill- switch- slowed- fridays- massive- ranso mware- attack.

Newman, L. (2021) 'Colonial Pipeline paid a $5m ransom - and kept a vicious cycle turning', WIRED, 14 May, www.wired.com/story/colonial- pipeline- ransomware- payment.

Nhan, J., Huey, L. and Broll, R. (2015) 'Digilantism: an analysis of crowdsourcing and the Boston Marathon bombings', The British Journal of Criminology, 57 (2): 341-61, https://doi.org/10.1093 /bjc/azv118.

NHTCU (2002) Hi-Tech Crime: The Impact on UK Business, London: National Hi- Tech Crime Unit. NISCC (2005) 'Targeted trojan email attacks', NISCC Briefing 08/2005, 16 June, www.niscc.gov.uk/niscc/docs/ttea.pdf.

Nissenbaum, H. (2004) 'Hackers and the contested ontology of cyberspace', New Media & Society, 6 (2): 195–217.

NSPCC (2021) 'Child abuse image crimes in the UK have risen - we urgently need a stronger Online Safety Bill', NSPCC News, 12 March, www.nspcc.org.uk/about- us/news- opinion/2021/indecent - image-offences- online- safety- bill.

NSPCC (2022) 'Child sexual abuse prosecutions and convictions roughly halve in 4 years', NSPCC News, 19 January, www.nspcc.org.uk/about-us/news- opinion/2022/child- sexual- abuse- prosecu tions-convictions- halve.

O'Connor, P. (2003) Oppression and Responsibility: A Wittgensteinian Approach to Social Practices and Moral Theory, University Park: Penn State Press.

O'Malley, P. (1999) 'Governmentality and the risk society', Economy and Society, 28: 138–48.

Oates, J. (2004a) 'Email fraud soars', The Register, 18 February, www.theregister.co.uk/content/55/35 635.html.

Oates, J. (2004b) 'Queen of the Sky gets marching orders', The Register, 3 November, www.theregister.co.uk/2004/11/03/airline_blogger_sacked.

Oates, J. (2006) 'Online attack holds files to ransom: Rochdale nurse hit by ransomware', The Register, 31 May, www.theregister.co.uk/2006/05/31/virus_ransoms_files.

Ohlheiser, A. (2016) '"We actually elected a meme as president": how 4chan celebrated Trump's victory', The Washington Post, 9 November, www.washingtonpost.com/news/the- intersect/wp /2016/11/09/we- actually-elected- a-meme- as- president- how- 4chan- celebrated- trumps- victory.

Ohm, P. (2007) 'The myth of the superuser: fear, risk, and harm online', University of Colorado Law Legal Studies Research Paper No. 07- 14, May 22 [online], http://papers.ssrn.com/sol3/papers.cfm ?abstract_id=967372.

Oliver, C. (2006) 'All sides of the story?', BBC Editor's Blog, 31 August, www.bbc.co.uk/blogs/theeditors/index.html#a003979.

ONS (2020) 'Online bullying in England and Wales: year ending March 2020', Office of National Statistics, 16 November, www.ons.gov.uk/peoplepopulationandcommunity/crimeandjustice/bul letins/onlinebullyinginenglandandwales/yearendingmarch2020.

ONS (2022) 'Nature of fraud and computer misuse in England and Wales: year ending March 2022', Office for National Statistics, 26 September, www.ons.gov.uk/peoplepopulationandcommunity/ cr imeandjustice/articles/natureoffraudandcomputermisuseinenglandandwales/yearendingmarch2022#trends- in- fraud.

ONS (2023) 'Crime in England and Wales: other related tables', 26 January, www.ons.gov.uk/file?uri=/peoplepopulationandcommunity/crimeandjustice/datasets/crimeinenglandandwalesotherrelat edtables/yearendingseptember2022/otherrelatedtablesyesept22.xlsx.

Osborne, H. (2020) 'Revealed: fake "traders" allegedly prey on victims in global investment scam', The Guardian, 1 March, www.theguardian.com/world/2020/mar/01/revealed- fake- traders- allegedly - prey- on-victims- in- global- investment- scam.

OST (2004) 'Cybertrust and Crime Prevention Project: executive summary', Office of Science and Technology, www.foresight.gov.uk/Previous_Projects/Cyber_Trust_and_Crime_Prevention/Reports_and_Publication/Executive%20Summary.pdf.

Palmer, D. (2021) '"Like playing whack- a-mole": do cyber- crime crackdowns have any real impact?', ZDNet, 25 March, www.zdnet.com/article/like- playing- whack- a-mole- do- cyber- crime- crack downs- have- any- real- impact.

Palmer, M. (2006) 'Data is the new oil', ANA Marketing Maestros, 3 November, http://ana.blogs.com/maestros/2006/11/data_is_the_new.html.

Pattavina, A. (ed.) (2005) Information Technology and the Criminal Justice System, Thousand Oaks, CA: Sage.

PDD (1998) 'The Clinton Administration's policy on critical infrastructure protection', Presidential Decision Directive (PDD) no. 63, 22 May, www.cybercrime.gov/white_pr.htm.

Pearce, F. (1976) Crimes of the Powerful: Marxism, Crime, and Deviance, London: Pluto Press.

Pease, K. (2001) 'Crime futures and foresight: challenging criminal behaviour in the information age'. In D. S. Wall (ed.), Crime and the Internet, London: Routledge, 18–28.

Person, L. (1998) 'Notes toward a postcyberpunk manifesto', Nova Express 1998 (archived in SCRIBD, www.scribd.com/document/463211695/Notes-Toward- a-Postcyberpunk- Manifesto).

Phillips, W. (2012) 'What an academic who wrote her dissertation on trolls thinks of Violentacrez', The Atlantic, 15 October, www.theatlantic.com/technology/archive/2012/10/what- an- academic- who - wrote- her-dissertation- on- trolls- thinks- of- violentacrez/263631.

Pilkington, E. (2010) 'Tyler Clementi, student outed as gay on internet, jumps to his death', The Guardian, 30 September, www.theguardian.com/world/2010/sep/30/tyler- clementi- gay- student - suicide.

PNLD and Staniforth, A. (eds.) (2017) Blackstone's Handbook of Cyber Crime Investigation, Oxford: Oxford University Press.

Porcedda, M. G. and Wall, D. S. (2019) 'Cascade and chain effects in big data cybercrime: lessons from the TalkTalk hack', Proceedings of WACCO 2019: 1st Workshop on Attackers and Cyber- Crime Operations, IEEE EuroS&P 2019, Stockholm, Sweden, 20 June 2019, https://papers.ssrn.com/sol3 /papers.cfm?abstract_id=3429958.

Porcedda, M. G. and Wall, D. S. (2021) 'Modelling the cybercrime cascade effect of data theft', Proceedings of the IEEE Workshop on Attackers and Cyber- Crime Operations (WACCO 2021), Montreal, 29 October, DOI:10.1109/EuroSPW54576.2021.00025.

Post, D. (1995) 'Encryption vs. the alligator clip: the Feds worry that encoded messages are immune to wiretaps', American Lawyer, January/February: 111.

Post, D. (2000) 'What Larry doesn't get: code, law, and liberty in cyberspace', Stanford Law Review, 52: 1439–59.

Poster, M. (1995) Second Media Age, Cambridge: Polity.

Powell, O. (2022) 'The most dangerous cyber security threats of 2023', Cyber Security Hub, 27 December, www.cshub.com/attacks/articles/the- most- dangerous- cyber- security- threats- of - 2023.

Power, R. (2000) Tangled Web: Tales of Digital Crime from the Shadows of Cyberspace, Indianapolis: Que.

Powers, T. (2003) 'Real wrongs in virtual communities', Ethics and Information Technology, 5 (4): 191–8.

Presdee, M. (2000) Cultural Criminology and the Carnival of Crime, London: Routledge.

Quayle, E. and Taylor, M. (2002) 'Child pornography and the internet:

perpetuating a cycle of abuse', Deviant Behavior, 23 (4): 331–61.

Race, J. (2005) 'You needn't eat spam (or worms): the real reasons why spam still exists today – and what to do about it', Free Software Magazine, 6 (July), www.ftc.gov/os/comments/canspam3/516 736- 00048.pdf.

Rainie, L. and Wellman, B. (2012) Networked: The New Social Operating System, Boston, MA: MIT Press.

Rathmell, A. (1998) 'The world of open sources (2): information warfare and hacking', paper presented to 1998 International Conference for Criminal Intelligence Analysts: 'Meeting the Challenge from Serious Criminality', Manchester, UK.

Rathmell, A. (2001) 'Controlling computer network operations', Information & Security, 7: 121-44.

Rauterberg, M. (2004) 'Positive effects of entertainment technology on human behaviour'. In R. Jacquart (ed.), Building the Information Society, London: Kluwer, 51–8.

Reed, C. and Angel, J. (eds.) (2003) Computer Law, Oxford: Oxford University Press.

Reiner, R. (2000) The Politics of the Police, 3rd edn, Oxford: Oxford University Press.

ReliaQuest (2021) 'The rise of initial access brokers', ReliaQuest Blog, 22 February, www.reliaquest.com/blog/rise- of- initial- access- brokers.

Reno, J. (1996) 'Law enforcement in cyberspace', address to the Commonwealth Club of California, San Francisco Hilton Hotel, 14 June.

Reuters (2005) 'Microsoft, Nigeria fight e- mail scammers', e-week.com, 14 October, www.eweek.com/article2/0,1895,1871565,00.asp.

Reynolds, E. (2015) 'Patient Zero of the selfie age: why JenniCam abandoned her digital life', News .com.au, 16 April, www.news.com.au/ technology/online/social/patient- zero- of- the- selfie- age - why- jennicam- abandoned- her- digital- life/news- story/539cd1b26016 fcee1a51cfca3895a7b5.

Rheingold, H. (1994) The Virtual Community: Homesteading the Electronic Frontier, New York: Harper Perennial.

Rhodes, R. (1996) 'The new governance: governing without government', Political Studies, 44: 652–67.

Richardson, T. (2005) 'BT cracks down on rogue diallers', The Register, 27 May, www.theregister.co.uk/2005/05/27/rogue_bt_diallers.

Rimm, M. (1995) 'Marketing pornography on the information superhighway: a survey of 917,410 images, descriptions, short stories, and animations downloaded 8.5 million times by consum-ers in over 2000 cities in forty countries, provinces, and territories', Georgetown Law Review, 83: 1849–934.

Ritzer, G. and Jurgenson, N. (2010) 'Production, consumption, prosumption: the nature of capitalism in the age of the digital "prosumer"', Journal of Consumer Culture, 10: 13–36.

Robertson, R. (1995) 'Globalisation'. In M. Featherstone, S. Lash and R. Robertson (eds.), Global Modernities, London: Sage, 40–65.

Ronson, J. (2005) 'Game over: interview with Gary McKinnon', The Guardian, 9 July, www.theguardi an.com/theguardian/2005/jul/09/weekend7.weekend2.

Room, S. (2003) 'Hard- core spammers beware?', New Law Journal, 28 November: 1780. Rosenberger, R. (2003) 'Computer viruses and "false authority syndrome"', Vmyths.com, https:// www.philo5.com/Textes-references/RosenbergerRob_ComputerViruses_1997.pdf.

Ross, A. (1990) 'Hacking away at the counterculture', Postmodern Culture, 1/1, http://jefferson.village.virginia.edu/pmc/issue.990/contents.990.html.

Rotenberg, R. (2001) 'What Larry doesn't get: fair information practices and the architecture of privacy', Stanford Technology Law Review, February, http://stlr.stanford.edu/STLR/Symposia/ Cy berspace/00_rotenberg_1/article.htm.

Rothman, J. E. (2001) 'Freedom of speech and true threats', Harvard Journal of Law & Public Policy, 25 (1): 1.

Rowland, D. and Macdonald, E. (1997) Information Technology Law, London: Cavendish.

RSA (2011) 'The psychology of social engineering', RSA, July, www.rsa.com/solutions/consumer_authentication/intelreport/11477_Online_Fraud_report_0711.pdf.

Rupnow, C. (2003) 'Not "made of money"', Wisconsin Leader-Telegram, 23 April, www.xpressmart.com/thebikernetwork/scam.html.

Russon, M. (2021) 'US fuel pipeline hackers "didn't mean to create problems"', BBC News Online, 10 May, www.bbc.com/news/business-57050690.

Ryan, J. and Jefferson, T. (2003) 'The use, misuse and abuse of statistics in information security research', Proceedings of the 2003 ASEM National Conference, St Louis, MO, www.attrition.org/ ar chive/misc/use_misuse_abuse_stats_infosec_research.pdf.

Saltzer, J., Reed, D. and Clark, D. (1984) 'End- to- end arguments in system design', ACM Transactions in Computer Systems, 2 (4): 277–88.

Sambrook, R. (2006) 'How the net is transforming news', BBC News Online, 20 January, http://news .bbc.co.uk/1/hi/technology/4630890.stm.

Sandars, N. K. (1972) The Epic of Gilgamesh: An English Version with an Introduction, Harmondsworth: Penguin Classics.

Saunders, J. (2017) 'Tackling cybercrime – the UK response', Journal of Cyber Policy, 2 (1): 4–15.

Satchwell, G. (2004) A Sick Business: Counterfeit Medicines and Organised Crime, Lyon: INTERPOL, www.interpol.int/Public/FinancialCrime/Intellectual Property/Publications/SickBusiness.pdf.

Savvy Security (2021) '8 Types of man in the middle attacks you need to know about', Savvy Security Blog, 10 November, https://cheapsslsecurity.com/blog/types- of- man- in- the- middle- attacks.

Scanlan, J., Watters, P., Prichard, J., Hunn, C., Spiranovic, C. and Wortley, R. (2022) 'Creating honey-pots to prevent online child exploitation', Future Internet, 14 (2): 121–35.

Schneider, J. L. (2003) 'Hiding in plain sight: an exploration of the illegal(?) activities of a drugs news-group', The Howard Journal of Criminal Justice, 42 (4): 374–89.

Schneier, B. (2003) Beyond Fear: Thinking Sensibly about Security in an Uncertain World, New York: Springer- Verlag.

Scroxton, A. (2021) 'Is it time to ban ransomware insurance payments?', ComputerWeekly.com, 11 Feb., www.computerweekly.com/feature/Is- it- time- to- ban- ransomware- insurance- payments.

Scroxton, A. (2023) 'Cops bust Genesis cyber crime marketplace', ComputerWeekly.com, 5 April, www.computerweekly.com/news/365534857/Cops- bust- Genesis- cyber- crime- marketplace.

Searle, J. (1969) Speech Acts: An Essay in the Philosophy of Language, Cambridge: Cambridge University Press.

Sennett, R. (1992) The Fall of Public Man, New York: W. W. Norton.

Sentencing Advisory Panel (2002) The Panel's Advice to the Court of Appeal on Offences Involving Child Pornography, London: Sentencing Guidelines Council, 15 August, www.sentencing- guide li nes.gov.uk/ docs/advice_child_porn.pdf.

Sentencing Council (2013) Sexual Offences: Response to Consultation, December, www.sentencing co uncil.org.uk/wp- content/uploads/ Final_Sexual_Offences_Response_to_Consultation_web1.pdf.

Shantz, J. and Tomblin, J. (2014) Cyber Disobedience: Re://Presenting Online Anarchy, Alresford: John Hunt Publishing.

Shea, S. (2019) '6 different types of hackers, from black hat to red hat', TechTarget, October, www.techtarget.com/searchsecurity/answer/What- is- red- and- white- hat- hacking.

Shearing, C. (2004) 'Thoughts on sovereignty', Policing and Society, 14 (1): 5–12.

Shearing, C. and Ericson, R. (1991) 'Culture as figurative action', British Journal of Sociology, 42 (4): 481–506.

Shenon, P. (2001) 'Internet piracy is suspected as U.S. agents raid campuses', New York Times, 12 December, www.criminology.fsu.edu/ transcrime/articles/Internet%20Piracy%20Is%20 Suspected%20as%20_ S_%20 Agents%20Raid%20Campuses.htm.

Sheptycki, J. (2000) 'Introduction'. In J. E. Sheptycki (ed.), Issues in Transnational Policing, London: Routledge, 1–20.

Sheptycki, J. (2002) In Search of Transnational Policing: Towards a Sociology of Global Policing, Aldershot: Ashgate.

Sherman, B. and Bently, L. (1999) The Making of Modern Intellectual Property Law, Cambridge: Cambridge University Press.

Sherriff, L. (2004) 'Child porn suspect suicide tally hits 32', The Register, 21 December, www.theregister.co.uk/2004/12/21/child_porn_suicide_shame.

Shinder, D. and Tittel, E. (2002) Scene of the Cybercrime, Rockland, MA: Syngress Media.

Siegelman, W. (2021) 'Did Cambridge Analytica collude with Russia's intelligence services to inter-fere in US elections?', Byline Times,

20 April, https://bylinetimes.com/2021/04/20/did- cambridge - analytica- collude- with- russias- intelligence- services- to- interfere- in- us- elections.

Silver, N. (2012) The Signal and the Noise: Why Most Predictions Fail – but Some Don't, New York: Penguin.

Simon, J. (2007) Governing through Crime: How the War on Crime Transformed American Democracy and Created a Culture of Fear, New York and Oxford: Oxford University Press.

Singleton, T. (2002) 'Stop fraud cold with powerful internal controls', Journal of Corporate Accounting & Finance, 13 (4): 29–39.

Smith, G. (1998) 'Electronic Pearl Harbor? Not likely', Issues in Science and Technology, 15 (3): 68–73, www.nap.edu/issues/15.1/smith.htm.

Smith, R. G., Grabosky, P. N. and Urbas, G. (2004) Cyber Criminals on Trial, Cambridge: Cambridge University Press.

Solove, D. (2008) Understanding Privacy, Cambridge, MA: Harvard University Press.

Sommer, P. (2004) 'The future for the policing of cybercrime', Computer Fraud & Security, 1: 8–12. Spadafora, A. (2021) 'Hackers are using DDoS attacks to squeeze victims for ransom', techradar.pro, January, www.techradar.com/news/hackers- are- using- ddos- attacks- to- squeeze- victims- for- ransom.

Spamhaus (2020) 'Botnet threat report 2019', Spamhaus Malware Labs, 28 January, www.spamhaus.org/news/images/full- 2019/spamhaus- botnet- threat- report- 2019.pdf.

Sprenger, P. (1999) 'Sun on privacy: "Get Over It"', WIRED, 26 January, www.wired.com/news/politics/0,1283,17538,00.html.

Stajano, F. and Wilson, P. (2011) 'Understanding scam victims: seven principles for systems security', Communications of the ACM, 543: 70–5 (early version available at www.cl.cam.ac.uk/techreports /UCAM- CL- TR- 754.pdf).

Standage, T. (1998) The Victorian Internet: The Remarkable Story of the Telegraph and the Nineteenth Century's Online Pioneers, London: Phoenix.

Stanley, R. (2013) 'Album sales are declining, but it's part of the battle between art and commerce', The Guardian, 24 November, www.theguardian.com/commentisfree/2013/nov/24/album- sales - declining - battle- art- commerce.

Stark, C. (1997) 'Is pornography an action? The causal vs. the conceptual view of pornography's harm', Social Theory and Practice, 10 (2): 277–305.

Starr, S. (2004a) 'Can the law can spam? Legislation is a blunt instrument with which to beat junk email', Spiked, 7 April, www.spikedonline. com/articles/0000000CA4BF.htm.

Starr, S. (2004b) 'Can technology can spam? IT companies do battle with bulk email', Spiked, 5 May, www.spiked- online.com/Articles/000000 0CA50F.htm.

Statista (2023) 'Number of active online banking users worldwide in 2020 with forecasts from 2021 to 2024, by region', Statista Financial Information, www.statista.com/forecasts/1169529/online- ban king- penetration- by- country.

Steinmetz, K. (2016) Hacked: A Radical Approach to Hacker Culture and Crime, New York: New York University Press.

Stenning, P. (2000) 'Powers and accountability of private police', European Journal on Criminal Policy and Research, 8 (3): 325–52.

Stenning, P. and Shearing, C. (2005) 'Reforming police: opportunities, drivers and challenges', Australian and New Zealand Journal of Criminology, 38 (2): 167–80.

Stenson, K. and Edwards, A. (2003) 'Crime control and local governance: the struggle for sovereignty in advanced liberal polities', Contemporary Politics, 9 (2): 203–17.

Stephenson, N. (1992) Snowcrash, London: ROC/Penguin.

Sterling, B. (1994) The Hacker Crackdown: Law and Disorder on the Electronic Frontier, London: Penguin.

Sterling, B. (2008) 'Cybercrime: cyberpunk writers made it all up', 'Bruce Sterling Blog', WIRED, 30 August, www.wired.com/2008/08/cybercrime -cybe.

Strozewski, Z. (2022) 'US airport hit with cyber- attack: "No one is afraid of you"', Newsweek, 29 March, www.newsweek.com/us- airport- hitcyberattack- over- ukraine- no- one- afraid- you- 1692903.

Sturcke, J. (2006) 'Expert warns of more chatroom libel awards', Guardian Online, 22 March, www.guardian.co.uk/uk_news/story/0,,1737000,00.html.

Surman, D. (2003) CGI animation: Pseudorealism, Perception and Possible Worlds, MA thesis, Warwick University, UK, www.academia.edu/168038/CGI_Animation_Pseudorealism_Perception _and_Possible_Worlds.

Sussman, V. (1995) 'Policing cyberspace', U.S. News & World Reporting, 23 January: 54–61. Sutherland, E. (1949) White Collar Crime, New York: Dryden.

Sutton, W. and Linn, E. (1976) Where the Money Was: The Memoirs of a Bank Robber, New York: Viking Press.

Swash, R. (2012) 'A new internet age? Web users turn on "trolls"', BBC News Online, 19 October, www.theguardian.com/technology/2012/oct/19/new- internet- age- trolls.

Swift, R. (2002) 'Rush to nowhere', New Internationalist, 343, March, www.newint.org/issue343/keynote.htm.

Swinhoe, D. (2022) 'Man- in- the- middle (MitM) attack definition and examples', CSO online, 25 March, www.csoonline.com/article/3340117/man- in- the- middle- attack- definition- and- exam ples.html.

Szafranski, R. (1995) 'A theory of information warfare: preparing for 2020', Airpower Journal, Spring, www.airpower.maxwell.af.mil/airchronicles/apj/szfran.html.

Taleb, N. (2007) The Black Swan: The Impact of the Highly Improbable, New York: Random House. Tannenbaum, F. (1951[1938]) Crime and the Community, New York: McGraw- Hill.

Tanriverdi, H., Weber, R. and Sachsinger, C. (2020) 'How cyber criminals blackmail corporations', ta gess-chau.de, 11 November, www.tagesschau.de/wirtschaft/ransomware- 101.html.

Taylor, M. (1999) 'The nature and dimensions of child pornography on the Internet', paper presented to the 'Combating Child Pornography on the Internet' conference, Vienna, September.

Taylor, M. and Quayle, E. (2003) Child Pornography: An Internet Crime, London: Brunner- Routledge. Taylor, P. (1999) Hackers: Crime in the Digital Sublime, London: Routledge.

Taylor, P. (2001) 'Hacktivism: in search of lost ethics?'. In D. S. Wall (ed.), Crime and the Internet, London: Routledge, 59–73.

The Mentor (1986) 'The conscience of a hacker (Hacker's Manifesto)', Phrack, 1 (7): phile 3, www.ph rack.org/show.php?p 07.

Thurley, P. (2005) 'Pornography as performative utterance', paper presented to the Northwest Student Philosophy Conference, Washington State, 29 May, http://artsweb.uwaterloo.ca/~pthur ley/index/Pornography.htm.

Toffler, A. (1970) Future Shock, New York: Bantam Books.

Tombs, S. and Whyte, D. (2003) 'Unmasking the crimes of the powerful', Critical Criminology, 11 (3): 217–36.

Toyne, S. (2003) 'Scam targets NatWest customers', BBC News Online, 24 October, http://news.bbc .co.uk/1/hi/business/3211635.stm.

Trottier, D., Gabdulhakov, R. and Huang, Q. (2020) Introducing Vigilant Audiences, Cambridge: Open Book Publishers.

Trubek, D. and Trubek, L. (2005) 'Hard and soft law in the construction of social Europe: the role of the open method of co- ordination', European Law Journal, 11 (3): 343–64.

Turner, G. (2004) Celebrity, London: Sage.

Uhlig, R. (1996) 'Hunt is on for internet dealer in child porn', Electronic Telegraph, 518, 23 October, www.telegraph.co.uk/htmlContent.jhtml?html /archive/1996/10/23/nporn23.html.

UK Finance (2022a) Annual Fraud Report 2022, UK Finance, 28 June, www.ukfinance.org.uk/policy - and- guidance/reports- and- publications /annual- fraud- report- 2022.

UK Finance (2022b) 'Nearly 40 per cent of people looking for love online were asked for money', UK Finance, www.ukfinance.org.uk/press/press-releases/nearly- 40- cent- people- looking- love- online - were- asked-money.

UN (1989) Convention on the Rights of the Child, United Nations, General Assembly resolution 44/25, 20 November, www.ohchr.org/en/instruments- mechanisms/instruments/convention- rig hts- child

Ungoed- Thomas, J. (1998) 'The schoolboy spy', Sunday Times, 29 March, 1–2.

USDOJ (2002) 'Warez leader sentenced to 46 months', US Department of

Justice Press Release, 17 May, www.cybercrime.gov/sankusSent.htm.

USDOJ (2004) 'Computer programmer arrested for extortion and mail fraud scheme targeting Google, Inc.', US Department of Justice Press Release, 18 March, www.usdoj.gov/usao/can/press /html/ 2004_03_ 19_ bradley.html.

USDOJ (2018) 'Latvian national pleads guilty to "scareware" hacking scheme that targeted Minneapolis Star Tribune website', U.S. Department of Justice News, 6 February, www.justice.gov /opa/pr/latvian- national- pleads- guilty- scareware- hacking- scheme- targeted- minneapolis- star- tr ibune.

USDOJ (2019) '281 arrested worldwide in coordinated international enforcement operation targeting hundreds of individuals in business email compromise schemes', US Department of Justice News, 10 September, www.justice.gov/opa/pr/281- arrested- worldwide- coordinated- international- enfor cement- operation- targeting- hundreds.

USDOJ (2023a) 'Russian national charged with ransomware attacks against critical infrastructure', US Department of Justice News, 16 May, www.justice.gov/opa/pr/russian- national- charged- ranso mware- attacks- against- critical- infrastructure.

USDOJ (2023b) 'Ransomware charges unsealed against Russian national', US Department of Justice News, 16 May, www.justice.gov/usao- dc/pr/ ransomware- charges- unsealed- against- russian - national.

USDOS (2021) 'Reward offers for information to bring DarkSide ransomware variant co- conspirators to justice', US Department of State Press Statement, 4 November, www.state.gov/reward- offers- for - information- to- bring- darkside- ransomware- variant- co- conspirators- to- justice.

USDOS (2023) Cyber Sanctions, US Department of State, www.state.gov/ cyber- sanctions.

Usman, M. (2020) 'PIA data hacked: Threat Actor put databases up for sale at dark web', Bol News, 24 November, www.bolnews.com/latest/2020/ 11/pia- data- hacked- threat- actor- put- databases - up- for- sale- at- dark- web.

Vallance, C. (2022) '3D printed guns: warnings over growing threat of 3D firearms', BBC News Online, 9 November, www.bbc.com/news/technology- 63495123.

Van Dijk, J. (1999) 'The one- dimensional network society of Manuel Castells: a review essay', New Media & Society, 1 (1): 127–38, www.thechronicle.demon.co.uk/archive/castells.htm.

Vincent- Jones, P. (2000) 'Contractual governance: institutional and organisational analysis', Oxford Journal of Legal Studies, 20: 317–51.

Vinge, V. (2000) 'The digital Gaia: as computing power accelerates, the network knows all – and it's everywhere', WIRED, 8 (1), www.wired.com/wired/archive/8.01/forward.html.

Wadhwani, S. (2022) 'Medibank confirms data leak following refusal to pay ransom', spiceworks, 10 November, www.spiceworks.com/it- security/data- security/news/medibank- data- leak. Wakefield, J. (2005) 'Online service foils ransom plot', BBC News Online, 31 May, http://news.bbc.co.uk/1/hi/ technology/4579623.stm.

Walden, I. (2003) 'Computer crime'. In C. Reed and J. Angel (eds.), Computer Law, Oxford: Oxford University Press, 295–329.

Walden, I. (2016) Computer Crimes and Digital Investigations, Oxford: Oxford University Press.

Walker, C. and Akdeniz, Y. (1998) 'The governance of the internet in Europe with special reference to illegal and harmful content', Criminal Law Review, special issue on 'Crime, Criminal Justice and the Internet', 5–18.

Walker, C. P. and Akdeniz, Y. (2003) 'Anti- terrorism laws and data retention: war is over?', Northern Ireland Legal Quarterly, 50 (2): 159–82.

Walker, C. and Conway, M. (2015) 'Online terrorism and online laws', Dynamics of Asymmetric Conflict, 8: 156–75.

Walker, C. P., Wall, D. S. and Akdeniz, Y. (2000) 'The internet, law and society'. In Y. Akdeniz, C. P. Walker and D. S. Wall (eds.), The Internet, Law and Society, London: Longman, 3–24.

Walker, D. (2004) 'Who watches murder videos?', BBC News Online, 12 October, http://news.bbc.co.uk/1/hi/magazine/3733996.stm.

Walker, R. and Bakopoulos, B. (2005) 'Conversations in the dark: how young people manage chat-room relationships', First Monday, 10 (4), http:// firstmonday.org/issues/issue10_4/walker/index .html.

Wall, D. S. (1997) 'Policing the virtual community: the internet, cybercrimes and the policing of cyberspace'. In P. Francis, P. Davies and V. Jupp (eds.), Policing Futures, London: Macmillan, 208–36.

Wall, D. S. (1998) The Chief Constables of England and Wales: The Socio-Legal History of a Criminal Justice Elite, Aldershot: Dartmouth. Republished 2019 by Routledge.

Wall, D. S. (2000) 'The theft of electronic services: telecommunications and teleservices', Essay 1 on the CD- ROM annex to DTI, Turning the Corner, London: Department of Trade and Industry. Wall, D. S. (ed.) (2001a) Crime and the Internet, London: Routledge.

Wall, D. S. (2001b) 'Maintaining order and law on the internet'. In D. S. Wall (ed.) Crime and the Internet, London: Routledge, 167–83.

Wall, D. S. (2002a) 'Insecurity and the policing of cyberspace'. In A. Crawford (ed.), Crime and Insecurity, Cullompton: Willan, 186–210.

Wall, D. S. (2002b) 'DOT.CONS: internet related frauds and deceptions upon individuals within the UK', Final Report to the Home Office, March (unpublished).

Wall, D. S. (2003) 'Mapping out cybercrimes in a cyberspatial surveillant assemblage'. In F. Webster and K. Ball (eds.), The Intensification of Surveillance: Crime Terrorism and Warfare in the Information Age, London: Pluto Press, 112–36.

Wall, D. S. (2004) 'Policing Elvis: legal action and the shaping of postmortem celebrity culture as contested space', Entertainment Law, 2 (3): 35–69 (published in 2004, journal dated 2003).

Wall, D. S. (2005) 'The internet as a conduit for criminals'. In A. Pattavina (ed.), Information Technology and the Criminal Justice System, Thousand Oaks, CA: Sage, 77–98. Updated in 2015, https://papers.ssrn.com/sol3/papers.cfm?abstract_id=740626.

Wall, D. S. (2007a) 'Policing cybercrime: situating the public police in networks of security in cyber-space', Police Practice and Research: An International Journal, 8 (1); updated in 2011: https://papers.ssrn.com/sol3/papers.cfm?abstract_id=853225.

Wall, D. S. (2007b) Cybercrime: The Transformation of Crime in the Information Age, 1st Edition, Cambridge: Polity.

Wall, D. S. (2008) 'Cybercrime and the culture of fear: social science fiction and the production of knowledge about cybercrime', Information Communications and Society, 11 (6): 861–84.

Wall, D. S. (2010a) 'Micro- frauds: virtual robberies, stings and scams in the information age'. In T. Holt and B. Schell (eds.), Corporate Hacking and Technology-Driven Crime: Social Dynamics and Implications, Hershey, PA: IGI Global, 68–85.

Wall, D. S. (2010b) 'The organization of cybercrime and organized cybercrime'. In M. Bellini, P. Brunst and J. Jaenke (eds.), Current Issues in IT security. Freiburg: Max- Planck- Instituts für ausländisches und internationales Strafrecht, 53–68.

Wall, D. S. (2012) 'The devil drives a Lada: the social construction of hackers as cybercriminals'. In C. Gregoriou (ed.), Constructing Crime: Discourse and Cultural Representations of Crime and 'Deviance', London: Palgrave Macmillan, 4–18.

Wall, D. S. (2013) 'Enemies within: redefining the insider threat in organizational security policy', Security Journal, 26 (2): 107–24.

Wall, D. S. (2015a) 'Copyright trolling and the policing of intellectual property in the shadow of law'. In M. David and D. Halbert (eds.), The SAGE Handbook of Intellectual Property, London: Sage, 607–26.

Wall, D. S. (2015b) 'The TalkTalk hack story shows UK cybersecurity in disarray', The Conversation, 28 October, https://theconversation.com/the-talktalk- hack- story- shows- uk- cybersecurity- in - disarray- 49909.

Wall, D. S. (2017) 'Crime, security and information communication technologies: the changing cybersecurity threat landscape and implications for regulation and policing'. In R. Brownsword, E. Scotford and K. Yeung (eds.), The Oxford Handbook of the Law and Regulation of Technology, Oxford: Oxford University Press, 1075–96.

Wall, D. S. (2018) 'How big data feeds big crime', Current History: A Journal of Contemporary World Affairs (University of California Press), January, 117 (795): 29–34.

Wall, D. S. (2019) 'Cybersecurity'. In J. Muncie and E. McLoughlan (eds.),

The SAGE Dictionary of Criminology (4th Edition), London: Sage, 140.
Wall, D. S. (2021) 'The transnational cybercrime extortion landscape and the pandemic: ransomware and changes in offender tactics, attack scalability and the organisation of offending', European Law Enforcement Research Bulletin (SCE 5), 5 Oct., 45–60.
Wall, D. and Williams, M. (eds.) (2014) Policing Cybercrime: Networked and Social Media Technologies and the Challenge for Policing, London: Routledge.
Wallace, J. and Mangan, M. (1996) Sex, Laws and Cyberspace, New York: Henry Holt.
Ward, M. (2005) 'Key hacker magazine faces closure', BBC News Online, 9 July, http://news.bbc.co.uk /1/hi/technology/4657265.stm.
Warren, P. (2005) 'UK trojan siege has been running over a year', The Register, 17 June, www.theregis ter.co.uk/2005/06/17/niscc_warning.
Wasik, M. (2000) 'Hacking, viruses and fraud'. In Y. Akdeniz, C. P. Walker and D. S. Wall (eds.), The Internet, Law and Society, London: Longman, 272–93.
Weale, S. (2023) '"We see misogyny every day": how Andrew Tate's twisted ideology infiltrated British schools', The Guardian, 2 Feb., www. theguardian.com/society/2023/feb/02/andrew- tate- twisted - ideology- infiltrated- british- schools.
Weaver, N., Paxson, V., Staniford, S. and Cunningham, R. (2003) 'A taxonomy of computer worms', paper presented at the workshop on Rapid Malcode (WORM), at the Tenth ACM Conference on Computer and Communications Security, Washington, DC, 27 October, www.cs. berkeley.edu/ ~nweaver/papers/taxonomy.pdf.
Webroot (2005) The State of Spyware, Q2, Webroot Software Inc., October, www.webroot.com/pdf/20 05- q2- sos.pdf.
Webster, F. (2002) Theories of the Information Society, 2nd edn, London: Routledge.
Weimann, G. (2006) Terror on the Internet: The New Arena, the New Challenges, Washington, DC: United States Institute of Peace Press.
Weisburd, D., Wheeler, S., Waring, E. and Bode, N. (1991) Crimes of the Middle Classes: White-Collar Offenders in the Federal Courts, New

Haven, CT: Yale University Press.

Welsh, I. (2002) Porno, London: Vintage.

Wendling, M. and Sardarizadeh, S. (2022) 'US midterms: the election deniers running to control 2024 vote', BBC News Online, 3 November, www.bbc.co.uk/news/world- us- canada- 63490938.

Whelan, C., Bright, D. and Martin, J. (2023) 'Reconceptualising organised (cyber)crime: The case of ransomware', Journal of Criminology, online first, https://journals.sagepub.com/doi/epub/10.11 77/26338076231199793.

White, M. (2019) 'Drug dealers "moving from street corners to social media"', Sky News, 8 September, https://news.sky.com/story/one- in- four- youngsters- exposed- to- illegal- drug- ads- on- social- me dia - 11804202.

WHO (2004) Report of Pre-eleventh ICDRA Satellite Workshop on Counterfeit Drugs, Madrid, Spain, 13–14 February, www.who.int/ medicines/organization/qsm/activities/qualityassurance/cft/Pre - ICDRA_ Counterfeit_report.pdf.

Wildman, N. and McDonnell, N. (2020) 'The puzzle of virtual theft', Analysis, 80 (3): 493–9, https://doi .org/10.1093/analys/anaa005.

Williams, M. (2001) 'The language of cybercrime'. In D. S. Wall (ed.), Crime and the Internet, London: Routledge, 152–66.

Williams, M. (2006) Virtually Criminal: Crime, Deviance and Regulation Online, London: Routledge.

Williams, M., Burnap, P., Javed, A., Liu, H. and Ozalp, S. (2020) 'Hate in the machine: anti- black and anti- Muslim social media posts as predictors of offline racially and religiously aggravated crime', The British Journal of Criminology, 60 (1): 93–117.

Wilson, D., Patterson, A., Powell, G. and Hembury, R. (2006) 'Fraud and technology crimes: findings from the 2003/04 British Crime Survey, the 2004 Offending, Crime and Justice Survey and admin-istrative sources?? Home Office Online Report 09/06, www.homeoffice.gov.uk/rds/pdfs06/ rdsolr09 06.pdf.

Wired (2003) 'Verizon must reveal song swappers', WIRED, 24 April, www.wired.com/news/digiwood/0,1412,58620,00.html.

Wolf, N. (2012) 'Amanda Todd's suicide and social media's sexualisation of youth culture', The Guardian, 26 October, www.theguardian.com/commentisfree/2012/oct/26/amanda- todd- suici de- social- media-sexualisation?view=mobile.

Wood, J. (2004) 'Cultural change in the governance of security', Policing and Society, 14 (1): 31–48.

Wood, P. (2003) 'The convergence of viruses and spam: lessons learned from the SoBig.F experience', MessageLabs White Paper, www.nframe.com/PDF/VirusSpam.pdf.

Wood, P. (2004) 'Spammer in the works: everything you need to know about protecting yourself and your business from the rising tide of unsolicited "spam" email', MessageLabs White Paper, April 2004, www.security. iia.net.au/downloads/spammer%20in%20works%20-%20an%20update%20 14.5.pdf.

Wordtracker (2005) 'Top 500 search engine keywords of the week', Wordtracker, 3 May, www.search engineguide.com/wt/2005/0503_wt1.html.

Yar, M. (2005a) 'Computer hacking: just another case of juvenile delinquency?', Howard Journal of Criminal Justice, 44 (4): 387–99.

Yar, M. (2005b) 'The novelty of "cybercrime": an assessment in light of routine activity theory', European Journal of Criminology, 2: 407–27.

Yar, M. (2006) Cybercrime and Society, London: Sage.

Yar, M. (2018) 'Doing criminological research online – Majid Yar'. In P. Davies and P. Francis (eds.), Doing Criminological Research, 3rd Edition, London: Sage.

Yar, M. and Steinmetz, K. (2023) Cybercrime and Society, 4th edn, London: Sage.

Young, J. (1997), 'Left realism: the basics'. In B. MacLean and D. Milovanovic (eds.), Thinking Critically about Crime, Vancouver: Collective Press.

Young, L. F. (1995) 'United States computer crime laws, criminals and deterrence', International Yearbook of Law, Computers and Technology, 9: 1–16.

Zetter, K. (2011) 'How digital detectives deciphered Stuxnet, the Most menacing malware in history', WIRED, 11 July, www.wired.com/2011/07/how- digital- detectives- deciphered- stuxnet.

Zittrain, J. (2003) 'Internet points of control', Boston College Law Review, 44 (2): 653–88.

Zoltan, M. (2023) 'Dark Web Price Index 2023', PRIVACY Affairs, 23 April, www.privacyaffairs.com /dark- web- price- index- 2023.